只做好题
财务与会计

税务师职业资格考试辅导用书·基础进阶　全2册·下册

斯尔教育　组编

北京理工大学出版社
BEIJING INSTITUTE OF TECHNOLOGY PRESS

·北京·

版权专有　侵权必究

图书在版编目（CIP）数据

只做好题. 财务与会计 : 全2册 / 斯尔教育组编. -- 北京 : 北京理工大学出版社, 2024.6
税务师职业资格考试辅导用书. 基础进阶
ISBN 978-7-5763-4121-8

Ⅰ.①只… Ⅱ.①斯… Ⅲ.①财务会计—资格考试—习题集 Ⅳ.①F810.42-44

中国国家版本馆CIP数据核字(2024)第110441号

责任编辑：芈　岚	文案编辑：王梦春
责任校对：刘亚男	责任印制：边心超

出版发行 /	北京理工大学出版社有限责任公司
社　　址 /	北京市丰台区四合庄路6号
邮　　编 /	100070
电　　话 /	（010）68944451（大众售后服务热线）
	（010）68912824（大众售后服务热线）
网　　址 /	http://www.bitpress.com.cn
版 印 次 /	2024年6月第1版第1次印刷
印　　刷 /	三河市中晟雅豪印务有限公司
开　　本 /	787mm×1092mm　1/16
印　　张 /	22
字　　数 /	577千字
定　　价 /	43.10元（全2册）

图书出现印装质量问题，请拨打售后服务热线，负责调换

目 录

第一章　财务管理概论　答案与解析　　　　　　　　　　1

第二章　财务预测和财务预算　答案与解析　　　　　　　9

第三章　筹资与股利分配管理　答案与解析　　　　　　　17

第四章　投资管理　答案与解析　　　　　　　　　　　　27

第五章　营运资金管理　答案与解析　　　　　　　　　　35

第六章　财务分析与评价　答案与解析　　　　　　　　　43

第七章　财务会计概论　答案与解析　　　　　　　　　　51

第八章　流动资产（一）　答案与解析　　　　　　　　　53

第九章　流动资产（二）　答案与解析　　　　　　　　　61

第十章　非流动资产（一）　答案与解析　　　　　　　　69

第十一章　非流动资产（二）　答案与解析　　　　　　　79

第十二章　流动负债　答案与解析　　　　　　　　　　　95

第十三章　非流动负债　答案与解析　　　　　　　　　　　105

第十四章　所有者权益　答案与解析　　　　　　　　　　　119

第十五章　收入、费用、利润和产品成本　答案与解析　　　125

第十六章　所得税　答案与解析　　　　　　　　　　　　　139

第十七章　会计调整　答案与解析　　　　　　　　　　　　151

第十八章　财务报告　答案与解析　　　　　　　　　　　　157

第十九章　企业破产清算会计　答案与解析　　　　　　　　163

第一章 财务管理概论
答案与解析

一、单项选择题

1.1 D	1.2 A	1.3 D	1.4 C	1.5 D
1.6 C	1.7 A	1.8 B	1.9 A	1.10 B
1.11 D	1.12 D	1.13 A	1.14 B	1.15 C
1.16 B	1.17 C	1.18 C	1.19 C	1.20 A
1.21 B	1.22 C			

二、多项选择题

1.23 ACD	1.24 BD	1.25 CDE	1.26 BCE	1.27 ABC
1.28 AD	1.29 BCE	1.30 BCD	1.31 ADE	1.32 ABCE
1.33 ABCD	1.34 ACD	1.35 DE	1.36 ADE	1.37 CDE
1.38 ABE				

一、单项选择题

1.1 **D** 本题考查财务管理目标。以企业价值最大化作为财务管理目标，具有以下特点：

（1）考虑了取得报酬的时间，并用时间价值的原理进行了计量。

（2）考虑了风险与报酬的关系，选项 B 不当选。

（3）将长期、稳定的发展和持续获利能力放在首位，能克服企业在追求利润上的短期行为，选项 D 当选。

（4）用价值代替价格，避免过多受外界市场因素的干扰，选项 A 不当选。

（5）以企业价值最大化作为财务管理目标过于理论化，不易操作，选项 C 不当选。

（6）对于非上市公司，只有对企业进行专门的评估才能确定其价值，由于受评估标准和评估方式的影响，很难做到客观和准确。

1.2 **斯尔解析** A 本题考查财务管理目标局限性的对比。与企业价值最大化财务管理目标相比，股东财富最大化目标的局限性是：股东财富最大化目标强调得更多的是股东利益，而对其他相关者的利益重视不够，选项 A 当选。二者均考虑了投入和产出的关系以及风险因素，均能克服企业在追求利润上的短期行为，选项 BCD 不当选。

1.3 **斯尔解析** D 本题考查股东和经营者的利益冲突与协调。股东和经营者的利益冲突的主要解决方式包括：

（1）解聘（股东对经营者进行考核监督，如果经营者绩效不佳，就可能解聘经营者），选项 A 不当选。

（2）接收（通过市场约束经营者），选项 B 不当选。

（3）激励（给予经营者股票期权、绩效股），选项 C 不当选。

限制性借债属于协调股东与债权人利益的方式，选项 D 当选。

1.4 **斯尔解析** C 本题考查财务管理环境。通货膨胀的应对措施如下表所示：

阶段	措施
初期	进行投资可以避免风险，实现资本保值
	与客户签订长期购货合同，以减少物价上涨造成的损失
	取得长期负债，保持资本成本的稳定
持续期	采用比较严格的信用条件，减少企业债权
	调整财务政策，防止和减少企业资本流失

综上，选项 C 当选。

1.5 **斯尔解析** D 本题考查财务管理环境。在不同的经济周期，企业应采用不同的财务管理战略：

复苏 （"积累能量"）	繁荣 （"疯狂生长"）	衰退 （"停止与瘦身"）	萧条 （"割肉冬眠"）
增加厂房设备 实行长期租赁	扩充厂房设备	出售多余设备 停止扩张	建立投资标准 压缩管理费用

复苏 （"积累能量"）	繁荣 （"疯狂生长"）	衰退 （"停止与瘦身"）	萧条 （"割肉冬眠"）
建立存货储备 开发新产品	继续增加存货 提高产品价格 开展营销规划	削减存货 停止长期采购 停产不利产品	削减存货 保持市场份额 放弃次要利益
增加劳动力	增加劳动力	停止扩招雇员	裁减雇员

综上，选项D当选。

1.6 【斯尔解析】 C 本题考查利率的相关表述。纯利率是在没有风险、没有通货膨胀情况下的平均利率，它只受货币的供求关系、平均利润率和国家调节的影响，选项A不当选。风险补偿率受风险大小的影响，风险越大，要求的报酬率越高，当风险升高时，就相应要求提高报酬率，选项B不当选。通货膨胀预期补偿率是由于通货膨胀造成货币实际购买力下降而对投资者的补偿，它与将来的通货膨胀水平有关，与当前的通货膨胀水平关系不大，选项C当选。在一定时期内利率变动幅度越大，期限风险越大，选项D不当选。

1.7 【斯尔解析】 A 本题考查货币时间价值。剩余款项支付的现金流是递延期为2期、后续收付期为4期的递延年金，因此支付款项的总现值 =100+100÷4×［（P/A，10%，6）-（P/A，10%，2）］=100+25×（4.3553-1.7355）=165.50（万元），选项A当选。

提示：关于递延年金现值的计算方法总结如下。

方法	计算公式（m为递延期期数，n为后续收付期期数）
分段折现法	$P=A×（P/A，i，n）×（P/F，i，m）$
插补法	$P=A×［（P/A，i，m+n）-（P/A，i，m）］$
先求终值再算现值法	$P=A×（F/A，i，n）×（P/F，i，m+n）$

建议同学们将以上三种方法全部掌握。以本题为例，结合题目所给的已知信息，本题只能应用插补法。

1.8 【斯尔解析】 B 本题考查货币时间价值系数之间的关系。四组互为倒数的系数分别是：单利终值系数与单利现值系数；复利终值系数与复利现值系数；普通年金终值系数与偿债基金系数；普通年金现值系数与资本回收系数。故选项B当选。

1.9 【斯尔解析】 A 本题考查货币时间价值。由题干"3年后购买一套住房，预计花费100万元""每年年初应该存入银行"可知，本题是已知预付年金终值求年金。根据预付年金公式：$A×（F/A，10%，3）×（1+10%）=100$（万元），解得$A=27.46$（万元），选项A当选。

提示：由于已知条件给出的是普通年金终值系数，故采用上述解题方法。同学们在做题时需要根据已知条件选择更简单的方式进行解答。

本题也可以使用偿债基金系数进行解答：

偿债基金系数 =1/普通年金终值系数

（A/F，10%，3）=1/（F/A，10%，3）=1/3.3100=0.3021

A=100×0.3021=30.21（万元），这里的 30.21 万元是根据偿债基金系数算出来的，是每年年末需要支付的年金，题干要求计算每年年初需要存入银行的年金，所以每年年初需要存入银行的金额为：30.21/（1+10%）=27.46（万元）。

1.10 斯尔解析 B 本题考查货币时间价值。根据永续年金现值公式可知：现在一次性应存入的金额 =10 000/4%=250 000（元），选项 B 当选。

1.11 斯尔解析 D 本题考查永续年金的计算。本题中的第一次支付发生在第 1 期期初，但永续年金是从第 1 期期末开始的无限期收付的年金，所以本题不是严格的永续年金。永续年金的现值 =200/8%=2 500（元），则第 1 期期初的现值 =200+200/8%=2 700（元），或第 1 期期初的现值 =200/8%×（1+8%）=2 700（万元），选项 D 当选。

1.12 斯尔解析 D 本题考查货币时间价值。设备支付价款是递延期为 1 年、后续收付期为 5 年的递延年金，A=100/5=20（万元），P=A×（P/A，10%，5）×（P/F，10%，1）=20×3.7908×0.9091=68.92（万元），选项 D 当选。

1.13 斯尔解析 A 本题考查货币时间价值。该投资项目的现金流入是递延期为 3 年、后续收付期为 6 年的递延年金，A=200（万元），P=200×（P/A，6%，6）×（P/F，6%，3）=200×（P/A，6%，6）×（P/F，6%，4）×（1+6%）=200×4.9173×0.7921×1.06=825.74（万元），选项 A 当选。

1.14 斯尔解析 B 本题考查资产的风险。由于甲方案与乙方案的期望值不同，因此只能采用标准离差率比较两方案的风险大小，标准离差率 = 标准离差 / 期望值，故甲方案的标准离差率 =4.38%/14.86%=0.29，乙方案的标准离差率 =4.50%/16.52%=0.27，甲方案的标准离差率大于乙方案的标准离差率，所以甲方案的风险大于乙方案的风险，选项 B 当选。

1.15 斯尔解析 C 本题考查资产的标准离差计算。X 项目的预期收益率 =18%×30%+10%×40%+2%×30%=10%，X 项目的方差 =（18%-10%）^{2}×0.3+（10%-10%）^{2}×0.4+（2%-10%）^{2}×0.3=0.0038，X 项目的标准离差 = $\sqrt{0.0038}$ =0.0616，选项 C 当选。

1.16 斯尔解析 B 本题考查资产的风险。在期望值相同的情况下，标准离差越大，则风险越大，甲、乙两方案的期望投资收益率相同，甲方案的标准离差大于乙方案的标准离差，故甲方案的风险大于乙方案的风险，选项 B 当选。

1.17 斯尔解析 C 本题考查投资组合的风险。只要投资组合中两项资产的相关系数小于 1，投资组合就会产生风险分散化效应，组合风险就会低于各资产加权平均风险；当相关系数等于 1 时，投资组合无法分散风险，组合风险就等于各资产加权平均风险，选项 C 当选。

提示：本题错误率最高的选项是选项 A，很多同学的直观感觉是相关系数为 0，就代表没有相关性，没有相关性就不能分散风险，这种感觉是错误的。能不能分散风险的判断要点在于相关系数是否为 1，两者是否为完全正相关。只要两者不是完全正相关，即相关系数小于 1，都可以分散风险，相关系数为 0 也是可以分散风险的。

1.18 斯尔解析 C 本题考查投资组合的风险。两项证券资产收益率的相关系数为 0.5，其介于 0 和 1 之间，代表两项资产的收益率具有正相关的关系，当相关系数为 0 时，代表两项资产的收益率之间不存在相关性，选项 AB 不当选。非系统风险可以随着投资组合中资产种类的增加被分散，但系统风险不可以被分散，选项 C 当选，选项 D 不当选。

1.19 【斯尔解析】 C 本题考查资本资产定价模型。该证券组合的必要收益率 = 无风险收益率 + 风险收益率 =5%+0.2×（12%-5%）=6.4%，选项 C 当选。

提示：区分资本资产定价模型中各指标的含义的方法如下表所示。

参数	常见表述
R_m	市场平均收益率、市场组合平均收益率、市场组合要求收益率、股票市场平均收益率。 规律：没有"风险"二字，形容的是股票市场的平均收益率
$R_m - R_f$	市场风险溢价、市场组合的风险收益率、平均风险收益率、平均风险补偿率。 规律：市场或平均 + 风险收益率/补偿率/溢价，形容的是股票市场收益率超过无风险收益率的部分
$\beta \times (R_m - R_f)$	股票的风险溢价、股票的风险收益率、股票的风险补偿率。 规律：股票 + 风险收益率/补偿率/溢价，特定股票或投资组合的风险收益率
$R_f + \beta \times (R_m - R_f)$	特定股票或投资组合的必要报酬率

1.20 【斯尔解析】 A 本题考查资本资产定价模型。市场风险溢酬（$R_m - R_f$）是附加在无风险收益率之上的，由于承担了市场平均风险所要求获得的补偿，它反映的是市场作为整体对风险的平均"容忍"程度，市场对风险越是厌恶和回避，要求的补偿就越高，市场风险溢酬的数值就越大，如果市场的抗风险能力强，则对风险的厌恶和回避就不是很强烈，要求的补偿就越低，所以市场风险溢酬的数值就越小，选项 A 当选，选项 BCD 不当选。

1.21 【斯尔解析】 B 本题考查资本资产定价模型。市场风险溢酬是附加在无风险收益率之上的，由于承担了市场平均风险所要求获得的补偿，它反映的是市场作为整体对风险的平均"容忍"程度，市场对风险越是厌恶和回避，要求的补偿就越高，市场风险溢酬的数值就越大，选项 A 不当选。根据资本资产定价模型，只有系统风险才有资格要求补偿，因为非系统风险可以通过证券资产组合来消除，选项 B 当选。资本资产定价模型体现了"高收益伴随着高风险"的理念，选项 C 不当选。资产的必要收益率由无风险收益率和资产的风险收益率组成，选项 D 不当选。

1.22 【斯尔解析】 C 本题考查资本资产定价模型。组合的 β 系数 =0.6×（8×400）÷（8×400+4×200+20×200）+1×（4×200）÷（8×400+4×200+20×200）+1.5×（20×200）÷（8×400+4×200+20×200）=1.09，该组合的风险收益率 =1.09×（10%-3%）=7.63%，选项 C 当选。

需要注意的是，本题要求计算的是风险收益率，风险收益率 =$\beta \times (R_m - R_f)$，不是必要收益率，必要收益率 = 无风险收益率 + 风险收益率 =$R_f + \beta \times (R_m - R_f)$。

二、多项选择题

1.23 🔍斯尔解析　**ACD**　本题考查财务管理目标。与利润最大化相比，股东财富最大化的主要优点是：

（1）考虑了风险因素，因为通常股价会对风险作出较敏感的反应，选项 C 当选。

（2）在一定程度上能避免企业的短期行为，因为不仅当前的利润会影响股票价格，预期未来的利润同样会对股价产生重要影响，选项 A 当选。

（3）对上市公司而言，股东财富最大化的目标比较容易量化，便于考核和奖惩，选项 D 当选。

关于股东财富最大化，教材当中并未提及资金的时间价值，考试时按照教材进行作答，选项 B 不当选。股东财富最大化强调得更多的是股东利益，而对其他相关者的利益重视不够，选项 E 不当选。

1.24 🔍斯尔解析　**BD**　本题考查财务管理目标。每股收益最大化没有考虑到利润与所承担风险的关系，选项 A 不当选。股东财富最大化能够在一定程度上避免企业的短期行为，因为不仅当前的利润会影响股票价格，预期未来的利润同样会对股价产生重要影响，选项 B 当选。利润代表了企业新创造的价值，利润增加代表着企业财富的增加，选项 C 不当选。企业价值最大化考虑了风险因素，并用时间价值的原理进行了计量，选项 D 当选。各种财务管理目标，都应当以股东财富最大化为基础。因为离开了股东的投入，企业就不复存在；股东在企业中承担着最大的义务和风险，相应也须享有最高的报酬，选项 E 不当选。

1.25 🔍斯尔解析　**CDE**　本题考查利益相关者间冲突的解决途径。限制性借债、收回借款或停止借款，属于解决股东与债权人利益冲突的途径，选项 AB 不当选。股东和经营者利益冲突的解决途径有：解聘、接收（通过市场约束经营者）、激励（股票期权、绩效股），选项 CDE 当选。

1.26 🔍斯尔解析　**BCE**　本题考查利益相关者间冲突的解决途径。解聘、接收（通过市场约束经营者）、激励（股票期权、绩效股），属于解决股东与经营者利益冲突的途径，选项 AD 不当选。股东和债权人利益冲突的解决途径有：限制性借债、收回借款或停止借款，选项 BCE 当选。

1.27 🔍斯尔解析　**ABC**　本题考查利益相关者间冲突的解决途径。股东和经营者利益冲突的解决方式包括约束（解聘、接收）和激励。

（1）解聘是一种通过股东约束经营者的办法。股东对经营者进行考核监督，如果经营者绩效不佳，就可能解聘经营者。

（2）接收是一种通过市场约束经营者的办法。如果经营者决策失误，经营不力，绩效不佳，企业就可能被其他企业强行接收或兼并，相应经营者也会被解聘。

（3）激励就是将经营者的报酬与其绩效直接挂钩，以使经营者自觉采取能提高股东财富的措施，激励通常有两种方式：股票期权、绩效股。

综上，选项 ABC 当选。股东与债权人利益冲突的解决方式包括限制性借债和收回借款或停止借款，选项 DE 不当选。

1.28 🔍斯尔解析　**AD**　本题考查财务管理环境。建立投资标准、保持市场份额属于萧条阶段的财务管理战略，选项 AD 当选。开展营销规划、提高产品价格属于繁荣阶段的财务管理战略，选项 BE 不当选。出售多余产品属于衰退阶段的财务管理战略，选项 C 不当选。

1.29 **斯尔解析** BCE 本题考查财务管理环境。通货膨胀对企业财务活动的影响，主要体现在：
（1）引起资金占用的大量增加，从而增加企业的资金需求（而非降低企业的资金需求），选项 A 不当选。
（2）引起资金供应紧张，增加企业的筹资困难，选项 B 当选。
（3）引起有价证券价格下降，增加企业的筹资难度，选项 C 当选。
（4）引起利润上升，加大（而非降低）企业的权益资本成本，选项 D 不当选。
（5）引起企业利润虚增，造成企业资金由于利润分配而流失，选项 E 当选。

1.30 **斯尔解析** BCD 本题考查财务管理环境。在通货膨胀初期，货币面临着贬值的风险，这时企业进行投资可以避免风险，实现资本保值；与客户应签订长期购货合同，以减少物价上涨造成的损失；取得长期负债，保持资本成本的稳定。在通货膨胀持续期，企业可以采用比较严格的信用条件，减少企业债权；调整财务政策，防止和减少企业资本流失等，选项 BCD 当选。

1.31 **斯尔解析** ADE 本题考查财务管理环境。纯利率是受货币供求关系和国家调节影响的在没有风险、没有通货膨胀情况下的平均利率，选项 A 当选。通货膨胀预期补偿率是由于通货膨胀造成货币实际购买力下降而对投资者的补偿，它与当前的通货膨胀水平关系不大，与预期通货膨胀水平有关，选项 B 不当选。风险补偿率是资本提供者因承担风险所获得的超过纯利率、通货膨胀预期补偿率的回报，包括违约风险补偿率、流动性风险补偿率和期限风险补偿率，通货膨胀水平的高低，不会影响风险补偿率，选项 C 不当选。期限风险是指在一定时期内利率变动的幅度，利率变动幅度越大，期限风险就越大，选项 D 当选。资产的变现能力越强，流动性风险越小，选项 E 当选。

1.32 **斯尔解析** ABCE 本题考查货币时间价值。预付年金是从第一期起在一定时期内每期期初等额收付的系列款项，普通年金是从第一期起在一定时期内每期期末等额收付的系列款项，两者的区别仅在于收付款时间的不同，选项 A 当选。普通年金终值是每次收付款的复利终值之和，选项 B 当选。由于永续年金没有到期日，所以无法计算其终值，选项 C 当选。递延年金的现值可以计算，选项 D 不当选。递延年金的终值计算方法与普通年金的终值计算方法一样，选项 E 当选。

1.33 **斯尔解析** ABCD 本题考查货币时间价值系数之间的换算。货币时间价值系数中，共有四组系数是互为倒数关系，分别是：单利终值系数与单利现值系数；复利终值系数与复利现值系数；普通年金终值系数与偿债基金系数；普通年金现值系数与资本回收系数，故选项 AB 当选，选项 E 不当选。预付年金是从第一期起，在一定时期内每期期初等额收付的系列款项，普通年金是从第一期起，在一定时期内每期期末等额收付的系列款项，故普通年金与预付年金的关系为：预付年金的终值（现值）系数 = 普通年金的终值（现值）系数 ×（1+ 折现率），选项 CD 当选。

1.34 **斯尔解析** ACD 本题考查递延年金的计算方法。递延年金现值有三种计算方法：
第一种方法（两次折现法）：$P=A×(P/A, i, n)×(P/F, i, m)$。
第二种方法（插补法）：$P=A×[(P/A, i, m+n)-(P/A, i, m)]$。
第三种方法（先求终值再算现值法，较少见）：$P=A×(F/A, i, n)×(P/F, i, n+m)$。
因此选项 ACD 当选，选项 BE 不当选。

1.35 【斯尔解析】 **DE** 本题考查投资组合的风险与收益。系统风险不会随着证券组合中资产种类的增加而降低，选项 A 不当选。非系统风险会随着证券组合中资产种类的增加而降低，而不是增加，选项 B 不当选。当两种证券的收益率完全负相关时，即相关系数为 −1 时，可以最大限度降低风险，选项 C 不当选。只要相关系数不为 1，均可以分散风险；相关系数为 1 时，两种证券的收益率完全正相关，组合的风险等于组合中各项资产风险的加权平均数，选项 DE 当选。

提示：关于投资组合的风险变动总结如下。

相关系数 ρ 取值范围	含义	风险分散效应
$\rho = 1$	完全正相关	不能分散风险
$0 < \rho < 1$	正相关	能够分散风险，但不能完全消除风险，相关系数越小，风险分散效应越强
$\rho = 0$	缺乏相关性	
$-1 < \rho < 0$	负相关	
$\rho = -1$	完全负相关	能够最大限度地降低风险，甚至完全消除风险

1.36 【斯尔解析】 **ADE** 本题考查证券资产组合的相关计算。证券资产组合的 β 系数是组合内所有单项资产 β 系数的加权平均数，权数为各种资产在证券资产组合中所占的价值比例。证券资产组合的 β 系数 $=0.6×（5×1\,000）÷（5×1\,000+10×2\,000）+0.8×（10×2\,000）÷（5×1\,000+10×2\,000）=0.76$，选项 A 当选。市场风险溢酬（$R_m-R_f$）$=10\%-4\%=6\%$，选项 B 不当选。某项资产的风险收益率 = 该项资产 β 系数 × 市场风险溢酬，即该证券资产组合的风险收益率 $=0.76×6\%=4.56\%$，选项 C 不当选。无风险收益率即为短期国债的利率 4%，选项 D 当选。必要收益率 = 无风险收益率 + 风险收益率，该证券资产组合的必要收益率 $=4\%+4.56\%=8.56\%$，选项 E 当选。

1.37 【斯尔解析】 **CDE** 本题考查系统风险与非系统风险。系统风险是影响所有资产的、不能通过资产组合消除的风险。这部分风险是由那些影响整个市场的风险因素引起的。这些因素包括宏观经济形势的变动、国家经济政策的变化、税制改革、企业会计准则改革、政治因素等，选项 CDE 当选。销售决策失误带来的风险和原材料供应地政治经济情况变动带来的风险，属于非系统风险，选项 AB 不当选。

1.38 【斯尔解析】 **ABE** 本题考查资本资产定价模型。股票的必要收益率 = 无风险收益率 + 风险收益率 = 无风险收益率 + β ×（市场平均收益率 − 无风险收益率），无风险收益率提高，市场平均收益率也会相应提高，故风险收益率不变，资产的必要收益率均提高，选项 A 当选。必要收益率 = 无风险收益率 + β ×（市场平均收益率 − 无风险收益率），当 β 系数为 1，必要收益率 = 市场平均收益率，选项 B 当选。β 系数可以是负数或者 0，不一定是正数，β 系数为负数，表明资产与市场平均收益的变化方向相反，选项 C 不当选。如果 β 系数为负数，市场风险溢酬提高，资产的风险收益率会降低，选项 D 不当选。市场风险溢价取决于市场整体对风险的厌恶程度，如果市场对风险的平均"容忍"程度越高，则市场风险溢酬越小，选项 E 当选。

第二章 财务预测和财务预算 答案与解析

一、单项选择题

2.1 ► A   2.2 ► B   2.3 ► C   2.4 ► C   2.5 ► B

2.6 ► C   2.7 ► C   2.8 ► B   2.9 ► B   2.10 ► D

2.11 ► D 2.12 ► A 2.13 ► C 2.14 ► C 2.15 ► D

2.16 ► D 2.17 ► A 2.18 ► D 2.19 ► D 2.20 ► C

2.21 ► D

二、多项选择题

2.22 ► AB 2.23 ► BD 2.24 ► BC 2.25 ► CD 2.26 ► CD

2.27 ► ACD 2.28 ► CD

三、计算题

2.29 (1) ► D   2.29 (2) ► A   2.29 (3) ► B   2.29 (4) ► D

2.30 (1) ► B   2.30 (2) ► B   2.30 (3) ► B   2.30 (4) ► A

一、单项选择题

2.1 🔍斯尔解析　**A**　本题考查资金需要量预测的因素分析法。资金需要量 =（基期资金平均占用额 - 不合理资金占用额）×（1± 预测期销售增减率）×（1- 预测期资金周转速度变动率）=（4 500-4 500×15%）×（1+20%）×（1-0）=4 590（万元），选项 A 当选。

2.2 🔍斯尔解析　**B**　本题考查资金需要量预测的因素分析法。资金需要量 =（基期资金平均占用额 - 不合理资金占用额）×（1± 预测期销售增减率）×（1- 预测期资金周转速度变动率）=（3 500-500）×（1+5%）×（1-2%）=3 087（万元），选项 B 当选。

2.3 🔍斯尔解析　**C**　本题考查资金需要量预测的销售百分比法。销售百分比法下，经营性资产与经营性负债通常与销售额保持稳定的比例关系，经营性资产项目包括库存现金、应收账款、存货等项目；经营性负债项目包括应付票据、应付账款等项目；但不包括短期借款、短期融资券、长期负债等筹资性负债，故选项 ABD 不当选，选项 C 当选。

2.4 🔍斯尔解析　**C**　本题考查资金需要量预测的销售百分比法。销售百分比法下，经营性资产与经营性负债通常与销售额保持稳定的比例关系：

项目	解读	举例
敏感性资产	与销售额保持稳定比例关系的资产，有时称为"经营性资产"	包括：库存现金、应收账款、存货等
敏感性负债	与销售额保持稳定比例关系的负债，有时称为"经营性负债"或"自发性负债"	包括：应付票据、应付账款等。不包括：短期借款、短期融资券、长期负债等筹资性负债

综上，选项 ABD 不当选，选项 C 当选。

2.5 🔍斯尔解析　**B**　本题考查资金需要量预测的销售百分比法。

（1）需要增加的资金量 =3 000×20%×（55%-15%）=240（万元）。

（2）增加的利润留存 =3 000×（1+20%）×10%×（1-60%）=144（万元）。

（3）外部融资需求量 =240-144=96（万元）。

综上，选项 B 当选。

2.6 🔍斯尔解析　**C**　本题考查资金需要量预测的销售百分比法。2×21 年追加的资金需要量 = 增加的敏感性资产 - 增加的敏感性负债 =1 600×20%-800×20%=160（万元），选项 C 当选。

提示：本题所问是需要追加的资金需要量，并不是外部融资需要量，因此只需要计算出增加的敏感性资产和增加的敏感性负债之间的差额即可。

2.7 🔍斯尔解析　**C**　本题考查资金需要量预测的高低点法。销售收入最高点在 2×16 年，销售收入最低点在 2×17 年，按照高低点法得出：

b=（80-72）÷（560-480）=0.1

a=80-560×0.1=24（万元）

则资金需要量模型为 Y=24+0.1X。

2×19 年预测的资金需要量 =24+0.1×600=84（万元），选项 C 当选。

第二章 财务预测和财务预算 | 答案与解析

提示：这里的最高点和最低点指的是销售收入（销售量）的最高点和最低点，不是资金需要量的最高点和最低点。

2.8 〖斯尔解析〗 B 本题考查资金需要量测算的高低点法。单位销售收入所需变动资金 =（282－246）/（430-340）=0.4，不变资金 =246-0.4×340=110（万元），则预计2023年的资金需要量 =110+0.4×440=286（万元），选项 B 当选。

2.9 〖斯尔解析〗 B 本题考查资金需要量预测的高低点法。销售收入最高点为 2×14 年，销售收入最低点为 2×13 年，按照高低点法得出：

b=（40-30）÷（300-200）=0.1

a=40-0.1×300=10（万元）

则资金需要量模型为 Y=10+0.1X。

预测的 2×16 年资金需要量 =10+0.1×500=60（万元），选项 B 当选。

2.10 〖斯尔解析〗 D 本题考查本量利分析的基本假设。本量利分析主要假设条件包括：

（1）总成本由固定成本和变动成本两部分组成。

（2）销售收入与业务量呈完全线性关系。

（3）产销平衡。

（4）产品产销结构稳定。

综上，选项 ABC 不当选，选项 D 当选。

2.11 〖斯尔解析〗 D 本题考查本量利分析。边际贡献总额 = 固定成本 + 税前利润 =56 000+45 000/（1-25%）=116 000（元），根据公式"边际贡献总额 = 单位边际贡献 × 销售数量"可以得出：单位边际贡献 = 边际贡献总额 / 销售数量 =116 000/2 000=58（元），选项 D 当选。

2.12 〖斯尔解析〗 A 本题考查本量利分析。固定成本 = 边际贡献 － 利润总额 =50×4-100=100（万元），盈亏临界点销售量 = 固定成本 / 单位边际贡献 =100/4=25（万件），安全边际率 =（正常销量 － 盈亏临界点销量）/ 正常销量 ×100%=（50-25）/50×100%=50%，选项 A 当选。

2.13 〖斯尔解析〗 C 本题考查本量利分析中的相关计算。根据公式，销售利润率 = 边际贡献率 × 安全边际率 =（1－变动成本率）×（1－盈亏平衡点作业率）=（1-30%）×（1-40%）=42%，因此，选项 C 当选。

提示："销售利润率 = 边际贡献率 × 安全边际率"的推导公式如下。

利润 = 销售收入 － 变动成本 － 固定成本

　　 = 边际贡献 － 固定成本

　　 = 销售收入 × 边际贡献率 － 盈亏临界点销售额 × 边际贡献率

　　 =（销售收入 － 盈亏临界点销售额）× 边际贡献率

　　 = 安全边际 × 边际贡献率

销售利润率 = 利润 / 销售收入

　　　　　 = 安全边际 × 边际贡献率 / 销售收入

　　　　　 = 安全边际率 × 边际贡献率

2.14 【斯尔解析】 C 本题考查本量利分析。边际贡献率 =1− 变动成本率，单位变动成本降低，单价不变，则变动成本率降低，边际贡献率提高，选项 A 不当选。单位边际贡献 = 单价 − 单位变动成本，单位变动成本降低，单位边际贡献上升，选项 B 不当选。盈亏临界点的销售量 = 固定成本总额 / 单位边际贡献，由于单位边际贡献上升，因此盈亏临界点的销售量会降低，选项 C 当选。目标利润 = 销售量 ×（单价 − 单位变动成本）− 固定成本，单位变动成本下降，目标利润提高，选项 D 不当选。

2.15 【斯尔解析】 D 本题考查利润的敏感系数。单位边际贡献 =10-8=2（元），销售量为 40 万件，利润为 50 万元，根据"$Q×(P-V)-F=$ 利润"可以得出：$40×2-F=50$，固定成本 $F=$ 30（万元），假设销售量上升 10%，变化后的销售量 $=40×(1+10\%)=44$（万件），变化后的利润 $=44×2-30=58$（万元），利润的变化率 $=(58-50)/50×100\%=16\%$，所以，销售量的敏感系数 $=16\%/10\%=1.60$，选项 D 当选。

2.16 【斯尔解析】 D 本题考查目标利润分析。2×12 年度利润总额 $=1\,000×(18-12)-5\,000=$ 1 000（元），在此基础上，如果要求 2×13 年度的利润增长 12%，即 2×13 年度的利润为 1 120 元 [$1\,000×(1+12\%)$]。销售数量增加 1%：利润总额 $=1\,000×(1+1\%)×(18-12)-$ $5\,000=1\,060$（元），小于 1 120 元，选项 A 不当选。销售单价提高 0.5%：利润总额 $=1\,000×$ [$18×(1+0.5\%)-12$] $-5\,000=1\,090$（元），小于 1 120 元，选项 B 不当选。固定成本总额降低 2%：利润总额 $=1\,000×(18-12)-5\,000×(1-2\%)=1\,100$（元），小于 1 120 元，选项 C 不当选。单位变动成本降低 1%：利润总额 $=1\,000×$ [$18-12×(1-1\%)$] $-5\,000=1\,120$（元），达到 2×13 年度的利润总额较上年度增长 12% 的要求，选项 D 当选。

2.17 【斯尔解析】 A 本题考查目标利润分析。原来的利润 $=(18\,000-12\,000)×1-5\,000=$ 1 000（万元），要求甲产品的利润总额增长 12%，则增长后的利润总额 $=1\,000×(1+12\%)=$ 1 120（万元），即（18 000− 单位变动成本）$×1-5\,000=1\,120$（万元），可得出：单位变动成本 =11 880（元），单位变动成本降低的比率 $=(12\,000-11\,880)/12\,000×100\%=1\%$，选项 A 当选。

2.18 【斯尔解析】 D 本题考查全面预算。全面预算包括经营预算、资本支出预算和财务预算三部分，选项 A 不当选。财务预算的综合性最强，是预算的核心内容，财务预算的各项指标又依赖于经营预算和资本支出预算，选项 BC 不当选。经营预算和资本支出预算是财务预算的基础，选项 D 当选。

2.19 【斯尔解析】 D 本题考查财务预算的编制方法。零基预算法是指企业不以历史期经济活动及其预算为基础，以零为起点，从实际需要出发分析预算期经济活动的合理性，经综合平衡，形成预算的预算编制方法，该方法不考虑以往期间的费用项目和费用数额，主要根据预算期的需要和可能分析费用项目和费用数额的合理性，综合平衡编制费用预算，选项 D 当选。

2.20 【斯尔解析】 C 本题考查财务预算的编制方法。弹性预算法又称动态预算法，是在成本性态分析的基础上，依据业务量、成本和利润之间的联动关系，按照预算期内可能的一系列业务量（如生产量、销售量、工时等）水平编制系列预算的方法，选项 C 当选。

2.21 【斯尔解析】 D 本题考查财务预算的编制方法。零基预算法不以历史期经济活动及预算为基础，有助于增加预算编制透明度，有利于进行预算控制，选项 A 不当选。固定预算法的适应性比较差，弹性预算法的适应性比较强，选项 B 不当选。定期预算法不利于各个期间的预算衔接，滚动预算法有利于各个期间的预算衔接，选项 C 不当选。滚动预算法有利于结合企业近期和长期目标，发挥预算的决策和控制职能，选项 D 当选。

二、多项选择题

2.22 【斯尔解析】 **AB** 本题考查资金需要量预测的销售百分比法。经营性资产与经营性负债通常与销售额保持稳定的比例关系，经营性资产项目包括库存现金、应收账款、存货等项目，选项 A 当选。经营性负债项目包括应付票据、应付账款等项目，不包括短期借款、短期融资券、长期负债等筹资性负债，选项 CDE 不当选，选项 B 当选。

2.23 【斯尔解析】 **BD** 本题考查本量利分析。根据公式"盈亏临界点销售额＝固定成本总额/边际贡献率＝固定成本总额/（1－单位变动成本/单价）"可知：销售额和销售量不会对盈亏临界点销售额产生影响，选项 AE 不当选。降低单价会导致盈亏临界点销售额上升，选项 C 不当选。固定成本总额和单位变动成本降低会导致盈亏临界点销售额下降，选项 BD 当选。

2.24 【斯尔解析】 **BC** 本题考查本量利分析。盈亏临界点销售量（额）越小，企业经营风险越小，选项 A 不当选。实际销售量（额）超过盈亏临界点销售量（额）越多，企业盈利越多，但由于无法确定股利支付率，不能判断留存收益的变化情况，选项 B 当选。盈亏临界点销售量（额）越小，企业的盈利能力越强，选项 C 当选。实际销售量（额）小于盈亏临界点销售量（额）时，企业将产生亏损，选项 D 不当选。盈亏临界点的含义是企业的销售总收入等于总成本的销售量（额），选项 E 不当选。

提示：选项 E"盈亏临界点的含义是企业的销售总收入等于总成本的销售量（额）"可以按以下步骤理解：

盈亏临界点的边际贡献总额等于固定成本，可得：

单价 × 销量 － 单位变动成本 × 销量 ＝ 固定成本

单价 × 销量 ＝ 单位变动成本 × 销量 ＋ 固定成本

销售收入 ＝ 单位变动成本 × 销量 ＋ 固定成本 ＝ 总成本

故选项 E 的表述是正确的。公式要活学活用。

2.25 【斯尔解析】 **CD** 本题考查目标利润分析。销售利润＝边际贡献总额－固定成本＝销售收入 × 边际贡献率－固定成本＝销售收入 ×（1－变动成本率）－固定成本＝销售收入 × 边际贡献率－盈亏临界点销售额 × 边际贡献率＝（销售收入－盈亏临界点销售额）× 边际贡献率＝安全边际 × 边际贡献率，选项 ABE 不当选，选项 CD 当选。

提示：

因为，盈亏临界点销售额＝盈亏临界点销售量 × 单价＝固定成本/单位边际贡献 × 单价＝固定成本/边际贡献率。

所以，固定成本＝盈亏临界点销售额 × 边际贡献率。

2.26 【斯尔解析】 **CD** 本题考查财务预算的内容。财务预算主要包括现金预算、预计利润表、预计资产负债表和预计现金流量表，选项 CD 当选。

2.27 【斯尔解析】 **ACD** 本题考查的是零基预算法的特点。

零基预算法的优点表现在：

（1）以零为起点编制预算，不受历史期经济活动中不合理因素的影响，能够灵活应对内外环境的变化，预算编制更贴近预算期企业经济活动的需要。（选项A）

（2）有助于增加预算编制的透明度，有利于进行预算控制。（选项C）

零基预算法的缺点主要表现在：

（1）预算编制工作量较大、成本较高。（选项D）

（2）预算编制的准确性受企业管理水平和相关数据标准准确性影响较大。

综上，选项ACD当选。可能导致无效费用开支项目无法得到有效控制，造成预算上的浪费属于增量预算法的特点，不是零基预算法的特点，选项B不当选。市场预测的准确性、预算项目与业务量之间依存关系的判断水平等会对其合理性造成较大影响属于弹性预算法的特点，不是零基预算法的特点，选项E不当选。

2.28 〔斯尔解析〕 **CD** 本题考查的是滚动预算法的特点。

滚动预算法的优点表现在：通过持续滚动预算编制、逐期滚动管理，实现动态反映市场、建立跨期综合平衡，从而有效指导企业营运，强化预算的决策与控制职能。（选项C）

滚动预算法的缺点表现在：

（1）预算滚动的频率越高，对预算沟通的要求越高，预算编制的工作量越大。（选项D）

（2）过高的滚动频率容易增加管理层的不稳定感，导致预算执行者无所适从。

预算期间与会计期间相对应，便于将实际数与预算数进行对比和不利于前后各个期间的预算衔接属于定期预算法的特点，不是滚动预算法的特点，选项AB不当选。有助于增加预算编制透明度，有利于进行预算控制属于零基预算法的特点，不是滚动预算法的特点，选项E不当选。

三、计算题

2.29 **（1）** 〔斯尔解析〕 **D** 本题考查本量利分析。甲公司每月的固定成本＝每月发生租金、水电费、电话费等固定费用＋管理人员工资＋保洁人员底薪＝40 000＋5 000×2＋3 500×20＝120 000（元），选项D当选。

（2） 〔斯尔解析〕 **A** 本题考查本量利分析。每月的税前利润＝（单价－单位变动成本）×销量－固定成本总额＝（200－80）×100×30－120 000＝240 000（元），选项A当选。

（3） 〔斯尔解析〕 **B** 本题考查本量利分析。盈亏临界点销售量＝固定成本总额/（单价－单位变动成本）＝120 000/（200－80）＝1 000（小时），盈亏临界点作业率＝盈亏临界点销售量/正常经营销售量＝1 000/（100×30）＝33.33%，选项B当选。

（4） 〔斯尔解析〕 **D** 本题考查利润敏感性分析。平均每天保洁服务小时数增加10%，则2×19年提供的总的小时数＝100×30×（1＋10%）＝3 300（小时），预计税前利润＝（200－80）×3 300－120 000＝276 000（元），利润变化的百分比＝（276 000－240 000）/240 000×100%＝15%，根据"敏感系数＝利润变动百分比/各因素变动百分比"可得：保洁服务小时数的敏感系数＝15%/10%＝1.5，选项D当选。

提示：

（1）第（2）问计算税前利润所用小时数为100小时，不是120小时。因为题目描述为"甲公司每天平均提供100小时的保洁服务,每天最多提供120小时的保洁服务",最多120小时不代表每天都是120小时,有可能是80小时,也有可能是120小时,所以本题计算税前利润时是按照每天平均小时数100小时进行计算的。

(2)保洁人员的工资构成有两部分,一部分是固定成本,每个月底薪3 500元;另一部分是变动成本,每小时80元的提成收入。所以,在第(1)问计算固定成本时考虑了固定工资3 500元,保洁人员底薪=3 500×20=70 000(元)。在第(2)问计算税前利润时将保洁人员80/小时的提成收入作为变动成本考虑予以计算。

(3)每天平均提供100小时的保洁服务,假设一个月按照30天进行计算,则月销量=100×30=3 000(小时)。

(4)每天平均提供100小时的保洁服务,指的不是1个人,而是20个人提供的总服务时长为平均每天100小时。

2.30 (1) 【斯尔解析】 B 本题考查本量利分析。生产线当年折旧金额=600×(1-10%)/10=54(万元),固定成本=54(年折旧)+2×12(管理人员固定工资)+6×20(生产人员固定工资)+5×4.8(销售人员固定工资)=222(万元),选项B当选。

(2) 【斯尔解析】 B 本题考查本量利分析。甲公司2×20年生产W新药实现的税前利润=480×2-(50+15+13)(单位变动成本)×2-480×2×(7%+3%)(广告费及提成)-2×10-222(固定成本)=466(万元),选项B当选。

(3) 【斯尔解析】 B 本题考查本量利分析。盈亏临界点销售额=固定成本总额÷(1-变动成本率),单位变动成本=(50+15+13)+480×(7%+3%)+10=136(元),变动成本率=136/480×100%=28.33%,盈亏临界点销售额=222/(1-28.33%)=309.75(万元),选项B当选。

(4) 【斯尔解析】 A 本题考查本量利分析。W新药固定成本降低10%后,税前利润=466+222×10%=488.2(万元),税前利润变动百分比=(488.2-466)/466×100%=4.76%,W新药的固定成本的敏感系数=4.76%/(-10%)=-0.476,选项A当选。

提示:

(1)"W新药每瓶材料成本为50元、变动制造费用为15元、包装成本为13元"均属于变动成本,因为是"每瓶"的成本,都与销量成正比例变动,故在第(1)问计算固定成本时不予考虑。

(2)本题中的变动成本包括"每瓶材料成本为50元、变动制造费用为15元、包装成本为13元""按年销售额的7%支付广告费""按年销售额的3%支付提成收入"和"按每瓶10元支付计件工资",因为每瓶的售价为480元,所以单位变动成本=50+15+13+480×(7%+3%)+10=136(元)。

(3)第(4)问中"W新药固定成本降低10%",税前利润=边际贡献总额-固定成本,固定成本降低10%,说明税前利润的增加额为固定成本的10%,所以固定成本降低10%后的税前利润=变化前的税前利润+固定成本×10%=466+222×10%=488.20(万元)。

第三章 筹资与股利分配管理
答案与解析

一、单项选择题

3.1 ▶ A	3.2 ▶ A	3.3 ▶ D	3.4 ▶ C	3.5 ▶ D
3.6 ▶ A	3.7 ▶ B	3.8 ▶ B	3.9 ▶ B	3.10 ▶ B
3.11 ▶ C	3.12 ▶ B	3.13 ▶ C	3.14 ▶ D	3.15 ▶ C
3.16 ▶ A	3.17 ▶ A	3.18 ▶ C	3.19 ▶ D	3.20 ▶ D
3.21 ▶ A	3.22 ▶ B	3.23 ▶ A		

二、多项选择题

| 3.24 ▶ BCE | 3.25 ▶ AE | 3.26 ▶ BD | 3.27 ▶ AE | 3.28 ▶ AC |
| 3.29 ▶ ABD | 3.30 ▶ AB | 3.31 ▶ AE | 3.32 ▶ ABCE | |

三、计算题

| 3.33 (1) ▶ D | 3.33 (2) ▶ C | 3.33 (3) ▶ A | 3.33 (4) ▶ C |
| 3.34 (1) ▶ D | 3.34 (2) ▶ C | 3.34 (3) ▶ D | 3.34 (4) ▶ A |

一、单项选择题

3.1 🔍斯尔解析　**A**　本题考查股权筹资。利用留存收益筹资的特点如下表所示：

特点	解读
不用发生筹资费用	与普通股筹资相比较，留存收益筹资不需要发生筹资费用，资本成本较低
维持公司的控制权分布	利用留存收益筹资，不用对外发行新股或吸收新投资者，由此增加的权益资本不会改变公司的股权结构，不会稀释原有股东的控制权
筹资数额有限	留存收益的最大数额是企业当期的净利润和以前年度未分配利润之和，不像外部筹资一次性可以筹集大量资金

综上，选项 A 当选。

3.2 🔍斯尔解析　**A**　本题考查租赁筹资。融资租赁的筹资特点：
（1）无需大量资金就能迅速获得资产。
（2）财务风险小、财务优势明显（"借鸡生蛋""卖蛋还钱"），选项 B 不当选。
（3）筹资的限制条件较少，选项 D 不当选。
（4）能延长资金的融通期限，选项 C 不当选。
（5）资本成本负担较高，选项 A 当选。

3.3 🔍斯尔解析　**D**　本题考查股权筹资。吸收直接投资的筹资特点如下表所示：

特点		解读
优点	能够尽快形成生产能力	吸收直接投资不仅可以取得一部分货币资金，而且能够直接获得所需的先进设备和技术，尽快形成生产经营能力
	容易进行信息沟通	吸收直接投资的投资者比较单一，股权没有社会化、分散化，投资者还可以直接担任公司管理层职务
缺点	资本成本较高	相对于股票筹资来说，吸收直接投资的资本成本较高。但与发行股票相比，吸收投资的手续相对比较简便，筹资费用较低
	不易进行产权交易	由于没有以证券为媒介，不利于产权交易，难以进行产权转让

综上，选项 D 当选。

3.4 🔍斯尔解析　**C**　本题考查股权筹资。公开发行普通股股票筹资会增加新的股东，股东越多，控制权越分散，而发行债券不会增加新的股东，选项 A 不当选。公开发行的普通股股票，可以在市场上进行交易，能够促进股权流通和转让，选项 B 不当选。相对于吸收直接投资来说，发行普通股股票筹资的资本成本较低，选项 C 当选。公开发行的普通股股票要上市交易，需要履行严格的信息披露制度，接受公众股东的监督，会带来较大的信息披露成本，选项 D 不当选。

3.5 【斯尔解析】 D 本题考查筹资分类。间接筹资是指企业借助银行和非银行金融机构筹集资金，常见形式包括银行借款和融资租赁，选项 D 当选。

3.6 【斯尔解析】 A 本题考查资本成本的计算。公司债券的资本成本 = 年税后利息费 /［筹资总额×（1−筹资费用率）］= 债券面值×票面利率×（1−所得税税率）/［债券的发行价格×（1−筹资费用率）］，故甲公司该批债券的资本成本 =600×8%×（1−25%）/［680×（1−2%）］=5.40%，选项 A 当选，选项 BCD 不当选。

3.7 【斯尔解析】 B 本题考查资本成本的计算。通过留存收益筹资无须发生筹资费用，利用股利增长模型，留存收益的资本成本 =D_0×（1+g）/P_0+g=2×（1+5%）/16+5%=18.13%，选项 B 当选，选项 ACD 不当选。

3.8 【斯尔解析】 B 本题考查资本成本的计算。银行借款的资本成本 = 年税后利息费用 /［筹资总额×（1−筹资费用率）］= 借款本金×年利率×（1−所得税税率）/［借款本金×（1−筹资费用率）］= 年利率×（1−所得税税率）/（1−筹资费用率），故该借款的资本成本 =6%×（1−25%）/（1−15%）=5.3%，选项 B 当选。

3.9 【斯尔解析】 B 本题考查资本成本的计算。长期债券的资本成本 =12%×（1−25%）/（1−2%）=9.18%，普通股的资本成本 =5/［40×（1−2.5%）］+3%=15.82%，留存收益的资本成本 =5/40+3%=15.5%，该公司加权资本成本 =600/（600+120+80）×9.18%+120/（600+120+80）×15.82%+80/（600+120+80）×15.5%=10.81%，选项 B 当选。

提示：

（1）题目描述为"预计下一年每股股利为 5 元"，所以 D_1=5（元）。

（2）留存收益资本成本，表现为股东追加投资要求的报酬率，其计算方法与普通股成本相同，也分为股利增长模型法和资本资产定价模型法，不同点在于不考虑筹资费用。

3.10 【斯尔解析】 B 本题考查资本成本的计算。债券的资本成本 =8%×（1−25%）/（1−2%）=6.12%，优先股的资本成本 =10%，普通股的资本成本 =4/［40×（1−2.5%）］+3%=13.26%，该公司加权资本成本 =200/（200+300+500）×6.12%+300/（200+300+500）×10%+500/（200+300+500）×13.26%=10.85%，选项 B 当选。

提示：优先股资本成本 = 优先股年股息 /［优先股当前每股市价×（1−筹资费率）］，本题优先股无筹资费用，故优先股资本成本等于其年股息率。

3.11 【斯尔解析】 C 本题考查资本成本的计算。加权资本成本 = 债券的权重×债券的资本成本 + 股票的权重×股票的资本成本，股票筹资的资本成本比债务筹资的资本成本高，因此若减少股票筹资的比重，则加权资本成本下降。或者，由于普通股的资本成本大于长期债券的资本成本，普通股与长期债券的资金比例为 2：1，加权平均资本成本为 12%，可设普通股资本成本为 13.5%，长期债券的资本成本为 9%，在资本成本不变的情况下，将普通股与长期债券的资金比例变为 1：2，则此时甲公司的加权平均资本成本为 10.5%，小于 12%，选项 C 当选。

3.12 【斯尔解析】 B 本题考查资本成本的计算。甲公司的加权资本成本 = 银行借款的权重×银行借款的资本成本 + 股票的权重×股票的资本成本 =8%×（1−25%）×40%+12%×60%=9.6%，选项 B 当选。

3.13 🔍斯尔解析 **C** 本题考查杠杆系数的计算。根据"经营杠杆系数×财务杠杆系数=总杠杆系数",求得财务杠杆系数=3/1.5=2,而财务杠杆系数=普通股每股收益变动率/息税前利润变动率,则普通股每股收益变动率=2×10%=20%,选项C当选。

3.14 🔍斯尔解析 **D** 本题考查杠杆系数。财务杠杆系数=基期息税前利润/(基期息税前利润−基期利息费用)=1 000/(1 000−400)=1.67,选项D当选。

3.15 🔍斯尔解析 **C** 本题考查杠杆系数。该公司的总杠杆系数=基期边际贡献/基期利润总额=100×(1−60%)/〔100×(1−60%)−20−4〕=2.5,选项C当选。

3.16 🔍斯尔解析 **A** 本题考查杠杆系数。利润总额=净利润/(1−所得税税率)=150/(1−25%)=200(万元),息税前利润=利润总额+利息费用=200+100=300(万元),边际贡献=息税前利润+固定成本=300+150=450(万元),总杠杆系数=边际贡献/利润总额=450/200=2.25,选项A当选。

提示:

息税前利润=净利润+所得税费用+利息费用

利润总额=净利润+利息费用

所以,息税前利润=利润总额+利息费用。

3.17 🔍斯尔解析 **A** 本题考查每股收益无差别点法。设方案一与方案二的每股收益无差别点的息税前利润为EBIT,可根据等式"(EBIT−200)×(1−25%)/(3 000+300)=(EBIT−200−1 500×10%)×(1−25%)/3 000",得出每股收益无差别点的息税前利润为1 850万元,预计的息税前利润为1 400万元,小于1 850万元,当预计息税前利润大于每股收益无差别点的息税前利润时,应选择债务筹资方案,反之应选择股权筹资方案,故本题应选择方案一,即股权筹资方案,选项A当选。

3.18 🔍斯尔解析 **C** 本题考查每股收益无差别点法。在每股收益无差别点上,无论是采用债务筹资方案还是股权筹资方案,每股收益都是相等的,选项A不当选。当预期息税前利润或业务量水平大于每股收益无差别点时,应当选择财务杠杆效应较大的筹资方案,选项B不当选。采用每股收益无差别点法决策时,无须考虑公司的加权平均资本成本,选项C当选。所谓每股收益无差别点,是指不同筹资方式下每股收益都相等时的息税前利润或业务量水平,选项D不当选。

3.19 🔍斯尔解析 **D** 本题考查股利的种类。财产股利,是公司以现金以外的资产支付的股利,主要有两种形式:一是证券股利,即以本公司持有的其他公司的有价证券或政府公债等证券作为股利发放;二是实物股利,即以公司的物资、产品或不动产等充当股利,选项D当选。

提示:企业向股东分配股利的方式,通常有以下四种。

类型	解读
现金股利	支付现金是企业向股东分配股利的基本形式
股票股利	股票股利是公司以增发股票的方式所支付的股利,发放股票股利对公司而言并没有现金流出,也不会导致公司的财产减少,也不会改变所有者权益总额

续表

类型	解读
财产股利	财产股利是公司以现金以外的资产支付的股利,主要有两种形式:一是证券股利,即以本公司持有的其他公司的有价证券或政府公债等证券作为股利发放;二是实物股利,即以公司的物资、产品或不动产等充当股利
负债股利	负债股利是公司以负债支付的股利,通常是以公司的应付票据支付给股东,在不得已的情况下,也有公司发行公司债券抵付股利

3.20 【斯尔解析】 D 本题考查股利支付程序中的重要日期。股权登记日是有权领取本期股利的股东的资格登记截止日期,在这一天之后取得股票的股东则无权领取本次分派的股利,因此选项D当选。

提示:股利支付过程中的重要日期。

日期	含义
股利宣告日	公司董事会将股东大会通过本年度利润分配方案的情况以及股利支付情况予以公告的日期
股权登记日	有权领取本期股利的股东的资格登记截止日期。在这一天之后登记在册的股东,即使是在股利支付日之前买入的股票,也无权领取本期分配的股利
除息日(登记次日)	股利所有权与股票本身分离的日期,将股票中含有的股利分配权利予以解除,即在除息日当日及以后买入的股票不再享有本次股利分配的权利。除息日通常是在登记日的下一个交易日
股利支付日	公司确定的向股东正式发放股利的日期

3.21 【斯尔解析】 A 本题考查剩余股利政策的运用。按照目标资本结构的要求,公司投资方案所需要的权益资本额为3 000×55%=1 650(万元),2×21年可发放的现金股利为2 500-1 650=850(万元),选项A当选。

3.22 【斯尔解析】 B 本题考查股利分配政策。执行固定或稳定增长的股利政策,公司将每年派发的股利额固定在某一特定水平或是在此基础上维持某一固定比率逐年稳定增长,稳定的股利向市场传递着公司正常发展的信息,有利于树立公司的良好形象,增强投资者对公司的信心,稳定股票的价格,选项B当选。

3.23 【斯尔解析】 A 本题考查股票分割。发放股票股利和实施股票分割,都会导致普通股股数增加,进而降低股票每股市价,选项A当选。实施股票分割会降低股票每股面值,发放股票股利不会降低股票每股面值,选项B不当选。发放股票股利和实施股票分割都不会减少股东权益总额,选项C不当选。实施股票分割不会改变股东权益结构,发放股票股利会改变股东权益结构,选项D不当选。

提示:股票分割与股票股利的相同点和不同点。

维度	股票分割	股票股利
相同点	在不增加股东权益的情况下增加了股份的数量	
不同点	股东权益总额及其内部结构都不会发生任何变化，变化的只是股票面值	虽不会引起股东权益总额的改变，但股东权益的内部结构会发生变化

（1）股东权益的内部结构指的是股东权益各组成部分之间的比例关系，常见的比如：股本、资本公积和留存收益等项目之间的比例关系。

（2）实施股票分割，只是股票的面值发生了变化，股本、资本公积和留存收益等各项目的金额均不会发生变化，所以股东权益的内部结构不会发生变化。

（3）发放股票股利，留存收益会减少，股本会增加，股本、资本公积和留存收益等各项目之间的比例关系发生了变化，所以股东权益的内部结构会发生变化。

二、多项选择题

3.24 🅢斯尔解析　**BCE**　本题考查筹资分类。银行借款和融资租赁均须借助银行和非银行金融机构筹集资金，属于间接筹资，选项AD不当选。直接筹资不需要通过金融机构来筹措资金，是企业直接从社会取得资金的方式，主要包括发行股票、发行债券、吸收直接投资等，选项BCE当选。

提示：筹资方式按照是否以金融机构为媒介，可分为直接筹资和间接筹资。

类型	解读	举例
直接筹资	企业直接与资金供应者协商融通资金的筹资活动	发行股票、发行债券
间接筹资	企业借助银行和非银行金融机构而筹资资金	银行借款、融资租赁

3.25 🅢斯尔解析　**AE**　本题考查长期借款的保护性条款。长期借款的例行性保护条款主要包括：

（1）要求定期向提供贷款的金融机构提交公司财务报表。（选项A）

（2）保持存货储备量，不准在正常情况下出售较多的非产成品存货。

（3）及时清偿债务，以防被罚款而造成不必要的现金流失。

（4）不准以资产作其他承诺的担保或抵押。（选项E）

（5）不准贴现应收票据或出售应收账款，以避免或有负债等。

综上，选项AE当选。保持企业的资产流动性和限制企业非经营性支出属于一般性保护条款，选项BC不当选。借款的用途不得改变属于特殊性保护条款，选项D不当选。

3.26 🅢斯尔解析　**BD**　本题考查银行借款筹资。长期借款的特殊性保护条款主要包括：

（1）要求公司的主要领导人购买人身保险。（选项B）

（2）借款的用途不得改变。（选项D）

（3）违约惩罚条款等。

综上，选项BD当选。选项AE属于例行性保护条款，选项C属于一般性保护条款，故选项ACE不当选。

第三章 筹资与股利分配管理 | 答案与解析

3.27 🔍斯尔解析　**AE**　本题考查筹资方式。普通股筹资没有固定的利息负担、财务风险较低是普通股筹资的优点，但是利用普通股筹资的资本成本较高，选项A当选。优先股股东不能强迫公司破产，发行优先股能增强公司的信誉，提升公司的举债能力，选项B不当选。通过发行债券筹资，企业可以获得财务杠杆效应，选项C不当选。留存收益是企业净利润留存在企业的部分，利用留存收益筹资不会发生筹资费用，选项D不当选。与发行股票和债券相比，长期借款的资本成本比较低，选项E当选。

3.28 🔍斯尔解析　**AC**　本题考查筹资方式。优先股股东一般没有投票权，通常不会分散公司的控制权，选项B不当选。融资租赁相对于发行债券，能够避免一次性本金的支付，财务风险较小，但是资本成本较大，选项D不当选。发行股票筹资会受到相当多的资格条件的限制，而融资租赁筹资的限制条件较少，选项E不当选。

3.29 🔍斯尔解析　**ABD**　本题考查经营杠杆的基本原理。经营杠杆系数＝（基期息税前利润＋固定成本）/基期息税前利润，在其他因素不变的情况下，销售额越小，息税前利润越小，因为分子大于分母，所以息税前利润的变化对于分母的影响更大，分母变小的程度大于分子变小的程度，故"经营杠杆系数越大"，选项A当选。当销售额处于盈亏临界点时，息税前利润为0，经营杠杆系数＝（基期息税前利润＋固定成本）/基期息税前利润，故"经营杠杆系数趋于无穷大"，选项B当选。经营风险是指企业由于生产经营上的原因而导致的资产报酬波动的风险。引起企业经营风险的主要原因是市场需求和生产成本等因素的不确定性，经营杠杆本身并不是导致资产报酬不确定的根源，只是资产报酬波动的表现。但是，经营杠杆放大了市场和生产等因素变化对利润波动的影响，因此选项C不当选。经营杠杆系数＝（基期息税前利润＋固定成本）/基期息税前利润，在息税前利润为正的前提下，经营杠杆系数最低为1，不会为负数，只要有固定性经营成本存在，经营杠杆系数总是大于1，选项D当选，选项E不当选。

3.30 🔍斯尔解析　**AB**　本题考查股利分配政策。固定或稳定增长股利政策下，稳定的股利向市场传递着公司正常发展的信息，有利于树立公司的良好形象，增强投资者对公司的信心，稳定股票的价格，选项AB当选。采用固定股利支付率政策时，股利与公司盈余密切挂钩；剩余股利政策有利于优化公司资本结构；公司初创阶段的最佳选择是剩余股利政策，选项CDE不当选。

3.31 🔍斯尔解析　**AE**　本题考查股利分配政策。采用剩余股利政策，股利发放额会每年随着投资机会和盈利水平的波动而波动，不利于公司树立良好的形象，选项B不当选。在股权登记日次日购买股票的股东，无权领取本期分配的股利，选项C不当选。发放股票股利不会改变所有者权益总额，不会改变负债总额，不会改变资本结构，选项D不当选。

3.32 🔍斯尔解析　**ABCE**　本题考查股利分配政策的特点。采用剩余股利分配政策，可以保持理想的资本结构，使加权平均资本成本最低，实现企业价值的长期最大化，选项A当选。采用固定股利支付率分配政策，可以使股利和公司盈余紧密配合，体现了"多盈多分、少盈少分、无盈不分"的股利分配原则，但不利于稳定股票价格，选项B当选。采用固定股利分配政策，当盈余较低时，容易导致公司资金短缺，增加公司风险，选项C当选。采用低正常股利加额外股利政策，使得一些依靠股利度日的股东每年至少可以得到虽然较低但比较稳定的股利收入,从而吸引住这部分股东,选项 D 不当选。企业在无利可分的情况下,依然实施固定或稳定增长的股利政策,是违反《中华人民共和国公司法》的,选项 E 当选。

提示:低正常股利加额外股利政策,是指公司事先设定一个较低的正常股利额,每年除了按正常股利额向股东发放股利外,还在公司盈余较多、资金较为充裕的年份向股东发放额外股利的股利政策,所以选项 D 的说法是错误的。

三、计算题

3.33 (1) 斯尔解析 **D** 本题考查每股收益无差别点法。令两个筹资方案的每股收益相等,(EBIT-500×8%-200×5%)×(1-25%)/(50+20)=(EBIT-500×8%-200×5%-500×6%)×(1-25%)/50,解得 EBIT=155(万元),选项 D 当选。

提示:按照方案二筹资,负债有三部分。长期借款 500 万元,年利率为 8%;应付债券 200 万元,年利率 5%,方案二发行债券筹资 500 万元,票面利率 6%。

(2) 斯尔解析 **C** 本题考查资本成本的计算。利用股利增长模型,普通股的资本成本 =D_1/P_0+g=2/28+3%=10.14%,选项 C 当选。

(3) 斯尔解析 **A** 本题考查资本成本的计算。因为预计 2×19 年度息税前利润 200 万元大于每股收益无差别点的息税前利润 155 万元,所以采用方案二进行筹资。加权平均资本成本 =8%×(1-25%)×500/(1 500+500)+5%×(1-25%)×200/(1 500+500)+6%×(1-25%)×500/(1 500+500)+10.14%×(50+750)/(1 500+500)=7.06%,选项 A 当选。

提示:依据预期息税前利润与每股收益无差别点的息税前利润的大小关系进行决策。

预期息税前利润>每股收益无差别点的息税前利润,应当选择债务筹资方案。

预期息税前利润<每股收益无差别点的息税前利润,应当选择股权筹资方案。

因为长期借款、应付债券和方案二债券的资本成本不同,所以在计算加权平均资本成本时需要分开考虑。

(4) 斯尔解析 **C** 本题考查杠杆系数。甲公司 2×20 年的财务杠杆系数 = 基期息税前利润/(基期息税前利润 - 基期利息费用)=200/(200-500×8%-200×5%-500×6%)=1.67,选项 C 当选。

提示:因本题选择债券筹资的方式,故计算财务杠杆需要考虑债券筹资产生的利息。

3.34 (1) 斯尔解析 **D** 本题考查每股收益无差别点法。根据"(EBIT-6 000×6%)×(1-25%)/(3 000+600)=(EBIT-6 000×6%-2 400×8%)×(1-25%)/3 000",可知每股收益无差别点的息税前利润 =1 512(万元),选项 D 当选。

(2) 斯尔解析 **C** 本题考查杠杆系数。筹资完成后,预计息税前利润 =3 600×(1-50%)-600=1 200(万元),小于每股收益无差别点的息税前利润(1 512 万元),因此甲公司应当选择 A 方案,即发行普通股的方案,筹资完成后,每年的利息费用 =6 000×6%=360(万元),利润总额 =1 200-360=840(万元),财务杠杆系数 =1 200/840=1.43,选项 C 当选。

提示:预期息税前利润<每股收益无差别点的息税前利润,应当选择股权筹资方案。本题根据每股收益无差别点法选择的是普通股筹资的方式,所以选用 A 方案进行筹资,不需要考虑 B 方案。

(3) 【斯尔解析】 D 本题考查资本成本的计算。利用资本资产定价模型可得，普通股的资本成本 =4%+1.5×（10%-4%）=13%，选项 D 当选。

(4) 【斯尔解析】 A 本题考查资本成本的计算。债务的资本成本 =6%×（1-25%）=4.5%，加权平均资本成本 =6 000/（6 000+3 000×4+2 400）×4.5%+（3 000×4+2 400）/（6 000+3 000×4+2 400）×13%=10.5%，选项 A 当选。

提示：本题和题目 3.33 加权平均资本成本的计算方式不同是因为题目 3.33 采用的是债券筹资，本题采用的是普通股筹资，所以加权平均资本成本的计算方式是不同的，在做题的时候需要认真思考，先看清所选择的筹资方式，再进行计算。

本题选择的是普通股筹资，故筹资 2 400 万元使用的是普通股资本成本 13%。

第四章 投资管理
答案与解析

一、单项选择题

4.1 B	4.2 A	4.3 C	4.4 B	4.5 B
4.6 C	4.7 D	4.8 C	4.9 A	4.10 B
4.11 B	4.12 D	4.13 D	4.14 A	4.15 A
4.16 B	4.17 C			

二、多项选择题

4.18 AB	4.19 BCD	4.20 CDE	4.21 DE	4.22 ACDE
4.23 ABDE	4.24 ABCE	4.25 ABDE	4.26 ACDE	4.27 BE

三、计算题

4.28 (1) A	4.28 (2) B	4.28 (3) C	4.28 (4) A
4.29 (1) A	4.29 (2) C	4.29 (3) D	4.29 (4) B
4.30 (1) C	4.30 (2) C	4.30 (3) B	4.30 (4) D

一、单项选择题

4.1 〔斯尔解析〕 **B** 本题考查投资项目现金流量估计。第一年流动资金需用额＝第一年流动资产需用额－第一年流动负债需用额＝50-10=40（万元），第二年流动资金需用额＝第二年流动资产需用额－第二年流动负债需用额＝80-25=55（万元），第二年流动资金投资额＝第二年流动资金需用额－第一年流动资金需用额＝55-40=15（万元），选项B当选。

4.2 〔斯尔解析〕 **A** 本题考查投资项目现金流量估计。该固定资产的年折旧额＝（100-5）÷5=19（万元），经营期每年现金净流量＝净利润＋折旧＝11+19=30（万元），选项A当选。

4.3 〔斯尔解析〕 **C** 本题考查投资项目现金流量估计。

折旧额＝35÷5=7（万元）

税前利润＝38-15-7=16（万元）

所得税＝16×25%=4（万元）

净利润＝16-4=12（万元）

方法一：直接法。

现金净流量＝销售收入－付现成本－所得税＝38-15-4=19（万元）

方法二：间接法。

现金净流量＝净利润＋折旧额＝12+7=19（万元）

方法三：分算法。

现金净流量＝（销售收入－付现成本）×（1－所得税税率）＋折旧额×所得税税率＝（38-15）×（1-25%）+7×25%=19（万元）

综上，选项C当选。

4.4 〔斯尔解析〕 **B** 本题考查投资项目现金流量估计。该设备报废引起的预计现金净流量＝固定资产变价净收入＋（账面价值－固定资产变价净收入）×所得税税率=3 500+（5 000-3 500）×25%=3 875（元），选项B当选。

4.5 〔斯尔解析〕 **B** 本题考查投资项目现金流量估计。该设备的年折旧额=80 000÷10=8 000（元），目前账面价值=80 000-8 000×8=16 000（元），该设备处置对当期现金流量的影响＝固定资产变价净收入＋（账面价值－固定资产变价净收入）×所得税税率=10 000+（16 000-10 000）×25%=11 500（元），选项B当选。

4.6 〔斯尔解析〕 **C** 本题考查投资项目现金流量估计。

固定资产年折旧额=90 000÷9=10 000（元）

目前账面价值=90 000-10 000×6=30 000（元）

该业务对该企业当期现金流量的影响=20 000+（30 000-20 000）×25%=22 500（元）

综上，选项C当选。

4.7 〔斯尔解析〕 **D** 本题考查投资项目终结期现金流量的计算。该生产流水线报废引起的预计现金净流量包括三个部分：

（1）固定资产变价净收入。

（2）固定资产变现净损益对现金净流量的影响。

（3）垫支营运资金的收回。

因此，终结期的预计现金净流量＝净残值收入＋（税法规定的净残值－净残值收入）×所得税税率＋垫支营运资金的回收＝1+（1.5-1）×25%+5=6.125（万元），选项D当选。

4.8 **斯尔解析** C 本题考查投资回收期的计算。在未来每年现金净流量不相等的情况下，应把未来每年的现金净流量逐年加总，根据累计现金流量来确定回收期。投资回收期＝n＋第n年的尚未回收额/第$(n+1)$年的现金净流量，项目投资回收期=2+（900-240-300）/400=2.9（年），选项C当选。

4.9 **斯尔解析** A 本题考查固定资产投资决策方法。年折旧额=100÷5=20（万元），年均现金净流量=60×（1-25%）-16×（1-25%）+20×25%=38（万元），投资回报率＝年均现金净流量/原始投资额×100%=38÷100×100%=38%，选项A当选。

4.10 **斯尔解析** B 本题考查固定资产投资决策方法。净现值＝未来现金流量现值－原始投资额现值=230×[（P/A，9%，13）-（P/A，9%，3）]-800=230×（7.4869-2.5313）-800=339.79（万元），选项B当选。

提示：本题涉及递延年金现值的计算。建设期3年，经营期10年（第4年至第13年），每年产生230万元现金流量。相当于递延期为3年，后续连续收付期为10年，年金为230万元的递延年金，有两种算法：

（1）二次折现法。

把第4年至第13年的年金先折现到第3年年末，再二次折现到0时点。

净现值＝未来现金流量现值－原始投资额现值

$\quad$ =230×（P/A，9%，13）×（P/F，9%，3）-800

$\quad$ =339.79（万元）

（2）作差法。

①将递延年金视为13（3+10）期的普通年金，计算其现值P_{13}=230×（P/A，i，13）。

②前3期无现金流，故减去3期普通年金现值。P_3=230×（P/A，i，3）。

③计算其差额就是本题所求未来现金流量现值：230×（P/A，i，13）-230×（P/A，i，3）=230×[（P/A，9%，13）-（P/A，9%，3）]。

④净现值＝未来现金流量现值－原始投资额现值=230×[（P/A，9%，13）-（P/A，9%，3）]-800。

根据题目给出的现值系数，本题采用的是第二种方法。

4.11 **斯尔解析** B 本题考查固定资产投资决策方法。投产后每年的现金净流量＝净利润＋折旧=4+6=10（万元），各年的现金净流量相等，因此，投资回收期＝原始投资额/年现金净流量=60/10=6（年），选项B当选。

提示：现金净流量的计算方法有三种。

（1）直接法：现金净流量＝销售收入－付现成本－所得税。

（2）间接法：现金净流量＝净利润＋折旧。

（3）分算法：现金净流量＝（销售收入－付现成本）×（1-所得税税率）+折旧×所得税税率。

根据题干信息，本题选择方法（2）。

4.12 【斯尔解析】 D 本题考查固定资产投资决策方法。根据"现值指数＝未来现金流量现值/原始投资额现值"可知：1.5＝未来现金流量现值/100，所以未来现金流量现值＝150（万元），净现值＝未来现金流量现值－原始投资额现值＝150－100＝50（万元），年金净流量＝净现值/年金现值系数＝50/（P/A，8％，6）＝50/4.6229＝10.82（万元），选项 D 当选。

4.13 【斯尔解析】 D 本题考查固定资产投资决策方法。对于单一投资方案，如果某一投资项目的净现值为负数，则该项目不可行，此时该项目年金净流量小于0，现值指数小于1，内含报酬率小于基准折现率，选项 ABC 不当选，选项 D 当选。

4.14 【斯尔解析】 A 本题考查债券的估值模型。债券的发行价格＝每年利息现值合计＋到期日本金现值＝60×6％×（P/A，4％，8）＋60×（P/F，4％，8）＝60×6％×6.7327＋60×0.7307＝68.08（万元），选项 A 当选。

提示：债券发行时的理论价格，就是发行时的债券价值。

4.15 【斯尔解析】 A 本题考查债券的估值模型。如果平价发行债券，则债券期限不影响发行价格，选项 A 当选。债券的发行价格＝每年利息现值合计＋到期日本金现值，债券的面值和票面利率越高，其发行价格就越高，选项 BD 不当选。债券发行时的市场利率越高，每年利息现值合计和到期日本金现值就越低，其发行价格就越低，选项 C 不当选。

4.16 【斯尔解析】 B 本题考查债券的估值模型。贴现债券的现金流中没有利息，只有到期日的本金现金流量，将该债券到期日本金折现可得发行价格，发行价格＝10 000÷（1＋10％）³＝7 513.15（万元），选项 B 当选。

4.17 【斯尔解析】 C 本题考查股票的估值模型。根据股利增长模型，甲公司的股票价值＝1.2×（1＋10％）/（12％－10％）＝66（元），选项 C 当选。

二、多项选择题

4.18 【斯尔解析】 AB 本题考查投资的分类。间接投资是把资金投放于股票、债券等资产上的投资行为，以获取投资收益和资本利息，选项 AB 当选。直接投资是把资金投放于形成生产经营能力的实体性资产，直接谋取经营利润的投资行为，选项 CDE 不当选。

4.19 【斯尔解析】 BCD 本题考查投资项目现金流量估计。现金净流量的计算方法有三种。

（1）直接法：现金净流量＝销售收入－付现成本－所得税。

（2）间接法：现金净流量＝净利润＋折旧。

（3）分算法：现金净流量＝（销售收入－付现成本）×（1－所得税税率）＋折旧×所得税税率。

综上，选项 BCD 当选，选项 AE 不当选。

4.20 【斯尔解析】 CDE 本题考查固定资产投资决策方法。净现值是绝对数指标，现值指数是相对数指标，选项 A 不当选。净现值法和现值指数法都考虑了资金的时间价值因素，选项 B 不当选。两者都必须按照预定的折现率折算现金流量的现值，选项 C 当选。两者都不能反映投资方案的实际投资报酬率，内含报酬率可以反映投资方案实际的投资报酬率，选项 D 当选。净现值＞0 的方案，其现值指数＞1，两者对于同一投资方案的评价结果是一致的，选项 E 当选。

4.21　⑤斯尔解析　**DE**　本题考查固定资产投资决策方法。贴现法中四种评价方法对单一方案的评价结果是一致的，净现值大于0的项目，其年金净流量大于0、现值指数大于1、内含报酬率大于基准折现率，选项AC不当选，选项E当选。如果项目的净现值小于0，表明该项目将减损股东价值，应予以放弃，选项B不当选。净现值法属于贴现法，投资回收期法属于非贴现法，项目净现值大于0，并不代表其投资回收期一定短于项目经营期的1/2，选项D当选。

4.22　⑤斯尔解析　**ACDE**　本题考查固定资产投资决策方法。净现值法适用性强，能基本满足项目年限相同的互斥投资方案的决策，但是不适宜于对投资额差别较大的独立投资方案的比较决策，选项A当选，选项B不当选。内含报酬率法用于互斥投资方案决策时，如果各方案的原始投资额现值不相等，可能无法做出正确决策，选项C当选。年金净流量法适用于期限不同的投资方案的决策，选项D当选。投资回报率法没有考虑资金时间价值因素，不能正确反映建设期长短及投资方式等条件对项目的影响，选项E当选。

4.23　⑤斯尔解析　**ABDE**　本题考查债券的估值模型。债券的内在价值等于在债券上未来收取的利息和收回的本金折为的现值之和，影响债券价值的主要因素有债券的面值、期限、票面利率和所采用的贴现率，选项ABDE当选，选项C不当选。

4.24　⑤斯尔解析　**ABCE**　本题考查公司并购。并购支付方式主要包括四种：现金支付方式、股票对价方式、杠杆收购方式、卖方融资方式，选项ABCE当选。并购的支付方式中没有买方融资方式，选项D不当选。

4.25　⑤斯尔解析　**ABDE**　本题考查公司并购。并购动因主要包括：

（1）获取公司控制权增效。

（2）取得协同效应。

（3）向市场传递公司价值低估的信息。

（4）降低代理成本。

（5）管理者的扩张动机。

综上，选项ABDE当选。收缩战线实现最优的公司规模属于公司收缩的动因，选项C不当选。

4.26　⑤斯尔解析　**ACDE**　本题考查公司并购和收缩。并购的动因包括获取公司控制权增效、取得协同效应、向市场传递公司价值低估的信息、降低代理成本、管理者扩张动机，选项A当选。并购支付方式包括现金支付、股票对价、杠杆收购、卖方融资，选项B不当选。公司收缩的目标是通过收缩战线实现公司的最优规模，选项C当选。公司收缩的主要方式包括资产剥离、公司分立、分拆上市，选项D当选。随着全资子公司部分股权的公开出售，对子公司管理层而言，把报酬与公开发行股票的表现相联系将有助于提高管理者的积极性，选项E当选。

4.27　⑤斯尔解析　**BE**　本题考查公司收缩。公司收缩的主要方式包括资产剥离（资产置换）、公司分立、分拆上市，选项BE当选。公司并购的主要方式包括新设合并、吸收合并、非控制权性收购以及控制权收购，选项ACD不当选。

三、计算题

4.28 （1）【斯尔解析】 A　本题考查投资项目现金流量估计。流动资金需用额＝流动资产需要额－流动负债需要额，第一年流动资金需用额＝20-10=10（万元），第二年流动资金需用额＝40-15=25（万元），第二年年初须增加的流动资金投资额＝25-10=15（万元），选项 A 当选。

（2）【斯尔解析】 B　本题考查投资项目现金流量估计。每年计提折旧额＝600×（1-5%）÷6=95（万元），第六年年末的现金净流量包括经营期现金净流量和终结期现金流量，其中，经营期现金净流量＝（收入－付现成本）×（1－所得税税率）＋折旧×所得税税率＝（300-85）×（1-25%）+95×25%=185（万元），第六年年末的账面价值＝600-95×6=30（万元），终结期现金流量＝收回垫支的营运资金＋固定资产变价净收入＋（账面价值－固定资产变价净收入）×25%=25+40+（30-40）×25%=62.5（万元），第六年年末的现金净流量＝185+62.5=247.5（万元），选项 B 当选。

提示：收回垫支的营运资金25万元即为第一年和第二年流动资金的投资额。第一年流动资金的投资额为10万元，第二年流动资金的投资额为15万元，故收回垫支的营运资金为25万元（10+15）。

（3）【斯尔解析】 C　本题考查固定资产投资决策方法。投资总额＝设备投资额＋垫支的营运资金＝600+10+15=625（万元），$NCF_{1～3}$=（300-85）×（1-25%）+95×25%=185（万元），NCF_4=185-4×（1-25%）=182（万元），NCF_5=185（万元），NCF_6=247.5（万元），投资回收期＝3+（625-185×3）/182=3.38（年），选项 C 当选。

提示：本题现金净流量采用的公式为"现金净流量＝（收入－付现成本）×（1－所得税税率）＋折旧×所得税税率"。

（4）【斯尔解析】 A　本题考查固定资产投资决策方法。净现值＝-［（600+10）+15×（P/F，8%，1）］+185×（P/A，8%，6）-4×（1-25%）×（P/F，8%，4）+（247.5-185）×（P/F，8%，6）=-（610+15×0.925）+185×4.622-4×0.75×0.735+62.5×0.63=268.37（万元），选项 A 当选。

提示：计算出的第六年年末（终结期＋经营期）的现金净流量247.5万元包含了经营期的现金净流量，185×（P/A，8%，6）是共计6年的经营期现金净流量折现；所以第六年年末的现金净流量折现只考虑终结期的现金净流量即可，故计算时需要减去经营期的现金净流量［（247.5-185）×（P/F，8%，6）］。

4.29 （1）【斯尔解析】 A　本题考查投资项目现金流量估计。投产后第一年流动资金需用额＝第一年流动资金投资额＝40-10=30（万元），投产后第二年流动资金需要额＝80-30=50（万元），投产后第二年的流动资金投资额＝50-30=20（万元），选项 A 当选。

（2）【斯尔解析】 C　本题考查资本成本计算。新增银行借款的资本成本＝［800×6%×（1-25%）］/800=4.5%，生产线投入使用后股票的资本成本＝1.4/20+3%=10%，加权资本成本＝800/（3 200+800）×4.5%+3 200/（3 200+800）×10%=8.9%，选项 C 当选。

(3) 〔斯尔解析〕 D 本题考查投资项目现金流量估计。每年的折旧额=（800-80）÷6=120（万元），第6年年末的现金净流量包括经营期现金净流量和终结期现金流量，其中经营期现金净流量=（收入－付现成本）×（1-所得税税率）+折旧×所得税税率=（600-200）×（1-25%）+120×25%=330（万元），第6年年末固定资产账面价值=800-120×6=80（万元），终结期现金流量=收回垫支的营运资金+固定资产变价净收入+（账面价值-固定资产变价净收入）×25%=50+80+130（万元）。第6年年末产生的现金净流量=330+130=460（万元），选项D当选。

(4) 〔斯尔解析〕 B 本题考查固定资产投资决策方法。投资总额=800+30+20=850（万元），第1~5年每年的现金净流量=600×（1-25%）-200×（1-25%）+120×25%=330（万元），第6年的现金净流量=460（万元），投资回收期=850/330=2.58（年），选项B当选。

4.30 (1) 〔斯尔解析〕 C 本题考查资产的风险。标准离差率=标准离差/期望值=0.08/16%=50%，选项C当选。

(2) 〔斯尔解析〕 C 本题考查资本成本的计算。新增银行借款的资本成本=800×5%×（1-25%）/800=3.75%，取得长期借款后，股票的资本成本=2/10+1%=21%，加权平均资本成本=3.75%×800/（10 000+2 000+800）+21%×10 000/（10 000+2 000+800）+8.5%×2 000/（10 000+2 000+800）=17.97%，选项C当选。

提示：在税务师考试中，如果题目没有特殊说明，资本成本默认为税后资本成本，因此在计算加权平均资本成本时，债券的资本成本的8.5%可直接使用，无须再进行转换。

股权资本成本不能使用10%进行计算，因为题目问的是新增借款后的加权平均资本成本，新增借款后的股权资本成本发生了变化，根据题目条件可以使用固定股利增长模型进行计算。

(3) 〔斯尔解析〕 B 本题考查固定资产投资决策方法。固定资产每年折旧额=800÷5=160（万元），投产后每年的现金净流量=净利润+折旧=160×（1-25%）+160=280（万元），所以投资回收期=800/280=2.86（年），选项B当选。

(4) 〔斯尔解析〕 D 本题考查固定资产投资决策方法。假设其内含报酬率为i，即当贴现率为i时，该设备项目净现值为0，利用内插法：$(i-20\%)/(24\%-20\%)=(0-37.368)/(-31.288-37.368)$，解得$i=22.18\%$，选项D当选。

第五章 营运资金管理
答案与解析

一、单项选择题

5.1 ▸ D	5.2 ▸ A	5.3 ▸ B	5.4 ▸ B	5.5 ▸ D
5.6 ▸ A	5.7 ▸ B	5.8 ▸ A	5.9 ▸ B	5.10 ▸ C
5.11 ▸ C	5.12 ▸ C	5.13 ▸ D	5.14 ▸ A	5.15 ▸ C
5.16 ▸ A	5.17 ▸ D			

二、多项选择题

| 5.18 ▸ ACE | 5.19 ▸ CE | 5.20 ▸ ABD | 5.21 ▸ ABD | 5.22 ▸ ABD |
| 5.23 ▸ ABCD | 5.24 ▸ BE | 5.25 ▸ ACE | 5.26 ▸ ABDE | 5.27 ▸ ABD |

三、计算题

| 5.28 (1) ▸ D | 5.28 (2) ▸ D | 5.28 (3) ▸ D | 5.28 (4) ▸ C |

一、单项选择题

5.1 **D** 本题考查营运资金管理策略。在紧缩的流动资产投资策略下,企业会维持低水平的流动资产与销售收入比率,此时可以节约流动资产的持有成本,选项 AB 不当选。在宽松的流动资产投资策略下,企业通常会维持高水平的流动资产与销售收入比率,由于流动性较高，企业的财务与经营风险较小，选项 C 不当选。制定流动资产投资策略时，需要权衡资产的收益性与风险性，选项 D 当选。

提示：流动资产的投资策略有以下两种基本类型。

策略	流动资产与销售收入比率	风险	持有成本	收益水平
紧缩的流动资产投资策略	维持低水平	较高	较低	较高
宽松的流动资产投资策略	维持高水平	较低	较高	较低

5.2 **斯尔解析** A 本题考查流动资产的投资策略。流动资产的投资策略有两种类型：紧缩的流动资产投资策略和宽松的流动资产投资策略。在紧缩的流动资产投资策略下，企业会维持低水平的流动资产与销售收入比率，选项 A 当选。在宽松的流动资产投资策略下，企业通常会维持高水平的流动资产与销售收入比率，选项 B 不当选。流动资产的投资策略不包括匹配的流动资产投资策略和稳健的流动资产投资策略，选项 CD 不当选。

5.3 **斯尔解析** B 本题考查流动资产的融资策略。流动资产的融资策略有三种类型：期限匹配融资策略、保守融资策略和激进融资策略。在激进融资策略中，短期融资支持所有的波动性流动资产和部分的永久性流动资产，选项 A 不当选。在保守融资战略中，长期融资支持固定资产、永久性流动资产和部分波动性流动资产，短期融资仅用于融通剩余的波动性流动资产，选项 B 当选。在期限匹配融资策略中，短期融资融通全部的波动性流动资产，不融通永久性流动资产，选项 C 不当选。没有紧缩融资策略这种类型，选项 D 不当选。

提示：一般而言，资产负债表左边代表资金占用，右边代表资金来源。
其中，流动资产与流动负债可以做进一步拆分：

项目	分类	特征
流动资产	永久性流动资产	（1）满足企业长期最低需求。 （2）占有量通常相对稳定
	波动性（临时性）流动资产	（1）由季节性或临时性原因形成。 （2）占有量随当时需求而波动
流动负债	自发性流动负债	经营性流动负债，假设永久滚动存续，可以长期使用
	临时性（筹资性）流动负债	为了满足临时性流动资金需要而发生的负债，只供短期使用，比如短期借款

根据以上分析，可以将资金占用和资金来源分为以下类型：

短期占用 = 波动性流动资产

长期占用 = 永久性流动资产 + 长期资产

短期来源 = 临时性流动负债

长期来源 = 自发性流动负债 + 长期负债 + 所有者权益

5.4 【斯尔解析】 B 本题考查流动资产融资策略。在激进融资策略中，应最大限度地使用短期融资，而非使用长期融资，选项A不当选。在激进融资策略中，仅对一部分永久性流动资产使用长期融资方式融资，短期融资方式支持剩下的永久性流动资产和所有的波动性流动资产，选项B当选，选项C不当选。此时，筹资成本比较低，收益比较高，选项D不当选。

5.5 【斯尔解析】 D 本题考查最佳现金持有量的确定。

最佳现金持有量 = $\sqrt{\dfrac{2 \times 全年现金需求总量 \times 每次的交易成本}{持有现金的机会成本率}} = \sqrt{\dfrac{2 \times 8\,400 \times 10\,000 \times 150}{7\%}}$ = 600 000（元）=60（万元），选项D当选。

提示：乘以10 000是因为8 400的单位是万元，需要把8 400万元换算成元，故乘以10 000。

5.6 【斯尔解析】 A 本题考查最佳现金持有量的确定。利用存货模式确定现金持有量时需要考虑两种成本：持有成本（机会成本）和转换成本，无须考虑短缺成本，选项A当选，选项BCD不当选。

5.7 【斯尔解析】 B 本题考查现金收支日常管理。现金周转期 = 存货周转期 + 应收账款周转期 − 应付账款周转期 =95+55−90=60（天），选项B当选。

5.8 【斯尔解析】 A 本题考查应收账款的成本。应收账款的平均收现期 =40%×10+30%×20+20%×30+10%×（30+20）=21（天），应收账款的机会成本 =36 000×80/360×21×（60/80）×12%=15 120（元），选项A当选，选项BCD不当选。

提示：

（1）题干中提及"另外10%的顾客平均在信用期满后20天付款"，则这些顾客的平均付款期为在正常信用期30天满后的20天，即50天（30+20），而非20天。

（2）因投放于应收账款而放弃其他投资所带来的收益，即为应收账款的机会成本。

应收账款占用资金的应计利息（即机会成本）			
= 应收账款占用资金			× 资本成本
= 应收账款平均余额		× 变动成本率	× 资本成本
= 日销售额	× 平均收现期	× 变动成本率	× 资本成本
= 全年销售额 ÷ 360	× 平均收现期	× 变动成本率	× 资本成本

5.9 【斯尔解析】 B 本题考查应收账款的成本。应收账款的平均收现期 =50%×10+40%×20+10%×（20+10）=16（天），应收账款的机会成本 = 日销售额 × 平均收现期 × 变动成本率 × 资本成本 =（360×10/360）×16×（4/10）×10%=6.4（万元），选项B当选。

5.10 【斯尔解析】 C 本题考查应收账款信用政策决策。甲公司2×21年度销售产品的预计利润 = 预计销售量 × 单价 × 销售利润率 =（100+50）×8 000×20%=240 000（万元），应收账款平均收现期 =20%×20+80%×60=52（天），应收账款的机会成本 = 日销售额 × 平均收现期 × 变动成本率 × 资本成本 =150×8 000/360×52×（4 000/8 000）×8%=6 933.33（万元），商业信用的管理成本、坏账损失和收账成本合计 =150×8 000×（2%+8%+7%）=204 000（万元），应收账款的现金折扣成本 =150×8 000×2%×20%=4 800（万元），可实现的利润总额 =240 000−6 933.33−204 000−4 800=24 267（万元），选项C当选。

5.11 斯尔解析 C 本题考查企业信用政策。信用标准是企业用来衡量客户是否有资格享受商业信用的基本条件，通常用"5C"系统来评价。"5C"系统包含品质、能力、资本、抵押、条件指标，其中"能力"指标指的是客户的偿债能力，选项 C 当选。

提示：

指标	含义
品质	顾客的信誉，即履行偿债义务的可能性
能力	顾客的偿债能力，即其流动资产的数量和质量以及与流动负债的比例
资本	顾客的财务实力和财务状况，表明顾客可能偿还债务的背景
抵押	顾客拒付款项或无力支付款项时能被用作抵押的资产
条件	可能影响顾客付款能力的经济环境

5.12 斯尔解析 C 本题考查存货经济订货基本模型。根据存货经济订货基本模型，经济订货量 $=\sqrt{2\times 存货年需求量 \times 每次订货变动成本/单位变动储存成本}=\sqrt{2\times 72\,000\times 250/1}=6\,000$（件），选项 A 不当选。年订货次数 = 存货年需求量/经济订货批量 =72 000/6 000=12（次），选项 B 不当选。总订货成本 = 年订货次数 × 每次订货成本 =12×250=3 000（元），选项 C 当选。与进货批量有关的总成本 $=\sqrt{2\times 存货年需求量 \times 每次订货变动成本 \times 单位变动储存成本}=\sqrt{2\times 72\,000\times 250\times 1}=6\,000$（元），选项 D 不当选。

5.13 斯尔解析 D 本题考查存货经济订货基本模型。根据存货经济订货基本模型，经济订货量 $=\sqrt{2\times 存货年需求量 \times 每次订货变动成本/单位变动储存成本}=\sqrt{2\times 150\,000\times 93/1.5}=4\,313$（公斤），选项 D 当选。

5.14 斯尔解析 A 本题考查短期借款。根据周转信用协议的规定，借款企业必须按借款限额未使用部分的一定比例向金融机构支付承诺费，因此，企业负担的承诺费 =（1 000-800）×0.5%=1（万元），选项 A 当选，选项 BCD 不当选。

5.15 斯尔解析 C 本题考查短期借款。实际借款成本包括支付的利息和承诺费，利息费用 =60×10%=6（万元），支付的承诺费 =（100-60）×0.5%=0.2（万元），实际的借款成本 =6+0.2=6.2（万元），甲公司实际动用的借款为 60 万元，则实际利率 =6.2/60×100%=10.33%，选项 C 当选。

5.16 斯尔解析 A 本题考查短期借款。年利息费用 =500×5.4%=27（万元），实际动用的借款 =500×（1-10%）=450（万元），实际利率 =27/450×100%=6%，选项 A 当选，选项 BCD 不当选。

5.17 斯尔解析 D 本题考查商业信用筹资。甲公司放弃现金折扣的信用成本率 =2%/（1-2%）×360/（40-10）=24.49%，选项 D 当选。

提示：

$$放弃现金折扣成本 = \frac{折扣\%}{1-折扣\%} \times \frac{360天}{付款期（信用期）-折扣期}$$

二、多项选择题

5.18 【斯尔解析】 **ACE** 本题考查流动资产的投资策略。在宽松的流动资产投资策略下,企业通常会维持高水平的流动资产与销售收入的比率,此时公司的风险水平比较低(选项B不当选,选项E当选),同时企业需要承担较高的流动资产的持有成本(选项A当选),降低企业的收益水平(选项C当选,选项D不当选)。

5.19 【斯尔解析】 **CE** 本题考查流动资产的融资策略。在激进融资策略中,企业仅对一部分永久性流动资产使用长期融资方式融资,短期融资方式支持剩下的永久性流动资产和所有的波动性流动资产,选项A不当选,选项C当选。在激进融资策略中,企业的融资成本比较低,收益较高,但会导致较低的流动比率和较高的流动性风险,选项B不当选,选项E当选。在激进融资策略中,企业通常使用更多的短期融资,选项D不当选。

提示:

融资策略	基本关系式	含义	特点
期限匹配融资策略	长期占用 = 长期来源 短期占用 = 短期来源	永久性流动资产和非流动资产以长期融资方式融通,波动性流动资产用短期来源融通	—
保守融资策略	长期占用 < 长期来源 短期占用 > 短期需求	长期融资支持非流动资产、永久性流动资产和部分波动性流动资产,短期融资仅用于融通剩余的波动性流动资产	融资风险较低、成本较高、收益较低
激进融资策略	长期占用 > 长期来源 短期占用 < 短期需求	仅对一部分永久性流动资产使用长期融资方式融资。短期融资方式支持剩下的永久性流动资产和所有的波动性流动资产	虽然成本比较低、收益较高,但是会导致较低的流动比率和较高的流动性风险

5.20 【斯尔解析】 **ABD** 本题考查企业信用政策。企业信用政策由信用标准、信用条件、收账政策组成,选项ABD当选,选项CE不当选。

5.21 【斯尔解析】 **ABD** 本题考查企业应收账款的日常管理。对应收账款实施追踪分析的重点是赊销商品的销售与变现能力,选项A当选。应收账款的账龄结构,是指各账龄应收账款的余额占应收账款总计余额的比重,选项B当选。应收账款保理分为有追索权保理和无追索权保理,但是保理是一项综合性的金融服务方式,其同单纯的融资或收账管理有本质区别,选项C不当选。应收账款的坏账损失一般无法彻底避免,因此对坏账损失的可能性要预先进行估计,选项D当选。应收账款保理能减少坏账损失、降低经营风险,也能改善企业的财务结构,选项E不当选。

5.22 【斯尔解析】 **ABD** 本题考查存货的成本。储存成本指为保持存货而发生的成本,储存成本分为固定储存成本和变动储存成本,变动储存成本与存货的数量有关,如存货资金的应计利息、存货的破损和变质损失、存货的保险费用等,选项ABD当选。固定储存成本与存货数量的多少无关，如仓库折旧费、仓库职工的固定工资等，选项 C 不当选。存货储备不足而造成的损失属于缺货成本，选项 E 不当选。

5.23 🔍斯尔解析　**ABCD**　本题考查存货经济订货基本模型。

经济订货量 $=\sqrt{\dfrac{2\times 存货年需求量 \times 每次订货变动成本}{单位变动储存成本}}=\sqrt{\dfrac{2\times 108\,000\times 5\,000}{30}}=6\,000$（千克）。

与进货批量有关的总成本 $=\sqrt{2\times 存货年需求量 \times 每次订货变动成本 \times 单位变动储存成本}=\sqrt{2\times 108\,000\times 5\,000\times 30}=180\,000$（元），选项 AB 当选。年订货次数 $=$ 存货年需求量 / 经济订货量 $=108\,000/6\,000=18$（次），选项 C 当选。总订货成本 $=$ 年订货次数 $\times$ 每次订货成本 $=18\times 5\,000=90\,000$（元），选项 D 当选。总储存成本 $=$ 存货年平均库存量 $\times$ 单位储存成本 $=6\,000/2\times 30=90\,000$（元），选项 E 不当选。

5.24 🔍斯尔解析　**BE**　本题考查存货模式下最佳现金持有量的确定。根据存货模式，最佳现金持有量的确定，不需要考虑管理成本和短缺成本，选项 AC 不当选。根据"最佳现金持有量 $=\sqrt{\dfrac{2\times 全年现金需求总量 \times 每次的交易成本}{持有现金的机会成本率}}$"可知，预测期内公司的现金需求量、一次的交易成本与最佳现金持有量呈同向变动关系，持有现金的机会成本率与最佳现金持有量呈反向变动关系，选项 BE 当选，选项 D 不当选。

5.25 🔍斯尔解析　**ACE**　本题考查短期借款。采用贴现法付息时，企业可以利用的贷款只是本金减去利息部分后的差额，因此贷款的实际利率要高于名义利率，选项 A 当选。采用加息法付息时，由于贷款本金分期均衡偿还，借款企业实际只平均使用了贷款本金的一半，却支付了全额利息，这样企业所负担的实际利率大约是名义利率的 2 倍，选项 B 不当选。对于同一笔短期贷款，企业应尽量选择收款法支付利息，因为采用收款法支付利息时，短期贷款的实际利率与名义利率相同，而采用贴现法和加息法付息时，实际利率均高于名义利率，选项 CE 当选，选项 D 不当选。

提示："实际利率约比名义利率高 1 倍"和"实际利率大约是名义利率的 2 倍"是同一个意思。

5.26 🔍斯尔解析　**ABDE**　本题考查短期借款。根据周转信用协议，企业未使用部分须向金融机构支付承诺费，借款企业的负担加重，此时实际利率高于名义利率，选项 A 当选。补偿性余额使得实际可使用资金小于名义借款额，会导致实际利率高于名义利率，选项 B 当选。信用额度是指金融机构对借款企业规定的无抵押、无担保借款的最高限额，并不会导致名义利率低于实际利率，选项 C 不当选。用贴现法付息，企业可以利用的贷款只是本金减去利息部分后的差额，因此贷款的实际利率要高于名义利率，选项 D 当选。用加息法付息，由于借款分期等额偿还，企业实际上只平均使用了贷款本金的一半，却支付了全额利息，故企业负担的实际利率大约是名义利率的 2 倍，选项 E 当选。

5.27 🔍斯尔解析　**ABD**　本题考查商业信用筹资。商业信用是指在商品或劳务交易中，以延期付款或预收货款方式进行购销活动而形成的企业间的借贷关系，商业信用的形式包括应付账款、应付票据、预收货款和应计未付款，选项 ABD 当选，选项 CE 不当选。

三、计算题

5.28

(1) 【斯尔解析】 D 本题考查信用政策决策。在新的信用政策下，应收账款平均收款期 = $10×40\%+30×30\%+50×20\%+80×10\%=31$（天），选项 D 当选。

(2) 【斯尔解析】 D 本题考查信用政策决策。在新的信用政策下，全年销售额 = $160×360×（1+15\%）=66\,240$（万元），日销售额 = $66\,240/360=184$（万元），应收账款平均余额 = 日销售额 × 平均收款期 = $184×31=5\,704$（万元），应收账款占用资金 = 应收账款平均余额 × 变动成本率 = $5\,704×（120/160×100\%）=4\,278$（万元），应收账款的机会成本 = 应收账款占用资金 × 资本成本 = $4\,278×8\%=342.24$（万元），选项 D 当选。

(3) 【斯尔解析】 D 本题考查信用政策决策。在新的信用政策下，应收账款现金折扣成本 = $66\,240×40\%×5\%+66\,240×30\%×2\%=1\,722.24$（万元），选项 D 当选。

(4) 【斯尔解析】 C 本题考查信用政策决策。在旧的信用政策下：

应收账款的机会成本 = $160×360×50/360×（120/160）×8\%=480$（万元）

应收账款的坏账损失 = $160×360×40\%×4.5\%=1\,036.8$（万元）

应收账款的收账费用 = $160×360×40\%×3\%=691.2$（万元）

利润总额 = $（160-120）×360-480-1\,036.8-691.2=12\,192$（万元）

在新的信用政策下：

应收账款的机会成本为 342.24 万元，现金折扣金额为 1 722.24 万元。

应收账款的坏账损失、收账费用 = $66\,240×10\%×10\%=662.4$（万元）

利润总额 = $（160-120）×360×（1+15\%）-342.24-1\,722.24-662.4=13\,833.12$（万元）

实行新政策能增加的利润总额 = $13\,833.12-12\,192=1\,641.12$（万元），选项 C 当选。

提示：旧的信用政策没有提供现金折扣，故不需要考虑旧政策下的现金折扣成本。

新政策下的应收账款的坏账损失、收账费用 = $66\,240×10\%×10\%=662.4$（万元），第一个 10% 是指会逾期付款的客户所占销售额的比例，故 $66\,240×10\%$ 计算的是逾期账款金额，第二个 10% 是新的信用政策下逾期应收账款的收回须支出的收账费用及坏账损失占逾期账款金额的 10%，故 $6\,240×10\%×10\%$ 计算的是新的信用政策下应收账款的坏账损失、收账费用。

第六章 财务分析与评价 答案与解析

一、单项选择题

6.1	B	6.2	D	6.3	B	6.4	C	6.5	B
6.6	C	6.7	D	6.8	A	6.9	D	6.10	A
6.11	C	6.12	D	6.13	C	6.14	C	6.15	B
6.16	B	6.17	A	6.18	D	6.19	C	6.20	D
6.21	C								

二、多项选择题

6.22	ABCD	6.23	AC	6.24	ADE	6.25	ACE	6.26	CD
6.27	ABCE	6.28	ADE	6.29	CDE	6.30	ABCD	6.31	ACDE
6.32	ABE	6.33	BD						

三、计算题

| 6.34 (1) | B | 6.34 (2) | C | 6.34 (3) | A | 6.34 (4) | B |

一、单项选择题

6.1 斯尔解析 **B** 本题考查速动资产的含义。速动资产是企业在短期内可变现的资产，包括货币资金、交易性金融资产和各种应收款项，不包括存货、预付款项、一年内到期的非流动资产和其他流动资产等。综上，选项B当选，选项ACD不当选。

6.2 斯尔解析 **D** 本题考查偿债能力指标之间的辨析。资产负债率和权益乘数反映企业长期偿债能力，选项AC不当选。流动比率虽然反映企业短期偿债能力，但现金比率相较于流动比率剔除了存货和应收账款对偿债能力的影响，可显示企业立即偿还到期债务的能力，选项B不当选，选项D当选。

6.3 斯尔解析 **B** 本题考查反映偿债能力的比率。留存收益增加额＝（每股收益－每股股利）×发行在外的普通股股数，所以，甲公司普通股股数＝1 200/（4-1）＝400（万股），期末所有者权益的金额＝发行在外的普通股股数×每股股票账面价值＝400×30＝12 000（万元），产权比率＝负债总额/所有者权益总额＝6 000/12 000＝0.5，选项B当选。

6.4 斯尔解析 **C** 本题考查反映偿债能力的比率。利润总额＝净利润/（1－所得税税率）＝210/（1-25%）＝280（万元），息税前利润＝利润总额＋费用化利息＝280＋（150-100）＝330（万元），已获利息倍数＝息税前利润/利息总额＝330/150＝2.2，选项C当选。

6.5 斯尔解析 **B** 本题考查反映偿债能力的比率。权益乘数＝资产总额/所有者权益总额＝（负债总额＋所有者权益总额）/所有者权益总额＝1+产权比率，选项B当选。

6.6 斯尔解析 **C** 本题考查反映资产质量状况的比率。根据"流动比率＝流动资产/流动负债"可知：2.8＝2×20年末流动资产/50，2×20年末流动资产＝2.8×50＝140（万元），根据"速动比率＝速动资产/流动负债＝（流动资产－存货）/流动负债"可知：1.6＝（140-期末存货）/50，期末存货＝140-50×1.6＝60（万元），2×20年度存货周转次数＝营业成本/平均存货余额＝640/〔（68+60）÷2〕＝10（次），选项C当选。

6.7 斯尔解析 **D** 本题考查反映盈利能力的比率。反映盈利能力的比率包括总资产收益率、净资产收益率、资本收益率、营业利润率、成本费用利润率和盈余现金保障倍数，选项ABC不当选。已获利息倍数是反映偿债能力的比率，不属于反映盈利能力的财务指标，选项D当选。

6.8 斯尔解析 **A** 本题考查反映经济增长状况的比率。资本积累率＝本年所有者权益增长额/年初所有者权益×100%＝（3-2）/2×100%＝50%，选项A当选。

6.9 斯尔解析 **D** 本题考查反映经济增长状况的比率。资本保值增值率＝期末所有者权益/期初所有者权益×100%＝3/2×100%＝150%，选项D当选。

6.10 斯尔解析 **A** 本题考查反映获取现金能力的比率。根据"产权比率＝负债总额/所有者权益总额"可知：3＝6 000/所有者权益总额，所有者权益总额＝2 000（万元），负债总额＋所有者权益总额＝期末资产总额＝平均总资产＝6 000+2 000＝8 000（万元），全部资产现金回收率＝经营活动现金流量净额/平均资产总额×100%＝500/8 000×100%＝6.25%，选项A当选。

6.11 斯尔解析 **C** 本题考查反映上市公司特殊财务分析的比率。2×22年发行在外的普通股加权平均股数＝40 000+10 800×10/12-4 800×2/12＝48 200（万股），基本每股收益＝归属于普通股股东的当期净利润÷发行在外的普通股加权平均股数=12 050/48 200=0.25（元），选项C当选。

提示：发行在外的普通股加权平均股数＝期初发行在外普通股股数＋当期新发行普通股股数×（已发行时间÷报告期时间）－当期回购普通股股数×（已回购时间÷报告期时间）。

6.12 【斯尔解析】 **D** 本题考查反映上市公司特殊财务分析的比率。常见的潜在普通股主要包括可转换公司债券、认股权证和股份期权等，选项ABC不当选。配股增加的股份属于当期新发行的普通股，不具有潜在稀释性，因此不属于稀释性潜在普通股，选项D当选。

提示：稀释每股收益是指企业存在具有稀释性潜在普通股的情况下，以基本每股收益的计算为基础，在分母中考虑稀释性潜在普通股的影响，同时对分子也作相应的调整。配股增加的股份属于当期新发行的普通股，在计算基本每股收益的时候已经考虑了，故在计算稀释每股收益的时候不需要重复考虑。

6.13 【斯尔解析】 **C** 本题考查反映上市公司特殊财务分析的比率。发行在外普通股的加权平均数＝8 000×2+6 000×1/12=16 500（万股），基本每股收益=25 000/16 500=1.52（元），选项C当选。

提示：企业派发股票股利、公积金转增资本、拆股或并股等，会增加或减少其发行在外普通股或潜在普通股的数量，并不影响所有者权益金额，也不改变企业的盈利能力。但是，为了保持会计指标的前后期可比性，应当按调整后的股数重新计算各列报期间的每股收益（无须按照时间权重加权计算）。

6.14 【斯尔解析】 **C** 本题考查反映上市公司特殊财务分析的比率。甲公司具有稀释性的股数=300-300×5.2÷6=40（万股），稀释每股收益=800/（2 000+40）=0.39（元），选项C当选。

提示：当认股权证行权价格（5.2元）低于当期普通股平均市场价格（6元）时，应当考虑稀释性。

分子（净利润）：净利润金额不变。

分母（股数）：考虑可以转换的普通股股数的加权平均数与按照当期普通股平均市场价格能够发行的普通股股数的加权平均数的差额（发行认股权证数－发行认股权证数×行权价格/普通股平均每股市价）。

6.15 【斯尔解析】 **B** 本题考查反映上市公司特殊财务分析的比率。普通股每股收益=归属于普通股股东的当期净利润/流通在外的普通股加权平均股数=（250-50）/100=2（元），市盈率=每股市价/每股收益=30/2=15，选项B当选。

6.16 【斯尔解析】 **B** 本题考查反映上市公司特殊财务分析的比率。每股净资产=期末净资产/期末发行在外的普通股股数=600/120=5（万元），2×21年末的市净率=每股市价/每股净资产=30/5=6，选项B当选。

提示：

（1）每股净资产计算公式中，分子分母均为时点数指标，因此分子分母均直接取期末数计算，不需要取平均值。

（2）题干中的"120万股"，指的是年末流通在外的普通股股数，而非年初。

（3）期末净资产、期末股东权益和期末所有者权益是同一个意思。

6.17 **斯尔解析** A 本题考查反映上市公司特殊财务分析的比率。每股收益＝归属于普通股股东的当期净利润／流通在外的普通股加权平均数＝（350-100×1）/500=0.5（元），市盈率＝每股市价／每股收益=20/0.5=40，选项 A 当选，选项 BCD 不当选。

6.18 **斯尔解析** D 本题考查杜邦分析法。净资产收益率＝销售净利润率 × 总资产周转率 × 权益乘数。在其他因素不变的情况下，产品成本上升，会导致销售净利润率下降，因此净资产收益率会降低，选项 A 不当选。存货增加会导致存货周转率下降，收账期延长会导致应收账款周转率下降，两者均会导致总资产周转率下降，进而降低净资产收益率，选项 BC 不当选。资产负债率提高，权益乘数会提高，进而提高净资产收益率，选项 D 当选。

6.19 **斯尔解析** C 本题考查杜邦分析法。净资产收益率＝销售净利率 × 总资产周转率 × 权益乘数。2×22 年净资产收益率=12%×5× 权益乘数（2×22 年的），2×21 年净资产收益率 =10%×6× 权益乘数（2×21 年的），由于资产负债率不变，则权益乘数不变，2×22 年净资产收益率/2×21 年净资产收益率＝（12%×5）/（10%×6）=1，因此，2×22 年净资产收益率与 2×21 年相比并无变化，选项 C 当选。

6.20 **斯尔解析** D 本题考查反映盈利能力的比率。总资产收益率＝销售净利率 × 总资产周转率，所以，总资产周转率＝总资产收益率÷销售净利率=30%÷20%=1.5，选项 D 当选。

6.21 **斯尔解析** C 本题考核综合绩效评价。评价盈利能力状况的修正指标有：销售利润率、利润现金保障倍数、成本费用利润率、资本收益率，选项 C 当选。总资产报酬率和净资产收益率是评价企业盈利能力状况的基本指标，选项 AD 不当选。已获利息倍数是评价企业债务风险状况的基本指标，选项 B 不当选。

二、多项选择题

6.22 **斯尔解析** ABCD 本题考查财务分析的内容。财务分析的基本内容，主要包括以下四个方面：

方面	内容
分析企业偿债能力	分析企业资产的结构，估量所有者权益对债务资金的利用程度，制定企业筹资策略
评价企业资产的营运能力	分析企业资产的分布情况和周转使用情况，测算企业未来的资金需用量
评价企业的盈利能力	分析企业利润目标的完成情况和不同年度盈利水平的变动情况，预测企业盈利前景
评价企业的资金实力	分析各项财务活动的相互联系和协调情况，揭示企业财务活动方面的优势和薄弱环节，找出改进财务管理工作的着力点

以上四项分析内容互相联系、互相补充，可综合描述出企业的财务状况、经营成果及现金流量，以满足不同使用者对财务信息的需要，选项 ABCD 当选，选项 E 不当选。

6.23 【斯尔解析】 AC 本题考查反映偿债能力的比率。反映短期偿债能力的指标包括流动比率、速动比率、现金比率、现金流动负债比率，选项AC当选。产权比率和资产负债率属于反映长期偿债能力的指标，选项BE不当选。营业利润率属于反映盈利能力的指标，选项D不当选。

6.24 【斯尔解析】 ADE 本题考查反映偿债能力的比率。流动比率是企业流动资产与流动负债的比率，是衡量企业短期偿债能力的指标，选项A当选。速动资产包括货币资金、交易性金融资产和各种应收款项，不包括存货，选项B不当选。现金比率可显示企业立即偿还到期债务的能力，而非速动比率，选项C不当选。产权比率是负债总额与所有者权益总额的比率，产权比率越低，说明企业偿还长期债务的能力越强，选项D当选。已获利息倍数反映企业用经营所得支付债务利息的能力，该指标越大，说明企业支付债务利息的能力越强，选项E当选。

6.25 【斯尔解析】 ACE 本题考查反映偿债能力和经济增长状况的比率。资产负债率＝负债总额/资产总额×100%=300/（300+200）×100%=60%，选项A当选。速动比率＝速动资产/流动负债=100/150=2/3，选项B不当选。已获利息倍数＝息税前利润/利息总额＝（净利润＋所得税费用＋费用化利息）/利息总额＝（40+10+20）/20=3.5，选项C当选。产权比率＝负债总额/所有者权益总额=300/200=3/2，选项D不当选。资本保值增值率＝期末所有者权益/期初所有者权益×100%=200/100×100%=200%，选项E当选。

6.26 【斯尔解析】 CD 本题考查反映获取现金能力的比率。反映获取现金能力的比率包括销售现金比率、每股营业现金净流量和全部资产现金回收率，选项CD当选。现金比率和现金流动负债比率属于反映偿债能力的比率，选项AB不当选。盈余现金保障倍数属于反映盈利能力的比率，选项E不当选。

6.27 【斯尔解析】 ABCE 本题考查反映经济增长状况的比率。反映经济增长状况的财务指标包括：
（1）与利润表数据相关的比率：营业收入增长率、营业利润增长率、技术投入比率。（选项AE当选）
（2）与资产负债表数据相关的比率：总资产增长率、资本保值增值率、资本积累率。（选项BC当选）
已获利息倍数是反映偿债能力的比率，选项D不当选。

6.28 【斯尔解析】 ADE 本题考查反映上市公司特殊财务分析的比率。反映上市公司特殊财务分析的比率有：每股收益（基本每股收益、稀释每股收益）、每股股利、每股净资产、市盈率、市净率，选项ADE当选。销售现金比率是反映获取现金能力的比率，选项B不当选。净资产收益率是反映盈利能力的比率，选项C不当选。

6.29 【斯尔解析】 CDE 本题考查反映上市公司特殊财务分析的比率。已发行的认股权证和可转换公司债券影响的是稀释每股收益，选项AB不当选。当期回购的普通股、已派发的股票股利和已分拆的股票均会影响流通在外的普通股股票，进而影响基本每股收益，选项CDE当选。

6.30 【斯尔解析】 ABCD 本题考查反映上市公司特殊财务分析的比率。稀释每股收益以基本每股收益的计算为基础，在分母中考虑稀释性潜在普通股的影响，同时对分子也作相应的调整，即影响基本每股收益的因素也会影响稀释每股收益，选项AC当选。可转换公司债券和认股权证属于潜在性稀释普通股，选项BD当选。每股股利不会影响稀释每股收益的计算，选项E不当选。

6.31 斯尔解析 **ACDE** 本题考查杜邦分析法。净资产收益率=总资产收益率×权益乘数=销售净利率×总资产周转率×权益乘数，总资产收益率=销售净利率×总资产周转率，选项B不当选。

提示：权益乘数=资产总额÷所有者权益总额

=资产总额÷（资产总额-负债总额）

=1÷（1-资产负债率）

资产负债率越大，"1-资产负债率"越小，权益乘数越大，故权益乘数与资产负债率同方向变化。

6.32 斯尔解析 **ABE** 本题考查综合绩效评价。根据综合绩效评价，反映经营增长状况的指标有：销售增长率、资本保值增值率、销售利润增长率、总资产增长率、技术投入比率，选项ABE当选。销售利润率属于反映盈利能力的指标，选项C不当选。发展创新属于管理绩效评价指标，选项D不当选。

提示：综合绩效评价是综合分析的一种，一般是站在企业所有者（投资人）的角度进行的。

评价内容	财务绩效（70%）		管理绩效（30%）
	基本指标	修正指标	评议指标
盈利能力	总资产报酬率、净资产收益率	销售利润率、成本费用利润率、利润现金保障倍数、资本收益率	战略管理 发展创新 经营决策 风险控制 基础管理 人力资源 行业影响 社会贡献
资产质量	总资产周转率、应收账款周转率	不良资产比率、资产现金回收率、流动资产周转率	
债务风险	资产负债率、已获利息倍数	速动比率、现金流动负债比率、带息负债比率、或有负债比率	
经营增长	销售增长率、资本保值增值率	销售利润增长率、总资产增长率、技术投入比率	

6.33 斯尔解析 **BD** 本题考查综合绩效评价。企业管理绩效定性评价指标包括战略管理、发展创新、经营决策、风险控制、基础管理、人力资源、行业影响、社会贡献八个方面的指标，选项AC不当选。总资产报酬率、资本保值增值率属于基本财务绩效指标，选项BD当选。销售利润率属于修正财务绩效指标，选项E不当选。

三、计算题

6.34 (1) 斯尔解析 **B** 本题考查反映盈利能力的比率。净利润=销售收入净额×销售净利率=16 000×10%=1 600（万元），本年所有者权益增长额=400×6.5-120×10+1 600=3 000（万元），资本积累率=本年所有者权益增长额/年初所有者权益×100%=3 000/年初所有者权益×100%=30%，则年初所有者权益=10 000（万元），年末所有者权益=年初所有者权益+本年所有者权益增加额=10 000+3 000=13 000（万元），平均净资产=（10 000+

13 000）÷2=11 500（万元），甲公司2×20年的净资产收益率＝净利润/平均净资产×100%＝1 600/11 500×100%=13.91%，选项B当选。

提示：本年影响所有者权益金额的事项。

（1）增发普通股：增加所有者权益金额＝发行价格×发行股数=400×6.5=2 600（万元）。

（2）回购普通股：减少所有者权益金额＝回购价格×回购股数=120×10=1 200（万元）。

（3）净利润全部留存：增加所有者权益金额＝净利润留存额=1 600（万元）。

（2）【斯尔解析】 C 本题考查反映上市公司特殊财务分析的比率。甲公司2×20年流通在外的普通股加权平均数＝（2 000-400+120）+400×6/12-120×2/12=1 900（万股），基本每股收益＝归属于普通股股东的当期净利润/发行在外的普通股加权平均数=1 600/1 900=0.84(元)，选项C当选。

提示：发行在外的普通股加权平均数＝期初发行在外普通股股数＋当期新发行普通股股数×（已发行时间÷报告期时间）－当期回购普通股股数×（已回购时间÷报告期时间），期初发行在外普通股股数＝期末发行在外的普通股股数－本期新增发普通股股数＋本期回购普通股股数=2 000-400+120=1 720（万股）。

（3）【斯尔解析】 A 本题考查反映上市公司特殊财务分析的比率。甲公司2×20年末的市盈率＝每股市价/每股收益=9.6/0.84=11.43，选项A当选。

（4）【斯尔解析】 B 本题考查反映偿债能力的比率。甲公司2×20年末所有者权益为13 000万元，年末负债总额为13 000万元，资产总额＝负债总额＋所有者权益总额=13 000+13 000=26 000（万元），甲公司2×20年末的资产负债率＝负债总额/资产总额×100%=13 000/26 000×100%=50%，选项B当选。

单项选择题

6.35 ▶ C

单项选择题

6.35 斯尔解析 C 本题考查盈余现金保障倍数的相关概念。盈余现金保障倍数=（经营活动现金流量净额/净利润）×100%，选项 C 当选，选项 D 不当选。盈余现金保障倍数反映了企业盈余质量，从经营现金流量动态的角度，对企业盈利能力的质量进行评价，是对企业账面盈利能力的再一次修正，选项 AB 不当选。

提示：选项 B 是现金流动负债比率的内涵，选项 D 是现金流动负债比率的计算公式。

第七章 财务会计概论 答案与解析

一、单项选择题

7.1 ▶ C   7.2 ▶ D   7.3 ▶ A   7.4 ▶ A   7.5 ▶ A

7.6 ▶ C   7.7 ▶ A   7.8 ▶ D   7.9 ▶ D   7.10 ▶ D

二、多项选择题

7.11 ▶ DE   7.12 ▶ ABC   7.13 ▶ BCD

7.1 【斯尔解析】 C 本题考查货币计量假设的相关内容。在存在多种货币的情况下，应确定一种记账本位币。我国企业一般要求以人民币作为记账本位币，业务收支以人民币以外的货币为主的企业，可以选定其中一种货币作为记账本位币，选项C当选。

7.2 【斯尔解析】 D 本题考查会计基本假设。会计主体不一定是法律主体，也不一定是企业法人，选项A不当选；对企业经济活动的计量可以有多种计量单位，货币不是会计核算的唯一计量单位，选项B不当选；在企业进入破产清算程序时，持续经营假设不再适用，应当适用破产清算会计，选项C不当选。

7.3 【斯尔解析】 A 本题考查财务会计计量属性。在可变现净值计量下，资产按照其正常对外销售所能收到现金或现金等价物的金额扣减该资产至完工时估计将要发生的成本、估计的销售费用以及相关税费后的金额计量，选项A当选。

7.4 【斯尔解析】 A 本题考查财务会计计量属性。在重置成本计量下，资产按照现在购买相同或者相似资产所需支付的现金或者现金等价物的金额计量，负债按照现在偿付该项债务所需支付的现金或者现金等价物的金额计量，选项A当选。

7.5 【斯尔解析】 A 本题考查财务会计计量属性。注意，本题要求选择错误的选项。在历史成本计量下，负债按照因承担现时义务而实际支付的款项或者资产的金额，或者承担现时义务的合同金额，或者按照日常活动中为偿还负债预期需要支付的现金或现金等价物的金额计量，不需要折现，选项 A 当选，选项 B 不当选；资产按照购买时支付的现金或者现金等价物的金额，或者按照购买资产时所付出的对价的公允价值计量，选项 CD 不当选。

7.6 【斯尔解析】 C 本题考查资产流动性的区分。固定资产、长期股权投资和投资性房地产属于非流动资产，选项 ABD 不当选；交易性金融资产属于流动资产，选项 C 当选。

7.7 【斯尔解析】 A 本题考查财务会计要素及其确认的相关表述。资产是指企业过去的交易或者事项形成的、由企业拥有或者控制的、预期会给企业带来经济利益的资源，选项 A 当选；负债是指企业过去的交易或者事项形成的、预期会导致经济利益流出企业的现时义务，选项 B 不当选；收入是指企业在日常活动中形成的、会导致所有者权益增加的、与所有者投入资本无关的经济利益的总流入，选项 C 不当选；费用是指企业在日常活动中发生的、会导致所有者权益减少的、与向所有者分配利润无关的经济利益的总流出，选项 D 不当选。

7.8 【斯尔解析】 D 本题考查财务会计信息质量要求。注意，本题要求选择错误的选项。谨慎性要求企业对交易或事项应当保持应有的谨慎，不应高估资产或收益，不应低估负债或费用，故选项 D 的表述错误，当选。

7.9 【斯尔解析】 D 本题考查财务会计信息质量要求。可比性要求同一企业不同时期发生的相同或者相似的交易或事项，应当采用一致的会计政策，不得随意变更，确需变更的，应当在附注中说明；不同企业发生的相同或者相似的交易或事项，应当采用规定的会计政策，确保会计信息口径一致、相互可比，选项 D 当选。

7.10 【斯尔解析】 D 会计人员在工作中应遵守的职业道德规范包括：（1）坚持诚信，守法奉公；（2）坚持准则，守责敬业；（3）坚持学习，守正创新。故选项 D 当选，选项 ABC 不当选。

二、多项选择题

7.11 【斯尔解析】 DE 本题考查财务会计要素及其确认。货币资金、交易性金融资产、应收账款、预付账款和存货等属于流动资产，以摊余成本计量的金融资产、以公允价值计量且其变动计入其他综合收益的金融资产和长期股权投资属于非流动资产，选项 A 不当选，选项 D 当选。房地产开发企业开发的商品房属于存货，应当归类为流动资产，选项 C 不当选。资产满足下列条件之一的，应当归类为流动资产：（1）预计在一个正常营业周期中变现、出售或耗用；（2）主要为交易目的而持有（选项 B 不当选）；（3）预计在资产负债表日起 1 年内（含 1 年）变现；（4）自资产负债表日起 1 年内（含 1 年），交换其他资产或清偿负债的能力不受限制的现金或现金等价物（选项 E 当选）。

7.12 【斯尔解析】 ABC 本题考查财务会计要素及其确认。企业发生的支出若可以带来经济利益，且符合资产的确认条件，则应确认为一项资产，并不一定确认为费用或损失，选项 D 不当选；费用是指企业在日常活动中发生的、会导致所有者权益减少的、与向所有者分配利润无关的经济利益的总流出，如果是与向所有者分配利润有关系的总流出，不属于费用，选项 E 不当选。

7.13 【斯尔解析】 BCD 本题考查财务会计信息质量要求。谨慎性要求企业不应高估资产或者收益、低估负债或者费用，选项 A 不当选，选项 C 当选；对于预计会发生的损失应计算入账，对于可能发生的收益则不预计入账，同时不得设置秘密准备，选项 BD 当选，选项 E 不当选。

第八章 流动资产（一）
答案与解析

一、单项选择题

8.1 ▶ A	8.2 ▶ C	8.3 ▶ C	8.4 ▶ A	8.5 ▶ B
8.6 ▶ D	8.7 ▶ B	8.8 ▶ A	8.9 ▶ B	8.10 ▶ D
8.11 ▶ D	8.12 ▶ A	8.13 ▶ B	8.14 ▶ B	8.15 ▶ C

二、多项选择题

| 8.16 ▶ CDE | 8.17 ▶ ABCDE | 8.18 ▶ AE | 8.19 ▶ AE | 8.20 ▶ CE |
| 8.21 ▶ ACDE | 8.22 ▶ ACE | 8.23 ▶ AD |

一、单项选择题

8.1 斯尔解析　**A**　本题考查广义的现金范围。注意，本题为否定式提问。广义的现金包括纸币、硬币、银行活期存款、银行本票、银行汇票等内容，选项BCD不当选；一年后到期的债券投资流动性低，不符合现金的定义，选项A当选。

8.2 　斯尔解析　**C**　本题考查银行存款的核算。银行存款余额调节表不作为记账依据，企业不需要根据银行存款余额调节表进行账务处理，选项AD不当选；如果银行存款日记账与银行对账单中存在记账错误，则调节后的银行存款日记账余额与银行对账单余额有可能会不相等，选项B不当选。调节后的银行存款余额，反映企业可以动用的银行存款实有数额，选项C当选。

8.3 　斯尔解析　**C**　本题考查银行存款的核算。调节后的银行存款实有数额是85 000+1 800=86 800（元），或107 500−21 750+1 050=86 800（元），选项C当选。

银行存款余额的调节过程如下表所示：

银行存款余额调节表

项目	金额（元）	项目	金额（元）
银行存款日记账余额	85 000	银行对账单余额	107 500
加：银行已收、企业未收	1 800	加：企业已收、银行未收	1 050
减：银行已付、企业未付	—	减：企业已付、银行未付	21 750
调节后余额	86 800	调节后余额	86 800

8.4 〔斯尔解析〕 A 本题考查其他货币资金的核算。注意，本题考查不通过"其他货币资金"科目核算的选项。基本存款账户存款、一般存款账户存款、临时存款账户存款和专用账户存款属于银行存款，不通过"其他货币资金"核算，选项 A 当选。

8.5 〔斯尔解析〕 B 本题考查应收票据的核算。票据的期限为 60 天，按照"算头不算尾"的基本原则，2 月 22 日至 2 月 28 日共 7 天，3 月份共 31 天，4 月 1 日至 4 月 23 日共 22 天，因此，票据的到期日为 4 月 23 日。贴现期为从贴现日 3 月 18 日至到期日 4 月 23 日前一天的日期，共 36 天。票据到期值 = 56 500+56 500×6%÷360×60=57 065（元），贴现息 = 票据到期值 × 贴现率 × 贴现期 =57 065×10%÷360×36=570.65（元），贴现额 = 票据到期值－贴现息 =57 065－570.65=56 494.35（元），选项 B 当选。

8.6 〔斯尔解析〕 D 本题考查应收票据的核算。企业持未到期的票据向银行贴现，应按实际收到的金额借记"银行存款"科目，按贴现息部分，借记"财务费用"等科目，按商业汇票的票面金额，贷记"应收票据"科目（满足金融资产终止确认条件的情形）或"短期借款"科目（不满足金融资产终止确认条件的情形）。由于本项业务不满足金融资产终止确认条件，因此贷方科目为"短期借款"，选项 AB 不当选；商业票据的票面金额为 113 000 元，因此选项 C 不当选，选项 D 当选。会计分录：

借：银行存款（票据贴现额）　　　　　　　　110 740
　　财务费用　　　　　　　（113 000×12%÷12×2）2 260
　　贷：短期借款　　　　　　　　　　　　　　113 000

8.7 〔斯尔解析〕 B 本题考查"应收账款"的核算。用于外地采购物资拨付的款项应通过"其他货币资金"科目核算，选项 A 不当选；应收的出租包装物租金和应收的各种赔款、罚款应通过"其他应收款"科目核算，选项 CD 不当选。销售商品代垫的运输费用应通过"应收账款"科目核算，选项 B 当选。

8.8 〔斯尔解析〕 A 本题考查应收款项减值的核算。甲公司 2×23 年末应有的坏账准备 =240×5%=12（万元），已有的坏账准备 =200×5%－25+10=－5（万元），应计提的坏账准备 =12－（－5）=17（万元），选项 A 当选。

8.9 〔斯尔解析〕 B 本题考查应收款项减值的核算。根据解题步骤，具体如下：
甲公司 2×22 年末坏账准备余额 =240×5%=12（万元），2×23 年补提坏账准备前坏账准备余额 =12－30+10=－8（万元），2×23 年应计提坏账准备 =220×5%－（－8）=19（万元），选项 B 当选。会计分录如下：

2×23 年发生坏账：

借：坏账准备　　　　　　　　　　30
　　贷：应收账款　　　　　　　　　　　　30

2×23 年收回坏账：

借：应收账款　　　　　　　　　　10
　　贷：坏账准备　　　　　　　　　　　　10
借：银行存款　　　　　　　　　　10
　　贷：应收账款　　　　　　　　　　　　10

2×23 年期末补提坏账准备：

借：信用减值损失　　　　　　　　19
　　贷：坏账准备　　　　　　　　　　　　19

8.10 斯尔解析　**D**　本题考查应收款项减值的核算。根据解题步骤，具体如下：
假设甲公司 2×22 年应收款项余额为 1 000 万元，因 2×23 年应收款项余额比 2×18 年末增加 1 200 万元，故 2×23 年末应收款项余额为 2 200 万元。甲公司 2×22 年末坏账准备余额 =1 000×5%=50（万元），2×23 年补提坏账准备前坏账准备余额 =50-56+20=14（万元），2×23 年应计提坏账准备 =2 200×5%-14=96（万元），选项 D 当选。

8.11 斯尔解析　**D**　本题考查外币交易的账务处理。企业收到投资者以外币投入的资本时，应当采用的折算汇率是交易日的即期汇率，选项 D 当选。

8.12 斯尔解析　**A**　本题考查外币交易的账务处理。具体计算过程如下表所示：

应付账款			
摘要	美元	汇率	人民币（元）
期初余额（贷）	10 000	6.2	62 000
借方发生额	5 000	6.2	31 000
贷方发生额	0	6.2	0
期末余额	5 000	—	31 000
期末调整	5 000	6.15	30 750
汇兑损益	—	—	250（借）（选项 A 当选）

应收账款			
摘要	美元	汇率	人民币（元）
期初余额（借）	10 000	6.2	62 000
借方发生额	25 000	6.2	155 000
贷方发生额	8 000	6.2	49 600

续表

应收账款			
摘要	美元	汇率	人民币（元）
期末余额	27 000	—	167 400
期末调整	27 000	6.15	166 050
汇兑损益	—	—	1 350（贷）（选项 B 不当选）

银行存款			
摘要	美元	汇率	人民币（元）
期初余额（借）	100 000	6.2	620 000
借方发生额	8 000	6.2	49 600
贷方发生额	15 000	6.2	93 000
期末余额	93 000	—	576 600
期末调整	93 000	6.15	571 950
汇兑损益	—	—	4 650（贷）（选项 C 不当选）

短期借款			
摘要	美元	汇率	人民币（元）
期初余额（贷）	15 000	6.2	93 000
借方发生额	10 000	6.2	62 000
贷方发生额	0	6.2	0
期末余额	5 000	—	31 000
期末调整	5 000	6.15	30 750
汇兑损益	—	—	250（借）（选项 D 不当选）

8.13 **斯尔解析** **B** 本题考查外币交易的账务处理。注意，本题要求选择错误的选项。3月末产生的汇兑损益 =500×（6.80-6.85）=-25（万元），表示汇兑收益，选项 B 当选。账务处理如下：

2×23 年 3 月 1 日：

借：库存商品　　　　　　　　　　　　　　　　　　　　　3 425
　　应交税费——应交增值税（进项税额）
　　　　　　　　　　　　　　　　（500×6.85×13%）445.25
　　贷：银行存款　　　　　　　　　　　　　　　　　　　445.25
　　　　应付账款——美元户　　　　　　　　（500×6.85）3 425

2×23年3月31日：
借：应付账款——美元户　　　　　　　[500×（6.85-6.80）] 25
　　贷：财务费用　　　　　　　　　　　　　　　　　　　　 25
2×23年4月15日：
借：应付账款——美元户　　　　　　　　（3 425-25）3 400
　　贷：银行存款——美元户　　　　　　　　（500×6.78）3 390
　　　　财务费用　　　　　　　　　　　　　　　　　　　　 10

8.14 〖斯尔解析〗 **B** 本题考查外币交易的账务处理。注意，本题要求选择错误的选项。对于外币货币性项目，应当采用资产负债表日的即期汇率折算，因汇率波动而产生的汇兑差额作为财务费用，计入当期损益，同时调增或调减外币货币性项目的记账本位币金额；需要计提减值准备的，应当按照资产负债表日的即期汇率折算后，根据折算后的数据计算应计提的减值准备金额，选项 B 当选。

8.15 〖斯尔解析〗 **C** 本题考查外币交易的账务处理。10月末甲公司应收账款美元账户应确认汇兑收益＝（1 000+400-200）×7.1768-（1 000×7.0998+400×7.0992-200×7.1188）=96.44（万元人民币），选项 C 当选。

二、多项选择题

8.16 〖斯尔解析〗 **CDE** 本题考查银行存款的核算。银行存款余额调节表是用来核对企业和银行的记账有无错误的，不能作为记账的依据，选项 A 不当选。对于未达账项，无须进行账面调整，待结算凭证收到后再进行账务处理，选项 E 当选。调节后的银行存款余额，反映企业可以动用的银行存款实有数额，选项 C 当选，选项 B 不当选。调节后，若无记账差错，双方调整后的银行存款余额应该相等；调节后，双方余额如果仍不相符，说明记账有差错，需进一步查对，更正错误记录，选项 D 当选。

8.17 〖斯尔解析〗 **ABCDE** 本题考查其他货币资金的核算。其他货币资金包括外埠存款、银行汇票存款、银行本票存款、信用卡存款、信用证保证金存款、存出投资款等，选项 ABCDE 均当选。

8.18 〖斯尔解析〗 **AE** 本题考查其他应收款的核算范围。其他应收款核算内容主要包括：
（1）应收的各种赔款、罚款。
（2）应收出租包装物的租金。
（3）应向职工收取的各种垫付款项。
（4）存出的保证金，如租入包装物支付的押金。（选项 A 当选）
（5）备用金，如向企业各职能科室、车间等拨付的备用金。（选项 E 当选）
（6）其他各种应收、暂付款项。
选项 B（外埠存款）、选项 C（存出投资款）、选项 D（信用卡存款）均应通过"其他货币资金"科目核算，故选项 BCD 不当选。

8.19 〖斯尔解析〗 **AE** 本题考查其他应收款的核算范围。租入周转材料支付的押金和支付的工程投标保证金，均属于存出的保证金，选项 AE 当选；企业应收取的现金股利，应计入应收股利，选项B不当选；企业拨出的用于投资、购买物资的各种款项，以及企业拨出的用于购买国库券的存款，应计入其他货币资金，选项C不当选；企业代缴的个人养老保险金，通过"其他应付款"科目核算，选项D不当选。

8.20 [斯尔解析] **CE** 本题考查应收款项减值的核算。单项金额重大的应收款项在进行减值测试时，应采用应收款项发生时的初始折现率计算未来现金流量的现值，选项A不当选；应收款项发生减值而计提的坏账准备金额，计入信用减值损失科目，选项B不当选；对于单项金额非重大的应收款项以及单独测试后未发生减值的单项金额重大的应收款项，应当采用组合方式进行减值测试，分析判断是否发生减值，选项C当选，选项D不当选；对于单项金额重大的应收款项，应当单独进行减值测试，选项E当选。

8.21 [斯尔解析] **ACDE** 本题考查外币的概念。如果企业存在境外经营，企业在选定境外经营的记账本位币时还应当考虑：（1）境外经营对其所从事的活动是否拥有很强的自主性（选项A当选）；（2）境外经营活动中与企业的交易是否在境外经营活动中占有较大比重（选项C当选）；（3）境外经营活动产生的现金流量是否直接影响企业的现金流量、是否可以随时汇回（选项D当选）；（4）境外经营活动产生的现金流量是否足以偿还其现有债务和可预期的债务（选项E当选）。会计政策是否趋同，不影响境外经营记账本位币的选择，选项B不当选。

8.22 [斯尔解析] **ACE** 本题考查外币交易的核算。外币兑换业务产生的汇兑差额应计入财务费用科目，影响当期损益，选项A当选；外币投入资本属于非货币性项目，企业收到投资者以外币投入的资本，应当采用交易日即期汇率折算，外币投入资本与相应的货币性项目的记账本位币金额之间不产生外币资本折算差额，选项B不当选；外币计价的交易性金融资产公允价值变动产生的汇兑差额计入公允价值变动损益，影响当期损益，选项C当选；外币计价的其他权益工具投资公允价值变动产生的汇兑差额，计入其他综合收益，不影响当期损益，选项D不当选；长期应付款属于外币货币性项目，应当采用资产负债表日的即期汇率折算，因汇率波动而产生的汇兑差额作为财务费用，计入当期损益，选项E当选。

8.23 [斯尔解析] **AD** 本题考查外币交易的核算。以历史成本计量的外币非货币性项目，期末不产生汇兑差额，选项A当选；交易性金融资产形成的汇兑差额，计入公允价值变动损益，不计入财务费用，选项B不当选；其他权益工具投资形成的汇兑差额，计入其他综合收益，不计入当期损益，选项C不当选；外币投入资本属于非货币性项目，企业收到投资者以外币投入的资本，应当采用交易日即期汇率折算，不得采用合同约定汇率和即期汇率的近似汇率折算，外币投入资本与相应的货币性项目的记账本位币金额之间不产生外币资本折算差额，选项D当选；资产负债表日，外币货币性项目，需要计提减值准备的，应当按资产负债表日的即期汇率折算后，再计提减值准备，选项E不当选。

单项选择题

8.24 ▶ C

单项选择题

8.24 斯尔解析 C 本题考查外币交易的会计处理。合同资产与合同负债均属于以历史成本计量的外币非货币性项目,已在交易发生日按当日即期汇率折算,资产负债表日不应改变其原记账本位币金额,不产生汇兑差额,选项 AD 不当选;以公允价值计量且其变动计入其他综合收益的外币非货币性金融资产形成的汇兑差额,与其公允价值变动应当一并计入其他综合收益,选项 B 不当选;持有的按摊余成本计量的外币债券属于外币货币性项目,应当按照资产负债表日的即期汇率进行折算,选项 C 当选。

第九章 流动资产（二）
答案与解析

一、单项选择题

9.1 D	9.2 C	9.3 B	9.4 A	9.5 A
9.6 A	9.7 B	9.8 D	9.9 D	9.10 A
9.11 C	9.12 B	9.13 C	9.14 B	9.15 B
9.16 D	9.17 A	9.18 C	9.19 B	9.20 B
9.21 A	9.22 B	9.23 B	9.24 B	9.25 A
9.26 C	9.27 D			

二、多项选择题

| 9.28 BDE | 9.29 CD | 9.30 ABCD | 9.31 ABCE | 9.32 ABDE |
| 9.33 BE | 9.34 ABD | 9.35 BD | | |

三、计算题

| 9.36 (1) C | 9.36 (2) A | 9.36 (3) D | 9.36 (4) C |

一、单项选择题

9.1 斯尔解析 **D** 本题考查存货的概念。注意，本题要求选择不属于存货的项目。委托代销商品，在售出前所有权尚未发生转移，属于存货，选项 A 不当选；企业接受外来原材料加工制造的代制品，验收入库后应视同企业的产成品，属于存货，选项 B 不当选；已付款取得采购发票但尚未验收入库的原材料，已取得所有权，属于存货，选项 C 不当选；已经完成销售手续并确认销售收入，但购买单位在月末未提取的商品，所有权已转移，不属于存货，选项 D 当选。

9.2 斯尔解析 **C** 本题考查库存商品的范围。首先，企业的商品与企业的存货的概念并不相同，企业的存货范围比较广，包括各类原材料、在产品、半成品、商品、周转材料等，而库存商品仅指企业外购或委托加工完成验收入库用于销售的各种商品。委托外单位代销的商品，属于委托代销商品，不属于企业的库存商品，选项 A 不当选；委托外单位加工的商品，属于委托加工物资，不属于企业的库存商品，选项 B 不当选；可以降价出售的不合格品，属于企业的库存商品，选项 C 当选；已经完成销售手续并确认销售收入，但购买单位在月末未提取的商品，应作为代管商品处理，不属于企业的库存商品，选项 D 不当选。

9.3 斯尔解析 **B** 本题考查存货的初始计量。委托外单位加工物资支付的加工费、运输费均应计入委托加工物资成本，即计入存货成本，选项 B 当选；选项 A "入库后的装卸费用"、选项 C "非合理损耗"、选项 D "入库后的仓储费用"在发生时应计入当期损益，不计入存货成本，选项 ACD 不当选。

9.4 斯尔解析 **A** 本题考查存货的初始计量。注意，本题要求选择不应计入存货成本的选项。由受托方代收代缴的收回后继续用于生产应税消费品的消费税，按税法规定可以抵扣，应记入"应交税费——应交消费税"科目的借方，不计入存货成本，选项 A 当选。不能抵扣的增值税进项税额、进口原材料缴纳的进口关税、收回后直接用于对外销售的委托加工物资缴纳的消费税，应计入存货成本，选项 BCD 不当选。

9.5 斯尔解析 **A** 本题考查存货的初始计量。增值税一般纳税人取得的可以抵扣的进项税额，不计入存货成本；非合理损耗不计入存货的入账价值，而合理损耗应计入存货入账价值。因此该原材料入账价值 = 购买价款 + 运杂费 + 保险费 =100+5+5=110（万元）；原材料单位成本根据实际入库数量确定，该原材料单位成本 =110÷195=0.56（万元 / 公斤）。故选项 A 当选。

9.6 斯尔解析 **A** 本题考查存货的初始计量。甲公司为增值税一般纳税人，可抵扣的增值税进项税额不构成外购原材料入账成本，外购原材料成本总额 =120+2+1=123（万元），计算单位成本时应按实际验收入库的原材料数量计算，所以，原材料单位成本 =123÷（100-1）=1.24（万元），选项 A 当选。

9.7 斯尔解析 **B** 本题考查存货的后续计量。乙产品的可变现净值 =（4.1-0.4）×300= 1 110（万元），账面价值 =800+360=1 160（万元），乙产品的账面价值大于可变现净值，发生减值，甲材料的可变现净值 =1 110-360=750（万元），小于账面余额 800 万元，所以长江公司甲材料期末账面价值为 750 万元，选项 B 当选。

9.8 斯尔解析 **D** 本题考查存货的后续计量。先进先出法是假定"先入库的存货先发出"，所以，21 日发出的 M 材料 240 千克的成本 =100（结存 M 材料的数量）×30（结存 M 材料的单位成本）+140（11日购进的M材料在21日发出的数量）×23（11日购进M材料的单位成本）=6 220（元），选项D当选。

9.9 **斯尔解析** D 本题考查存货的后续计量。存货采用月末一次加权平均法核算时，其加权平均单位成本=（月初存货实际成本+本月进货实际成本）÷（月初存货数量+本月进货数量），由于甲企业为生产型企业，其进货数量及进货成本即本月完工产品数量及成本，本月完工产品成本=期初在产品成本+本月发生总成本－月末结存在产品成本=8 550+11 550-2 500=17 600（万元），本月末库存产品的单位成本=加权平均单位成本=（2 000×3+17 600）÷（2 000+8 000）=2.36（万元），选项D当选。

9.10 **斯尔解析** A 本题考查存货的后续计量。长江公司2×24年1月31日甲存货的单位成本=（40 000×5+20 000×8）÷（40 000+20 000）=6（元/件），长江公司2×24年1月31日甲存货的账面余额=（40 000-35 000+20 000）×6=150 000（元），选项A当选。

9.11 **斯尔解析** C 本题考查存货的后续计量。2×24年11月10日，完工入库后产品的单位成本=（12 000+4 000×64.2）÷（200+4 000）=64（元），11月15日销售产品3 800件，剩余产品成本=（4 000+200-3 800）×64=25 600（元）；11月20日完工入库后产品的单位成本=（25 600+6 000×62）÷（400+6 000）=62.125（元）；11月25日销售5 000件后，产品的账面余额=（6 000+400-5 000）×62.125=86 975（元）。故选项C当选。

9.12 **斯尔解析** B 本题考查存货的后续计量。采用毛利率法计算的企业，期末存货成本=期初存货成本+本期购货成本－本期销售成本，本期销售成本=销售净额×（1-毛利率）=（商品销售收入－销售退回与折让）×（1-毛利率）=（259 000-6 000）×（1-30%）=177 100（元）；期末存货成本=52 000+158 000-177 100=32 900（元）。故选项B当选。

9.13 **斯尔解析** C 本题主要考查售价金额核算法的计算。本月商品进销差价率=（期初库存商品进销差价+本期购入商品进销差价）÷（期初库存商品售价+本期购入商品售价）×100%=（300-180+700-500）÷（300+700）×100%=32%，2×24年3月31日该商场库存商品的成本总额=期初库存商品的进价成本+本期购进商品的进价成本－本期销售商品的成本=180+500-600×（1-32%）=272（万元），选项C当选。

9.14 **斯尔解析** B 本题考查存货的后续计量。进销差价率=（期初存货进销差价+本期增加存货进销差价）/（期初存货售价+本期增加存货售价）×100%，除此之外，商品的进销差价率还可以按下列公式计算：

进销差价率=（月末分摊前"商品进销差价"科目余额）÷（"库存商品"科目月末余额+"委托代销商品"科目月末余额+"发出商品"科目月末余额+本月"主营业务收入"科目贷方发生额）

故该企业6月份商品的进销差价率=300÷（380+50+120+650）×100%=25%，选项B当选。

9.15 **斯尔解析** B 本题考查存货的期末计量。S材料专用于生产M产品，确定S材料是否发生减值的前提是确定M产品是否发生减值。本题中，M产品可变现净值=100-22=78（万元），M产品成本=S材料成本+进一步加工成本=60+24=84（万元），高于可变现净值78万元，发生减值，应进一步计算S材料的减值情况；S材料可变现净值=100-24-22=54（万元），低于其成本60万元，应计提的存货跌价准备=（60-54）-1=5（万元）。故选项B当选。选项A不当选，未考虑期初存货跌价准备余额；选项C不当选，直接将S材料的成本与市场价格进行比较。

9.16 【斯尔解析】 D 本题主要考查存货跌价准备的计算。先判断乙存货持有目的是不是用于生产产品，其次判断产品是否发生减值，产品的可变现净值=120-3=117（万元），产品成本=100+25=125（万元），其成本高于可变现净值，发生减值。接下来判断乙存货是否发生减值，乙存货的可变现净值=存货的估计售价－进一步加工成本－估计的销售费用和税费=120-25-3=92（万元），乙存货的实际成本为100万元，其成本高于可变现净值，故存货发生减值。当期存货跌价准备的余额=100-92=8（万元），因存货跌价准备期初余额为12万元，所以，当期需要转回4万元（8-12），选项D当选。

9.17 【斯尔解析】 A 本题考查存货的期末计量。注意，本题要求选择错误的选项。对于数量繁多、单价较低的存货，可以按存货类别计提存货跌价准备，选项A当选；成本与可变现净值孰低法有三种计算方法，其中，单项比较法确定的期末存货成本最低，分类比较法次之，总额比较法最高，选项BCD不当选。

9.18 【斯尔解析】 C 本题考查存货的期末计量。可变现净值是指在日常活动中，以存货的估计售价减去至完工时估计将要发生的成本、估计的销售费用以及相关税费后的金额，选项A不当选；成本与可变现净值孰低法体现了会计信息质量要求中的谨慎性要求，选项B不当选；存货期末应当按照成本与可变现净值孰低计量，其中，成本是实际成本，如果存货采用计划成本法核算，应调整为实际成本再进行比较，选项C当选；为执行销售合同而持有的存货，应当以产品的合同价格作为其可变现净值的计算基础，选项D不当选。

9.19 【斯尔解析】 B 本题考查存货的期末计量。注意，本题要求选择错误的选项。资产负债表日，存货应当按照成本与可变现净值孰低计量，存货成本高于其可变现净值的，应当计提存货跌价准备，计入当期损益（资产减值损失），可变现净值高于存货账面余额则说明存货未发生减值，无须计提减值准备，因此选项A不当选；存货期末应该采用成本与可变现净值孰低计量，如果期初已计提存货跌价准备，可以在原已计提的跌价准备范围内调整存货的账面价值，但如果之前尚未计提存货跌价准备，则不应当按照可变现净值调整存货的账面价值，选项B当选；企业以前减记存货价值的影响因素已经消失，减记的金额应当予以恢复，并在原已计提的存货跌价准备金额内转回，选项C不当选；结转发生毁损存货的成本时，应相应结转其已计提的存货跌价准备，选项D不当选。

9.20 【斯尔解析】 B 本题考查按实际成本计价的原材料核算。注意，本题要求选择错误的选项。凡尚待查明原因和需要报经批准才能转销处理的损失，应将其损失从"在途物资"科目转入"待处理财产损溢"科目，查明原因后再分别处理：（1）属于应由供货单位、运输单位、保险公司或其他过失人负责赔偿，将其损失从"待处理财产损溢"科目转入"其他应收款"科目；（2）属于自然灾害造成的损失，应按扣除残料价值和保险公司赔偿后的净损失，从"待处理财产损溢"科目转入"营业外支出——非常损失"科目；（3）属于无法收回的其他损失，报经批准后，将其从"待处理财产损溢"科目转入"管理费用"科目（选项B当选）。

9.21 【斯尔解析】 A 本题考查周转材料的概念。企业的各种包装材料，如纸、绳、铁丝、铁皮等，应在"原材料"科目内核算，不在"周转材料"科目内核算，选项A当选。周转材料包括包装物和低值易耗品，其中包装物包括：生产过程中用于包装产品作为产品组成部分的包装物；随同产品出售不单独计价的包装物；随同产品出售单独计价的包装物；出租或出借给购买单位使用的包装物。选项 BCD 属于周转材料，不当选。

9.22　斯尔解析　B　本题考查按照计划成本计价的原材料的核算。采用计划成本法计算材料成本差异率时，本月收入材料的计划成本中，不包括暂估入账的存货的计划成本。材料成本差异的借方余额表示超支，差异为正，贷方余额表示节约，差异为负。本月材料成本差异率＝（月初结存材料的成本差异＋本月收入材料成本差异总额）/（月初结存材料计划成本＋本月收入材料计划成本总额）×100%＝（-30+60）/（2 000+10 000）×100%＝0.25%；发出材料的实际成本＝发出材料的计划成本×（1+本期材料成本差异率）＝8 000×（1+0.25%）＝8 020（万元）。故选项 B 当选。

9.23　斯尔解析　B　本题考查按照计划成本计价的原材料的核算。采用计划成本法计算材料成本差异率时，计划成本中，不包括暂估入账的存货的计划成本。材料成本差异的借方余额表示超支，差异为正，贷方余额表示节约，差异为负。甲公司 7 月材料成本差异率＝（-5+20）/（60+100-10）×100%＝10%，甲公司 7 月发出原材料的实际成本 ＝80×（1+10%）＝88（万元），选项 B 当选。

9.24　斯尔解析　B　本题考查委托加工物资的核算。由于甲、乙公司均为增值税一般纳税人，因此甲公司支付的增值税可以抵扣，无须计入委托加工物资成本；另因为甲公司收回该商品后以不高于受托方的计税价格直接对外销售，因此由受托方代收代缴的消费税，计入委托加工物资成本，甲公司将委托加工消费品收回后的入账成本＝100 000+35 000+15 000＝150 000（元），选项 B 当选。

9.25　斯尔解析　A　本题主要考查委托加工物资成本的确定。该企业为增值税一般纳税人，增值税不计入委托加工物资成本，委托加工物资收回后用于继续加工应税消费品的，受托方代收代缴的消费税记入"应交税费——应交消费税"科目借方，所以该批材料加工收回后的入账价值＝200+10＝210（万元），选项 A 当选。选项 B 不当选，误将增值税和消费税均计入委托加工物资成本中；选项 C 不当选，误将增值税计入委托加工物资成本中；选项 D 不当选，误将消费税计入委托加工物资成本中。

9.26　斯尔解析　C　本题考查周转材料的核算。"五五摊销法"是指在低值易耗品领用时摊销其价值的一半，在报废时再摊销其价值的另一半，并注销其总成本的一种摊销方法。报废时：

借：管理费用　　　　　　　　　　　　　　8 000
　　贷：周转材料——摊销　　　　　　　　　　　　　　8 000
同时，按报废周转材料的残料价值：
借：原材料　　　　　　　　　　　　　　　1 000
　　贷：管理费用　　　　　　　　　　　　　　　　　　1 000
并转销全部已提摊销额：
借：周转材料——摊销　　　　　　　　　　16 000
　　贷：周转材料——在用　　　　　　　　　　　　　　16 000

上述三笔分录合并就是选项 C 所列示的分录，故选项 C 当选。

9.27 【斯尔解析】 D 本题考查存货的清查。该企业盘亏净损失 =20 000+3 200-5 000-1 000= 17 200（元），选项 D 当选。相关分录如下：

（1）批准处理前：

借：待处理财产损溢	23 200	
贷：原材料		20 000
应交税费——应交增值税（进项税额转出）		3 200

（2）批准处理后：

借：其他应收款	5 000	
原材料	1 000	
管理费用	17 200	
贷：待处理财产损溢		23 200

二、多项选择题

9.28 【斯尔解析】 BDE 本题考查存货的概念。存货主要包括各类原材料、在产品（通过"生产成本"科目核算，选项 D 属于）、半成品、产成品、商品、周转材料（选项 E 属于）以及委托代销商品（选项 B 属于）等，因此选项 BDE 当选；受托代销的商品不由企业拥有或控制，是代替委托方销售的商品，不符合资产定义，不属于企业的资产，也不属于企业的存货，选项 A 不当选；为建造固定资产等各项工程而储备的各种材料，虽然同属于材料，但是由于用于建造固定资产等各项工程，并不符合存货的定义，因此不能作为企业的存货进行核算，选项 C 不当选。

9.29 【斯尔解析】 CD 本题综合考查存货的会计处理。因管理不善造成的存货净损失，应记入"管理费用"科目，选项 A 不当选；盘盈的存货应通过"待处理财产损溢"科目核算，选项 B 不当选；"存货跌价准备"是存货的备抵科目，其转回会使存货账面价值得以恢复，选项 C 当选；制造费用是企业为生产产品和提供劳务而发生的各项间接费用，应将其计入存货的加工成本，选项 D 当选；季节性停工损失属于制造费用的核算内容，应计入存货成本，选项 E 不当选。

9.30 【斯尔解析】 ABCD 本题考查存货的后续计量。在实际成本核算方式下，企业可采用的发出存货成本的计价方法包括个别计价法、先进先出法、月末一次加权平均法、移动加权平均法，选项 ABCD 当选；不包括后进先出法，选项 E 不当选。

9.31 【斯尔解析】 ABCE 本题考查存货的期末计量。存货可变现净值低于成本时应计提存货跌价准备，相关情形主要包括：

（1）该存货的市价持续下跌，并且在可预见的未来无回升的希望。（选项 A 当选）

（2）因企业所提供的商品或劳务过时或消费者偏好改变而使市场的需求发生变化，导致市场价格逐渐下跌。（选项 E 当选）

（3）企业使用该项原材料生产的产品的成本大于产品的销售价格。（选项 B 当选）

（4）企业因产品更新换代，原有库存原材料已不适用新产品的需要，而该原材料的市场价格又低于其账面成本。（选项 D 不当选）

（5）其他足以证明该项存货实质上已经发生减值的情形。（选项 C 当选）

9.32 〖斯尔解析〗 **ABDE** 本题综合考查存货的会计处理。选项 A 考查须全额计提存货跌价准备的情形。存在下列情况之一的，应全额计提跌价准备：（1）已霉烂变质的存货；（2）已过期且无转让价值的存货（选项 A 当选）；（3）生产中已不再需要，并且已无使用价值和转让价值的存货；（4）其他足以证明已无使用价值和转让价值的存货。选项 B 考查存货的盘亏，由管理不善造成的存货盘亏净损失应计入管理费用，选项 B 当选；选项 C 考查存货的期末计量，存货在期末按成本与可变现净值（而非公允价值）孰低计量，选项 C 不当选；选项 D 考查存货入账成本，为特定客户设计产品发生的可直接确定的设计费用计入相关产品成本（即计入存货成本），选项 D 当选；选项 E 考查存货的盘盈，盘盈的存货应当冲减管理费用，选项 E 当选。

9.33 〖斯尔解析〗 **BE** 本题考查按计划成本计价的原材料核算。材料的入库环节超支差登记在借方，节约差登记在贷方，选项 A 不当选，选项 E 当选；结转时，超支差登记在贷方，节约差登记在借方，选项 B 当选，选项 D 不当选；调整库存材料计划成本时，调整减少的计划成本登记在借方，选项 C 不当选。

9.34 〖斯尔解析〗 **ABD** 本题考查委托加工物资的核算。支付的加工费应计入委托加工物资成本，选项 A 当选；支付的收回后以不高于受托方计税价格直接对外销售的委托加工物资的消费税，应计入委托加工物资成本，选项 B 当选；支付的收回后继续生产应税消费品的委托加工物资的消费税，计入"应交税费——应交消费税"科目的借方，选项 C 不当选；支付的收回后继续生产非应税消费品的委托加工物资的消费税，计入委托加工物资成本，选项 D 当选；支付的按加工费计算的增值税，一般可以抵扣，不计入委托加工物资成本，选项 E 不当选。

9.35 〖斯尔解析〗 **BD** 本题考查存货的清查。存货盘盈、盘亏均通过"待处理财产损溢"科目核算，选项 A 不当选；盘盈的存货经批准后应计入管理费用，选项 B 当选；如果是管理不善导致的存货盘亏，进项税额应当转出，如果是自然灾害导致的存货盘亏，进项税额无须转出，选项 C 不当选；存货盘亏可收回的保险赔偿和过失人赔偿计入其他应收款，选项 D 当选；管理不善导致的存货盘亏净损失，经批准后应计入管理费用，自然灾害导致的存货盘亏净损失，应计入营业外支出，选项 E 不当选。

三、计算题

9.36 (1) 〖斯尔解析〗 **C** 本题考查按计划成本计价的原材料核算。长江公司 2×24 年 5 月 12 日验收入库的甲材料的实际成本 =120 000÷1 000×820+5 000=103 400（元），选项 C 当选。

(2) 〖斯尔解析〗 **A** 本题考查按计划成本计价的原材料核算。

月初甲材料的成本差异率 =4 800÷240 000×100%=2%

长江公司 2×24 年 5 月 23 日验收入库的委托加工物资的实际成本 =120×600×（1+2%）+15 000=88 440（元），选项 A 当选。

(3) 〖斯尔解析〗 **D** 本题考查按计划成本计价的原材料核算。长江公司 2×24 年 5 月份甲材料的成本差异率 =［4 800+（103 400−120×800）−600×120×（4 800÷240 000）］/（240 000+120×800−120×600）×100%=4.08%，选项 D 当选。

(4) 【斯尔解析】 **C** 本题考查存货的期末计量。2×24 年 5 月 31 日库存甲材料的实际成本 =240 000+4 800−120×600×（1+2%）+103 400−1 500×120×（1+4.08%）=87 416（元），加工成 H 产品的成本 =87 416+35 000=122 416（元），H 产品的可变现净值 =12 000×10−1 200×10=108 000（元），H 产品的可变现净值低于成本，故甲材料应按成本与可变现净值孰低计量。甲材料的可变现净值 =108 000−35 000=73 000（元），故库存甲材料应计提存货跌价准备 =87 416−73 000=14 416（元），选项 C 当选。

第十章 非流动资产（一）
答案与解析

一、单项选择题

10.1 A	10.2 C	10.3 B	10.4 C	10.5 D
10.6 B	10.7 D	10.8 A	10.9 C	10.10 B
10.11 A	10.12 C	10.13 B	10.14 B	10.15 A
10.16 C	10.17 A	10.18 B	10.19 A	10.20 C
10.21 B	10.22 C	10.23 C	10.24 D	10.25 B

二、多项选择题

10.26 BDE	10.27 ABCD	10.28 ABD	10.29 AE	10.30 BCDE
10.31 ABDE	10.32 BC	10.33 ABC	10.34 ABDE	10.35 BCD
10.36 ABDE	10.37 ABC	10.38 CD	10.39 BDE	10.40 AD

一、单项选择题

10.1 A　本题考查自行建造的固定资产的初始计量。注意，本题属于否定式提问。领用外购原材料在购入时已抵扣的增值税可以抵扣，不计入成本，选项 A 当选；支付在建工程的设计费、支付在建工程项目管理人员的工资、领用自产应税消费品负担的消费税，应当计入在建工程成本，选项 BC 不当选；在建工程进行负荷联合试车发生的费用，应当计入在建工程的成本，选项 D 不当选。

10.2 ⓢ斯尔解析 C 本题考查外购需要安装固定资产入账成本的计算。外购需要安装固定资产入账成本＝买价＋相关税费＋装卸费＋运输费＋安装费＋专业人员服务费等，本题中，甲公司虽然是增值税一般纳税人，但其取得的是普通发票，增值税税额不得抵扣，应计入外购固定资产的入账成本，因此本题中外购固定资产的入账金额＝55+7.15+1+0.09+2.5=65.74（万元），选项C当选。

10.3 ⓢ斯尔解析 B 本题考查固定资产的初始计量。固定资产的成本，包括购买价款、相关税费、使固定资产达到预定可使用状态前所发生的可归属于该项资产的运输费、装卸费和专业人员服务费；购入需安装的固定资产，还需将其安装过程中发生的可归属于该项资产的安装费、材料费等项计入其入账价值，一般纳税人取得的增值税专用发票上注明的增值税不计入固定资产入账价值。本题中，该固定资产的入账价值＝300+20+5=325（万元），选项B当选。

10.4 ⓢ斯尔解析 C 本题考查固定资产计提折旧的范围和方法。未使用的固定资产仍需计提折旧，其折旧金额计入管理费用，选项A不当选；已达到预定可使用状态但尚未办理竣工决算的固定资产，应当按照估计价值确定固定资产成本，并计提折旧，选项B不当选；企业应当根据与固定资产有关的经济利益的预期消耗方式，合理选择固定资产折旧方法，选项C当选；更新改造期间的固定资产，需将固定资产的账面价值转入在建工程，因此不再计提折旧，选项D不当选。

10.5 ⓢ斯尔解析 D 本题考查固定资产按双倍余额递减法计提折旧及其账面价值的计算。双倍余额递减法的计算公式为：年折旧额＝固定资产账面净值×年折旧率＝（固定资产原值－累计折旧）×年折旧率，年折旧率＝2/预计使用年限×100%，在最后两年改为按年限平均法计提折旧，且仅在最后两年需要考虑预计净残值。本题中，甲公司为一般纳税人，其增值税不计入固定资产成本，固定资产入账价值为360万元，固定资产于2×21年12月31日购入，应当于2×22年1月开始计提折旧：

2×22年应计提的折旧额＝360×2/5=144（万元）

2×23年应计提的折旧额＝（360-144）×2/5=86.4（万元）

2×23年12月31日该固定资产的账面价值＝360-144-86.4=129.6（万元），选项D当选。

10.6 ⓢ斯尔解析 B 本题考查固定资产的处置。盘亏的固定资产的账面价值，应转入"待处理财产损溢"科目，选项A不当选；因自然灾害损失固定资产而取得的赔款，应记入"固定资产清理"科目的贷方，选项B当选；处置固定资产结转的固定资产账面价值和支付的固定资产清理费用，应记入"固定资产清理"科目的借方，选项CD不当选。

10.7 ⓢ斯尔解析 D 本题考查无形资产入账成本的内容。本题属于否定式提问。外购无形资产成本＝购买价款＋相关税费＋直接归属于使该项资产达到预定用途所发生的其他支出。下列各项不包括在无形资产的初始成本中：（1）为引入新产品进行宣传发生的广告费用、管理费用及其他间接费用；（2）无形资产已经达到预定用途以后发生的费用（选项D当选）。选项ABC不当选，所述事项均属于使该项资产达到预定用途所发生的必要、合理支出。

10.8 ⓢ斯尔解析 A 本题考查的是无形资产摊销的会计处理。使用寿命有限的无形资产，残值一般为零，除非具有下列情形：（1）有第三方承诺在无形资产使用寿命结束时购买该项无形资产；（2）可以根据活跃市场得到无形资产预计残值信息，并且该市场在该项无形资产使用寿命结束时可能存在（选项 A 中表述的是"一般应当视为"，并非绝对表述，故当选，同时，其他选项明显存在错误）。划分为持有待售的无形资产无须计提摊销（此部分将在"持有待售非流动资产"部分讲解），选项 B 不当选；对于使用寿命不确定的无形资产，在持有期间无须摊销，但应当在每个会计期间进行减值测试，选项 C 不当选；专门用于生产产品的无形资产按期摊销，摊销额构成产品成本，选项 D 不当选。

10.9 斯尔解析　C　本题考查无形资产的核算。当月减少的无形资产当月不再摊销，因此 2×21 年该专利权的摊销时间为 11 个月，2×21 年该专利权的摊销金额 =90 000÷10×11/12=8 250（元）；无形资产报废时，应将无形资产账面价值转入营业外支出，报废时该无形资产的账面价值 =90 000-90 000÷10×3-90 000÷10×11/12=54 750（元），因此对利润总额的影响 =8 250+54 750=63 000（元），选项 C 当选。

10.10 斯尔解析　B　本题考查资产减值迹象的判断。资产减值迹象主要包括以下几项：
（1）资产的市价当期大幅度下跌，其跌幅明显高于因时间的推移或者正常使用而预计的下跌。
（2）企业经营所处的经济、技术或者法律等环境以及资产所处的市场在当期或者将在近期发生重大变化，从而对企业产生不利影响。
（3）市场利率或者其他市场投资报酬率在当期已经提高，从而影响企业计算资产预计未来现金流量现值的折现率，导致资产可收回金额大幅度降低。（选项 C 不当选）
（4）有证据表明资产已经陈旧过时或者其实体已经损坏。
（5）资产已经或者将被闲置、终止使用或者计划提前处置。（选项 B 当选）
（6）企业内部报告的证据表明资产的经济绩效已经低于或者将低于预期，如资产所创造的净现金流量或者实现的营业利润（或者亏损）远远低于（或者高于）预计金额等。
选项 A"资产需进行维修"以及选项 D"资产的使用寿命不确定"无法推断出其存在减值迹象，选项 AD 不当选。

10.11 斯尔解析　A　本题考查资产可收回金额的计量。资产的可收回金额根据资产的公允价值减去处置费用后的净额与资产未来现金流量的现值两者之间较高者确定，选项 A 当选。

10.12 斯尔解析　C　本题考查资产减值的核算。资产的可收回金额应当根据资产的公允价值减去处置费用后的净额与资产预计未来现金流量的现值两者之间较高者确定。公允价值减去处置费用后的净额 =85-3=82（万元），未来现金流量现值为 80 万元，可收回金额为 82 万元；该固定资产 2×15 年应计提的折旧金额 =200×（1-4%）×5/15=64（万元），2×16 年应计提的折旧金额 =200×（1-4%）×4/15=51.2（万元），2×16 年末计提减值准备前该固定资产的账面价值 =200-64-51.2=84.8（万元），应计提减值准备 =84.8-82=2.8（万元），选项 C 当选。

10.13 斯尔解析　B　本题考查固定资产发生减值后的折旧计算。2×22 年该设备计提的折旧额 =（63 000-3 000）÷6=10 000（元），2×22 年末该设备计提减值准备前的账面价值 =63 000-10 000=53 000（元），可收回金额为 48 000 元，账面价值高于可收回金额，需要计提固定资产减值准备金额 =53 000-48 000=5 000（元）。已计提减值准备的固定资产应当按照该项固定资产的账面价值以及尚可使用寿命重新计算折旧率和折旧额，2×23年应以账面价值48 000元按照年数总和法计提折旧，应计提的折旧额=48 000×5/15=16 000（元），选项B当选。

10.14 🔍斯尔解析　B　本题考查无形资产的摊销。甲公司截至2×19年6月30日应计提摊销额=600÷10×6/12=30（万元），账面价值=600-30=570（万元），大于可收回金额513万元，应计提减值准备57万元，计提减值后无形资产账面价值为513万元，2×19年12月31日应计提摊销额=513÷9.5×6/12=27（万元），账面价值=513-27=486（万元），大于可收回金额432万元，应计提减值54万元，计提减值后无形资产账面价值为432元，2×20年1月应计提摊销金额=432÷9÷12=4（万元），选项B当选。

10.15 🔍斯尔解析　A　本题考查无形资产的处置。甲公司于2×21年5月购入A特许权时，其入账价值=700（买价）+20（相关费用）=720（万元），至2×23年4月出售时其应计提摊销的期间为23个月（2×21年5月至2×23年3月），其账面价值=720-720/5×（12/12+11/12）=444（万元），因此其处置净损益=300-444=-144（万元），选项A当选。

10.16 🔍斯尔解析　C　本题考查无形资产的处置。无形资产报废对甲公司2×21年利润总额的影响有两部分，分别是报废无形资产和当年无形资产摊销。无形资产月摊销额=180 000÷10÷12=1 500（元），报废无形资产影响营业外支出的金额=180 000-1 500×（4×12+10）=93 000（元），无形资产2×21年1月至10月因计提摊销应计入管理费用的金额=180 000÷10×10/12=15 000（元），因上述业务使甲公司2×21年利润总额减少的金额=93 000+15 000=108 000（元），选项C当选。

10.17 🔍斯尔解析　A　本题考查投资性房地产的范围。投资性房地产的范围包括已出租的建筑物、已出租的土地使用权、持有并准备增值后转让的土地使用权，选项A当选；以经营租赁方式租入再转租的建筑物，由于法定所有权不属于企业，所以不应作为投资性房地产核算，选项B不当选；房地产开发企业为建造商品房购入的土地使用权，应作为存货核算，选项C不当选；出租给职工的自建宿舍楼是为企业生产经营服务而持有的，应作为固定资产核算，选项D不当选。

10.18 🔍斯尔解析　A　本题考查土地使用权的核算。注意，本题要求选择错误的选项。土地使用权一般按照无形资产核算，使用寿命不确定的无形资产不应摊销，选项A当选；随同地上建筑物一起用于出租的土地使用权应一并确认为投资性房地产，选项B不当选；企业取得土地使用权并在地上自行开发建造厂房等建筑物并自用时，土地使用权与建筑物应当分别进行摊销和计提折旧，选项C不当选；企业为自用外购不动产支付的价款应当在地上建筑物与土地使用权之间进行分配，难以分配的，应当全部作为固定资产核算，选项D不当选。

10.19 🔍斯尔解析　A　本题考查投资性房地产的转换与处置。将固定资产转为成本模式计量的投资性房地产，应按原固定资产的账面价值计入投资性房地产，该房产作为固定资产核算时已计提折旧金额=6 300×（1-5%）÷20=299.25（万元），该房产作为投资性房地产核算时已计提折旧金额=6 300×（1-5%）÷20×3=897.75（万元），2×22年1月31日，该办公楼的账面价值=6 300-299.25-897.75=5 103（万元），出售办公楼对利润总额的影响金额=8 000（处置价款）-5 103（账面价值）=2 897（万元），选项A当选。

10.20 🅢斯尔解析 C 本题考查投资性房地产的后续计量。由于租赁开始日为3月1日，因此2×22年应确认10个月的租金收入，计入其他业务收入，2×22年度计入其他业务收入的金额=180÷12×10=150（万元）；2×22年度因公允价值变动导致公允价值变动损益增加200万元（3 200-3 000），计入公允价值变动损益，因此影响利润总额的金额=150+200=350（万元），选项C当选。

10.21 🅢斯尔解析 B 本题考查投资性房地产的后续计量。自用房地产转为以公允价值模式后续计量的投资性房地产，公允价值大于原账面价值之间的差额计入其他综合收益，转换日计入其他综合收益的金额=17 000-（18 000-3 500）=2 500（万元）。2×23年度影响利润总额的金额=17 500-16 800+2 500-500+200×3=3 300（万元），选项B当选。本题应编制的会计分录如下：

（1）2×22年1月1日，转换时：

借：投资性房地产——成本　　　　　　　　　17 000
　　累计折旧　　　　　　　　　　　　　　　 3 500
　　贷：固定资产　　　　　　　　　　　　　　　　　18 000
　　　　其他综合收益　　　　　　　　　　　　　　　 2 500

（2）2×22年12月31日，公允价值变动时：

借：公允价值变动损益　　　　　　　　　　　　 200
　　贷：投资性房地产——公允价值变动　　　　　　　　 200

（3）2×23年1月收取一季度租金时（利润总额增加）：

借：银行存款　　　　　　　　　（200×3）600
　　贷：其他业务收入　　　　　　　　　　　　　　　　 600

（4）2×23年4月1日，处置时：

①收到出售投资性房地产价款（利润总额增加）：

借：银行存款　　　　　　　　　　　　　　　17 500
　　贷：其他业务收入　　　　　　　　　　　　　　　 17 500

②支付违约金（利润总额减少）：

借：营业外支出　　　　　　　　　　　　　　　 500
　　贷：银行存款　　　　　　　　　　　　　　　　　　 500

③结转成本（利润总额减少）：

借：其他业务成本　　　　　　　　　　　　　16 800
　　投资性房地产——公允价值变动　　　　　　 200
　　贷：投资性房地产——成本　　　　　　　　　　　17 000

④结转公允价值变动损益（不影响利润总额）：

借：其他营业收入　　　　　　　　　　　　　　 200
　　贷：公允价值变动损益　　　　　　　　　　　　　　 200

⑤结转其他综合收益（利润总额增加）：
借：其他综合收益　　　　　　　　　　　　　　　　2 500
　　贷：其他业务收入　　　　　　　　　　　　　　　　　　2 500

10.22 斯尔解析　**C**　本题考查投资性房地产的转换和后续计量。2×20年1月至6月的折旧额=3 520×（1-4%）÷8×6/12=211.2（万元）；2×20年6月30日，将自用固定资产转为以公允价值模式计量的投资性房地产，其账面价值为2 886.4万元［3 520-3 520×（1-4%）÷8×1.5］，大于当日公允价值2 000万元，差额应计入公允价值变动损益（借方）886.4万元；年租金为400万元，2×20年应确认租金收入200万元（400÷2）；2×20年12月31日公允价值变动损益为550万元（2 550-2 000）。综上，上述业务对甲公司2×20年度利润的影响金额=-211.2-886.4+200+550=-347.6（万元），选项C当选。

10.23 斯尔解析　**C**　本题考查持有待售类别的划分条件。划分为持有待售类别的条件为：
（1）可立即出售。
（2）出售极可能发生。
甲公司与A公司签订不可撤销协议，约定在1年内完成自用办公楼转让，但如果甲公司新建办公楼无法按时交付，应在甲公司新建办公楼交付后再腾空转让，不满足在当前状况下可立即出售的条件，选项A不当选；乙公司与B公司达成购买意向，将闲置设备出售给B公司，但尚未获得B公司管理层批准，不满足出售极可能发生的条件，选项B不当选；丙公司与C公司签订购买协议，将现用的一条生产线设备出售给C公司，预计2个月内办理完毕交接手续，满足持有待售类别划分条件，应将生产线设备划分为持有待售资产，选项C当选；丁公司与D公司为关联方，双方签订协议，丁公司将闲置厂房出售给D公司用于商业改造，但由于城市整体规划，该项转让预计延期1年完成，不属于延迟一年的例外情形（因丁公司与D公司为关联方），不满足出售极可能发生的条件，选项D不当选。

10.24 斯尔解析　**D**　本题考查持有待售非流动资产的核算。企业非流动资产不再继续划分为持有待售类别的计量应当按照以下两者孰低计量：（1）划分为持有待售类别前的账面价值，按照假定不划分为持有待售类别情况下本应确认的折旧、摊销或减值等进行调整后的金额；（2）可收回金额。甲公司对该非流动资产，假定不划分为持有待售类别情况下本应确认的折旧、摊销或减值等进行调整后的金额=1 200-100=1 100（万元）；资产的公允价值减去处置费用后的净额=1 250-100=1 150（万元），预计未来现金流量现值为1 210万元，则资产的可收回金额为1 210万元，通过对比可知，该资产账面价值应该为1 100万元，选项D当选。

10.25 斯尔解析　**B**　本题考查持有待售非流动资产的核算。该固定资产截至2×22年6月30日已计提折旧=1 000÷10×6.5=650（万元），划分为持有待售固定资产前的账面价值=1 000-650=350（万元），2×22年6月30日划分为持有待售固定资产的公允价值减去出售费用后的金额=320-5=315（万元），固定资产被划分为持有待售类别时，按以上两者孰低计量，即按照315万元计量，选项B当选。

二、多项选择题

10.26 斯尔解析 **BDE** 本题考查存在弃置义务的固定资产。在固定资产使用年限内，按照弃置费用计算确定各期应负担的利息费用，应当借记"财务费用"科目，贷记"预计负债"科目，不影响固定资产账面价值，选项A不当选；用于产品生产的设备发生的日常修理费用应当通过"制造费用"科目进行归集，再根据受益对象进行分配，计入产品成本，不影响固定资产账面价值，选项C不当选。

10.27 斯尔解析 **ABCD** 本题考查固定资产的初始计量。通过"在建工程——待摊支出"核算的项目包括：在建工程发生的管理费、征地费、可行性研究费、临时设施费、公证费、监理费、应负担的税费、满足资本化条件的借款费用、建设期间发生的工程物资盘亏净损失与盘盈净收益、在建工程进行负荷联合试车发生的费用与形成的收益，选项ABCD当选；由于自然灾害等原因造成的在建工程报废或毁损，减去残料价值和过失人或保险公司等赔偿款后的净损失，计入营业外支出，选项E不当选。

10.28 斯尔解析 **ABD** 本题考查固定资产的初始计量。对于存在弃置义务的固定资产，应在取得固定资产时，按预计弃置费用的现值，计入固定资产成本，选项A当选；固定资产按照成本进行初始计量，选项B当选；企业接受投资者投入的固定资产，按投资合同或协议约定的价值入账，但合同或协议约定价值不公允的除外，选项C不当选；分期付款购买固定资产，实质上具有融资性质的，其成本以购买价款的现值为基础确定，选项D当选；以一笔款项购入多项没有单独标价的固定资产，应按各项固定资产公允价值（而非账面价值）的比例对总成本进行分配，分别确定各项固定资产的成本，选项E不当选。

10.29 斯尔解析 **AE** 本题考查固定资产的折旧。因季节性停用和大修理停用的固定资产应当计提折旧，选项A当选，选项B不当选。处于更新改造过程而停止使用的固定资产，符合固定资产确认条件的，应当转入在建工程，停止计提折旧；不符合固定资产确认条件的，不应转入在建工程，照提折旧，选项C不当选。提前报废的固定资产不再补提折旧，选项D不当选。已提足折旧仍继续使用的固定资产不再计提折旧，选项E当选。

10.30 斯尔解析 **BCDE** 本题考查土地使用权的核算。按规定单独估价作为固定资产入账的土地，不需要计提折旧，选项A不当选；企业取得土地使用权并在地上自行开发建造厂房等建筑物并自用时，土地使用权与建筑物应当分别进行摊销和计提折旧，选项B当选；房地产开发企业取得的土地使用权用于建造对外出售的房屋建筑物，相关的土地使用权应当计入所建造的房屋建筑物成本，选项C当选；企业改变土地使用权的用途，停止自用土地使用权用于赚取租金或资本增值时，相关土地使用权按照投资性房地产核算，选项D当选；企业为自用外购不动产支付的价款应当在地上建筑物与土地使用权之间进行分配，难以分配的，应当全部作为固定资产核算，选项E当选。

10.31 斯尔解析 **ABDE** 本题考查无形资产的初始计量。企业自行开发无形资产，区分为研究阶段和开发阶段，若无法区分，应将发生的全部研发支出费用化，若可以区分，应将研究阶段的支出全部计入当期管理费用，选项AB当选，选项C不当选；开发阶段的支出满足资本化条件的，应当资本化，未满足资本化条件的支出应计入当期损益，选项DE当选。

10.32 【斯尔解析】 **BC** 本题考查无形资产的摊销。不能为企业带来经济利益的无形资产应作报废处理，应当将其账面价值全部计入营业外支出，选项A不当选；企业内部研究开发项目研究阶段的支出应当全部费用化，不应当资本化，选项D不当选；使用寿命不确定的无形资产不进行摊销，选项E不当选。

10.33 【斯尔解析】 **ABC** 本题考查无形资产的摊销。至少应于每年年度终了，对无形资产使用寿命和摊销方法进行复核，无形资产的使用寿命及摊销方法与以前估计不同的，应当改变摊销期限和摊销方法，选项A当选；已计提减值准备的需要摊销的无形资产，应按该项资产的账面价值以及尚可使用寿命重新计算摊销额，选项B当选；每个会计期间对使用寿命不确定的无形资产的使用寿命进行复核，如果有证据表明其使用寿命是有限的，应按照使用寿命有限的无形资产进行处理，选项C当选；使用寿命不确定的无形资产不计提摊销，但至少应于每年年末进行减值测试，选项D不当选；无形资产的摊销金额一般应确认为当期损益（记入"管理费用"科目），但并不是所有的无形资产摊销均记入"管理费用"科目，选项E不当选。

10.34 【斯尔解析】 **ABDE** 本题考查资产减值的判断。存在下列迹象的，表明固定资产、无形资产等资产可能发生了减值：

（1）资产的市价当期大幅度下跌，其跌幅明显高于因时间的推移或者正常使用而预计的下跌。（选项A当选）

（2）企业经营所处的经济、技术或者法律等环境，以及资产所处的市场在当期或者将在近期发生重大变化，从而对企业产生不利影响。（选项B当选）

（3）市场利率或者其他市场投资报酬率在当期已经提高（而非降低），从而影响企业计算资产预计未来现金流量现值的折现率，导致资产可收回金额大幅度降低。（选项C不当选）

（4）有证据表明资产已经陈旧过时或者其实体已经损坏。（选项D当选）

（5）资产已经或者将被闲置、终止使用，或者计划提前处置。（选项E当选）

（6）企业内部报告的证据表明资产的经济绩效已经低于或者将低于预期，如资产所创造的净现金流量或者实现的营业利润（或者亏损）远远低于（或者高于）预计金额等。

10.35 【斯尔解析】 **BCD** 本题考查投资性房地产的范围。企业外购房屋建筑物所支付的价款应当按照合理的方法在地上建筑物与土地使用权之间进行分配，难以合理分配的，应当全部作为固定资产处理，选项A不当选；取得土地使用权拟在该土地上建造商品房，土地使用权应作为存货核算，选项B当选；将自用改为出租的土地使用权应当确认为投资性房地产，选项C当选；一项房地产，部分用于赚取租金或资本增值，部分用于生产商品、提供劳务或经营管理或者作为存货出售，用于赚取租金或资本增值的部分能够单独计量和出售的，可以确认为投资性房地产，选项D当选；按国家有关规定认定的闲置土地不属于投资性房地产，选项E不当选。

10.36 【斯尔解析】 **ABDE** 本题考查投资性房地产的后续计量。注意，本题要求选择错误的选项。采用公允价值模式计量的投资性房地产，公允价值的变动金额计入公允价值变动损益，选项A当选；采用成本模式计量的投资性房地产，需要按月计提折旧或摊销，选项B当选；企业对投资性房地产的计量模式一经确定，不得随意变更，成本模式转为公允价值模式的应当作为会计政策变更处理，已采用公允价值模式计量的投资性房地产不得从公允价值模式转为成本模式，选项 C 不当选，选项 E 当选；投资性房地产的减值一经计提不得转回，选项 D 当选。

10.37 斯尔解析 **ABC** 本题考查投资性房地产的后续计量。注意，本题要求选择错误的选项。采用公允价值模式进行后续计量的投资性房地产，期末公允价值低于其账面余额的差额应计入公允价值变动损益，选项 A 当选；采用成本模式进行后续计量的投资性房地产按月计提的折旧额或摊销额，应计入其他业务成本，选项 B 当选；采用公允价值模式进行后续计量的投资性房地产不计提减值准备，选项 C 当选。

10.38 斯尔解析 **CD** 本题考查投资性房地产的转换。企业将自用房地产转换为以公允价值模式计量的投资性房地产时，转换日公允价值与原账面价值的差额，如果是借方差额，则计入公允价值变动损益，如果是贷方差额，则计入其他综合收益，选项 CD 当选。

10.39 斯尔解析 **BDE** 本题考查投资性房地产的转换。企业将存货转换为以公允价值模式计量的投资性房地产时，应按转换日的公允价值确定投资性房地产的成本（选项 E 当选），将原存货的账面余额转出，已计提的存货跌价准备应同时结转（选项 B 当选），存货的账面价值减少额 =1 300−120=1 180（万元），选项 D 当选；转换日公允价值大于原账面价值的差额，应计入其他综合收益，不确认"投资性房地产——公允价值变动"和"公允价值变动损益"，选项 AC 不当选。本题应编制的会计分录为：

借：投资性房地产——成本　　　　　　　　　　1 580
　　存货跌价准备　　　　　　　　　　　　　　120
　　贷：开发产品　　　　　　　　　　　　　　　　　1 300
　　　　其他综合收益　　　　　　　　　　　　　　　400

10.40 斯尔解析 **AD** 本题考查持有待售的非流动资产或处置组的划分条件。非流动资产或处置组划分为持有待售类别，应当同时满足下列条件：（1）根据类似交易中出售此类资产或处置组的惯例，在当前状况下即可立即出售；（2）出售极可能发生，即企业已经就一项出售计划作出决议且获得确定的购买承诺，预计出售将在一年内完成。选项 AD 当选。

多项选择题

10.41 ▶ CDE

单项选择题

10.41 斯尔解析　**CDE**　本题考查数据资源分别作为无须资产和存货核算的相关会计处理。对于企业日常活动中持有的、最终目的用于出售的数据资源，符合存货的定义，应当确认为存货，选项 A 不当选。作为无形资产核算的外购数字资源，其初始入账价值应当包括可直接归属于使该项无形资产达到预定用途所发生的数据脱敏、清洗、标注、整合、分析、可视化等加工过程所发生的有关支出，以及数据权属鉴证、质量评估、登记结算、安全管理等费用，选项 B 不当选。在对确认为无形资产的数据资源的使用寿命进行估计时，应当考虑无形资产准则应用指南规定的因素，并重点关注数据资源相关业务模式、权利限制、更新频率和时效性、有关产品或技术迭代、同类竞品等因素，选项 C 当选。企业外购数据资源作为存货核算的，采购成本包括购买价款、相关税费、保险费，以及数据权属鉴证、质量评估、登记结算、安全管理等所发生的其他可归属于存货采购成本的费用，选项 D 当选。企业通过数据加工取得确认为存货的数据资源，其成本包括采购成本，数据采集、脱敏、清洗、标注、整合、分析、可视化等加工成本和使存货达到目前场所和状态所发生的其他支出，选项 E 当选。

第十一章 非流动资产（二）
答案与解析

一、单项选择题

11.1 ▶ D	11.2 ▶ A	11.3 ▶ C	11.4 ▶ D	11.5 ▶ D
11.6 ▶ D	11.7 ▶ A	11.8 ▶ B	11.9 ▶ A	11.10 ▶ B
11.11 ▶ D	11.12 ▶ D	11.13 ▶ C	11.14 ▶ C	11.15 ▶ B
11.16 ▶ D	11.17 ▶ A	11.18 ▶ D	11.19 ▶ B	11.20 ▶ C
11.21 ▶ D	11.22 ▶ A	11.23 ▶ C	11.24 ▶ D	11.25 ▶ C
11.26 ▶ C	11.27 ▶ A	11.28 ▶ B	11.29 ▶ D	11.30 ▶ A
11.31 ▶ C				

二、多项选择题

| 11.32 ▶ AE | 11.33 ▶ ACD | 11.34 ▶ AD | 11.35 ▶ AC | 11.36 ▶ BCE |
| 11.37 ▶ ABC | 11.38 ▶ BC | 11.39 ▶ DE | 11.40 ▶ ADE | |

三、计算题

| 11.41 (1) ▶ A | 11.41 (2) ▶ D | 11.41 (3) ▶ A | 11.41 (4) ▶ C |

四、综合分析题

11.42（1）▶ C 11.42（2）▶ C 11.42（3）▶ AB 11.42（4）▶ B

11.42（5）▶ A 11.42（6）▶ B 11.43（1）▶ C 11.43（2）▶ B

11.43（3）▶ B 11.43（4）▶ D 11.43（5）▶ C 11.43（6）▶ A

11.44（1）▶ B 11.44（2）▶ C 11.44（3）▶ D 11.44（4）▶ BC

11.44（5）▶ A 11.44（6）▶ D

一、单项选择题

11.1 【斯尔解析】 **D** 本题考查金融资产的分类及重分类。其他权益工具投资一经指定，不得撤销，因此也不得重分类为交易性金融资产，选项 A 不当选。分类为"以摊余成本计量的金融资产"需要同时满足两个条件：（1）业务模式是以收取合同现金流量为目标；（2）符合本金加利息的合同现金流量特征，即通过合同现金流量测试。故以出售为目的的债权投资不应分为此类，选项 B 不当选。债权类投资不仅可以通过债权投资或其他债权投资核算，还可以通过交易性金融资产核算，选项 C 不当选。其他债权投资可以重分类为债权投资或交易性金融资产，选项 D 当选。

11.2 【斯尔解析】 **A** 本题考查债权投资的初始入账金额。企业取得债权投资应当按照公允价值计量，取得债权投资所发生的交易费用计入债权投资的初始入账金额，支付的价款中包含已到付息期但尚未领取的债券利息，应当单独确认为应收项目，不构成债权投资的初始入账金额。故本题中，债权投资的初始入账金额 =5 000（购买价款）-5 000×5%/2（支付价款中包含的已到付息期但尚未领取的利息）+10（交易费用）=4 885（万元）。需要注意的是，由于该债券 2×22 年 7 月 1 日发行，因此至 2×23 年 1 月 1 日仅包含半年利息，选项 A 当选，选项 BCD 不当选。

11.3 【斯尔解析】 **C** 本题考查债权投资的核算。该债权投资的初始投资成本 = 购买价款 + 相关税费 =2 950+20=2 970（万元），2×20 年末摊余成本 = 期初摊余成本 ×（1+ 实际利率）- 当年的应收利息 =2 970×（1+5.23%）-3 000×5%=2 975.331（万元），2×21 年末摊余成本 =2 975.331×（1+5.23%）-3 000×5%=2 980.94（万元），选项 C 当选。

11.4 【斯尔解析】 **D** 本题考查债权投资的核算。2×18 年末该金融资产的账面价值 =84×（1+10.66%）-80×12%=83.3544（万元），因此"债权投资——利息调整"科目的余额 =83.3544-80=3.3544（万元）。

会计分录如下：

（1）2×18年1月1日：

借：债权投资——成本　　　　　　　　　　　　　　　80

　　　　　　——利息调整　　　　　　　　　　　　　4

　　贷：银行存款　　　　　　　　　　　　　　　　　　　　　84

（2）2×18年12月31日：

借：应收利息　　　　　　　　　（80×12%）9.6

　　贷：投资收益　　　　　　　　（84×10.66%）8.9544

　　　　债权投资——利息调整　　　　　　　　　　　　0.6456

年末，"债权投资——利息调整"的科目余额=4−0.6456=3.3544（万元），选项D当选。

11.5 斯尔解析　**D**　本题考查其他债权投资的核算。注意，本题要求选择错误的选项。其他债权投资资产负债表日应确认的减值损失金额应记入"信用减值损失"科目，同时确认其他综合收益，而非记入"资产减值损失"科目，选项D当选。

11.6 斯尔解析　**D**　本题考查其他债权投资的会计处理。注意，本题要求选择错误的选项。其他债权投资以公允价值计量，2×23年12月31日的账面价值等于公允价值1 000万元，选项A不当选；2×22年12月31日的摊余成本=1 005（期初摊余成本）+1 005×5.81%（实际利息）−1 000×6%（票面利息）=1 003.39（万元），选项B不当选；2×23年12月31日的摊余成本=1 003.39（期初摊余成本）+1 003.39×5.81%（实际利息）−1 000×6%（票面利息）=1 001.69（万元），选项C不当选；2×23年12月31日因公允价值变动确认的其他综合收益余额=1 000−1 001.69=−1.69（万元），选项D当选。

11.7 斯尔解析　**A**　本题考查交易性金融资产的核算。交易性金融资产属于以公允价值计量且其变动计入当期损益的金融资产，其资产负债表日应按照公允价值计量，因此账面价值等于其公允价值。2×22年末其公允价值=400×5=2 000（万元），选项A当选。

11.8 斯尔解析　**B**　本题考查交易性金融资产的会计核算。本题中，交易性金融资产能够对营业利润产生影响的交易或事项主要包括：

（1）初始取得时支付的交易费用：本题中为10万元，因计入投资收益借方，故导致营业利润减少10万元。

（2）持有期间被投资单位宣告分派现金股利：如有则确认投资收益进而影响营业利润，本题中不涉及。

（3）期末公允价值变动：本题中公允价值变动损益金额=1 100−（1 000−80−10）=190（万元），导致营业利润增加190万元。

（4）出售时实际收到的价款与其账面价值之间的差额：本题中因出售确认的投资收益金额=1 080−1 100=−20（万元），导致营业利润减少20万元。

综上，甲公司该项交易对当年营业利润的影响金额=−10+190−20=160（万元），选项B当选，选项ACD不当选。

11.9 【斯尔解析】 A 本题考查交易性金融资产的核算。会计分录如下：

（1）2×17年12月1日购入股票时：

借：交易性金融资产　　　　　　　　　　85 000
　　投资收益　　　　　　　　　　　　　　　100
　　　贷：银行存款　　　　　　　　　　　　　　　　　85 100

（2）2×17年12月31日：

借：交易性金融资产　　　　　　　　　　7 000
　　　贷：公允价值变动损益　　　　　　　　　　　　7 000

（3）2×18年12月1日：

借：银行存款　　　　　　　　　　　　104 500
　　　贷：交易性金融资产　　　　　　　　　　　　92 000
　　　　　投资收益　　　　　　　　　　　　　　　12 500

影响2×18年利润总额的，只有2×18年12月1日股票出售确认的投资收益12 500元，选项A当选。

11.10 【斯尔解析】 B 本题考查其他权益工具投资的核算。其他权益工具投资的交易费用计入初始入账金额，出售所得的价款与其账面价值的差额计入留存收益，所以影响利润总额的项目只有乙公司宣告发放的现金股利，10×0.5=5（万元），选项B当选。相关会计分录如下：

（1）2×22年1月5日：

借：其他权益工具投资　　　　　　　　　103
　　　贷：银行存款　　　　　　　　　　　　　　　　　103

（2）2×22年6月30日：

借：应收股利　　　　　　　　　　　　　　5
　　　贷：投资收益　　　　　　　　　　　　　　　　　　5

（3）2×22年7月10日：

借：银行存款　　　　　　　　　　　　　　5
　　　贷：应收股利　　　　　　　　　　　　　　　　　　5

（4）2×22年12月10日：

借：银行存款　　　　　　　　　　　　　110
　　　贷：其他权益工具投资　　　　　　　　　　　　103
　　　　　盈余公积　　　　　　　　　　　　　　　　0.7
　　　　　利润分配——未分配利润　　　　　　　　　6.3

11.11 【斯尔解析】 D 本题考查其他权益工具投资的处置。其他权益工具投资处置时，应将处置价款与其账面价值的差额计入留存收益，同时，将持有期间累计计入其他综合收益的金额转入留存收益。故本题中出售该股权时应确认的投资收益为0，选项D当选，选项ABC不当选。

11.12 【斯尔解析】 D 本题考查金融资产的核算。注意，本题要求选择错误的选项。以公允价值计量且其变动计入其他综合收益的金融资产有两类：其他债权投资和其他权益工具投资。若是其他债权投资，处置时取得的价款与其账面价值之间的差额确认为投资收益；若是其他权益工具投资，其处置时售价与账面价值的差额以及持有期间累计确认的其他综合收益均结转入留存收益，不确认投资收益。选项 D 当选。

11.13 🅢斯尔解析　C　本题综合考查各类金融资产的会计处理，主要考查债权投资和其他债权投资的处理。其他债权投资取得时将发生的相关交易费用计入初始成本，选项 A 不当选；债权投资可以重分类为交易性金融资产，权益工具投资之间不可以进行重分类，选项 B 不当选；其他债权投资以公允价值计量，计提减值时将减值损失或减值利得计入当期损益（信用减值损失），且不应减少该金融资产在资产负债表中列示的账面价值，选项 C 当选；债权投资如计提减值准备将使其摊余成本减少，选项 D 不当选。

提示：

本题选项 CD 中涉及与金融资产减值有关的结论是易混易错点，现为各位同学整理出来，具体内容如下表所示：

科目内容	债权投资	其他债权投资	交易性金融资产、其他权益工具投资
是否计提减值	是	是	否
账务处理	借：信用减值损失 　贷：债权投资减值准备	借：信用减值损失 　贷：其他综合收益	—
计提减值是否影响账面价值	影响	不影响	—

11.14 🅢斯尔解析　C　本题考查以发行权益性证券方式取得长期股权投资的入账价值。企业以发行权益性证券取得的长期股权投资，应当按照发行权益性证券的公允价值作为初始投资成本（企业为发行普通股向证券承销机构支付的手续费等 420 万元，应冲减溢价发行收入，不影响初始投资成本），即长期股权投资的初始投资成本 800×8=6 400（万元）；应享有可辨认净资产公允价值的份额为 6 750 万元（27 000×25%），因此需调整增加长期股权投资的初始投资成本，即长期股权投资的入账价值为 6 750 万元，选项 C 当选。本题应编制的会计分录为：

借：长期股权投资——投资成本　　　　　　6 400
　贷：股本　　　　　　　　　　　　　　　　　　　　800
　　　资本公积——股本溢价　　　　　　　　　　　5 180
　　　银行存款　　　　　　　　　　　　　　　　　　420
借：长期股权投资——投资成本　　　　　　　350
　贷：营业外收入　　　　　　　　　　　　　　　　350

11.15 🅢斯尔解析　B　本题考查长期股权投资后续计量的权益法。甲公司相关账务处理如下：

（1）2×21 年 1 月 2 日取得乙公司 30% 股权时：

借：长期股权投资——投资成本　　　　　　2 000
　贷：银行存款　　　　　　　　　　　　　　　　　2 000

初始投资成本2 000万元小于应享有的被投资方可辨认净资产公允价值份额2 400万元，差额400万元应调整长期股权投资初始投资成本：

借：长期股权投资——投资成本　　　　　　　　　400
　　贷：营业外收入　　　　　　　　　　　　　　　　　400

（2）2×21年5月9日，乙公司宣告分配现金股利时：

借：应收股利　　　　　　　　　（400×30%）120
　　贷：长期股权投资——损益调整　　　　　　　　　120

（3）2×21年度乙公司实现净利润时：

借：长期股权投资——损益调整　　（800×30%）240
　　贷：投资收益　　　　　　　　　　　　　　　　　240

该项投资影响甲公司2×21年度损益的项目包括营业外收入和投资收益，共计400+240=640（万元），选项B当选。

11.16 🔍斯尔解析　**D**　本题考查长期股权投资后续计量的权益法。根据直线法，按照取得投资时固定资产的公允价值计算确定的折旧费用为100万元，不考虑所得税影响，按该固定资产的公允价值计算的净利润为500-40=460（万元），因此甲公司应确认的投资收益为460×30%=138（万元），选项D当选。相关会计分录如下：

借：长期股权投资——损益调整　　　　　　　　　138
　　贷：投资收益　　　　　　　　　　　　　　　　　138

11.17 🔍斯尔解析　**A**　本题考查长期股权投资后续计量的权益法。投资方与联营企业及合营企业之间发生的未实现内部交易损益，无论顺流还是逆流，按照应享有的比例计算归属于投资方的部分，应当予以抵销，在此基础上对被投资方净利润进行调整后按比例确认投资损益。本题中未实现的内部交易损益=（1 000-800）×50%=100（万元），乙公司调整后的净利润=1 600-100=1 500（万元），甲公司2×20年末按比例应确认的投资收益=1 500×40%=600（万元），选项A当选。

11.18 🔍斯尔解析　**D**　本题考查长期股权投资后续计量的权益法。2×22年12月31日，甲公司长期股权投资在资产负债表中应列示的年末余额=2 500+1 000×20%=2 700（万元），选项D当选。相关会计分录如下：

（1）2×22年1月1日：

借：长期股权投资——投资成本　　　2 500
　　贷：银行存款　　　　　　　　　　　　　　　　2 500

甲公司持有的有表决权股份对乙公司具有重大影响，后续采用权益法核算，初始投资成本2 500万元大于投资时享有的乙公司可辨认净资产公允价值的份额2 400万元，不调整长期股权投资入账价值。

（2）2×22年12月31日，根据应享有被投资单位实现的净利润，调整长期股权投资的账面价值：

借：长期股权投资——损益调整　　　　200
　　贷：投资收益　　　　　　　　　　　　　　　　　200

11.19 **B** 本题考查长期股权投资后续计量的权益法。2×21年应确认投资收益=[1 000-（1 200-1 000）×（1-20%）]×15%=126（万元），2×21年应确认其他综合收益=200×15%=30（万元）；分配股票股利不影响所有者权益总额，所以无须调整长期股权投资。因此该长期股权投资在2×21年末的账面价值=2 000+126+30=2 156（万元），选项B当选。

11.20 **C** 本题考查长期股权投资后续计量的权益法。按照持股比例，甲公司应承担的投资损失额=4 000×35%=1 400（万元），小于长期股权投资和长期应收款的合计数额1 560万元，因此可以确认投资损失1 400万元，选项C当选。

11.21 **D** 本题考查长期股权投资的处置。处置长期股权投资确认的投资收益=1 200-1 100+100=200（万元），选项D当选。相关会计分录：

借：银行存款　　　　　　　　　　　　　　　　　　1 200
　　贷：长期股权投资——投资成本　　　　　　　　　　700
　　　　　　　　　　——损益调整　　　　　　　　　　300
　　　　　　　　　　——其他综合收益　　　　　　　　100
　　　　投资收益　　　　　　　　　　　　　　　　　　100
借：其他综合收益　　　　　　　　　　　　　　　　　100
　　贷：投资收益　　　　　　　　　　　　　　　　　　100

11.22 **A** 本题考查以合并方式取得长期股权投资的初始计量。非同一控制下企业合并，长期股权投资初始投资成本=支付对价公允价值=1 500×6=9 000（万元），选项A当选。为发行股票支付的佣金、手续费冲减"资本公积——股本溢价"，不影响长期股权投资初始入账金额。

11.23 **C** 本题考查以合并方式取得长期股权投资的初始计量。同一控制下企业合并，长期股权投资初始投资成本=被合并方所有者权益在最终控制方合并财务报表中的账面价值的份额+最终控制方在合并报表中确认的商誉=9 000×60%+0=5 400（万元），选项C当选。支付的与合并直接相关的中介费用应计入管理费用，不影响长期股权投资初始投资成本。

11.24 **D** 本题考查的是同一控制下企业合并形成长期股权投资的会计处理。企业合并方式形成长期股权投资合并方发生的评估咨询费用，应计入当期损益，选项A不当选；与发行债务工具作为合并对价直接相关的交易费用，应计入债务工具的初始确认金额，选项B不当选；发行权益性证券发生的手续费、佣金等应当冲减资本公积，资本公积不足冲减的，冲减留存收益，选项C不当选；合并成本与合并对价账面价值之间的差额，应计入资本公积，资本公积不足冲减的，调整留存收益，选项D当选。

11.25 **C** 本题考查以企业合并方式取得的长期股权投资的初始计量。本题属于非同一控制下企业合并，长期股权投资的初始投资成本=支付对价的公允价值=4.5×2 000=9 000（万元），支付的审计、评估费用计入管理费用，不计入长期股权投资的成本，选项C当选。

11.26 **C** 本题考查长期股权投资的转换。从公允价值计量变为长期股权投资成本法核算，相当于"先卖后买"。对利润总额的影响金额包括两项：

（1）支付的评估费 200 万元计入管理费用。

（2）原交易性金融资产账面价值与其公允价值的差额 =1 600-2 000=-400（万元）。

因此，影响损益的金额合计为 -600 万元，支付给券商的股票发行费用，冲减资本公积，不影响利润总额，选项 C 当选。

11.27 【斯尔解析】 A 本题考查资产减值的核算。无形资产的减值一经计提，在持有期间不得转回，选项 A 当选；其他债权投资、持有待售的非流动资产、合同资产计提的减值损失满足条件的可以转回，选项 BCD 不当选。

11.28 【斯尔解析】 B 本题考查非货币性资产交换准则的适用范围。应收账款、应收票据和债权投资均为货币性资产，不属于非货币性资产，选项 ACD 不当选；投资性房地产和固定资产均属于非货币性资产，两者进行交换应按照《企业会计准则第 7 号——非货币性资产交换》进行会计处理，选项 B 当选。

11.29 【斯尔解析】 D 本题考查非货币性资产交换的会计处理。该项交换具有商业实质，补价比例 =10÷110=9.09%，小于 25%，换出或换入资产的公允价值能够可靠计量，属于非货币性资产交换且应采用公允价值计量。甲公司换入长期股权投资的入账金额 = 换出资产公允价值 + 增值税销项税额 + 支付补价的公允价值 - 增值税进项税额 =100+10=110（万元），或等于其自身公允价值 110 万元，选项 A 不当选；乙公司换入专利权的入账金额 = 换出资产公允价值 + 增值税销项税额 - 收到补价的公允价值 - 增值税进项税额 =110-10=100（万元），或等于其自身公允价值 100 万元，选项 B 不当选；甲公司应确认的交换损益 = 换出资产公允价值 - 换出资产账面价值 =100-80=20（万元），选项 C 不当选；乙公司应确认的交换损益 = 换出资产公允价值 - 换出资产账面价值 =110-112=-2（万元），选项 D 当选。

11.30 【斯尔解析】 A 本题考查非货币性资产交换。由于该交换不具有商业实质，因此应当以账面价值为基础计量。甲公司换入存货的入账价值 = 换出资产的账面价值 - 增值税进项税额 - 收到补价的公允价值 =30-6-3.4-0.5=20.1（万元），选项 A 当选。

11.31 【斯尔解析】 C 本题考查非货币性资产交换。由于换入资产和换出资产的公允价值均不能可靠计量，因此应当以账面价值为基础计量。甲公司换入的长期股权投资的入账价值 = 换出资产的账面价值 - 收到的补价 =（630-410）-20=200（万元），选项 C 当选。

二、多项选择题

11.32 【斯尔解析】 AE 本题考查金融资产的分类。企业管理金融资产的业务模式具体分为三类：（1）以收取合同现金流量为目标的业务模式；（2）以收取合同现金流量和出售金融资产为目标的业务模式（选项 A 当选）；（3）其他业务模式。以收取本金加利息为业务模式的金融资产应分类为以摊余成本计量的金融资产，选项 B 不当选；应收取的商业汇票属于从其他方收取现金或其他金融资产的合同权利，根据其业务模式的不同应分类为不同类别的金融资产，选项 C 不当选；权益性工具投资在初始确认时，企业可以将非交易性权益工具投资指定为以公允价值计量且其变动计入其他综合收益的金融资产，该指定一经作出不得撤销，选项 D 不当选；在初始确认时，如果能够消除或显著减少会计错配，企业可以将金融资产指定为以公允价值计量且其变动计入当期损益的金融资产，选项 E 当选。

11.33 **斯尔解析** ACD 本题主要考查金融资产的核算。债权投资以摊余成本进行后续计量，不应确认公允价值变动金额，选项A当选；被分类为以公允价值计量且其变动计入其他综合收益的金融资产（此处特指其他债权投资）持有期间所产生的所有利得或损失，如与套期会计无关的，除减值损失或减值利得和汇兑损益以及采用实际利率法计算的利息之外，均应当计入其他综合收益，选项B不当选；出售其他债权投资时，应将原计入其他综合收益的公允价值变动转出，计入投资收益，选项C当选；交易性金融资产在资产负债表日公允价值的变动应计入当期损益（公允价值变动损益），选项D当选；以公允价值模式计量的投资性房地产在资产负债表日的公允价值变动应计入公允价值变动损益，选项E不当选。

11.34 **斯尔解析** AD 本题考查其他权益工具投资的会计处理。持有期间被投资方宣告发放现金股利时，应按照享有的份额确认，借记"应收股利"，贷记"投资收益"，选项A当选；资产负债表日公允价值的变动额应计入其他综合收益，不影响当期损益，选项B不当选；其他权益工具投资不计提减值准备，选项C不当选；出售时应将收到的处置价款与其账面价值之间的差额计入留存收益，选项D当选；当该项金融资产终止确认时，原计入所有者权益的累计利得或损失应转入留存收益（盈余公积和未分配利润），选项E不当选。

11.35 **斯尔解析** AC 本题考查金融资产的重分类。将一项以公允价值计量且其变动计入当期损益的金融资产重分类为以摊余成本计量的金融资产，以其在重分类日的公允价值作为新的账面余额，选项A当选；以摊余成本计量的金融资产重分类为以公允价值计量且其变动计入其他综合收益的金融资产，原账面价值与公允价值之间的差额计入其他综合收益，选项B不当选；以公允价值计量且其变动计入其他综合收益的金融资产重分类为以公允价值计量且其变动计入当期损益的金融资产的，应当继续以公允价值计量该金融资产，选项C当选；以摊余成本计量的金融资产重分类为以公允价值计量且其变动计入当期损益的金融资产，按照该金融资产在重分类日的公允价值进行计量，原账面价值与公允价值之间的差额计入当期损益（公允价值变动损益），选项D不当选；金融资产中的权益工具投资不得进行重分类，债务工具投资满足条件可以在三种类别间进行重分类，选项E不当选。

11.36 **斯尔解析** BCE 本题综合考查各类交易费用的会计处理。取得交易性金融资产的手续费应计入投资收益，而非初始成本，选项A不当选；取得债权投资支付的手续费应计入债权投资的初始成本，选项B当选；因发行股票支付给券商的手续费及佣金应冲减资本公积，资本公积不足冲减的，应冲减留存收益，选项C当选；为取得股权投资的手续费应根据股权投资的类别进行不同的会计处理，不能一概而论，选项D不当选；购买方为进行企业合并而支付的审计费用、评估费用、法律服务费用等中介费用，应当于发生时计入当期损益，选项E当选。具体处理方式详见下表：

股权类投资的核算科目		会计处理
交易性金融资产		计入投资收益
其他权益工具投资		计入初始成本
长期股权投资	合并方式取得	计入管理费用
	非合并方式取得	计入初始投资成本

11.37 🔍斯尔解析　**ABC**　本题考查长期股权投资的转换。长期股权投资从权益法核算转为成本法核算，应当按照原长期股权投资的账面价值和新支付对价的公允价值确认初始投资成本。原持有的股权投资采用权益法核算，已经确认的其他综合收益，除净损益、其他综合收益和利润分配以外的所有者权益其他变动暂不进行会计处理，待到处置该项投资时采用与被购买方直接处置相关资产或负债相同的基础进行会计处理。相关会计分录为：

（1）2×20年1月1日：

借：长期股权投资——投资成本　　　　　　　　　　200

　　贷：银行存款　　　　　　　　　　　　　　　　　　　200

（2）截至2×21年12月31日：

借：长期股权投资——其他综合收益　　　　　　　100

　　贷：其他综合收益　　　　　　　　　　　　　　　　　100

（3）2×22年1月2日：

借：长期股权投资　　　　　　　　　　　　　　　900

　　贷：银行存款　　　　　　　　　　　　　　　　　　　600

　　　　长期股权投资——投资成本　　　　　　　　　　200

　　　　　　　　　　——其他综合收益　　　　　　　　　100

综上所述，选项ABC当选。

11.38 🔍斯尔解析　**BC**　本题考查长期股权投资的转换。将以成本法计量的长期股权投资转为权益法核算时，剩余部分需要按照权益法追溯调整，对于减少投资当期期初至减少投资时点被投资单位实现的净损益，应当调整投资收益，选项B当选；对于原投资时点至减少投资当期期初被投资单位实现的净损益，应当调整留存收益，选项C当选。

11.39 🔍斯尔解析　**DE**　本题考查长期股权投资后续计量的权益法。长期股权投资的初始投资成本=3 760+20=3 780（万元），选项A不当选；初始投资成本小于应享有乙公司可辨认净资产公允价值的份额4 000万元（10 000×40%），差额应调整长期股权投资的账面价值，即初始入账价值为4 000万元，2×22年乙公司经调整后的净利润=1 800-（10 000-8 000）÷20-450=1 250（万元），甲公司应确认的投资收益=1 250×40%=500（万元），选项C不当选；甲公司应确认的其他综合收益=450×40%=180（万元），选项E当选；2×22年12月31日长期股权投资的账面价值=4 000+500+180=4 680（万元），选项B不当选；2×23年1月2日转让长期股权投资时，原计入其他综合收益的180万元应当转入投资收益（因投资性房地产转换产生的其他综合收益可转损益），因此，应确认的投资收益=4 900-4 680+180=400（万元），选项D当选。相关会计分录为：

（1）2×22年1月1日：

借：长期股权投资——投资成本　　　　　　　　3 780

　　贷：银行存款　　　　　　　　　　　　　　　　　　3 780

借：长期股权投资——投资成本　　　　　　　　220

　　贷：营业外收入　　　　　　　　　　　　（4 000-3 780）220

（2）2×22年12月31日：

借：长期股权投资——损益调整　　　　　　　　500
　　贷：投资收益　　　　　　　　　　　　　　　　　500
借：长期股权投资——其他综合收益　　　　　　180
　　贷：其他综合收益　　　　　　　　　　　　　　　180

（3）2×23年1月2日：

借：银行存款　　　　　　　　　　　　　　　4 900
　　贷：长期股权投资——投资成本　　　　　　　　4 000
　　　　　　　　　　　——损益调整　　　　　　　　500
　　　　　　　　　　　——其他综合收益　　　　　　180
　　　　　投资收益　　　　　　　　　　　　　　　220
借：其他综合收益　　　　　　　　　　　　　180
　　贷：投资收益　　　　　　　　　　　　　　　　　180

11.40 〖斯尔解析〗 **ADE** 本题考查长期股权投资的转换。从长期股权投资成本法转为权益法核算。甲公司的会计分录：

处置部分：

借：银行存款　　　　　　　　　　　　　　　7 500
　　贷：长期股权投资　　　　　　　（8 000×80%）6 400
　　　　投资收益　　　　　　　　　　　　　　　1 100

剩余部分：

借：长期股权投资——投资成本　　（8 000-6 400）1 600
　　　　　　　　　——损益调整　　　（2 500×16%）400
　　贷：长期股权投资　　　　　　　　　　　　　1 600
　　　　盈余公积　　　　　　　　（2 000×16%×10%）32
　　　　利润分配——未分配利润　　（2 000×16%×90%）288
　　　　投资收益　　　　　　　　　　（500×16%）80

综上，选项ADE当选，选项BC不当选。

三、计算题

11.41（1）〖斯尔解析〗 **A** 本题考查长期股权投资的初始计量。甲公司取得的乙公司股权投资的初始投资成本＝购买价款＋相关税费＝480+20=500（万元），投资时应享有被投资方可辨认净资产公允价值的份额＝1 800×30%=540（万元），故入账金额为540万元，选项A当选。

（2）〖斯尔解析〗 **D** 本题考查长期股权投资后续计量的权益法。甲公司因持有乙公司长期股权投资，其2×19年应确认的投资收益金额＝（200-50×80%）×30%=48（万元），选项D当选。

（3）〖斯尔解析〗 **A** 本题考查长期股权投资的转换。2×20年1月1日长期股权投资账面价值＝540+48+20×30%=594（万元），以权益法核算的长期股权投资转换为以公允价值计量,相当于"先卖后买"。甲公司出售长期股权投资时应确认的投资收益金额 =320+320-594+20×30%=52(万元),选项 A 当选。

(4) 斯尔解析 **C** 本题考查长期股权投资的核算。影响甲公司利润总额的事项包括:

(1)投资时点调整长期股权投资初始投资成本,确认的营业外收入 =540-500=40(万元)。

(2)2×19 年确认的投资收益共 48 万元。

(3)长期股权投资处置时,确认的投资收益 =320+320-594+20×30%=52(万元)。综上,对甲公司利润总额的影响金额共计 =40+48+52=140(万元),选项 C 当选。

四、综合分析题

11.42 (1) 斯尔解析 **C** 本题考查其他权益工具投资的核算。该金融资产期末以公允价值计量,所以 2×14 年 12 月 31 日其账面价值即为公允价值 1 000 万元,选项 C 当选。相关账务处理如下:

(1)2×14 年 3 月 1 日:

借:其他权益工具投资——成本　　　　　　　　800
　　贷:银行存款　　　　　　　　　　　　　　　　800

(2)2×14 年 12 月 31 日:

借:其他权益工具投资——公允价值变动　　　　200
　　贷:其他综合收益　　　　　　　　　　　　　　200

(2) 斯尔解析 **C** 本题考查长期股权投资的转换。将以公允价值计量的金融资产转为以权益法核算的长期股权投资时,长期股权投资的初始投资成本 =1 000(追加投资日原股权投资的公允价值)+2 000(新增股权支付对价的公允价值)=3 000(万元)。因全部持有的 30%的股权采用权益法核算,所以需要与取得投资日应享有被投资方的可辨认净资产公允价值的份额 =11 000×30%=3 300(万元)进行比较,后者大。因此,2×15 年 1 月 1 日长城公司持有黄河公司 30%长期股权投资的账面价值为 3 300 万元,选项 C 当选。相关账务处理如下:

借:长期股权投资——投资成本　　　　　　　3 000
　　贷:银行存款　　　　　　　　　　　　　　　2 000
　　　　其他权益工具投资——成本　　　　　　　800
　　　　　　　　　　　　　——公允价值变动　　200
借:其他综合收益　　　　　　　　　　　　　　200
　　贷:盈余公积　　　　　　　　　　　　　　　　20
　　　　利润分配——未分配利润　　　　　　　　180
借:长期股权投资——投资成本　　(3 300-3 000)300
　　贷:营业外收入　　　　　　　　　　　　　　300

(3) 斯尔解析 **AB** 本题考查长期股权投资核算的权益法。长城公司持有的 30%的股权采用权益法核算,所以投资方对于被投资方宣告发放的现金股利应冲减长期股权投资的账面价值,通过"长期股权投资——损益调整"科目核算,选项 AB 当选。

(4) 〔斯尔解析〕 B 本题考查长期股权投资后续计量的权益法。2×16年黄河公司调整后的亏损额=−500−（600−500）÷10=−510（万元），长城公司应承担的亏损额=510×30%=153（万元），同时应享有其他综合收益的份额=200×30%=60（万元）。因此，事项（7）整体冲减长期股权投资账面价值=153−60=93（万元），选项B当选。相关账务处理如下：

借：投资收益　　　　　　　　　　　　　　　　153
　　贷：长期股权投资——损益调整　　　　　　　　　153
借：长期股权投资——其他综合收益　　　　　　60
　　贷：其他综合收益　　　　　　　　　　　　　　　60

(5) 〔斯尔解析〕 A 本题考查长期股权投资后续计量的权益法。长城公司"投资收益"账户的累计发生额=〔200−（600−500）÷10〕×30%（2×15年应享有净利润的份额）−153（2×16年应享有亏损的份额）=−96（万元），选项A当选。2×15年应享有净利润的份额的分录为：

借：长期股权投资——损益调整　　　　　　　　57
　　贷：投资收益　　　　　　　　　　　　　　　　　57

(6) 〔斯尔解析〕 B 本题考查长期股权投资的减值。2×16年12月31日发生减值前的长期股权投资的账面价值=3 300−30+57−153+60=3 234（万元），可收回金额是3 000万元，应计提减值额=3 234−3 000=234（万元），选项B当选。相关会计分录为：

借：资产减值损失　　　　　　　　　　　　　234
　　贷：长期股权投资减值准备　　　　　　　　　　234

11.43 (1) 〔斯尔解析〕 C 本题考查长期股权投资的初始计量。甲公司取得乙公司股权后，对乙公司具有重大影响，因此该长期股权投资的初始投资成本=支付对价公允价值+相关税费=600×10+600+100=6 700（万元），选项C当选。

(2) 〔斯尔解析〕 B 本题考查长期股权投资的初始计量。为发行权益性证券支付的佣金、手续费应冲减"资本公积——股本溢价"，资本公积不足冲减的，依次冲减盈余公积和未分配利润，选项B当选。

(3) 〔斯尔解析〕 B 本题考查长期股权投资后续计量的权益法。调整后的净利润=3 000−（800−600）=2 800（万元），确认投资收益的金额=2 800×30%=840（万元），选项B当选。

借：长期股权投资——损益调整　　　　　　　840
　　贷：投资收益　　　　　　　　　　　　　　　　840

(4) 〔斯尔解析〕 D 本题考查长期股权投资后续计量的权益法。2×19年1月1日，初始投资成本为6 700万元，甲公司享有乙公司可辨认资产公允价值的份额=24 000×30%=7 200（万元），应当对初始投资成本进行调整，调整后的账面价值为7 200万元。2×19年确认的投资收益为840万元，因此2×19年末，长期股权投资的账面价值=7 200+840=8 040（万元）。

2×20年乙公司调整后的净利润 =4 000-（600-400）=3 800（万元），甲公司 2×20年末长期股权投资的账面价值 =8 040+3 800×30%-1 000×30%+300×30%=8 970（万元），选项 D 当选。2×20年的账务处理如下：

借：长期股权投资——损益调整　　　　（3 800×30%）1 140
　　贷：投资收益　　　　　　　　　　　　　　　　　　　　　　1 140
借：应收股利　　　　　　　　　　　　（1 000×30%）300
　　贷：长期股权投资——损益调整　　　　　　　　　　　　　　300
借：长期股权投资——其他综合收益　　（300×30%）90
　　贷：其他综合收益　　　　　　　　　　　　　　　　　　　　90

(5) 斯尔解析　C　本题考查长期股权投资的转换。从以权益法核算的长期股权投资，转换为以成本法核算的长期股权投资时，取得控制权之日的初始投资成本 = 原权益法核算长期股权投资的账面价值 + 新支付对价的公允价值 =8 970+1 000×12=20 970（万元），选项 C 当选；支付给承销商佣金和手续费冲减发行溢价；支付审计、评估费用的法律服务费用计入管理费用。

(6) 斯尔解析　A　本题考查长期股权投资后续计量的成本法。2×21年初甲公司对乙公司形成控制之后，长期股权投资用成本法核算，2×21年应确认投资收益额 =800×70%=560（万元），选项 A 当选。

11.44　(1) 斯尔解析　B　本题考查长期股权投资后续计量的权益法。长期股权投资的初始投资成本 =890（放弃债权的公允价值）+5（相关税费）=895（万元），选项 B 当选。

提示：本题提问的是初始投资成本，不需要考虑后续计量中的调整内容，如果提问的是长期股权投资的入账价值，则为 3 600×25%=900（万元）。

会计分录为：

借：长期股权投资——投资成本　　　　　　　　　895
　　坏账准备　　　　　　　　　　　　　　　　　100
　　投资收益　　　　　　　　　　　　　　　　　10
　　贷：应收账款　　　　　　　　　　　　　　　　　　1 000
　　　　银行存款　　　　　　　　　　　　　　　　　　5
借：长期股权投资——投资成本　　　　　　　　　5
　　贷：营业外收入　　　　　　　　　　　　（3 600×25%-895）5

(2) 斯尔解析　C　本题考查权益法核算的长期股权投资的投资损益的确认。当年存在存货的顺流交易，且被投资方（黄河公司）将存货作为管理用固定资产，应对净利润调整后的金额 =2 180-（850-450）+（850-450）÷10×6/12=1 800（万元）。长江公司按持股比例确认的投资收益 =1 800×25%=450（万元），选项 C 当选。会计分录为：

借：长期股权投资——损益调整　　　　　　　　450
　　贷：投资收益　　　　　　　　　　　　　　　　　450

(3) 〔斯尔解析〕 D 本题考查权益法核算的长期股权投资对账面余额的调整。2×19年12月31日，长期股权投资的账面余额=895（初始投资成本）+（3 600×25%-895）（对初始投资成本的调整）+450（损益调整）+100×25%（其他综合收益）+60×25%（其他权益变动）=1 390（万元），选项D当选。会计分录为：

借：长期股权投资——其他综合收益　　　　　　　　　25
　　贷：其他综合收益　　　　　　　　　　　　　　　　　　25
借：长期股权投资——其他权益变动　　　　　　　　　15
　　贷：资本公积——其他资本公积　　　　　　　　　　　　15

(4) 〔斯尔解析〕 BC 本题考查长期股权投资的权益法转为成本法的会计处理。长江公司原持有黄河公司25%的股权，并对其实施重大影响，后受让30%股权对黄河公司实施控制，因此，长江公司对黄河公司长期股权投资的核算方法应由权益法改为成本法，选项B当选；新增投资后，长期股权投资账面余额=1 390（原投资账面价值）+2 300（新增投资公允价值）=3 690（万元），选项C当选。会计分录为：

借：长期股权投资　　　　　　　　　　　　　　　　3 690
　　贷：银行存款　　　　　　　　　　　　　　　　　　2 300
　　　　长期股权投资——投资成本　　　　　　　　　　　900
　　　　　　　　　　　——损益调整　　　　　　　　　　　450
　　　　　　　　　　　——其他综合收益　　　　　　　　　25
　　　　　　　　　　　——其他权益变动　　　　　　　　　15

(5) 〔斯尔解析〕 A 本题考查处置长期股权投资的会计处理。处置黄河公司股权时应确认投资收益=（3 222+750）-3 690+60×25%+60×25%=312（万元），选项A当选。会计分录为：

借：银行存款　　　　　　　　　　　　　　　　　　3 222
　　交易性金融资产　　　　　　　　　　　　　　　　　750
　　贷：长期股权投资　　　　　　　　　　　　　　　　3 690
　　　　投资收益　　　　　　　　　　　　　　　　　　　282
借：其他综合收益　　　　　　　　　　　　　　　　　　25
　　贷：投资收益　　　　　　　　　　　　　　　　　　　　15
　　　　留存收益　　　　　　　　　　　　　　　　　　　　10
借：资本公积　　　　　　　　　　　　　　　　　　　　15
　　贷：投资收益　　　　　　　　　　　　　　　　　　　　15

(6) 〔斯尔解析〕 D 本题综合考查长期股权投资的会计核算。事项（1）：投资收益-10万元，营业外收入5万元。

事项（2）、（3）：投资收益450万元。

事项（5）：投资收益312万元。

综上，对长江公司利润总额的累计影响金额=-10+5+450+312=757（万元），选项D当选。

第十二章 流动负债
答案与解析

一、单项选择题

12.1 ► B	12.2 ► C	12.3 ► B	12.4 ► C	12.5 ► C
12.6 ► B	12.7 ► A	12.8 ► D	12.9 ► D	12.10 ► B
12.11 ► A	12.12 ► B	12.13 ► B	12.14 ► C	12.15 ► B
12.16 ► B	12.17 ► D			

二、多项选择题

12.18 ► CE	12.19 ► AC	12.20 ► BCDE	12.21 ► ABDE	12.22 ► ABDE
12.23 ► ACDE	12.24 ► BDE	12.25 ► AE	12.26 ► ABC	

三、计算题

12.27 (1) ► D	12.27 (2) ► C	12.27 (3) ► D	12.27 (4) ► A
12.28 (1) ► A	12.28 (2) ► D	12.28 (3) ► C	12.28 (4) ► C

一、单项选择题

12.1 〔斯尔解析〕 **B** 本题考查"应交税费"科目的核算范围。注意，本题为否定式提问。企业交纳的印花税、耕地占用税等无须预计应交税金金额，不通过"应交税费"科目核算，选项B当选；企业交纳城镇土地使用税、所得税、土地增值税等，需要通过"应交税费"科目核算，选项ACD不当选。

12.2 〔斯尔解析〕 **C** 本题考查增值税的核算。注意，本题为否定式提问。进项税额、已交税金和出口退税均属于企业在"应交税费"明细科目下设置的专栏，选项ABD不当选；"未交增值税"是与"应交增值税"平行的二级明细科目，不属于"应交增值税"明细科目下设置的专栏，选项C当选。

12.3 〔斯尔解析〕 **B** 本题考查消费税的核算。企业销售应税消费品应交的消费税记入"税金及附加"科目借方，选项B当选；收回委托加工物资直接对外销售，受托方代收代缴的消费税记入"委托加工物资"科目借方，选项A不当选；用于在建工程的自产产品应交纳的消费税记入"在建工程"科目借方，选项C不当选；收回委托加工物资连续生产应税消费品，受托方代收代缴的消费税记入"应交税费——应交消费税"科目借方，选项D不当选。

12.4 〔斯尔解析〕 **C** 本题考查消费税的核算。企业委托加工应税消费品，收回后连续生产应税消费品的，由受托方代收代缴的消费税，应当记入"应交税费——应交消费税"的借方，不计入委托加工物资成本。同时，由于甲公司属于增值税一般纳税人，取得的增值税专用发票上注明的增值税税额可以抵扣，不计入委托加工物资成本，则该批材料的入账价值＝原材料价款＋加工费＝4 000+2 000=6 000（元），选项C当选，选项ABD不当选。

12.5 〔斯尔解析〕 **C** 本题考查应交税费的核算。企业自用车辆缴纳的车船税计入税金及附加，选项A不当选。取得交易性金融资产支付的印花税计入投资收益，选项B不当选。企业进口产品所缴纳的关税应计入相关资产成本，选项C当选。企业委托加工应税消费品，委托方将收回的应税消费品直接对外销售（售价以不高于受托方的计税价格），或委托加工后连续生产非应税销售品的，委托方应将受托方代收代缴的消费税计入委托加工的应税消费品成本；用于连续生产应税消费品的，按规定准予抵扣的，委托方应按代收代缴的消费税款，借记"应交税费——应交消费税"，选项D不当选。

12.6 〔斯尔解析〕 **B** 本题考查应交城市维护建设税的会计处理。城市维护建设税的应纳税额＝（实际交纳增值税＋实际交纳消费税）×适用税率，因此，该企业4月份应交城市维护建设税＝（110+50）×7%=11.2（万元），应编制的会计分录为：

借：税金及附加　　　　　　　　　　　　　　　　　　　11.2
　　贷：应交税费——应交城市维护建设税　　　　　　　　　11.2

综上，选项B当选。企业计提城市维护建设税时不能通过"管理费用"科目核算，选项CD不当选；选项A不当选，误将城镇土地使用税和土地增值税也作为城市维护建设税的计税依据。

12.7 〔斯尔解析〕 **A** 本题考查非货币性短期薪酬的核算。企业以自产产品或外购产品作为福利发放给职工的，应当按照公允价值和相关税费计入职工薪酬和相应的成本费用中，因此甲公司发放职工福利时应计入职工薪酬的金额＝50×1 000×（1+13%）+50×（500+65）=84 750（元），选项A当选，选项BCD不当选。

第十二章 流动负债 答案与解析

12.8 D 本题主要考查职工薪酬的核算内容。注意，本题为否定式提问。企业的独立董事属于职工范畴，企业向独立董事支付的报酬属于职工薪酬，选项A不当选；企业决定解除与职工的劳动关系而给予的补偿属于辞退福利，通过"应付职工薪酬核算"，选项B不当选；企业提供给职工配偶、子女等的福利也属于职工薪酬，选项C不当选；差旅费应由公司承担，报销职工已垫付的差旅费不属于职工薪酬，选项D当选。

12.9 D 本题考查短期带薪缺勤的会计处理。对于累积带薪缺勤，在职工离开企业时可能获得现金支付，具体应根据企业相关条款予以判断，不可一概而论；但对于非累积带薪缺勤，在职工离开企业时无权获得现金支付，选项A不当选。企业应当在职工提供服务从而增加了其未来享有的带薪缺勤权利时，确认与累积带薪缺勤相关的职工薪酬，选项B不当选。企业确认与累积带薪缺勤相关的职工薪酬时需要区分受益对象，选项C不当选。累积带薪缺勤以累积未行使权利而增加的预期支付金额计量，选项D当选。

12.10 B 本题考查非货币性短期薪酬的核算。企业以其自产产品作为非货币性福利发放给职工的，应当根据受益对象，按照该产品的含税公允价值计入相关资产成本或当期损益，同时确认应付职工薪酬，因此，该企业应确认的应付职工薪酬金额=10+1.3=11.3（万元），选项B当选；选项A不当选，误将该批存货的成本确认为应付职工薪酬；选项C不当选，未将销项税额确认为应付职工薪酬；选项D不当选，误将该批存货的成本和其所产生的销项税额确认为应付职工薪酬。

12.11 A 本题考查短期利润分享计划的核算。企业应当将短期利润分享计划作为费用处理（按受益对象进行分担，或根据相关的企业会计准则，作为资产成本的一部分），不能作为净利润的分配，应当计入管理费用的金额=（8 000−7 000）×10%=100（万元），选项A当选，选项BCD不当选。

12.12 B 本题考查以现金结算的股份支付的核算。以现金结算的股份支付应按等待期内每个资产负债表日权益工具的公允价值计量，2×23年甲公司确认的应付职工薪酬期末余额=权益工具数量最佳估计数×资产负债表日权益工具公允价值×时间权重=（200−20−15）×10×10×1/3=5 500（万元），2×24年甲公司确认的应付职工薪酬期末余额=权益工具数量最佳估计数×资产负债表日权益工具公允价值×时间权重=（200−20−10−10）×10×12×2/3=12 800（万元）；甲公司2×24年12月31日应确认的应付职工薪酬金额=12 800−5 500=7 300（万元），选项B当选，选项ACD不当选。

12.13 B 本题考查以现金结算的股份支付的核算。对于以现金结算的股份支付在可行权日之后，在每个资产负债表日负债的公允价值变动计入公允价值变动损益，选项B当选，选项ACD不当选。

12.14 C 本题考查交易性金融负债的核算。资产负债表日，按交易性金融负债票面利率计算的利息，借记"投资收益"科目，贷记"应付利息"科目，选项C当选，选项ABD不当选。

12.15 B 本题考查交易性金融负债的核算。企业承担交易性金融负债时，应按发生的交易费用，借记"投资收益"科目，按交易性金融负债的公允价值，贷记"交易性金融负债（本金）"，选项B当选，选项ACD不当选。

12.16　**斯尔解析**　B　本题考查负债的核算。注意，本题要求选择错误的选项。应付包装物的租金应该通过"其他应付款"科目核算，选项B当选，选项ACD不当选。

12.17　**斯尔解析**　D　本题考查金融负债的核算。注意，本题要求选择错误的选项。预收账款主要以提供服务的方式清偿，不属于金融负债，选项D当选，选项ABC不当选。

二、多项选择题

12.18　**斯尔解析**　CE　本题考查增值税的核算。纳税人取得退还的增量留抵税额，应相应调减当期留抵税额，即贷记"应交税费——应交增值税（进项税额转出）"科目，选项A不当选；收到出口退税款时，借记"银行存款"科目，贷记"应收出口退税款"科目，选项B不当选；符合规定可以用加计抵减额抵减应纳税额的，实际缴纳增值税时，借记"应交税费——未交增值税"或"应交税费——应交增值税（已交税金）"科目，贷记"银行存款""其他收益"科目，选项D不当选；当期直接减免的增值税额、初次购买增值税税控发票专用设备支付的费用，按规定抵减的应纳增值税额均应通过"应交税费——应交增值税（减免税款）"核算，选项CE当选。

12.19　**斯尔解析**　AC　本题考查增值税的核算。一般纳税人的应缴增值税，应在"应交税费"会计科目下设置的科目有："应交增值税""未交增值税""预交增值税（选项C当选）""待抵扣进项税额""待认证进项税额""待转销项税额""增值税留抵税额""简易计税""转让金融商品应交增值税""代扣代交增值税（选项A当选）"。"已交税金""减免税款"和"转出未交增值税"，均属于"应交税费——应交增值税"科目下设置的专栏，选项BDE不当选。

12.20　**斯尔解析**　BCDE　本题考查构成资产成本税金的会计处理。用于直接出售的委托加工物资所发生的消费税，应分情况处理：（1）以高于受托方的计税价格出售的，记入"应交税费——应交消费税"科目借方，不计入资产成本；（2）以不高于受托方的计税价格出售的，记入"委托加工物资"科目借方，计入资产成本。选项A不当选。用于连续生产非应税消费品的委托加工物资所发生的消费税，记入"委托加工物资"科目借方，计入资产成本，选项E当选。占用耕地建设厂房所缴纳的耕地占用税，应记入"在建工程"科目借方，计入资产成本，选项B当选。购买办公楼支付的契税，应记入"固定资产"科目借方，计入资产成本，选项C当选。小规模纳税人外购存货支付的增值税，应记入"原材料""库存商品"等科目借方，计入资产成本，选项D当选。

12.21　**斯尔解析**　ABDE　本题考查应交税费的核算。印花税、耕地占用税、车辆购置税不需要通过"应交税费"科目核算，选项A当选；因自然灾害导致购入货物发生损失，增值税不需要作进项税额转出，因管理不善导致购入货物发生损失，增值税需要作进项税额转出，选项B当选；外购应税消费品用于生产非应税消费品的，按所含税额计入相关资产成本，不得抵扣，选项C不当选；转让无形资产所有权的，按规定应交的相关税费，记入"资产处置损益"科目，选项D当选；企业收购未税矿产品，按代扣代缴的资源税，借记"材料采购"，贷记"应交税费——应交资源税"科目，选项E当选。

12.22 【斯尔解析】 **ABDE** 本题考查应付职工薪酬的核算。以现金结算的股份支付，在可行权日后应当对应付职工薪酬的公允价值进行重新计量，其变动计入公允价值变动损益，选项 A 当选；无偿向职工提供的租赁房每期应支付的租金、以自产产品作为福利发放给职工，均属于非货币性福利，应通过"应付职工薪酬"科目核算，选项 BE 当选；向车间生产工人发放的劳保用品，并不是为获得职工提供的服务或解除劳动关系而给予的报酬或补偿，不属于职工薪酬，应通过"制造费用"科目核算，选项 C 不当选；根据已经确定的自愿接受裁减建议和预计的将会接受裁减建议的职工数量，估计的即将给予的经济补偿，属于辞退福利，应通过"应付职工薪酬"科目核算，选项 D 当选。

12.23 【斯尔解析】 **ACDE** 本题考查应付职工薪酬的核算。具体账务处理如下：

职工本期尚未使用可结转下期的带薪缺勤：

借：管理费用等
　　贷：应付职工薪酬

缴纳代扣的职工个人所得税：

借：应交税费——应交个人所得税
　　贷：银行存款

为职工缴纳的养老保险金：

借：应付职工薪酬
　　贷：银行存款

应由在建工程负担的在建工程人员薪酬：

借：在建工程
　　贷：应付职工薪酬

因解除与职工的劳动关系给予的补偿：

借：管理费用
　　贷：应付职工薪酬

综上，选项 ACDE 当选，选项 B 不当选。

12.24 【斯尔解析】 **BDE** 本题考查以现金结算的股份支付的会计处理。对于附等待期的现金结算的股份支付，在授予日无须进行会计处理，选项 C 不当选；在等待期，对于以现金结算的股份支付，应当以最新取得的可行权人数为基础，按照每个资产负债表日（而非授予日）权益工具的公允价值重新计量，确定成本费用和应付职工薪酬，选项 A 不当选，选项 B 当选；可行权日后，企业不再确认成本费用，负债的公允价值变动计入当期损益（公允价值变动损益），选项 D 当选；股份支付的确认和计量，应当以真实、完整、有效的股份支付协议为基础，选项 E 当选。

12.25 【斯尔解析】 **AE** 本题考查其他应付款的核算。应付短期租入固定资产的租金通过"其他应付款"科目核算，选项 A 当选；应付供应商的货款、应付供应商代垫的运杂费通过"应付账款"科目核算，选项 BD 不当选；应付给职工的薪酬通过"应付职工薪酬"科目核算，选项 C 不当选；企业代扣代缴的应由职工个人负担的医疗保险费、养老保险费、住房公积金通过"其他应付款"科目核算，选项 E 当选。

12.26 〔斯尔解析〕 **ABC** 本题考查金融负债的核算。在非同一控制下的企业合并中，企业作为购买方确认的或有对价形成金融负债的，该金融负债应当按照以公允价值计量且其变动计入当期损益的金融负债进行会计处理，选项 A 当选；企业对所有金融负债均不得进行重分类，选项 B 当选；非金融负债主要包括预收账款、预计负债、专项应付款、递延收益、递延所得税负债等，选项 C 当选；在初始确认时，企业可以将金融负债指定为以公允价值计量且其变动计入当期损益的金融负债，该指定一经作出，不得撤销，选项 D 不当选；被指定为以公允价值计量且其变动计入当期损益的金融负债的，其所产生的利得或损失均应当按照下列规定进行处理：（1）由企业自身信用风险变动引起的该金融负债公允价值的变动金额，应当计入其他综合收益；（2）该金融负债的其他公允价值变动计入当期损益（选项 E 不当选）。

三、计算题

12.27 (1) 〔斯尔解析〕 **D** 本题考查应付职工薪酬的核算。直接生产人员工资计入生产成本，生产部门管理人员工资计入制造费用，均不影响当期费用金额；管理部门人员工资计入管理费用，销售部门人员工资计入销售费用，以此为基础计算的五险一金也按受益对象进行分摊。甲公司 $2×20$ 年 12 月份期间费用的影响金额 $=(100+210)×(1+10\%+8\%+2\%+2.5\%)=379.75$（万元），选项 D 当选，选项 ABC 不当选。会计分录为：

借：生产成本　　　〔350×（1+10%+8%+2%+2.5%）〕428.75
　　制造费用　　　〔180×（1+10%+8%+2%+2.5%）〕220.5
　　管理费用　　　〔100×（1+10%+8%+2%+2.5%）〕122.5
　　销售费用　　　〔210×（1+10%+8%+2%+2.5%）〕257.25
　　　贷：应付职工薪酬——工资　　　　　　　　　　　　840
　　　　　　　　　——医疗保险　　　　　　　（840×10%）84
　　　　　　　　　——住房公积金　　　　　　　（840×8%）67.2
　　　　　　　　　——工会经费　　　　　　　　（840×2%）16.8
　　　　　　　　　——职工教育经费　　　　　（840×2.5%）21

(2) 〔斯尔解析〕 **C** 本题考查长期待摊费用的计算。6 月 30 日记入"长期待摊费用"的金额 $=20×(200-150)+10×(300-240)=1\,600$（万元），$2×20$ 年摊销金额 $=1\,600÷10×6/12=80$（万元）。$2×20$ 年甲公司"长期待摊费用"账户的期末余额 $=1\,600-80=1\,520$（万元），选项 C 当选，选项 ABD 不当选。会计分录为：

借：固定资产　　　　　（20×200+10×300）7 000
　　　贷：银行存款　　　　　　　　　　　　7 000
借：银行存款　　　　　（20×150+10×240）5 400
　　长期待摊费用　　　　　　　　　　　1 600
　　　贷：固定资产　　　　　　　　　　　　7 000
借：应付职工薪酬——非货币性福利　　　80
　　　贷：长期待摊费用　　　　　　　　　　80
借：生产成本、管理费用　　　　　　　　80
　　　贷：应付职工薪酬——非货币性福利　　80

(3) 斯尔解析　D　本题考查辞退福利。甲公司2×20年因辞退福利记入"管理费用"账户的金额=50×10×（P/A，6%，5）=2 106.2（万元），选项D当选，选项ABC不当选。

(4) 斯尔解析　A　本题考查应付职工薪酬的核算。

事项（1）：840×（1+10%+8%+2%+2.5%）=1 029（万元）。

事项（2）：80÷6=13.33（万元）。

事项（3）：2 500万元。

事项（4）：（100-10-10-8）×5 000×15×2/3÷10 000-（100-10-15）×5 000×10×1/3÷10 000=235（万元）。

综上，2×20年12月份"应付职工薪酬"账户的贷方发生额=1 029+13.33+2 500+235=3 777.33（万元），选项A当选，选项BCD不当选。

12.28　(1) 斯尔解析　A　本题考查非货币性职工薪酬。企业以自产产品作为福利发放给职工，应当按照该商品的公允价值和相关税费计入职工薪酬和相应的成本费用中，并确认主营业务收入，同时结转成本。因此，黄河公司12月份应计入主营业务收入科目的金额=0.5×520=260（万元），选项A当选，选项BCD不当选。相关账务处理如下：

借：生产成本	214.7	
制造费用	33.9	
管理费用	28.25	
销售费用	16.95	
贷：应付职工薪酬		293.8
借：应付职工薪酬	293.8	
贷：主营业务收入		260
应交税费——应交增值税（销项税额）		33.8
借：主营业务成本	208	
贷：库存商品		208

(2) 斯尔解析　D　本题考查以现金结算的股份支付。2×19年12月31日，该股份支付确认的"应付职工薪酬"科目贷方余额为200万元。2×20年12月31日，黄河公司因该项股份支付确认的"应付职工薪酬"贷方发生额=（50-10-5）×2×10×2/4-200=150（万元），选项D当选，选项ABC不当选。相关账务处理为：

借：管理费用	150	
贷：应付职工薪酬		150

(3) 斯尔解析　C　本题考查应付职工薪酬的核算。

事项（1）的会计分录：

借：生产成本	350	
制造费用	60	
管理费用	60	
销售费用	30	
贷：应付职工薪酬		500

事项（2）的会计分录：

借：生产成本　　　　　　［350×（2%+1.5%+10%）］47.25
　　制造费用　　　　　　［60×（2%+1.5%+10%）］8.1
　　管理费用　　　　　　［60×（2%+1.5%+10%）］8.1
　　销售费用　　　　　　［30×（2%+1.5%+10%）］4.05
　　　贷：应付职工薪酬　　　　　　　　　　　　67.5

事项（3）的会计分录：

借：管理费用　　　　　　［10×（6÷12+4.8÷12）］9
　　　贷：应付职工薪酬　　　　　　　　　　　　9
借：应付职工薪酬　　　　　　　　　　　　　　　9
　　　贷：累计折旧　　　　　　　　　　　　　　4
　　　　　预付账款　　　　　　　　　　　　　　5

2×20年12月应计入管理费用的金额=60［事项（1）］+8.1［事项（2）］+9［事项（3）］+28.25［事项（4）］+150［事项（5）］=255.35（万元），选项C当选，选项ABD不当选。

(4) 斯尔解析　　C　本题考查应付职工薪酬的核算。2×20年12月应付职工薪酬贷方发生额=500+500×（2%+1.5%+10%）+9+293.8+150=1 020.3（万元），选项C当选，选项ABD不当选。

多项选择题

12.29 ▶ ACD

单项选择题

12.29 [斯尔解析] **ACD** 本题考查有关现金结算的股份支付修改为权益结算的股份支付相关会计处理。2×22年12月1日,甲公司授予管理人的是一项现金结算的股份支付,2×23年末,甲公司因股份支付确认的管理费用=应付职工薪酬期末余额=预计可行权人数 × 每人授予的份数 × 资产负债表日现金股票增值权公允价值 × 时间权重=(200-20-15)× 10 × 10 × 1/3=5 500(万元),选项 A 当选。2×24 年 12 月 31 日,甲公司将以现金结算的股份支付修改为以权益结算的股份支付,在修改日,应当按照授予权益工具当日的公允价值计量以权益结算的股份支付,将已取得的服务计入资本公积,应确认资本公积——其他资本公积的金额=预计可行权人数 × 每人授予的份数 × 修改日股票期权公允价值 × 新时间权重=(200-20-10)× 10 × 15 × 2/5=10 200(万元),选项 D 当选,同时终止确认 5 500万元应付职工薪酬(即科目余额为 0),选项 B 不当选,二者差额计入当期损益,应当确认管理费用=10 200-5 500=4 700(万元),选项 C 当选。2×25 年 1 月 1 日至 2×27 年 12 月 31 日,甲公司应分别确认管理费用和其他资本公积=(200-20-10)× 10 × 15 × 1/5=5 100(万元),选项 E 不当选。甲公司相关会计分录为:

① 2×23 年 12 月 31 日
借:管理费用　　　　　　　　　　　　　　　　　　5 500
　　贷:应付职工薪酬——股份支付　　　　　　　　　　　　5 500

② 2×24 年 12 月 31 日
借:管理费用　　　　　　　　　　　　　　　　　　4 700
　　应付职工薪酬——股份支付　　　　　　　　　　5 500
　　贷:资本公积——其他资本公积　　　　　　　　　　　　10 200

③ 2×25 年 1 月 1 日至 2×27 年 12 月 31 日
借:管理费用　　　　　　　　　　　　　　　　　　5 100
　　贷:资本公积——其他资本公积　　　　　　　　　　　　5 100

第十三章 非流动负债
答案与解析

一、单项选择题

13.1 A	13.2 D	13.3 D	13.4 B	13.5 A
13.6 D	13.7 A	13.8 B	13.9 C	13.10 B
13.11 C	13.12 D	13.13 B	13.14 C	13.15 A
13.16 D	13.17 D	13.18 A	13.19 B	13.20 D
13.21 A	13.22 C	13.23 D	13.24 B	13.25 B
13.26 C	13.27 D	13.28 C	13.29 D	13.30 C

二、多项选择题

13.31 BDE	13.32 ACE	13.33 BE	13.34 ABC	13.35 ABCD
13.36 BCD	13.37 ACDE	13.38 ACD	13.39 AB	13.40 BC
13.41 ABC	13.42 ABE	13.43 AD		

三、计算题

13.44 (1) → A   13.44 (2) → A   13.44 (3) → C   13.44 (4) → B

13.45 (1) → A   13.45 (2) → D   13.45 (3) → B   13.45 (4) → C

13.46 (1) → D   13.46 (2) → A   13.46 (3) → A   13.46 (4) → B

四、综合分析题

13.47 (1) → B   13.47 (2) → ABE   13.47 (3) → D   13.47 (4) → B

13.47 (5) → A   13.47 (6) → D

一、单项选择题

13.1 斯尔解析 **A** 本题考查非正常中断与正常中断的区分。正常中断是指仅限于使资产达到预定可使用或可销售状态必要的程序、事先可预见的不可抗力因素导致的中断,包括必要的安全检查、北方冰冻季节、南方梅雨季节等,选项 A 当选;非正常中断是指由于企业管理决策上的原因或者其他不可预见的原因等所导致的中断,包括企业与施工方发生了质量纠纷,工程、生产用料没有及时供应,资金周转发生了困难,施工、生产发生了安全事故、劳动纠纷等,选项 BCD 不当选。

13.2 斯尔解析 **D** 本题考查借款费用开始资本化时点需满足的条件。借款费用同时满足下列条件的,应予以资本化:(1)资产支出已经发生(2×23 年 4 月 1 日);(2)借款费用已经发生(2×23 年 2 月 1 日);(3)为使资产达到预定可使用或可销售状态所必要的购建或者生产活动已经开始(2×23 年 3 月 1 日)。故专门借款利息开始资本化的时点为 2×23 年 4 月 1 日,选项 D 当选。

13.3 斯尔解析 **D** 本题考查借款费用的计算。2×13 年所占用一般借款资本化率 =(5 000×8%+1 000×6.5%)÷(5 000+1 000)=7.75%,2×13 年所占用一般借款本金的加权平均数 =900+1 200×4/12=1 300(万元),2×13 年一般借款费用的资本化金额 =1 300×7.75%=100.75(万元),选项 D 当选。

13.4 斯尔解析 **B** 本题考查借款费用的核算。由于可预见的冰冻气候导致的工程停工,属于正常停工,不应暂停资本化,因此 2×21 年全年都属于资本化期间。根据付款方式可知,2×21 年 1~4 月闲置的专门借款 =5 000-1 200-1 000=2 800(万元),2×21 年 5~12 月闲置的专门借款 =2 800-1 500=1 300(万元),因此该公司在 2×21 年应予以资本化的专门借款费用 =5 000×5%-2 800×0.4%×4-1 300×0.4%×8=163.60(万元),选项 B 当选。

13.5 🔍斯尔解析　A　本题考查专门借款利息资本化金额的计算。2×22年2月1日为借款日、开工日和资产支出日，开始资本化时点为2×22年2月1日。工程因非正常中断且时间连续超过3个月的，需要暂停资本化（2×22年8月1日至2×22年12月1日），2×22年借款利息费用应资本化7个月（2×22年2月1日至2×22年7月31日、2×22年12月1日至2×22年12月31日），2×22年2月1日至2×22年7月31日闲置资金收益=（3 000-1 000）×0.2%×6=24（万元），2×22年12月1日至2×22年12月31日闲置资金收益=（3 000-1 000-500）×0.2%×1=3（万元），2×22年借款费用应资本化的金额=3 000×5%×7/12-（24+3）=60.5（万元），选项A当选。

13.6 🔍斯尔解析　D　本题考查一般公司债券的核算。2×22年度该债券应确认的利息费用=[4 379.72×（1+6%）-4 500×5%]×6%=265.05（万元），选项D当选。甲公司应编制的会计分录如下：

（1）2×21年1月1日：
借：银行存款　　　　　　　　　　　　　　　　　　4 379.72
　　应付债券——利息调整　　　　　　　　　　　　120.28
　贷：应付债券——面值　　　　　　　　　　　　　　　　　　　　4 500

（2）2×21年12月31日：
借：财务费用　　　　　　　　　　　　　　　（4 379.72×6%）262.78
　贷：应付利息　　　　　　　　　　　　　　　　　　（4 500×5%）225
　　　应付债券——利息调整　　　　　　　　　　　　　　　　　　37.78
2×21年12月31日该债券的摊余成本=4 379.72×（1+6%）-225=4 417.50（万元）

（3）2×22年12月31日：
借：财务费用　　　　　　　　　　　　　　　（4 417.50×6%）265.05
　贷：应付利息　　　　　　　　　　　　　　　　　　（4 500×5%）225
　　　应付债券——利息调整　　　　　　　　　　　　　　　　　　40.05
2×22年12月31日该债券的摊余成本=4 417.50×（1+6%）-225=4 457.55（万元）

（4）2×23年12月31日：
借：财务费用　　　　　　　　　　　　　　　（4 457.55×6%）267.45
　贷：应付利息　　　　　　　　　　　　　　　　　　（4 500×5%）225
　　　应付债券——利息调整　　　　　　　　　　　　　　　　　　42.45
借：应付债券——面值　　　　　　　　　　　　　　4 500
　贷：银行存款　　　　　　　　　　　　　　　　　　　　　　　　4 500

13.7 🔍斯尔解析　A　本题考查可转换公司债券的核算。可转换公司债券负债成分的公允价值=5 000×6%×2.5313+5 000×0.7722=4 620.39（万元）；权益成分公允价值=5 000-4 620.39=379.61（万元），选项A当选。

13.8 🔍斯尔解析　B　本题考查可转换公司债券的核算。该可转换公司债券的负债成分公允价值=[2 000×6%×（P/A，9%，5）+2 000×（P/F，9%，5）]×10 000=（120×3.8897+

2 000×0.6499）×10 000=17 665 640（元），2×18 年应确认的利息费用 =17 665 640×9%=1 589 907.6（元），选项 B 当选。

13.9 〔斯尔解析〕 **C** 本题考查可转换公司债券的核算。发行时，甲公司债券负债成分的公允价值 =10 000×6%×（P/A，8%，5）+10 000×（P/F，8%，5）=9 201.62（万元），权益成分的公允价值 =9 601.62-9 201.62=400（万元），2×21 年 1 月 1 日负债成分的摊余成本 =9 201.62×（1+8%）-10 000×6%=9 337.75（万元），转股时应确认的资本公积 =9 337.75+400-1 000=8 737.75（万元），选项 C 当选。

13.10 〔斯尔解析〕 **B** 本题考查可转换公司债券的会计处理。注意，本题为否定式提问。可转换公司债券是在一般公司债券的基础上嵌入了一项转股权，所以，在初始确认时将其包含的负债成分和权益成分进行分拆，选项 A 不当选；将负债成分的未来现金流量进行折现确认为应付债券，发行价格总额扣除负债成分初始确认金额后的金额确认为其他权益工具，选项 B 当选；可转换公司债券在转股前与一般债券的会计处理相同，选项 C 不当选；发行可转换公司债券发生的交易费用，应当在负债成分和权益成分之间按照各自的相对公允价值进行分摊，选项 D 不当选。

13.11 〔斯尔解析〕 **C** 本题考查专项应付款的计量。专项应付款是指企业取得的国家指定为资本性投入的具有专项或特定用途的款项，如属于工程项目的资本性拨款等。工程项目完工，形成固定资产或公益性生物资产的部分，借记"专项应付款"科目，贷记"资本公积——资本溢价"科目，选项 C 当选。

13.12 〔斯尔解析〕 **D** 本题考查预计负债的计量。由于该未决诉讼很可能败诉，所以需要确认预计负债，同时，该事项预计的支出金额，非连续区间等概率的情况，且涉及的是单个项目，因此应按照最可能发生金额（50 万元）确定，选项 D 当选。

13.13 〔斯尔解析〕 **B** 本题考查预计负债的计量。该事项属于支出存在一个连续范围且该范围内各种结果发生的可能性相同时，最佳估计数应按此范围的上下限金额的平均数确定，2×23 年 12 月 31 日因上述事项应确认预计负债的金额 =（100+200）/2=150（万元），对应科目为"营业外支出"，选项 B 当选，选项 ACD 不当选。

13.14 〔斯尔解析〕 **C** 本题考查产品质量保证的核算。该公司在 2×21 年度因上述产品质量保证应确认的预计负债 =5 000×（1%×15%+2%×5%）=12.5（万元），选项 C 当选。

13.15 〔斯尔解析〕 **A** 本题考查产品质量保证的核算。预计负债期末余额 =（200×1+50×2）×（1%+5%）÷2-4=5.0（万元），选项 A 当选。

13.16 〔斯尔解析〕 **D** 本题考查预计负债的初始计量。由于该担保事项，甲公司赔偿的可能性在 50% 以上，同时最可能发生的赔偿金额能够可靠计量为 200 万元，所以应当确认预计负债 200 万元。对于预计将得到的补偿，只有在基本确定可以收到时，才能作为资产单独确认，并且不能作为预计负债的扣减进行处理，因此基本确定可以收到的赔偿金额为 50 万元，应单独确认为资产，选项 D 当选。

13.17 〔斯尔解析〕 **D** 本题考查预计负债的计量。所需支出不存在一个连续范围或虽有连续范围，但范围内各种结果的发生具有不确定性，涉及单个项目，最佳估计数为最可能发生数。败诉的可能性为 70%，甲公司应确认的预计负债金额为最可能发生的金额 300 万元，选项 D 当选。

13.18 **斯尔解析** A　本题考查与亏损合同有关的预计负债的计量。对于一项亏损合同，企业拥有合同标的资产的，应当先对标的资产进行减值测试并按规定确认减值损失，如预计亏损超过该减值损失，应将超过部分确认为预计负债；企业没有合同标的资产的，亏损合同相关义务满足规定条件时，应当全部确认为预计负债（本题属于此种情况）。确认预计负债时，应当反映退出该合同的最低净成本，即履行该合同的成本与未能履行该合同而发生的补偿或处罚两者之中的较低者。本题中，执行合同发生的损失＝（2.1-2）×1 000=100（万元）；不执行合同支付的违约金＝2×1 000×10%＝200（万元），甲公司应选择继续执行该合同，应确认预计负债的金额为100万元。选项A当选。

13.19 **斯尔解析** B　本题考查与亏损合同有关的预计负债的计量。执行合同损失＝550-500=50（万元），不执行合同需赔付违约金80万元，因此企业会选择执行合同，损失金额应为50万元。因为产品只有成本40万元，计提40万元的存货跌价准备，超额部分＝50-40=10（万元），确认预计负债，选项B当选。

13.20 **斯尔解析** D　本题考查可变租赁付款额的会计处理，注意，本题为否定式提问。取决于指数或比率的可变租赁付款额应纳入租赁收款额当中，因此也应纳入应收融资租赁款的初始入账价值，选项A不当选；取决于指数或比率的可变租赁付款额应纳入租赁负债的初始计量，除了取决于指数或比率的可变租赁付款额之外，其他可变租赁付款额均不纳入租赁负债的初始计量中，选项BC不当选；超过特定里程数时需额外支付的租赁付款额并非属于取决于指数或比率的可变租赁付款额，不应纳入租赁负债的初始计量，选项D当选。

13.21 **斯尔解析** A　本题考查租赁负债的初始计量。租赁负债应当按照租赁期开始日尚未支付的租赁付款额的现值进行初始计量，可变租赁付款额中，仅取决于指数或比率的可变租赁付款额纳入租赁负债的初始计量中，包括与消费者价格指数挂钩的款项、与基准利率挂钩的款项和为反映市场租金费率变化而变动的款项等，本题中与未来产能挂钩的可变租赁付款额不计入租赁负债的初始入账金额，即甲公司应确认的租赁负债＝100÷（1+5%）+100÷（1+5%）2=185.94（万元），选项A当选。

13.22 **斯尔解析** C　本题考查租赁的核算。该项租赁业务对损益的影响金额有两项：分别是当期确认利息金额以及未纳入租赁负债计量的可变租赁付款额。影响2×20年度损益的金额＝320×（P/A，5%，6）×5%×10 000+660×1.5%×10 000=320×5.0757×5%×10 000+660×1.5%×10 000=911 112（元），选项C当选。

13.23 **斯尔解析** D　本题考查使用权资产的初始计量。使用权资产的入账金额＝租赁负债的初始计量金额＋在租赁之前支付的租赁付款额＋初始直接费用－租赁激励相关款项＝1 200+10+（5+6）-3=1 218（万元），选项D当选。

13.24 **斯尔解析** B　本题考查出租人的会计处理。甲公司2×20年应确认的租赁收入＝30×（3×2-1）÷3=50（万元），选项B当选。

13.25 **斯尔解析** B　本题考查使用权资产的后续计量。承租人有续租选择权，且合理确定将行使该选择权的，租赁期还应当包括续租选择权涵盖的期间，因为不可撤销的租赁期结束时甲公司将行使续租选择权，所以甲公司应按8年（5+3）确认租赁期，并按8年对该使用权资产计提折旧，选项B当选。

13.26 　Ⓢ斯尔解析　　C　本题考查债务人以固定资产进行债务重组的账务处理。注意，本题为否定式提问。以固定资产清偿债务，应先对固定资产进行清理。债务人应确认重组收益（记入"其他收益"科目）= 债务账面价值 − 固定资产清理账面价值 − 固定资产处置发生的销项税额 = 债务账面价值（选项B不当选）−［固定资产账面价值 + 清理费用（选项A不当选）］− 抵债固定资产的销项税额（选项D不当选），选项C当选。

13.27 　Ⓢ斯尔解析　　D　本题考查债务重组的核算。甲公司因该债务重组应确认"投资收益"的金额 =182−（216−28）=−6（万元），选项D当选。会计分录为：

借：库存商品　　　　　　　　　　　　　　　　　　　159
　　应交税费——应交增值税（进项税额）　　　　　　26
　　坏账准备　　　　　　　　　　　　　　　　　　　28
　　投资收益　　　　　　　　　　　　　　　　　　　6
　贷：应收账款　　　　　　　　　　　　　　　　　　　　　　216
　　　银行存款　　　　　　　　　　　　　　　　　　　　　　3

13.28 　Ⓢ斯尔解析　　C　本题考查债务重组的核算。债务人以单项或多项非金融资产清偿债务，或者以包括金融资产或非金融资产在内的多项资产清偿债务的，无须区分资产处置损益和债务重组损益，将所清偿债务账面价值与转让资产账面价值之间的差额计入"其他收益——债务重组收益"，甲公司应确认的其他收益 =800−（700−200+90）=210（万元），选项C当选。

13.29 　Ⓢ斯尔解析　　D　本题考查债务重组的核算。甲公司应确认的债务重组损失 =［5 000×（1+13%）−350］−5 000=300（万元），选项A不当选；乙公司应确认的债务重组收益 =5 000×（1+13%）−4 000=1 650（万元），选项BC不当选；甲公司在债务重组中取得的以公允价值计量且其变动计入当期损益的金融资产应按公允价值入账，即5 000万元，选项D当选。甲公司的账务处理为：

借：交易性金融资产　　　　　　　　　　　5 000
　　坏账准备　　　　　　　　　　　　　　350
　　投资收益　　　　　　　　　　　　　　300
　贷：应收账款　　　　　　　　　　　　　　　　　　5 650
乙公司的账务处理为：
借：应付账款　　　　　　　　　　　　　　5 650
　贷：交易性金融资产　　　　　　　　　　　　　　4 000
　　　投资收益　　　　　　　　　　　　　　　　　　1 650

13.30 　Ⓢ斯尔解析　　C　本题考查债务重组的核算。注意，本题为否定式提问。债务人初始确认权益工具时应当按照权益工具的公允价值计量，权益工具的公允价值不能可靠计量的，应当按照所清偿债务的公允价值计量，选项AB不当选；甲公司因重组对乙公司产生重大影响，长期股权投资入账金额为放弃债权的公允价值及相关税费，选项C当选；债务人将债务转为权益工具所清偿债务账面价值与权益工具确认金额之间的差额，应当计入投资收益，选项D不当选。

二、多项选择题

13.31 🔍斯尔解析　**BDE**　本题考查借款费用的核算。当所购建或生产符合资本化条件的资产达到预定可使用状态或者可销售状态时，应当停止其借款费用的资本化，不考虑其是否已经投入使用或者被用于销售，选项A不当选；符合资本化条件的资产在构建或生产过程中发生非正常中断，而且中断时间连续超过（而非累积超过）3个月的，发生的借款费用应当暂停资本化，选项C不当选。

13.32 🔍斯尔解析　**ACE**　本题考查借款费用资本化的期间。资产在购建或者生产过程中发生了非正常中断，且中断时间连续超过3个月的，应当暂停借款费用资本化，而非停止借款费用资本化，选项A当选，选项B不当选；资产在购建或者生产过程中发生的中断符合资产达到预定可使用或者可销售状态必要的程序，属于正常中断，不需要暂停资本化，选项C当选；资产在购建过程中，各部分资产已达到预定可使用状态，且每部分可独立使用，应当停止该部分资产的借款资本化，不需要等到整体资产完工，选项D不当选，选项E当选。

13.33 🔍斯尔解析　**BE**　本题考查普通债券的核算。债券面值与实际收到的款项之间的差额，记入"应付债券——利息调整"科目，选项A不当选；溢价或折价是债券发行企业在债券存续期间内对利息费用的一种调整，选项B当选；溢价是企业以后各期多付利息而事先得到的补偿，折价是企业以后各期少付利息而预先给投资者的补偿，选项CD不当选；债券无论按何种价格发行，均应按其面值记入"应付债券——面值"科目，选项E当选。

13.34 🔍斯尔解析　**ABC**　本题考查借款费用的账务处理。在资产负债表日，企业根据长期借款的摊余成本和实际利率计算确定的当期利息费用时，符合资本化条件的计入相关资产成本，不符合资本化的计入当期损益，因此，可能借记的科目有："在建工程""制造费用""财务费用""研发支出"等。选项ABC当选。

13.35 🔍斯尔解析　**ABCD**　本题考查可转换公司债券的核算。企业应在"应付债券"科目下设"可转换债券（面值、利息调整）"明细科目核算，"其他综合收益"不属于可转换公司债券的明细科目，选项E不当选。

13.36 🔍斯尔解析　**BCD**　本题考查或有事项的范围。常见的或有事项包括：未决诉讼或仲裁（选项C当选）、债务担保（选项B当选）、产品质量保证、承诺、亏损合同（选项D当选）、重组义务、环境污染整治等。根据预计使用的年限和残值计提固定资产折旧不属于或有事项，固定资产的价值是确定的，其价值最终转移到成本或费用中，该事项的结果是确定的，不符合或有事项的特征，选项A不当选。预计未来可能发生的经营亏损，并非由过去的交易或事项形成的，不属于或有事项，选项E不当选。

13.37 🔍斯尔解析　**ACDE**　本题考查预计负债的核算。注意，本题为否定式提问。待执行合同变为亏损合同时，应先分析是否存在标的资产，若不存在标的资产，则直接将预计损失确认为预计负债。若存在标的资产，则应判断标的资产是否发生减值，若标的资产发生了减值，应计提资产减值损失，预计损失超出资产减值的部分才能确认预计负债，选项A当选；重组事项有详细、正式的重组计划，且该计划已对外公告，重组计划已经开始实施，才需要确认重组义务，所以，在重组计划对外公告前，一般不应就重组义务确认预计负债，选项B不当选；因某产品质量保证而确认的预计负债，如企业不再生产该产品，应在相应的产品质量保证期满后，将预计负债的余额冲销，并非停产时立即冲销，选项 C 当选；因前期是根据合理预计的金额确认的预计负债，不属于会计差错，选项 D 当选；预计负债的确认条件是"经济利益很可能流出企业"，而不是"可能"，选项 E 当选。

13.38　斯尔解析　**ACD**　本题考查重组事项的核算。关于重组计划是否确认为预计负债，首先需要满足重组义务的条件，即：有详细、正式的重组计划，该重组计划已经对外公告（选项 D 当选），且已经开始实施（选项 E 不当选）。其次要满足预计负债的确认条件，即：该义务是企业承担的现时义务（选项 A 当选）、履行该义务很可能导致经济利益流出企业（选项 B 不当选）、该义务的金额能够可靠计量（选项 C 当选）。

13.39　斯尔解析　**AB**　本题考查预计负债的核算。企业当期实际发生的担保诉讼损失金额与前期资产负债表已合理计提的预计负债的差额，直接计入当期营业外支出或营业外收入，选项 AB 当选。

13.40　斯尔解析　**BC**　本题考查预计负债的核算。根据或有事项准则的规定，与或有事项相关的义务同时满足下列三个条件的，应当确认为预计负债：（1）该义务是企业承担的现时义务（选项 A 不当选）；（2）履行该义务很可能导致经济利益流出企业（选项 B 当选）；（3）该义务的金额能够可靠计量（选项 C 当选）。选项 DE 不当选，不属于预计负债的确认条件。

13.41　斯尔解析　**ABC**　本题考查资产减值的核算。使用权资产减值准备、固定资产减值准备、无形资产减值准备，一经计提，不得转回，选项 ABC 当选；而其他债权投资减值准备和应收融资租赁款减值准备，计提之后，是可以转回的，选项 DE 不当选。

13.42　斯尔解析　**ABE**　本题考查租赁的核算。出租人按融资租赁方式租出资产，应当终止确认融资租赁资产，按融资租赁方式租出资产的公允价值与其账面价值的差额计入资产处置损益，选项 AB 当选；出租人对经营租赁提供免租期的，整个租赁期内，按直线法或其他合理的方法进行分配，免租期内应当确认租金收入，选项 C 不当选；出租人发生的与经营租赁有关的初始直接费用应当资本化至租赁标的资产的成本，在租赁期内按照与租金收入相同的确认基础分期计入当期损益，选项 D 不当选；出租人取得的与经营租赁有关的可变租赁付款额，如果是与指数或比率挂钩的，应在租赁期开始日计入租赁收款额；除此之外的，应当在实际发生时计入当期损益，选项 E 当选。

13.43　斯尔解析　**AD**　本题考查债务重组中债务人以非金融资产抵债的债权人的会计处理。债务人以非金融资产抵偿债务的，债权人取得非金融资产入账金额应以放弃债权的公允价值为基础确认，选项 A 当选，选项 BC 不当选；债权人应当将放弃债权的公允价值与账面价值之间的差额计入投资收益，选项 D 当选，选项 E 不当选。

三、计算题

13.44　（1）　斯尔解析　**A**　本题考查借款费用金额的计算。专门借款资本化金额 = 资本化期间的实际利息费用 − 资本化期间闲置资金的投资收益 = 800×6% − (800−500)×0.4%×6 = 40.8（万元），选项 A 当选。

（2）　斯尔解析　**A**　本题考查借款费用金额的计算。2×18 年度占用一般借款的资本化率 = 所占用一般借款当期实际发生的利息之和 ÷ 所占用一般借款本金加权平均数 = (500×5% + 1 000×8%×1/2) ÷ (500 + 1 000×1/2) = 6.5%，选项 A 当选。

(3) 【斯尔解析】 C 本题考查借款费用金额的计算。2×18年度一般借款利息费用资本化金额=（500+600-800）×6.5%×1/2=9.75（万元），2×18年度的借款费用利息的资本化=9.75+40.8=50.55（万元），选项C当选。

(4) 【斯尔解析】 B 本题考查借款费用金额的计算。2×19年度专门借款利息费用的资本化金额=800×6%×1/2=24（万元），2×19年度一般借款利息费用资本化率=（500×5%+1 000×8%）÷（500+1 000）=7%，2×19年度一般借款利息费用资本金额=（300+500）×7%×1/2=28（万元），2×19年度的借款费用利息资本化金额=24+28=52（万元），选项B当选。

13.45 (1) 【斯尔解析】 A 本题考查租赁负债的初始计量。由于甲公司无法合理确定会行使续租选择权，所以租赁期为6年。由于可变租赁付款额与未来的销售额挂钩，而非取决于指数或比率，因此不应被纳入租赁负债的初始计量当中。租金是每年年初支付的，因此在租赁期开始日，甲公司已经支付了第一年的租金100万元，租赁负债需要以剩余5年租金为基础进行计量，租赁负债=100×（P/A，6%，5）=421.24（万元），选项A当选。

(2) 【斯尔解析】 D 本题考查使用权资产的初始计量。使用权资产的初始成本=421.24（租赁负债的初始计量金额）+100（租赁期开始日已经支付的租金）+5（初始直接费用）-2（租赁激励）=524.24（万元），选项D当选。

(3) 【斯尔解析】 B 本题考查使用权资产的后续计量。使用权资产2×21年的折旧额=524.24÷6=87.37（万元），选项B当选。

(4) 【斯尔解析】 C 本题考查租赁负债的后续计量。租赁负债2×22年初的摊余成本=421.24×（1+6%）-100=346.51（万元），2×22年确认的利息费用=346.51×6%=20.79（万元），选项C当选。

13.46 (1) 【斯尔解析】 D 本题考查债务重组中债权人的会计处理。甲公司因该项债务重组应确认投资收益额=放弃债权公允价值-债权账面价值=4 360-（5 000-60）=-80（万元），选项D当选。甲公司应编制的会计分录如下：

借：在建工程　　　　　　　　　　　　（4 360-4 000×9%）4 000
　　应交税费——应交增值税（进项税额）（4 000×9%）360
　　坏账准备　　　　　　　　　　　　　　　　　　　　560
　　投资收益　　　　　　　　　　　　　　　　　　　　 80
　　贷：应收账款　　　　　　　　　　　　　　　　　　　　　　5 000

(2) 【斯尔解析】 A 本题考查债务重组中债务人的会计处理。乙公司因该项债务重组影响当期损益的金额=应付账款的账面价值-抵债资产账面价值-销项税额=5 000-3 000-4 000×9%=1 640（万元），选项A当选。乙公司应编制的会计分录如下：

借：应付账款　　　　　　　　　　　　　　　　　　5 000
　　贷：在建工程　　　　　　　　　　　　　　　　　　　　　3 000
　　　　应交税费——应交增值税（销项税额）　　　　　　　　360
　　　　其他收益　　　　　　　　　　　　　　　　　　　　　1 640

(3) **斯尔解析** A 本题考查借款费用的账务处理。2×22年一般借款利息总额=3 000×8%=240（万元），2×22年一般借款费用的资本化金额=［（500+300+600）×6/12+600×3/12］×8%=68（万元），因此2×22年一般借款利息费用化金额=240-68=172（万元），选项A当选。

(4) **斯尔解析** B 本题考查固定资产的入账价值。甲公司2×21年8月31日取得在建工程的入账价值=4 360-4 000×9%=4 000（万元）；2×21年一般借款利息资本化金额=（500×4/12+300×2/12）×8%=17.33（万元）；2×22年12月31日，甲公司该写字楼达到预定可使用状态时的账面成本=4 000+500+300+600+600+17.33+68=6 085.33（万元），选项B当选。

四、综合分析题

13.47 (1) **斯尔解析** B 本题考查应收票据到期值的计算。长江公司持有的应收票据到期值=60+60×6%×3/12=60.9（万元），选项B当选。

(2) **斯尔解析** ABE 本题考查债务重组的概念。债务重组是指在不改变交易对手方的情况下，经债权人和债务人协定或法院裁定，就清偿债务的时间、金额或方式等重新达成协议的交易，选项A当选，选项CD不当选；债务重组一般包括债务人以资产清偿债务、债务人将债务转为权益工具、修改其他条款或者以上方式的组合，选项BE当选。

(3) **斯尔解析** D 本题考查债务重组的计算。2×20年1月1日，长江公司进行债务重组应确认的投资收益=50-（60.9-5）=-5.9（万元），选项D当选。会计分录为：

借：应收账款 50
　　坏账准备 5
　　投资收益 5.9
　贷：应收账款　　　　　　　（60+60×6%×3/12）60.9

(4) **斯尔解析** B 本题考查债务重组的计算。2×20年1月1日，振兴公司进行债务重组应确认的投资收益是60.9-50=10.9（万元），选项B当选。会计分录为：

借：应付账款 60.9
　贷：应付账款 50
　　　投资收益 10.9

(5) **斯尔解析** A 本题考查债务重组的计算。2×20年7月1日，长江公司进行债务重组应确认的投资收益是42-（50+50×8%×3/12-2）=-7（万元），选项A当选。会计分录为：

借：无形资产　　　　　　　　（42+3）45
　　投资收益 7
　　坏账准备 2
　贷：应收账款　　　　（50+50×8%×3/12）51
　　　银行存款 3

(6) 斯尔解析 D 本题考查债务重组的计算。2×20年7月1日,振兴公司进行债务重组应确认的其他收益是(50+50×8%×3/12)-(70-20-5)=6(万元),选项D当选。

会计分录为:

借:应付账款　　　　　　　　　(50+50×8%×3/12)51
　　累计摊销　　　　　　　　　　　　　　　　　20
　　无形资产减值准备　　　　　　　　　　　　　 5
　贷:无形资产　　　　　　　　　　　　　　　　　　　　70
　　　其他收益　　　　　　　　　　　　　　　　　　　　 6

一、单项选择题

13.48 ▶ D

二、多项选择题

13.49 ▶ BC

一、单项选择题

13.48 【斯尔解析】 **D** 本题考查的是售后租回交易的会计处理。注意，本题为否定式提问。售后租回交易中属于销售的，买方兼承租人（甲公司）应确认使用权资产，确认使用权资产金额=（2 500-1 500）×25%=250（万元），选项 A 不当选。全部利得=1 800-（2 500-1 500）=800（万元），应确认资产处置损益=800×（1-25%）=600（万元），选项 B 不当选。因为租回所保留的权利占比=租赁付款额现值/资产公允价值，则应确认的租赁负债=租赁付款额现值=1 800×25%=450（万元），选项 C 不当选。各期租赁付款额=租赁付款额现值/(P/A, 10%, 10)=450/6.1 446≈73.24（万元），则 2×23 年 1 月 1 日，"租赁负债——租赁付款额"余额=73.24×10=732.4（万元），"租赁负债——未确认融资费用"余额=732.4-450=282.4（万元），选项 D 当选。2×23 年 1 月 1 日，甲公司会计分录为：

借：固定资产清理	1 000	
累计折旧	1 500	
贷：固定资产		2 500
借：银行存款	1 800	
使用权资产	250	
租赁负债——未确认融资费用	282.4	
贷：固定资产清理		1 000
租赁负债——租赁付款额		732.4
资产处置损益		600

二、多项选择题

13.49 【斯尔解析】 **BC** 本题考查售后租回交易中的资产转让属于销售的相关会计处理。如果资产销售对价高于公允价值，超过部分的款项作为买方兼出租人（乙公司）向卖方兼承租人（甲公司）提供的额外融资进行会计处理，甲公司应在转让日确认金融负债=5 500-5 000=

500（万元），选项 C 当选。5 年租金现值 =692.92×4.329 5≈3 000（万元），其中融资部分为 500 万元，租赁付款额现值为 2 500 万元，租回所保留的权利占比 = 租赁付款额现值/商铺公允价值 =2 500/5 000=50%，转让日商铺账面价值 =6 500-2 000=4 500（万元），则转让日应确认使用权资产 =4 500×50%=2 250（万元），则 2×23 年因使用权资产确认的累计折旧 =2 250/5=450（万元），选项 AD 不当选。全部利得 = 公允价值 − 账面价值 =5 000-4 500=500（万元），则转让日应确认的资产处置损益 =500×（1-50%）=250 万元，选项 B 当选。卖方兼承租人在对售后租回所形成的租赁负债进行后续计量时，确定租赁付款额或变更后租赁付款额的方式不得导致其确认与租回所获得的使用权有关的利得或损失（即不得重新调整售后租回所获得使用权资产相关的利得损失），选项 E 不当选。2×23 年 1 月 1 日，甲公司会计分录为：

①与租赁相关：

借：固定资产清理	4 500	
累计折旧	2 000	
贷：固定资产		6 500
借：银行存款	5 000	
使用权资产	2 250	
贷：固定资产清理		4 500
租赁负债		2 500
资产处置损益		250

②与额外融资相关：

借：银行存款	500	
贷：长期应付款		500

第十四章 所有者权益答案与解析

一、单项选择题

14.1	D	14.2	A	14.3	A	14.4	D	14.5	C
14.6	B	14.7	C	14.8	B	14.9	D	14.10	D
14.11	C	14.12	B	14.13	D						

二、多项选择题

| 14.14 | ABD | 14.15 | ABCD | 14.16 | ABE | 14.17 | ABDE | 14.18 | CDE |
| 14.19 | ABC | 14.20 | DE | | | | | | |

一、单项选择题

14.1 斯尔解析 **D** 本题考查金融负债的概念。注意，本题要求选择错误的选项。金融负债是指企业符合下列条件之一的金融工具：（1）向其他方交付现金或其他金融资产的合同义务（选项 A 不当选）；（2）在潜在不利条件下，与其他方交换金融资产或金融负债的合同义务（选项 B 不当选）；（3）将来须用或可用企业自身权益工具进行结算的非衍生工具合同，且企业根据该合同将交付可变数量的自身权益工具（选项 C 不当选）；（4）将来须用或可用企业自身权益工具进行结算的衍生工具合同，但以固定数量的自身权益工具交换固定金额的现金或其他金融资产的衍生工具合同除外（选项 D 当选）。

14.2 斯尔解析 **A** 本题考查实收资本增加的账务处理。盈余公积转增资本，应当借记"盈余公积"科目，贷记"实收资本"科目，将会导致实收资本增加，选项 A 当选；接受非关联方捐赠的固定资产，应当借记"固定资产"科目，贷记"营业外收入"科目，不影响实收资本，选项 B 不当选；宣告发放现金股利时，应借记"利润分配——未分配利润"科目，贷记"应付股利"科目，不影响实收资本，发放股票股利才会导致实收资本增加，选项 C 不当选；发行可转换公司债券不影响实收资本，可转换公司债券持有人行使转换权利时才会导致实收资本增加，选项 D 不当选。

14.3 **斯尔解析** A 本题考查金融工具的重分类。注意，本题要求选择错误的选项。由于发行的金融工具原合同条款约定的条件或事项随着时间的推移或经济环境的改变而发生变化，导致原归类为权益工具的金融工具可能重分类为金融负债，原归类为金融负债的金融工具也可能重分类为权益工具，选项 A 当选；金融负债之间不得重分类，选项 B 不当选；金融资产重分类仅限于债务工具投资，金融资产中权益工具投资不得重分类，选项 CD 不当选。

14.4 **斯尔解析** D 本题考查其他权益工具的核算。权益工具重分类为金融负债的，金融负债按重分类日的公允价值计量，公允价值与权益工具账面价值的差额计入所有者权益，选项 ABC 不当选，选项 D 当选。账务处理为：

借：其他权益工具（账面价值）
　　贷：应付债券（公允价值）
　　　　资本公积——资本/股本溢价（差额，或借方）

如果资本公积不够冲减的，依次冲减盈余公积和未分配利润。

14.5 **斯尔解析** C 本题考查回购权益工具的会计处理。企业赎回除普通股以外的其他权益工具与普通股回购原理相同，应将回购价款与权益工具账面价值的差额计入资本公积，资本公积不足冲减时，应依次冲减盈余公积和未分配利润，选项 ABD 不当选，选项 C 当选。回购分类为普通股以外的权益工具的会计分录为：

借：库存股——其他权益工具
　　贷：银行存款
借：其他权益工具
　　贷：库存股——其他权益工具
借方差额：资本公积——资本/股本溢价
　　　　　盈余公积
　　　　　利润分配——未分配利润
贷方差额：资本公积——资本/股本溢价

14.6 **斯尔解析** B 本题考查其他综合收益的核算。资产负债表日，满足运用套期会计方法条件的现金流量套期工具产生的利得或损失，属于有效套期的，通过"其他综合收益"科目核算，在以后会计期间满足条件时，可以重分类进损益，选项 B 当选。

14.7 **斯尔解析** C 本题考查留存收益的核算。用上一年度实现的净利润分配现金股利，会导致留存收益减少，选项 A 不当选。账务处理如下：

借：利润分配——未分配利润
　　贷：应付股利

用盈余公积转增股本，会导致留存收益减少，股本增加，选项 B 不当选。账务处理如下：

借：盈余公积
　　贷：股本

用盈余公积弥补亏损，盈余公积减少，未分配利润增加，留存收益总额不变，选项C当选。账务处理如下：

借：盈余公积

　　贷：利润分配——盈余公积补亏

发放股票股利，会导致留存收益减少，股本增加，选项D不当选。账务处理如下：

借：利润分配

　　贷：股本

14.8　【斯尔解析】　B　本题考查所有者权益的核算。2×23年初的所有者权益总额=1 500-180-120+0=1 200（万元），2×23年实现税前利润500万元，需要先弥补2×20年度和2×21年度亏损，再交所得税，因此所得税费用=（500-180-120）×25%=50（万元），尚未提交股东会审议的利润分配方案，不需要进行账务处理，则甲公司2×23年末的所有者权益总额=1 200+500-50=1 650（万元），选项B当选。

14.9　【斯尔解析】　D　本题考查未分配利润的核算。注意，本题要求选择错误的选项。盈余公积弥补亏损时，应当借记"盈余公积"科目，贷记"利润分配——盈余公积补亏"科目，选项D当选。

14.10　【斯尔解析】　D　本题考查其他综合收益的重分类。注意，本题为否定式提问。企业外币财务报表折算差额在子公司处置时，原计入其他综合收益的外币报表折算差额转入当期损益，选项A不当选；分类为以公允价值计量且其变动计入其他综合收益的金融资产公允价值变动和确认的信用减值损失均应计入其他综合收益，在终止确认该项金融资产时，持有期间确认的其他综合收益转入当期损益，选项BC不当选；指定为以公允价值计量且其变动计入当期损益的金融负债因企业自身信用风险变动引起的公允价值变动计入其他综合收益，在终止确认时，之前确认的其他综合收益不得重分类计入当期损益，选项D当选。

14.11　【斯尔解析】　C　本题考查留存收益的核算。用税后利润弥补上一年度亏损，属于未分配利润内部变动，不影响留存收益，选项A不当选；提取法定盈余公积，将导致盈余公积和未分配利润一增一减，不影响留存收益总额，选项B不当选；注销库存股时，回购价格高于回购股份所对应的股本，股本和库存股的差额，冲减"资本公积——股本溢价"，不足冲减的部分应依次冲减盈余公积与未分配利润，可能影响留存收益，选项C当选；盈余公积补亏，将导致盈余公积减少，未分配利润增加，属于留存收益内部一增一减，不影响留存收益总额，选项D不当选。

14.12　【斯尔解析】　B　本题考查盈余公积的核算。注意，本题要求选择错误的选项。企业提取盈余公积可以用于弥补亏损（选项A不当选）、扩大企业生产经营（选项C不当选）；公司法定公积金累计额为公司注册资本的50%以上时，可以不再提取法定公积金，选项B当选；盈余公积转增资本时，转增后留存的盈余公积不得少于转增前公司注册资本的25%，选项D不当选。

14.13　【斯尔解析】　D　本题考查所有者权益的核算。盈余公积补亏和发放股票股利，会导致所有者权益内部项目一增一减，总额不变，选项AC不当选；发行5年期公司债券，不会影响所有者权益，选项B不当选；可转换公司债券转股，会导致所有者权益增加，选项D当选。账务处理为：

借：应付债券
　　其他权益工具
　贷：股本
　　资本公积——股本溢价

二、多项选择题

14.14 斯尔解析　**ABD**　本题考查其他权益工具的核算。对于归类为权益工具的金融工具，无论其名称中是否包含"债"，其利息支出或股利分配都应当作为发行企业的利润分配，不得按照借款费用处理，选项 AB 当选；企业发行权益工具发生的手续费、佣金应当从权益工具中扣除，选项 C 不当选；企业发行的金融工具为复合金融工具的，实际收到的资金，应当区分负债成分和权益成分，分别核算，并在负债成分和权益成分之间按照各自占总发行价款的比例进行分摊，选项 D 当选；归类为权益工具的金融工具，满足条件时可以重分类为金融负债，选项 E 不当选。

14.15 斯尔解析　**ABCD**　本题考查资本公积的核算。注意，本题要求选择不通过"资本公积"科目核算的事项。
收购本公司股份通过"库存股"核算，选项 A 当选。账务处理如下：
借：库存股
　贷：银行存款
无法收回的应收账款通过"坏账准备"核算，选项 B 当选。账务处理如下：
借：坏账准备
　贷：应收账款
企业从政府无偿取得货币性资产或非货币性资产形成的利得通过"其他收益"等科目核算，选项 C 当选。账务处理如下：
借：银行存款等
　贷：递延收益／营业外收入／其他收益
其他权益工具投资期末公允价值的变动利得，通过"其他综合收益"科目核算，选项 D 当选。账务处理如下：
借：其他权益工具投资——公允价值变动
　贷：其他综合收益
采用权益法核算的长期股权投资，投资企业按持股比例确认的被投资单位除净损益、其他综合收益外所有者权益变动应享有的份额，通过"资本公积"科目核算，选项 E 不当选。账务处理如下：
借：长期股权投资——其他权益变动
　贷：资本公积——其他资本公积

14.16 斯尔解析　**ABE**　本题考查资本公积的核算。注销库存股时，如果回购价款与回购股份对应的股本不同，将影响资本公积，选项 A 当选；当处置采用权益法核算的长期股权投资时，应当将原计入资本公积（其他资本公积）的相关金额转入投资收益（除不能转入损益的项目外），选项 B 当选；将债权投资重分类为其他债权投资时，该金融资产原账面价值与重分类日的公允价值之间的差额计入其他综合收益，不影响资本公积，选项 C 不当选；用未分配利润分配现金股利时，借记"未分配利润"，贷记"应付股利"，不会引起资本公积金额的变动，选项 D 不当选；用以权益结算的股份支付换取职工服务的，应按照确定的金额，记入"管理费用"等科目，同时增加资本公积（其他资本公积），选项 E 当选。

14.17 〖斯尔解析〗 **ABDE** 本题考查其他综合收益的核算。现金流量套期工具产生的利得或损失中属于有效套期的部分、外币财务报表折算差额、金融资产重分类按规定可以将原计入其他综合收益的利得或损失转入当期损益的部分，以及因债权投资重分类为其他债权投资确认的贷方差额应计入其他综合收益，选项 ABDE 当选；成本法核算的长期股权投资不需要根据被投资方所有者权益的变动而进行调整，选项 C 不当选。

14.18 〖斯尔解析〗 **CDE** 本题考查其他综合收益的核算。重新计量设定受益计划净负债或净资产导致的变动，和指定为以公允价值计量且其变动计入其他综合收益的非交易性权益工具投资公允价值变动产生的其他综合收益不得重分类进损益，选项 AB 不当选；自用房地产转换为以公允价值计量的投资性房地产的贷方差额、现金流量套期工具中有效套期部分和外币财务报表折算差额引起的其他综合收益，满足条件时可以重分类进损益，选项 CDE 当选。

14.19 〖斯尔解析〗 **ABC** 本题考查企业发生经营亏损的弥补方式。企业发生经营亏损的弥补方式有三种：（1）用以后年度税前利润弥补，按规定，企业亏损在规定期限（现行制度规定为 5 年）内可由税前利润弥补（选项 C 当选）；（2）用以后年度税后利润弥补，即指超过税前利润弥补期的剩余亏损额应由税后利润弥补（选项 B 当选）；（3）用盈余公积弥补，用盈余公积弥补亏损应当由董事会提议，股东大会批准，或者由类似的机构批准（选项 A 当选）。实收资本和资本公积不得用于弥补亏损，选项 DE 不当选。

14.20 〖斯尔解析〗 **DE** 本题考查实收资本减少的会计处理。注销库存股时贷方可能涉及的会计科目有"资本公积——股本溢价"和"库存股"，选项 DE 当选；借方可能涉及的科目有"股本""资本公积——股本溢价""盈余公积"和"利润分配——未分配利润"，选项 ABC 不当选。相关会计分录为：

（1）回购股份时：

借：库存股

　　贷：银行存款

（2）注销库存股时：

①回购价大于回购股份对应的股本：

借：股本

　　资本公积——股本溢价

　　盈余公积

　　利润分配——未分配利润

　　贷：库存股

②回购价小于回购股份对应的股本：

借：股本

　　贷：库存股

　　　　资本公积——股本溢价

第十五章　收入、费用、利润和产品成本答案与解析

一、单项选择题

15.1 ▶ B　15.2 ▶ C　15.3 ▶ C　15.4 ▶ C　15.5 ▶ C

15.6 ▶ B　15.7 ▶ B　15.8 ▶ D　15.9 ▶ A　15.10 ▶ D

15.11 ▶ D　15.12 ▶ B　15.13 ▶ A　15.14 ▶ A　15.15 ▶ B

15.16 ▶ B　15.17 ▶ B　15.18 ▶ C　15.19 ▶ A　15.20 ▶ A

15.21 ▶ D　15.22 ▶ A　15.23 ▶ A　15.24 ▶ A

二、多项选择题

15.25 ▶ BCE　15.26 ▶ ABCD　15.27 ▶ ABDE　15.28 ▶ ABCD　15.29 ▶ BE

15.30 ▶ AC　15.31 ▶ AE　15.32 ▶ CE　15.33 ▶ BE　15.34 ▶ ACE

15.35 ▶ DE

三、计算题

15.36 (1) ▶ B　15.36 (2) ▶ D　15.36 (3) ▶ B　15.36 (4) ▶ A

四、综合分析题

题号	答案	题号	答案	题号	答案	题号	答案
15.37 (1)	AE	15.37 (2)	B	15.37 (3)	C	15.37 (4)	AB
15.37 (5)	A	15.37 (6)	D	15.38 (1)	D	15.38 (2)	C
15.38 (3)	CD	15.38 (4)	A	15.38 (5)	BC	15.38 (6)	A
15.39 (1)	ACDE	15.39 (2)	D	15.39 (3)	C	15.39 (4)	D
15.39 (5)	C	15.39 (6)	A	15.40 (1)	B	15.40 (2)	C
15.40 (3)	BD	15.40 (4)	C	15.40 (5)	B	15.40 (6)	A

一、单项选择题

15.1 斯尔解析　**B**　本题考查合同变更的会计处理。当合同变更增加了可明确区分的商品及合同价款，且新增合同价款反映了新增商品的单独售价时，才应当将该合同变更部分作为一份单独的合同进行会计处理，但在本题中，新增合同服务费（16万元/年）未反映新增商品的单独售价（19万元/年），因此合同变更部分不能作为单独合同进行会计处理，应进一步分析"在合同变更日已转让商品与未转让商品之间是否可明确区分"；财务咨询服务按年收费，在合同变更日已转让商品与未转让商品之间可以明确区分，因此应当视为原合同终止，同时将原合同未履约部分与合同变更部分合并为新合同进行会计处理；新合同的交易价格应当为下列两项金额之和：一是原合同交易价格中尚未确认为收入的部分（包括已从客户收取的金额）；二是合同变更中客户已承诺的对价金额。本题中，合同变更后每年的合同对价＝［20（原合同交易价格中尚未确认为收入的部分）＋16×3（合同变更中客户已承诺的对价金额）］÷4＝17（万元），选项B当选，选项ACD不当选。

15.2 斯尔解析　**C**　本题考查合同变更的会计处理。在合同开始日，因1 000件A商品是可明确区分的，因此将交付1 000件A商品作为单项履约义务。在合同变更日，追加A商品200件，不能反映该项商品的单独售价，属于合同变更情形二（合同变更不属于情形一，且在合同变更日已转让商品与未转让商品之间可明确区分），所以，甲公司应当将该合同变更作为原合同终止，同时，将原合同中未履约的部分与合同变更部分合并为一份新合同进行会计处理，选项C当选，选项ABD不当选。

15.3 斯尔解析　**C**　本题考查合同变更。由于合同变更后拟提供的剩余服务与在合同变更日或之前已提供的服务不可明确区分（即合同仍为单项履约义务），因此，甲公司应当将合同变更作为原合同的组成部分进行会计处理，选项C当选，选项ABD不当选。

第十五章 收入、费用、利润和产品成本 | 答案与解析

15.4 🅢斯尔解析 **C** 本题考查识别合同中的单项履约义务。企业向客户承诺的商品同时满足下列条件的,应当作为可明确区分商品:(1)客户能够从该商品本身或者从该商品与其他易于获得的资源一起使用中受益,即该商品能够明确区分;(2)企业向客户转让该商品的承诺与合同中其他承诺可单独区分,即转让该商品的承诺在合同中是可明确区分的。选项C当选,选项ABD不当选。

15.5 🅢斯尔解析 **C** 本题考查应付客户对价的核算。企业存在应付客户对价的,且未从客户处取得任何商品的,应当将该应付客户对价冲减交易价格,并在确认相关收入与支付客户对价二者孰晚的时点冲减当期收入,选项C当选,选项ABD不当选。

15.6 🅢斯尔解析 **B** 本题考查在某一时段内履行的履约义务的核算。对于在某一时段内履行的履约义务,当履约进度能够合理确定时,企业应当在该段时间内按照履约进度确认收入,2×22年应确认的收入=交易价格总额×履约进度-以前会计期间累计已确认的收入=180×60%-0=108(万元),选项B当选,选项ACD不当选。

15.7 🅢斯尔解析 **B** 本题考查在某一时段内履行的履约义务的核算。因甲公司采用成本法计算履约进度,则2×23年甲公司此项服务的履约进度=已发生的成本/预计总成本=380/(380+420)×100%=47.5%,甲公司2×23年应确认的收入=1 000×47.5%=475(万元),选项B当选,选项ACD不当选。

15.8 🅢斯尔解析 **D** 本题考查在某一时点履行的履约义务的核算。甲公司在收到定金100万元时因未转移相关商品控制权,不满足收入确认条件,应将其确认为合同负债,选项A不当选,选项D当选;甲公司交付W产品后应确认与W产品相关的收入包括定金100万元和剩余货款1 000万元,共计1 100万元,选项B不当选;同时将未收取的款项确认为合同资产,因为该项收款权并不是一项无条件收款权,该权利除了时间流逝之外,还取决于其他条件(如履行合同中的其他履约义务),本题中体现为交付Y产品后才具有收款权,选项C不当选。

15.9 🅢斯尔解析 **A** 本题考查交易价格确认。200万元商业折扣属于可变对价,其最佳估计数为200万元,企业应将可变对价的金额计入交易价格,即按扣除200万元后的金额1 000万元确认收入,选项A当选,选项BCD不当选。

15.10 🅢斯尔解析 **D** 本题考查合同取得成本的范围。企业为取得合同发生的增量成本预期能够收回的,应当作为合同取得成本确认为一项资产。增量成本,是指企业不取得合同就不会发生的成本,例如销售佣金等,选项D当选;企业为取得合同发生的、除预期能够收回的增量成本之外的其他支出。例如,无论是否取得合同均会发生的差旅费、投标费及为准备投标资料发生的相关费用等,应当在发生时计入当期损益,除非这些支出明确由客户承担,选项ABC不当选。

15.11 🅢斯尔解析 **D** 本题考查附有销售退回条款的销售业务处理。注意,本题要求选择错误的选项。按照预期因销售退回应退还的金额确认预计负债,即应确认预计负债的金额=80×12%=9.6(万元),选项A不当选;能够估计退货可能性的销售退回,应按照向客户转让商品而预期有权收取的对价金额确认收入,即在2×20年12月31日应确认收入的金额=80×(100%-12%)=70.4(万元),选项B不当选;因款项尚未支付,应确认应收账款的金额=80+10.4=90.4(万元),选项C不当选;同时,按预期将退回商品转让时的账面价值

确认应收退货成本，即应确认的应收退货成本 =75×12%=9（万元），按照所转让商品转让时的账面价值，扣除上述资产成本的净额结转成本 =75-9=66（万元），选项 D 当选。账务处理如下：

借：应收账款　　　　　　　　　　　　　　　　　　90.4
　　贷：主营业务收入　　　　　　　　　　　　　　　70.4
　　　　预计负债——应付退货款　　　　　　　　　　9.6
　　　　应交税费——应交增值税（销项税额）　　　　10.4
借：主营业务成本　　　　　　　　　　　　　　　　　66
　　应收退货成本　　　　　　　　　　　　　　　　　9
　　贷：库存商品　　　　　　　　　　　　　　　　　75

15.12 【斯尔解析】 B　本题考查附有销售退回条款的销售业务处理。
6月5日，销售时：
借：应收账款　　　　　　　（500×600×1.13）339 000
　　贷：主营业务收入　　　[500×600×（1-10%）]270 000
　　　　预计负债——应付退货款　　（500×600×10%）30 000
　　　　应交税费——应交增值税（销项税额）　　　　39 000
借：主营业务成本　　　　[500×480×（1-10%）]216 000
　　应收退货成本　　　　　　　　（500×480×10%）24 000
　　贷：库存商品　　　　　　　　　　　　　　　240 000
赊销期满收到款项时：
借：银行存款　　　　　　　　　　　　　　　　339 000
　　贷：应收账款　　　　　　　　　　　　　　　339 000
实际收到退回的商品60件时：
借：预计负债——应付退货款　　　　　　　　　30 000
　　主营业务收入　　　[（60-500×10%）×600]6 000
　　应交税费——应交增值税（销项税额）
　　　　　　　　　　　　　　（60×600×13%）4 680
　　贷：银行存款　　　　　　　　　　　　　　　40 680
借：库存商品　　　　　　　　　　（60×480）28 800
　　贷：主营业务成本　　　　　　　　　　　　　4 800
　　　　应收退货成本　　　　　　　　　　　　24 000
综上所述，选项 B 当选，选项 ACD 不当选。

15.13 【斯尔解析】 A　本题考查客户有额外选择权的销售业务处理。企业提供重大权利的，应当作为单项履约义务，按照有关交易价格分摊的要求将交易价格分摊至该单项履约义务，在客户未来行使购买选择权取得相关商品控制权时，或者该选择权失效时，确认相应的收入。
第一步，将交易价格分摊至商品和积分：
销售货物应分摊的交易价格 =4 500×4 500/（4 500+500×0.8）=4 132.65（万元）

奖励积分应分摊的交易价格 =500×0.8×4 500/（4 500+500×0.8）=367.35（万元）

第二步，2×22年应确认的收入总额 =4 132.65+367.35×400/500=4 132.65+293.88=4 426.53（万元），选项A当选，选项BCD不当选。

15.14 【斯尔解析】 A 本题考查客户有额外选择权的销售业务处理。第一步，将交易价格分摊至积分：奖励积分应分摊的交易价格 =140 000×140 000÷10×1×98%/（140 000÷10×1×98%+140 000）=12 495.45（元）；第二步，2×20年积分应当确认的收入 =12 495.45×8 800/（140 000÷10×98%）=8 014（元），选项A当选，选项BCD不当选。

15.15 【斯尔解析】 B 本题考查售后回购销售业务处理。回购价格高于原销售价格的差额，应在售后回购期间内按期计提利息费用，借记"财务费用"科目，贷记"其他应付款"科目，选项B当选，选项ACD不当选。

15.16 【斯尔解析】 B 本题考查售后回购销售业务处理。确认的"其他应付款"科目余额 =100+（115-100）÷5×3=109（万元），选项B当选，选项ACD不当选。账务处理如下：

（1）初始销售时：

借：银行存款　　　　　　　　　　　　　　　　100

　　贷：其他应付款　　　　　　　　　　　　　　　　　100

（2）在2×22年6—8月平均实现的财务费用：

借：财务费用　　　　　　　　　　　　　　　　3

　　贷：其他应付款　　　　　　　　　　　　　　　　　3

15.17 【斯尔解析】 B 本题考查售后回购方式融资。企业采用售后回购方式融资的，在发出商品等资产后，应按实际收到的金额，借记"银行存款"科目，按专用发票上注明的增值税税额，贷记"应交税费——应交增值税（销项税额）"科目，按其差额，贷记"其他应付款"科目。由于本题说明采用售后回购方式筹集的资金全部用于建造固定资产，因此回购价格与原销售价格之间的差额，应在售后回购期间内按期计提利息费用，应当资本化，借记"在建工程"科目，贷记"其他应付款"科目，选项B当选，选项ACD不当选。

15.18 【斯尔解析】 C 本题考查管理费用的核算。注意，本题要求选择不应计入管理费用的事项。诉讼费、管理用固定资产折旧费和因企业合并发生的相关审计费、法律服务费，均计入管理费用，选项ABD不当选；车间管理人员工资，应计入制造费用，选项C当选。

15.19 【斯尔解析】 A 本题考查营业利润的核算。注意，本题要求选择不影响发生当期营业利润的事项。其他债权投资公允价值变动计入其他综合收益，不影响发生当期营业利润，选项A当选；行政管理部门业务招待费、销售商品过程中发生的业务宣传费和分期收款销售方式下"未实现融资收益"的摊销计入期间费用，影响发生当期营业利润，选项BCD不当选。

15.20 【斯尔解析】 A 本题考查政府补助的核算。企业取得的与收益相关的政府补助，如果用于补偿企业以后期间的相关费用或损失的，在取得时确认为递延收益，并在以后确认相关费用或损失的期间，计入当期损益或冲减相关成本，选项A当选，选项BCD不当选。

15.21 【斯尔解析】 D 本题考查政府补助的核算范围。注意，本题要求选择不属于政府补助的事项。政府补助是指企业从政府无偿取得货币性资产或非货币性资产，其主要形式包括政府对企业的无偿拨款（选项B不当选）、税收返还（选项A不当选）、财政贴息，以及无偿给予非货币性资产（选项C不当选）等；直接减征（选项D当选）、免征、增加计税抵扣额、抵免部分税额等不涉及资产直接转移的经济资源，不适用政府补助准则。

15.22 【斯尔解析】 A 本题考查政府补助的账务处理。甲公司采用净额法核算政府补助，因此应当将所取得的政府补贴款80万元冲减环保设备的账面价值，该环保设备的入账价值=272-80=192（万元）。截至2×22年12月，该设备共计提折旧44个月，累计折旧=192/（8×12）×44=88（万元）。因此，该设备发生毁损时应确认营业外支出的金额=（192-88）-20=84（万元）。

15.23 【斯尔解析】 A 本题考查约当产量比例法。第一道工序每件在产品的累计工时=20×50%=10（小时），第一道工序在产品的约当产量=210×10/30=70（件）；第二道工序每件在产品的累计工时=20+10×50%=25（小时），第二道工序在产品的约当产量=90×25/30=75（件），期末在产品约当产量=70+75=145（件），选项A当选，选项BCD不当选。

15.24 【斯尔解析】 A 本题考查在产品按定额成本的计算。月末在产品的定额成本=18×30+8×（2+1.5）×30=1 380（元），本月完工产品的单位成本=（13 180-1 380）/118=100（元），选项A当选，选项BCD不当选。

二、多项选择题

15.25 【斯尔解析】 BCE 本题考查合同合并的条件。企业与同一客户（或该客户的关联方）同时订立或在相近时间内先后订立的两份或多份合同，在满足下列条件之一时，应当合并为一份合同进行会计处理：（1）该两份或多份合同基于同一商业目的而订立并构成"一揽子交易"，选项A不当选，选项E当选；（2）该两份或多份合同中的一份合同的对价金额取决于其他合同的定价或履行情况，选项B当选；（3）该两份或多份合同中所承诺的商品（或每份合同中所承诺的部分商品）构成单项履约义务，选项C当选。选项D不当选，未考虑适用情形。

15.26 【斯尔解析】 ABCD 本题考查合同中单项履约义务的判断，本题为否定式提问。下列情形通常表明企业向客户转让该商品的承诺与合同中的其他承诺不可明确区分：（1）企业需要提供重大的服务以将该商品与合同中承诺的其他商品进行整合，形成合同约定的某个或某些组合产出转让给客户，选项A当选；（2）该商品将对合同中承诺的其他商品予以重大修改或定制，选项BC当选；（3）该商品与合同中承诺的其他商品具有高度关联性，合同中承诺的每一单项商品均受到合同中其他商品的重大影响，选项D当选。选项E属于合同合并的相关内容，不当选。

15.27 【斯尔解析】 ABDE 本题考查确定合同的交易价格。合同中存在重大融资成分的，企业应当按照假定客户在取得商品控制权时，即以现金支付的应付金额确定交易价格。该交易价格与合同对价之间的差额，应当在合同期限内采用实际利率法摊销，选项C不当选；选项ABDE当选。

15.28 【斯尔解析】 ABCD 本题考查合同取得成本。企业为取得合同发生的、除预期能够收回的增量成本之外的其他支出，例如，无论是否取得合同均会发生的差旅费（选项A当选）、投标费、为准备投标资料发生的相关费用（选项BC当选）等，应当在发生时计入当期损益，除非这些支出明确由客户承担；尽职调查发生的费用也属于无论是否取得合同均会发生的费用，应在发生时计入当期损益，选项 D 当选；销售佣金发生时应当计入合同取得成本，选项 E 不当选。

15.29 斯尔解析 **BE** 本题考查管理费用的核算。自然灾害造成的在产品毁损净损失、自然灾害造成的原材料毁损净损失和管理部门固定资产报废净损失，均应计入营业外支出，选项 ACD 不当选；由于管理不善造成的存货盘亏损失和筹建期间的开办费，计入管理费用，选项 BE 当选。

15.30 斯尔解析 **AC** 本题考查影响营业利润经济业务的范围。出售无形资产的净损失计入资产处置损益，影响利润总额，选项 A 当选；权益法核算的长期股权投资确认被投资单位现金股利冲减长期股权投资账面价值，同时确认应收股利，不影响利润总额，选项 B 不当选；因违反法律、行政法规缴纳的罚款计入营业外支出，影响利润总额，选项 C 当选；母公司替子公司负担所得税属于权益性交易，计入资本公积，不影响利润总额，选项 D 不当选；企业为取得合同发生的增量成本（销售佣金、提成等）预期能够收回的，应当作为合同取得成本，不影响利润总额，选项 E 不当选。

15.31 斯尔解析 **AE** 本题考查政府补助的核算。政府补助是指企业从政府无偿取得货币性资产或非货币性资产，但不包括政府作为企业所有者投入的资本，政府补助常见的形式有财政拨款、财政贴息、税收返还（不包括增值税出口退税和所得税减免）、无偿划拨非货币性资产，选项 AE 当选，选项 BCD 不当选。

15.32 斯尔解析 **CE** 本题考查政府补助的核算。注意，本题要求选择错误的选项。与收益相关的政府补助，应当分情况按照以下规定进行会计处理：（1）用于补偿企业以后期间的相关成本费用或损失的，确认为递延收益，并在确认相关成本费用或损失的期间，计入当期损益或冲减相关成本；（2）用于补偿企业已发生的相关成本费用或损失的，直接计入当期损益或冲减相关成本，选项 C 当选。政府补助是企业从政府无偿取得货币性资产或非货币性资产，不包括政府作为企业所有者投入的资本，选项 E 当选。选项 ABD 不当选。

15.33 斯尔解析 **BE** 本题考查营业外支出的核算。处置债权投资的净损失，应计入投资收益，选项 A 不当选；工程物资建设期毁损净损失，应计入在建工程，选项 C 不当选；非货币性资产交换时换出固定资产的损失，应计入资产处置损益，选项 D 不当选。选项 BE 当选。

15.34 斯尔解析 **ACE** 本题考查政府补助的分类。企业取得的政府无偿划拨的土地使用权（非货币性资产）属于与资产相关的政府补助，选项 A 当选；出口退税不属于政府补助，选项 B 不当选；综合性项目政府补助同时包含与资产相关的政府补助和与收益相关的政府补助，企业需要将其进行分解并分别进行会计处理，难以区分的，企业应当将其整体归类为与收益相关的政府补助进行处理，选项 C 当选，选项 D 不当选；对于属于前期差错的政府补助退回，应当作为前期差错更正进行追溯调整，选项 E 当选。

15.35 斯尔解析 **DE** 本题考查产品成本计算的基本方法。注意，本题要求选择错误的选项。逐步结转分步法适用于各步骤半成品有独立的经济意义，管理上要求核算半成品成本的企业；平行结转分步法适用于管理上不要求核算半成品成本的企业。选项 DE 当选，选项 ABC 不当选。

三、计算题

15.36 (1) 【斯尔解析】 B 本题考查存在重大融资成分时收入的确认。企业采用分期收款方式销售商品时，如果延期收取的货款具有融资性质，企业应当按照应收的合同或协议价款的公允价值确定收入的金额，应收的合同或协议价款的公允价值，通常应当按照其未来现金流量现值或商品现销价格计算确定，因此长江公司应确认的收入 =800+800×（P/A，10%，5）=3 832.64（万元），选项 B 当选，选项 ACD 不当选。

(2) 【斯尔解析】 D 本题考查存在重大融资成分时收入的确认。应收的合同或协议价款与其公允价值之间的差额确认为未实现的融资收益，因此，应确认的未实现融资收益金额 =4 800-3 832.64=967.36（万元），选项 D 当选，选项 ABC 不当选。账务处理如下：

借：银行存款 800
  长期应收款 4 000
 贷：主营业务收入 3 832.64
  未实现融资收益 967.36

(3) 【斯尔解析】 B 本题考查存在重大融资成分时收入的确认。长江公司应当在合同或协议期间内，按照应收款项的摊余成本和实际利率计算确定的金额进行摊销，作为财务费用的抵减处理，应摊销未实现融资收益的金额 =（4 000-967.36）×10% =303.26（万元），选项 B 当选，选项 ACD 不当选。账务处理如下：

借：未实现融资收益 303.26
 贷：财务费用 303.26
借：银行存款 800
 贷：长期应收款 800

(4) 【斯尔解析】 A 本题考查存在重大融资成分时收入的确认。2×17 年 12 月 31 日长期应收款的账面价值 =（4 000-800）-（967.36-303.26）=2 535.90（万元），选项 A 当选，选项 BCD 不当选。

四、综合分析题

15.37 (1) 【斯尔解析】 AE 本题考查收入确认和计量的"五步法"模型。确定交易价格和将交易价格分摊至各单项履约义务主要与收入的计量相关，选项 AE 当选；识别与客户订立的合同、识别合同中的单项履约义务和履行各单项履约义务时确认收入与收入的确认有关，选项 BCD 不当选。

(2) 【斯尔解析】 B 本题考查客户有额外选择权的销售业务处理。2×16 年授予奖励的积分的公允价值 =5 000×0.9=4 500（元），授予积分分摊的交易价格 =50 000×4 500/（50 000+ 4 500）=4 128.44（元），销售商品分摊的交易价格 =50 000×50 000/（50 000+4 500）= 45 871.56（元），账务处理如下：

借：银行存款 50 000
 贷：主营业务收入 45 871.56
  合同负债 4 128.44

2×17年因兑换积分确认收入的金额 =4 128.44×3 000/4 500=2 752.29（元）。

借：合同负债　　　　　　　　　　　　　2 752.29
　　贷：主营业务收入　　　　　　　　　　　　　　2 752.29
借：主营业务成本　　　　　　　　　　　　2 100
　　贷：库存商品　　　　　　　　　　　　　　　　2 100

2×18年预计2×16年授予积分累计有4 800个被兑换，已经实际兑现4 600个，积分兑换收入 =4 128.44×4 600/4 800-2 752.29=1 204.13（元）。

借：合同负债　　　　　　　　　　　　　1 204.13
　　贷：主营业务收入　　　　　　　　　　　　　　1 204.13
借：主营业务成本　　　　　　（3 200-2 100）1 100
　　贷：库存商品　　　　　　　　　　　　　　　　1 100

至此，合同负债的余额 =4 128.44-2 752.29-1 204.13=172.02（元），选项B当选，选项ACD不当选。

(3) 【斯尔解析】　**C**　本题考查在某一时点履行的履约义务的核算。乙产品应分摊的交易价格 =380×80/（80+320）=76（万元），选项C当选，选项ABD不当选。账务处理如下：

2×18年11月1日：

借：合同资产　　　　　　　　　　　　　76
　　贷：主营业务收入　　　　　　　　　　　　　　76
借：主营业务成本　　　　　　　　　　　　50
　　贷：库存商品　　　　　　　　　　　　　　　　50

(4) 【斯尔解析】　**AB**　本题考查在某一时段内履行的履约义务的核算。丙产品应分摊的交易价格 =380×320/（80+320）=304（万元）；2×18年12月31日丙产品的履约进度 =150/200=75%，年末，丙产品应结转成本 =200×75%=150（万元），确认收入 =304×75%= 228（万元），选项AB当选，选项CD不当选。

(5) 【斯尔解析】　**A**　本题考查附有销售退回条款的销售业务处理。预计退货率为5%，因此需要确认的预计负债 =100×800×5%=4 000（元），选项A当选，选项BCD不当选。账务处理如下：

借：银行存款　　　　　　　　　　　　　80 000
　　贷：主营业务收入　　　　　　　　　　　　　　76 000
　　　　预计负债　　　　　　　　　　　　　　　　4 000
借：主营业务成本　　　　　　　　　　　　57 000
　　应收退货成本　　　　　　　　　　　　3 000
　　贷：库存商品　　　　　　　　　　　　　　　　60 000

(6) 【斯尔解析】　**D**　本题考查收入的确认和计量。

事项（1），对2×18年利润总额的影响 =1 204.13（因兑换积分确认收入）-1 100（结转销售成本）=104.13（元）。

事项（2），对2×18年利润总额的影响=4 500 000（甲产品销售收入）-3 600 000（甲产品的成本）-45 000（预计法定保修费用）=855 000（元），法定保修费用计入销售费用，延长保修服务暂不确认收入，在提供质保服务的期间确认收入。

事项（3），对2×18年利润总额的影响=760 000（乙产品销售收入）-500 000（乙产品成本）+2 280 000（丙产品根据履约进度确认收入）-1 500 000（丙产品根据履约进度结转成本）=1 040 000（元）。

事项（4），对2×18年利润总额的影响=76 000（丁产品确认销售收入）-57 000（丁产品的成本）=19 000（元）。

综上，以上四个事项对黄河公司2×18年度利润总额的影响金额=104.13+855 000+1 040 000+19 000=1 914 104.13（元），选项D当选，选项ABC不当选。

15.38（1） 斯尔解析　**D**　本题考查客户有额外购买选择权的销售业务处理。

2×19年授予的奖励积分的单独售价=100×0.9=90（万元）

2×19年应确认的收入=1 000/（1 000+90）×1 000=917.43（万元）

2×19年确认的合同负债=1 000/（1 000+90）×90=82.57（万元）

借：银行存款　　　　　　　　　　　　　　　　1 000
　　贷：主营业务收入　　　　　　　　　　　　　　　917.43
　　　　合同负债　　　　　　　　　　　　　　　　　82.57

2×20年因兑换积分确认的收入=82.57×50/90=45.87（万元）

2×20年确认的成本=30（万元）

2×21年因兑换积分确认的收入=82.57×87/96-45.87=28.96（万元）

2×21年确认的成本=45-30=15（万元）。故选项D当选，选项ABC不当选。

（2） 斯尔解析　**C**　本题考查存在重大融资成分时收入的确认。

甲公司在2×21年收到货款时：

借：银行存款　　　　　　　　　　　　　　　　400
　　未确认融资费用　　　　　　　　　　　　　　41
　　贷：合同负债　　　　　　　　　　　　　　　　　441

2×21年确认财务费用：

借：财务费用　　　　　　　　　（400×5%）20
　　贷：未确认融资费用　　　　　　　　　　　　　　20

年末"未确认融资费用"科目余额=41-20=21（万元），选项C当选，选项ABD不当选。

（3） 斯尔解析　**CD**　本题考查售后回购销售业务处理。该售后回购业务具有融资性质，不确认收入，选项A不当选；甲公司收到乙公司支付的500万元，应计入其他应付款，选项B不当选。甲公司的会计处理如下：

借：银行存款　　　　　　　　　　　　　　　　500
　　贷：其他应付款　　　　　　　　　　　　　　　　500

回购价大于售价的差额应在售后回购期间内按期计提利息费用，计入财务费用，每月应计提的利息费用=（600-500）÷5=20（万元），选项 D 当选。

借：财务费用　　　　　　　　　　　　　20
　　贷：其他应付款　　　　　　　　　　　　　　20

年末"其他应付款"科目余额=500+20=520（万元），选项 C 当选。

(4) **斯尔解析**　A　本题考查附有销售退回条款的业务处理。预计退货率为 5%，因此需要确认的预计负债=200×1×5%=10（万元），选项 A 当选，选项 BCD 不当选。账务处理如下：

借：银行存款　　　　　　　　　　　　　200
　　贷：主营业务收入　　　　　　　　　　　　　190
　　　　预计负债　　　　　　　　　　　　　　　10
借：主营业务成本　　　　　　　　　　　114
　　应收退货成本　　　　　　　　　　　　6
　　贷：库存商品　　　　　　　　　　　　　　　120

(5) **斯尔解析**　BC　本题考查在某一时段内履行的履约义务收入的确认。2×21 年的履约进度=150/（150+450）=25%，年末应确认的收入=900×25%=225（万元），账务处理如下：

预收合同款时：
借：银行存款　　　　　　　　　　　　　400
　　贷：合同负债　　　　　　　　　　　　　　　400

确认职工薪酬时：
借：合同履约成本　　　　　　　　　　　150
　　贷：应付职工薪酬　　　　　　　　　　　　　150

根据履约进度确认收入时：
借：合同结算　　　　　　　　　　　　　225
　　贷：主营业务收入　　　　　　　　　　　　　225

结转主营业务成本时：
借：主营业务成本　　　　　　　　　　　150
　　贷：合同履约成本　　　　　　　　　　　　　150

综上所述，选项 BC 当选，选项 AD 不当选。

(6) **斯尔解析**　A　本题考查收入的确认和计量。

事项（1）对利润总额的影响金额=28.96-15=13.96（万元）

事项（2）对利润总额的影响金额=-20（万元）

事项（3）对利润总额的影响金额=-20（万元）

事项（4）对利润总额的影响金额=190-114=76（万元）

事项（5）对利润总额的影响金额=225-150=75（万元）

合计影响金额=13.96-20-20+76+75=124.96（万元），选项 A 当选，选项 BCD 不当选。

15.39 (1) 【斯尔解析】 ACDE 本题考查收入确认的前提条件。当企业与客户之间的合同同时满足下列条件时,企业应当在客户取得相关商品控制权时确认收入:

(1)合同各方已批准该合同并承诺将履行各自义务。(选项 E 当选)

(2)该合同明确了合同各方与所转让商品或提供劳务相关的权利和义务。(选项 D 当选)

(3)该合同有明确的与所转让商品相关的支付条款。(选项 A 当选)

(4)该合同具有商业实质。(选项 C 当选)

(5)企业因向客户转让商品而有权取得的对价很可能收回,而非可能收回。(选项 B 不当选)

(2) 【斯尔解析】 D 本题考查在某一时段内履行的履约义务收入的确认。2×19 年 6 月 30 日,黄河公司应确认该工程的履约进度 = 已发生成本/预计总成本 =900/3 000×100%=30%,选项 D 当选,选项 ABC 不当选。

(3) 【斯尔解析】 C 本题考查合同结算的核算。2×19 年 6 月 30 日,黄河公司确认的收入 =4 800×30%=1 440(万元),合同结算价款为 1 600 万元,因此,黄河公司"合同结算"科目余额 =1 600-1 440=160(万元),选项 C 当选,选项 ABD 不当选。账务处理如下:

确认收入时:

借:合同结算——收入结转　　　　　　　　　　1 440

　　贷:主营业务收入　　　　　　　　　　　　　　　　1 440

结算价款时:

借:应收账款　　　　　　　　　　　　　　　　1 744

　　贷:合同结算——价款结算　　　　　　　　　　　　1 600

　　　　应交税费——应交增值税(销项税额)　　　　　　144

(4) 【斯尔解析】 D 本题考查在某一时段内履行的履约义务收入的确认。2×19 年 12 月 31 日,黄河公司该工程的履约进度 =2 100/3 000×100%=70%,黄河公司 2×19 年 12 月 31 日应确认的收入 =4 800×70%-1 440=1 920(万元),选项 D 当选,选项 ABC 不当选。

(5) 【斯尔解析】 C 本题考查在某一时段内履行的履约义务收入的确认。2×20 年 6 月 30 日,黄河公司应确认的主营业务成本 =3 200-2 100=1 100(万元),选项 C 当选,选项 ABD 不当选。

(6) 【斯尔解析】 A 本题考查利润总额的核算。工程完工后该业务对黄河公司利润总额的影响金额 =4 800-3 200=1 600(万元),选项 A 当选,选项 BCD 不当选。

15.40 (1) 【斯尔解析】 B 本题考查涉及可变对价的账务处理。黄河公司 2 月对甲公司的采购量进行了重新估计,按重新估计后的结果确定的交易价格为每件 450 元,因此,2 月应确认的主营业务收入 =(600+80)×450-80×500=266 000(元)=26.6(万元),选项 B 当选,选项 ACD 不当选。

(2) 【斯尔解析】 C 本题考查交易价格的分摊。企业应当按照 X、Y、Z 的单独售价相对比例,将交易价格进行分摊,单独售价无法观察的,可以采用市场调整法、成本加成法、余值法估计单独售价。因此,组合销售应确认 Z 产品的售价 =(14-8)×6/(2+6)=4.5(万元),选项 C 当选,选项 ABD 不当选。

(3) 【斯尔解析】 BD 本题考查合同变更的会计处理。事项（3）中，合同无折扣、折让等金额可变条款，该价格折让是市场条件的变化引发，该变化是黄河公司在合同开始日根据其所获得的相关信息无法合理预期的。由此导致的合同各方达成协议批准对原合同价格作出的变更，不属于可变对价，应作为合同变更进行会计处理，选项 D 当选，选项 A 不当选。该合同变更未增加可明确区分的商品，黄河公司已转让的 50 件 M 产品与未转让的 100 件 M 产品可明确区分，因此，该合同变更应作为原合同终止、新合同订立进行会计处理，选项 B 当选，选项 CE 不当选。

(4) 【斯尔解析】 C 本题考查附有销售退回条款的销售业务处理。2×23 年 3 月 31 日，N 产品实际退回 15 件，该事项应当作为资产负债表日后调整事项处理，应调整 2×22 年的利润，对 2×23 年度利润总额的影响额为 0，选项 C 当选，选项 ABD 不当选。

(5) 【斯尔解析】 B 本题考查应交税费的计算。对黄河公司"应交税费——应交增值税（销项税额）"的影响 =960×450×13%［事项（1）］+140 000×13%［事项（2）］+（1 280×50+100×1 050）×13%［事项（3）］+（200-15）×180×13%［事项（4）］=100 659（元），选项 B 当选，选项 ACD 不当选。

(6) 【斯尔解析】 A 本题考查影响利润总额的金额计算。对黄河公司 2×22 年利润总额的影响额 =960×（450-380）［事项（1）］+（140 000-100 000）［事项（2）］+（1 280×50+1 050×100-960×150）［事项（3）］+（180-120）×（200-15）［事项（4）］=143 300（元），选项 A 当选，选项 BCD 不当选。

多项选择题

15.41 ▶ ACDE

单项选择题

15.41 斯尔解析 ACDE 本题考查政府补助的会计处理。企业取得政策性优惠贷款贴息，且财政将贴息资金直接拨付给企业的，应当将对应的贴息冲减相关借款费用，属于按照净额法进行会计处理，选项 A 当选。通常情况下，对同类或类似政府补助业务只能选用一种方法，同时，企业对该业务应当一贯地运用该方法，不得随意变更，选项 B 不当选。综合性项目政府补助同时包含与资产相关的政府补助和与收益相关的政府补助，企业需要将其进行分解并分别进行会计处理；难以区分的，企业应当将其整体归类为与收益相关的政府补助进行处理，选项 C 当选。相关资产在使用寿命结束时或结束前被处置，尚未分摊的递延收益余额应当一次性转入资产处置当期损益，不再予以递延，选项 D 当选。企业对某些补助只能采用一种方法，例如对一般纳税人增值税即征即退只能采用总额法进行会计处理，选项 E 当选。

第十六章 所得税
答案与解析

一、单项选择题

16.1	A	16.2	D	16.3	D	16.4	C	16.5	C
16.6	A	16.7	D	16.8	B	16.9	B	16.10	D
16.11	D	16.12	C	16.13	A	16.14	B

二、多项选择题

| 16.15 | DE | 16.16 | ABC | 16.17 | AD | 16.18 | BCD | 16.19 | AB |
| 16.20 | ACDE | 16.21 | ABE |

三、计算题

| 16.22 (1) | B | 16.22 (2) | A | 16.22 (3) | C | 16.22 (4) | C |

四、综合分析题

16.23 (1)	D	16.23 (2)	A	16.23 (3)	A	16.23 (4)	B
16.23 (5)	A	16.23 (6)	B	16.24 (1)	AC	16.24 (2)	C
16.24 (3)	A	16.24 (4)	D	16.24 (5)	B	16.24 (6)	D

| 16.25 (1) ▶ AB | 16.25 (2) ▶ A | 16.25 (3) ▶ D | 16.25 (4) ▶ B |

| 16.25 (5) ▶ C | 16.25 (6) ▶ C |

一、单项选择题

16.1 【斯尔解析】 **A** 本题考查暂时性差异的判断。资产账面价值大于计税基础，产生应纳税暂时性差异，选项A当选；资产账面价值小于计税基础，产生可抵扣暂时性差异，选项B不当选；负债账面价值大于计税基础，产生可抵扣暂时性差异，选项CD不当选。

16.2 【斯尔解析】 **D** 本题考查资产的暂时性差异。暂时性差异，是指资产或负债的账面价值与其计税基础不同产生的差额。本题中，2×23年12月31日该设备的账面价值=180-（180-30）×5÷15=130（万元），计税基础=180-36=144（万元），资产的账面价值小于计税基础，产生可抵扣暂时性差异，金额=144-130=14（万元），选项D当选，选项ABC不当选。

16.3 【斯尔解析】 **D** 本题考查暂时性差异。持有的交易性金融资产持续升值，税法不承认公允价值，资产的账面价值大于计税基础，产生应纳税暂时性差异，选项A不当选；因债务担保确认的预计负债，税法不允许抵扣，属于永久性差异，选项B不当选；税收滞纳金，税法不允许扣除，属于永久性差异，选项C不当选；计提坏账准备会导致资产的账面价值小于其计税基础，产生可抵扣暂时性差异，选项D当选。

16.4 【斯尔解析】 **C** 本题考查资产的暂时性差异。无形资产研究开发过程中，研究阶段发生的支出应该予以费用化，开发阶段发生的支出符合资本化条件的应该予以资本化，所以无形资产的账面价值=800-200-60=540（万元），其计税基础=540×200%=1 080（万元），暂时性差异=1 080-540=540（万元），选项C当选，选项ABD不当选。

16.5 【斯尔解析】 **C** 本题考查递延所得税资产的确认。可以在未来5年内税前扣除的亏损，会减少企业未来期间的应纳税所得额，因此发生的亏损为500万元，应视同可抵扣暂时性差异进行处理，并确认递延所得税资产，选项C当选，选项ABD不当选。

16.6 【斯尔解析】 **A** 本题考查递延所得税资产及负债的确认和计量。2×22年末该固定资产的账面价值=500-500÷10=450（万元），计税基础=500-500×2/8=375（万元），应纳税暂时性差异=450-375=75（万元），确认的递延所得税负债=75×25%=18.75（万元）；2×23年末该固定资产的账面价值=500-500×2/10=400（万元），计税基础=375-375×2/8=281.25（万元），应纳税暂时性差异=400-281.25=118.75（万元），递延所得税负债余额=118.75×25%=29.69（万元），选项A当选，选项CD不当选；2×23年末应确认的递延所得税负债=29.69-18.75=10.94（万元），选项B不当选。

16.7 【斯尔解析】 **D** 本题考查应付职工薪酬应确认的暂时性差异。2×23年12月31日应付职工薪酬的账面价值为4 000万元。计税基础=账面价值－未来期间计税时可予抵扣的金额=4 000-0=4 000（万元），账面价值等于计税基础，不产生暂时性差异，选项D当选，选项ABC不当选。

16.8　**斯尔解析**　B　本题考查递延所得税负债的确认和计量。2×21年12月31日，该资产的账面价值为3 250万元，计税基础为3 000万元，产生应纳税暂时性差异250万元，应确认递延所得税负债的余额=应纳税暂时性差异的余额×转回期间适用的所得税税率=250×25%=62.5（万元），选项B当选，选项ACD不当选。

16.9　**斯尔解析**　B　本题考查递延所得税负债的确认和计量。甲公司应确认的预计负债=5 000×10%=500（万元），其计税基础为0，形成可抵扣暂时性差异，应确认的递延所得税资产=500×15%=75（万元）；甲公司应确认的应收退货成本=4 200×10%=420（万元），其计税基础为0，形成应纳税暂时性差异，应确认的递延所得税负债=420×15%=63（万元），选项B当选，选项ACD不当选。

提示：该业务下，递延所得税资产与递延所得税负债应当分别列示，不得抵销后列示。

账务处理：

借：应收账款　　　　　　　　　　　　　　　　　　　　　　5 650
　　贷：主营业务收入　　　　　　　　　　　　　　　　　　　4 500
　　　　预计负债　　　　　　　　　　　　　　　　　　　　　500
　　　　应交税费——应交增值税（销项税额）　　　　　　　　650
借：递延所得税资产　　　　　　　　　　　　　　　　　　　75
　　贷：所得税费用　　　　　　　　　　　　　　　　　　　　75
借：主营业务成本　　　　　　　　　　　　　　　　　　　　3 780
　　应收退货成本　　　　　　　　　　　　　　　　　　　　420
　　贷：库存商品　　　　　　　　　　　　　　　　　　　　　4 200
借：所得税费用　　　　　　　　　　　　　　　　　　　　　63
　　贷：递延所得税负债　　　　　　　　　　　　　　　　　　63

16.10　**斯尔解析**　D　本题考查递延所得税资产的确认和计量。选项A误将合同负债的计税基础确认为40 000万元，选项A不当选；取得的预售款应作为合同负债核算，2×22年末合同负债的账面价值为40 000万元，其计税基础为0（因其产生时已经计算交纳所得税，未来期间会计确认收入时可全额税前扣除），形成可抵扣暂时性差异40 000万元，应确认的递延所得税资产=40 000×25%=10 000（万元），选项D当选，选项BC不当选。

16.11　**斯尔解析**　D　本题考查递延所得税资产及负债的确认和计量。其他权益工具投资的初始投资成本=计税基础=1 600-15+6=1 591（万元），2×21年12月31日的公允价值为1 400万元，由于公允价值变动累计确认的其他综合收益=1 400-1 591=-191（万元），另外，由于资产的账面价值小于计税基础，因此，累计可抵扣暂时性差异191万元，累计确认的递延所得税资产和其他综合收益=191×25%=47.75（万元），最终长江公司因该金融资产累计应确认的其他综合收益=-191+47.75=-143.25（万元），选项D当选，选项ABC不当选。

16.12　**斯尔解析**　C　本期考查应交所得税的计算。具体计算过程如下：

（1）应纳税所得额应以利润总额210万元为起点进行调整计算。应纳税所得额=会计利润（利润总额）+纳税调整增加额-纳税调整减少额-弥补以前年度亏损。

（2）国债利息收入，因税法免税，需调减纳税所得额10万元。

（3）环保罚款，因税法不允许税前扣除，需调增应纳税所得额20万元。

（4）固定资产折旧导致税会差异，由于产生递延所得税负债，因此可推断其账面价值大于计税基础，产生的是应纳税暂时性差异，应调减应纳税所得额。由于题目并未直接告知暂时性差异的金额，因此需通过递延所得税负债的金额"倒求"，本年发生的应纳税暂时性差异×25%=递延所得税负债年末余额（25万元）-年初余额（20万元），由此公式计算得出本年发生的应纳税暂时性差异=（25-20）÷25%=20（万元），应调减应纳税所得额20万元。

综上所述，应交所得税=应纳税所得额×所得税税率=［210-10+20-20］×25%=50（万元），选项C当选，选项ABD不当选。

16.13 斯尔解析 A 本题考查所得税费用的确认和计量。递延所得税负债当期发生额=25-20=5（万元），新增应纳税暂时性差异=5÷25%=20（万元），因新增应纳税暂时性差异系固定资产所导致（影响损益），所以，本期计算应纳税所得额时纳税调减20万元（新增应纳税暂时性差异调减应纳税所得额），甲公司2×22年应交所得税=（210-10+20-20）×25%=50（万元），其中，"+20"为环保罚款调增，"-20"为新增应纳税暂时性差异金额，甲公司2×22年确认的所得税费用=50+5=55（万元），选项A当选，选项BCD不当选。

16.14 斯尔解析 B 本题考查所得税费用的计算。所得税费用=当期所得税费用+递延所得税费用（-递延所得税收益）。其中，当期所得税=应纳税所得额×所得税税率=800×25%=200（万元）；递延所得税费用不应包括计入所有者权益的交易或事项的影响，递延所得税费用（或收益）=（递延所得税负债期末余额-递延所得税负债期初余额）-（递延所得税资产期末余额-递延所得税资产期初余额）=［（300-20）-200］-（150-110）=40（万元）；所得税费用=200+40=240（万元），选项B当选，选项ACD不当选。

二、多项选择题

16.15 斯尔解析 DE 本题考查资产或负债的计税基础。资产的计税基础是指未来期间计税时按照税法规定可以税前扣除的金额，选项A不当选；负债的计税基础是指账面价值减去在未来期间计税时按照税法规定可予税前扣除的金额，选项B不当选；负债的账面价值与计税基础是否产生差异主要看在未来期间计税时按照税法规定允许税前扣除的金额，无须考虑负债的确认是否涉及损益，选项C不当选；资产在初始确认时通常不会（特殊情况也可能会）导致其账面价值与计税基础之间产生差异，资产的账面价值与计税基础之间的差异主要产生于后续计量，选项DE当选。

16.16 斯尔解析 ABC 本题考查递延所得税资产的确认和计量。本期发生净亏损，税法允许在以后5年内弥补，需要确认可抵扣暂时性差异，同时增加递延所得税资产，选项A当选；确认债权投资发生的减值，会导致资产的账面价值小于计税基础，产生可抵扣暂时性差异，增加递延所得税资产，选项B当选；预提的产品质量保证金，会计在计提时计入当期损益，税法规定在实际发生时允许税前扣除，则预计负债的账面价值-预计负债的计税基础=未来期间按税法规定可予税前扣除的金额>0，产生可抵扣暂时性差异，增加递延所得税资产，选项C当选；转回存货跌价准备是可抵扣暂时性差异的转回，会减少递延所得税资产的余额，选项 D 不当选；国债利息收入不形成暂时性差异，不会引起递延所得税资产余额的增加，选项 E 不当选。

16.17 【斯尔解析】 **AD** 本题考查暂时性差异的核算。资产的账面价值大于计税基础、负债的账面价值小于计税基础，会产生应纳税暂时性差异，选项 AD 当选；期末计提无形资产减值准备、确认其他权益工具投资公允价值变动损失，资产账面价值小于计税基础，会产生可抵扣暂时性差异，选项 BC 不当选；确认预计产品质量保证损失，负债的账面价值大于计税基础，会产生可抵扣暂时性差异，选项 E 不当选。

16.18 【斯尔解析】 **BCD** 本题考查暂时性差异的核算。使用寿命不确定的无形资产，会计上不计提摊销，而税法上计提摊销，所以导致无形资产的账面价值大于其计税基础，形成应纳税暂时性差异，选项 A 不当选；期末交易性金融负债公允价值大于其计税基础，产生可抵扣暂时性差异，选项 B 当选；本期产生亏损，税法允许在以后 5 年内弥补，形成可抵扣暂时性差异，选项 C 当选；期末确认预计产品质量保证损失，会导致预计负债的账面价值大于其计税基础，形成可抵扣暂时性差异，选项 D 当选；应交的罚款、滞纳金属于永久性差异，选项 E 不当选。

16.19 【斯尔解析】 **AB** 本题考查计入所有者权益的交易或事项与所得税结合的会计处理。注意，本题为否定式提问。内部研发形成的无形资产，其账面价值和计税基础会形成暂时性差异，但不确认该暂时性差异的所得税影响，选项 A 当选；其他权益工具投资公允价值变动计入其他综合收益，形成暂时性差异确认递延所得税资产（负债）计入其他综合收益，选项 B 当选；交易性金融资产公允价值变动计入公允价值变动损益、计提产品质量保证损失计入销售费用、附销售退回条款的销售估计退货部分，形成暂时性差异均确认递延所得税资产（负债），计入所得税费用，选 CDE 不当选。

16.20 【斯尔解析】 **ACDE** 本题综合考查所得税的会计处理。企业有确凿的证据表明其可抵扣暂时性差异转回的未来期间能够产生足够的应纳税所得额，进而利用可抵扣暂时性差异的，则应以可能取得的应纳税所得额为限，确认相关的递延所得税资产，选项 A 当选；按照税法规定，可以结转以后年度的未弥补亏损和税款抵减，应视同可抵扣暂时性差异进行处理，该差异应当以很可能取得的应纳税所得额为限，确认相应的递延所得税资产，同时减少确认当期的所得税费用，选项 B 不当选；在满足条件的前提下，资产账面价值小于其计税基础形成的可抵扣暂时性差异，应确认递延所得税资产，选项 C 当选；在某些情况下，如果企业发生的某项交易或事项不是企业合并，并且该交易或事项发生时既不影响会计利润也不影响应纳税所得额，且该项交易或事项中产生的资产、负债的初始确认金额与其计税基础不同，产生可抵扣暂时性差异的，企业会计准则规定在交易或事项发生时不确认相应的递延所得税资产，选项 D 当选；因适用税收法规的变化，导致企业在某一会计期间适用的所得税税率发生变化的，企业应对已确认的递延所得税资产和递延所得税负债按照新的税率进行重新计量，选项 E 当选。

16.21 【斯尔解析】 **ABE** 本题考查递延所得税的确认和计量。注意，本题要求选择错误的选项。确认由可抵扣暂时性差异产生的递延所得税资产时，企业应当以未来很可能取得的用来抵扣可抵扣暂时性差异的应纳税所得额为限，并非全部确认递延所得税资产，选项 A 当选；除准则规定可以不确认递延所得税负债的情况以外（如商誉的初始确认），企业应当确认所有应纳税暂时性差异产生的递延所得税负债，选项 B 当选；企业应在资产负债表日对递延所得税资产的账面价值进行复核,选项 C 不当选;企业不应当对递延所得税资产和递延所得税负债进行折现,选项 D 不当选;递延所得税费用是按照会计准则规定当期应予确认的递延所得税负债减去当期应予确认的递延所得税资产的金额,选项 E 当选。

三、计算题

16.22 (1) 斯尔解析 **B** 本题考查递延所得税资产及负债的确认和计量。其他权益工具投资的初始金额 =200×5+10=1 010(万元),选项 A 不当选;期末其他权益工具投资按照公允价值计量,因此期末账面价值为 1 400 万元,选项 B 当选;该资产的计税基础为 1 010 万元,形成应纳税暂时性差异 390 万元,确认递延所得税负债的金额 =390×25%=97.5(万元),选项 CD 不当选。

(2) 斯尔解析 **A** 本题考查递延所得税资产的确认和计量。

事项(1),2×21 年末,该固定资产的折旧率 =2÷20×100%=10%,当年累计折旧 =4 000×10%×9/12=300(万元),该固定资产账面价值 =4 000-300-100(减值)=3 600(万元),计税基础 =4 000-4 000×(1-10%)÷20×9/12=3 865(万元),产生的可抵扣暂时性差异 =3 865-3 600=265(万元),确认的递延所得税资产 =265×25%=66.25(万元)。

事项(2),其他权益工具投资的初始金额 =200×5+10=1 010(万元);期末其他权益工具投资的账面价值为 1 400 万元,计税基础为 1 010 万元,资产的账面价值大于其计税基础,产生应纳税暂时性差异 390 万元,确认递延所得税负债 97.5 万元,对应的会计科目是其他综合收益。

事项(3),2×21 年末,确认的预计负债 =2 000×10%=200(万元),未来会计期间可予税前扣除,因此形成可抵扣暂时性差异 200 万元,确认的递延所得税资产 =200×25%=50(万元);确认的应收退货成本 =1 500×10%=150(万元),形成应纳税暂时性差异 150 万元,确认的递延所得税负债 =150×25%=37.5(万元)。

事项(4),因计提产品质量保证金,年末预计负债的余额 =350-310=40(万元),产生可抵扣暂时性差异 40 万元,确认的递延所得税资产 =40×25%=10(万元)。

事项(5),广告费在税法上允许扣除的限额 =50 000×15%=7 500(万元),本年度发生 7 000 万元,年初的递延所得税资产 50 万元可转回。年初可弥补的以前年度亏损确认的递延所得税为 350 万元,则年初未弥补亏损 =350÷25%=1 400(万元),本年实现利润总额 6 000 万元,足以弥补年初未弥补亏损,因此年初的递延所得税资产为 350 万元,应当转回。

因此,递延所得税资产的余额 =500+66.25+50+10-50-350=226.25(万元),选项 A 当选,选项 BCD 不当选。

(3) 斯尔解析 **C** 本题考查递延所得税负债的确认和计量。

事项(2)确认递延所得税负债 97.5 万元。账务处理如下:

借:其他综合收益　　　　　　　　　　　　　97.5
　　贷:递延所得税负债　　　　　　　　　　　　　　　　97.5

事项(3),确认的递延所得税负债 =150×25%=37.5(万元)。

期末余额 =0+97.5+37.5=135(万元),选项 C 当选,选项 ABD 不当选。

(4) 🔍斯尔解析　C　本题考查递延所得税费用的确认和计量。递延所得税费用的金额＝37.5-（226.25-500）=311.25（万元），选项C当选，选项ABD不当选。

四、综合分析题

16.23　(1)　🔍斯尔解析　D　本题考查递延所得税的确认和计量。12月31日，该其他债权投资的账面价值＝2 100+150=2 250（万元），计税基础为2 100万元，产生应纳税暂时性差异150万元，确认的递延所得税负债＝150×25%=37.5（万元），并计入其他综合收益。账务处理如下：

（1）确认公允价值变动：

借：其他债权投资　　　　　　　　　　　　　　150
　　贷：其他综合收益　　　　　　　　　　　　　　　　150

（2）确认应纳税暂时性差异的所得税影响：

借：其他综合收益　　　　　　　　　　　　　　37.5
　　贷：递延所得税负债　　　　　　　　　　　　　　　37.5

选项D当选，选项ABC不当选。

(2)　🔍斯尔解析　A　本题考查所得税费用的确认和计量。

事项（1），公允价值上升160万元，不计入当期应纳税所得额，纳税调减。

事项（2），计提的产品质量保证费用150万元，不得税前扣除，纳税调增。

事项（3），不影响当期利润和应纳税所得额。

事项（4），固定资产未来现金流量的现值为600万元，资产的公允价值减去处置费用后的净额＝750-60=690（万元），资产的可回收金额为690万元，应该计提的固定资产减值准备金额＝900-690=210（万元），不得税前扣除，纳税调增。

综上所述，应纳税所得额＝1 500-160+150+210=1 700（万元），应交的企业所得税＝1 700×25%=425（万元），选项A当选，选项BCD不当选。

(3)　🔍斯尔解析　A　本题考查递延所得税资产的确认和计量。

事项（1），形成的应纳税暂时性差异＝460-300=160（万元），应确认的递延所得税负债＝160×25%=40（万元）。

事项（2），形成的可抵扣暂时性差异150万元，确认的递延所得税资产＝150×25%=37.5（万元）。

事项（3），确认递延所得税负债37.5万元，并计入其他综合收益。

事项（4），期末资产的计税基础为900万元，账面价值为690万元，形成可抵扣暂时性差异210万元，确认的递延所得税资产＝210×25%=52.5（万元）。

2×17年度确认的递延所得税资产的合计金额＝37.5+52.5=90（万元），选项A当选，选项BCD不当选。

(4)　🔍斯尔解析　B　本题考查递延所得税负债的确认和计量。应确认递延所得税负债的金额＝40+37.5=77.5（万元），选项B当选，选项ACD不当选。

(5)　🔍斯尔解析　A　本题考查所得税费用的确认和计量。所得税费用＝当期所得税＋递延

所得税 =425+40-90=375（万元），选项 A 当选，选项 BCD 不当选。

(6) 〔斯尔解析〕 **B** 本题考查所有者权益的核算。所有者权益的增加额来源于两部分：一部分是直接计入所有者权益的其他综合收益的增加，金额 =150-37.5=112.5（万元）；一部分是本年利润转入导致的所有者权益的增加，金额 = 利润总额 − 所得税费用 =1 500-375=1 125（万元），合计 =112.5+1 125=1 237.5（万元），选项 B 当选，选项 ACD 不当选。

16.24 (1) 〔斯尔解析〕 **AC** 本题考查递延所得税的确认和计量。
事项（1），12 月 31 日，该其他权益工具投资的账面价值 =3 200+400=3 600（万元），计税基础为 3 200 万元，产生应纳税暂时性差异 400 万元，选项 B 不当选；确认的递延所得税负债 =400×25%=100（万元），并计入其他综合收益，该事项导致"其他综合收益"科目整体增加 300 万元，选项 A 当选。账务处理如下：
（1）确认公允价值变动：
借：其他权益工具投资　　　　　　　　　400
　　贷：其他综合收益　　　　　　　　　　　　　　400
（2）确认应纳税暂时性差异的所得税影响：
借：其他综合收益　　　　　　　　　　　100
　　贷：递延所得税负债　　　　　　　　　　　　　100
事项（4），固定资产的账面价值为 800 万元，可收回金额为未来现金流量现值（700 万元）和公允价值减去处置费用后的净额〔680 万元（740-60）〕中的较高者，即 700 万元，应确认的资产减值损失为 100 万元，选项 C 当选；固定资产的账面价值（700 万元）小于计税基础（800 万元），形成可抵扣暂时性差异，选项 D 不当选。

(2) 〔斯尔解析〕 **C** 本题考查递延所得税资产的确认和计量。
事项（1），确认递延所得税负债 100 万元。
事项（2），计提的产品质量保证费用，在实际发生时可予税前扣除，形成可抵扣暂时性差异 200 万元，确认的递延所得税资产 =200×25%=50（万元）。
事项（3），计入当期损益的研发费用，按照税法规定加计扣除，形成永久性差异，不确认递延所得税资产和负债。
事项（4），形成可抵扣暂时性差异 100 万元，确认的递延所得税资产 =100×25%=25（万元）。
事项（5），国债利息收入和环保部门罚款，属于永久性差异，罚息支出不产生税会差异。
综上所述，2×21 年度应确认的递延所得税资产 =50+25=75（万元），选项 C 当选，选项 ABD 不当选。

(3) 〔斯尔解析〕 **A** 本题考查递延所得税负债的确认和计量。只有事项（1）会产生递延所得税负债，金额为 100 万元，选项 A 当选，选项 BCD 不当选。

(4) 〔斯尔解析〕 **D** 本题考查所得税费用的确认和计量。应纳税所得额 =4 000+200（计提的产品质量保证费用当期不允许税前扣除）-1 000×100%（研发费用加计扣除）+100（计提的减值损失不允许税前扣除）-60（国债利息收入免税）+50（行政罚款不允许税前扣除）=3 290（万元）；应交所得税 =3 290×25%=822.5（万元），选项 D 当选，选项 ABC 不当选。

(5) 🔍斯尔解析　B　本题考查所得税费用的确认和计量。与递延所得税有关的账务处理如下：

事项（1）：

借：其他综合收益　　　　　　　　　　　100

　　贷：递延所得税负债　　　　　　　　　　　　　　100

事项（2）：

借：递延所得税资产　　　　　　　　　　50

　　贷：所得税费用　　　　　　　　　　　　　　　　50

事项（4）：

借：递延所得税资产　　　　　　　　　　25

　　贷：所得税费用　　　　　　　　　　　　　　　　25

2×21年应确认的所得税费用=885+0-75=810（万元），选项B当选，选项ACD不当选。

(6) 🔍斯尔解析　D　本题考查所有者权益的核算。所有者权益的增加额来源于两部分：一部分是直接计入所有者权益的其他综合收益的增加，金额为300万元；一部分是本年利润转入导致的所有者权益的增加，金额=利润总额－所得税费用=4 000-810=3 190（万元），所有者权益净增加额=300+3 190=3 490（万元），选项D当选，选项ABC不当选。

16.25 **(1)** 🔍斯尔解析　AB　本题考查无形资产的账面价值及计税基础。无形资产的入账价值为800万元，2×20年12月31日无形资产的账面价值=800-800÷10×6/12=760（万元），计税基础=800×200%-800×200%÷10×6/12=1 520（万元），其账面价值小于计税基础，产生的可抵扣暂时性差异=1 520-760=760（万元），选项AB当选，选项C不当选。该事项不是企业合并，并且交易发生时既不影响会计利润也不影响应纳税所得额，且该项交易中产生的资产、负债的初始确认金额与其计税基础不同，产生可抵扣暂时性差异的，准则规定在交易或事项发生时不确认相应的递延所得税资产，选项D不当选。

(2) 🔍斯尔解析　A　本题考查计入所有者权益的事项。该股票期权在未来行权时准予税前扣除680万元，超过等待期内确认的成本费用400万元，超出部分形成的递延所得税资产应直接计入所有者权益，金额=（680-400）×25%=70（万元），选项A当选，选项BCD不当选。

(3) 🔍斯尔解析　D　本题考查应纳税暂时性差异的计量。2×20年12月31日其他权益工具投资的账面价值=950（已宣告发放但尚未支付的现金股利不计入其他权益工具的成本）+400=1 350（万元），计税基础为950万元，其账面价值大于计税基础，产生的应纳税暂时性差异=1 350-950=400（万元），选项D当选，选项ABC不当选。

(4) 🔍斯尔解析　B　本题考查递延所得税资产的确认和计量。影响递延所得税资产的有事项（2）和事项（5）。事项（2）确认的递延所得税资产=680×25%=170（万元），事项（5）确认的递延所得税资产=（830-5 000×15%）×25%=20（万元）。"递延所得税资产"账户的余额=0（期初）+170+20=190（万元），选项B当选，选项ACD不当选。

(5) 【斯尔解析】 C 本题考查递延所得税负债的确认和计量。影响递延所得税负债的有事项（3）。"递延所得税负债"账户的余额 =0（期初）+400×25%=100（万元），选项 C 当选，选项 ABD 不当选。

(6) 【斯尔解析】 C 本题考查递延所得税费用的确认和计量。所得税费用 =［3 258−1 200×100%（研发费用）−（800×200%÷10×6/12−800÷10×6/12）（无形资产摊销）+100（工资）−26（国债利息）+18（罚款）］×25%=2 110×25%=527.5（万元），选项 C 当选，选项 ABD 不当选。

单项选择题

16.26 C

单项选择题

16.26 【斯尔解析】 C 本题考查与租赁有关的递延所得税处理。根据企业会计准则及相关规定，对于承租人在租赁开始日初始确认租赁负债并计入使用权资产的租赁交易，不适用所得税准则关于豁免初始确认递延所得税负债和递延所得税资产的规定，选项 A 不当选。在租赁开始日，租赁负债账面价值 =10×2.6730=26.73（万元），租赁负债的计税基础为 0，产生可抵扣暂时性差异 26.73 万元，确认递延所得税资产 =26.73×25%=6.68（万元），选项 B 不当选。使用权资产的账面价值 =26.73+1.5=28.23（万元），使用权资产的计税基础为 0，产生应纳税暂时性差异，应确认递延所得税负债 =28.23×25%=7.06（万元），选项 C 当选。应确认所得税费用 =7.06-6.68=0.38（万元），选项 D 不当选。甲公司在租赁开始日的会计分录为：

借：递延所得税资产　　　　　　　　　　　　6.68
　　所得税费用　　　　　　　　　　　　　　0.38
　　贷：递延所得税负债　　　　　　　　　　　　　　　　　　　　　7.06

第十七章 会计调整
答案与解析

一、单项选择题

17.1 ▶ C	17.2 ▶ C	17.3 ▶ B	17.4 ▶ C	17.5 ▶ D
17.6 ▶ B	17.7 ▶ D	17.8 ▶ C	17.9 ▶ B	17.10 ▶ A
17.11 ▶ D	17.12 ▶ A	17.13 ▶ C	17.14 ▶ D	17.15 ▶ A
17.16 ▶ C	17.17 ▶ B			

二、多项选择题

| 17.18 ▶ CDE | 17.19 ▶ DE | 17.20 ▶ DE | 17.21 ▶ BCE | 17.22 ▶ ABC |
| 17.23 ▶ ACD | 17.24 ▶ AD | 17.25 ▶ BE | | |

一、单项选择题

17.1 **斯尔解析** **C** 本题考查会计政策变更与会计估计变更的识别。会计政策变更，是指企业对相同的交易或事项由原来采用的会计政策改用另一会计政策的行为；会计估计变更，是指由于资产和负债的当前状况及预期经济利益和义务发生了变化，从而对资产或负债的账面价值或者资产的定期消耗金额进行调整。坏账准备计提方法的改变是属于对资产的账面价值或者资产的定期消耗金额进行调整，属于会计估计变更，选项 C 当选；选项 ABD 均属于会计政策变更，不当选。

17.2 **斯尔解析** **C** 本题考查会计政策变更与会计估计变更的识别。长期股权投资由权益法转为成本法核算，属于本期发生的与以前相比具有本质差别的事项，从而采用新的会计政策，既不属于会计估计变更，也不属于会计政策变更，选项 A 不当选；对初次签订的建造合同，采用履约义务法确定交易收入,是对初次发生的交易采用新的会计政策,不属于会计政策变更,选项 B 不当选;由于会计准则变化所导致的会计核算方法变更,属于会计政策变更,选项 C 当选;固定资产折旧方法的变更,属于会计估计变更,选项 D 不当选。

17.3 【斯尔解析】 **B** 本题考查追溯调整法的适用范围。追溯调整法主要应用于能够确定对以前各期累积影响数的会计政策变更的会计处理。发现前期漏记金额重大的折旧,属于前期会计差错,应采用追溯重述法进行会计处理,选项 A 不当选;投资性房地产后续计量模式变更,属于会计政策变更,应采用追溯调整法进行会计处理,选项 B 当选;因管理金融资产业务模式发生变化,对金融资产进行重分类,属于本期新发生事项,无须进行追溯调整,选项 C 不当选;对附有销售退回条款的销售预计退回比例进行变更,属于会计估计变更,应采用未来适用法进行会计处理,选项 D 不当选。

17.4 【斯尔解析】 **C** 本题考查会计政策变更与会计估计变更的识别。企业难以区分某项变更属于会计政策变更或会计估计变更的,应当将其作为会计估计变更处理,选项 C 当选,选项 ABD 不当选。

17.5 【斯尔解析】 **D** 本题考查会计政策变更的会计处理。会计政策变更能够提供更可靠、更相关的会计信息的,应当采用追溯调整法处理,将会计政策变更累积影响数调整列报前期最早期初留存收益,在当期期初确定会计政策变更对以前各期累积影响数不切实可行的,应当采用未来适用法处理,即将变更后的会计政策应用于变更日及以后发生的交易或者事项,不再进行追溯调整,但应在会计政策变更当期比较出会计政策变更对当期净利润的影响数,在报表附注中披露,选项 AC 不当选,选项 D 当选;会计政策变更需满足变更条件,并非只要企业可以进行追溯调整就可以进行会计政策变更,选项 B 不当选。

17.6 【斯尔解析】 **B** 本题考查会计估计变更的账务处理。2×16 年 1 月 1 日会计估计变更前该项固定资产的账面价值 =150-(150-10)×4/10=94(万元),变更折旧年限后,2×16 年该项固定资产应计提的折旧 =(94-6)÷(8-4)=22(万元),则甲公司上述会计估计变更将减少的 2×16 年度利润总额 =22-(150-10)÷10=8(万元),选项 B 当选,选项 ACD 不当选。

17.7 【斯尔解析】 **D** 本题考查会计政策变更的账务处理。会计政策变更如果采用追溯调整法,需要调整变更当年年末资产负债表有关项目的年初余额、利润表有关项目的上期金额及所有者权益变动表有关项目的上年余额和本年金额,选项 A 不当选;会计政策变更是国家法律法规要求的变更,或者会计政策变更能够提供更可靠、更相关的会计信息,并不违背会计政策前后各期保持一致的原则,选项 B 不当选;会计政策变更的累积影响数,是变更会计政策所导致的对净利润的累积影响,以及由此导致的对利润分配和未分配利润的累积影响金额,但不包括分配的利润或股利,选项 C 不当选;会计政策变更累积影响数,是指按照变更后的会计政策对以前各期追溯计算的列报前期最早期初留存收益应有金额与现有金额之间的差额,选项 D 当选。

17.8 【斯尔解析】 **C** 本题考查会计政策变更的账务处理。投资性房地产后续计量由成本模式改为公允价值模式,属于会计政策变更。变更当日原账面价值为 6 800 万元(7 000-200),变更后账面价值为 8 800 万元,应当采用追溯调整法,调整期初留存收益 =(8 800-6 800)×(1-25%)=1 500(万元),选项 C 当选,选项 ABD 不当选。

17.9 【斯尔解析】 **B** 本题考查会计估计变更的账务处理。注意，本题要求选择错误的选项。固定资产折旧方法和预计使用年限的变化均属于会计估计变更，选项 A 不当选，选项 B 当选；2×21 年因改变折旧年限导致固定资产折旧增加 120 万元（350－230），由于该固定资产属于管理用固定资产，因此应当增加管理费用 120 万元，即计入当期损益，选项 C 不当选；由于按照税法规定 2×21 年固定资产折旧为 230 万元，变更日该固定资产的账面价值与计税基础相同，年末固定资产的计税基础比账面价值高 120 万元，因此应当确认增加递延所得税资产 30 万元，选项 D 不当选。

17.10 【斯尔解析】 **A** 本题考查会计估计变更的账务处理。截止到 2×16 年末，该项固定资产累计折旧额 =540×（8/36+7/36+6/36）=315（万元），账面价值 =540－315=225（万元）。2×17 年折旧额 =225÷（8－3）=45（万元），选项 A 当选，选项 BCD 不当选。

17.11 【斯尔解析】 **D** 本题考查各会计调整事项对期初未分配利润的影响。为 2×15 年售出的设备提供售后服务发生支出 59 万元，属于 2×16 年当期业务，不影响期初未分配利润，选项 A 不当选；发现 2×15 年少提折旧费用 1 000 元，属于不重大的前期差错，直接调整 2×16 年度利润，不影响期初未分配利润，选项 B 不当选；因客户资信状况明显恶化将应收账款坏账准备计提比例由 5% 提高到 20%，属于会计估计变更，采用未来适用法，不影响期初未分配利润，选项 C 不当选；发现 2×15 年少计财务费用 300 万元，属于重要的前期差错，调整 2×16 年度期初未分配利润，选项 D 当选。

17.12 【斯尔解析】 **A** 本题考查差错更正的账务处理。2×15 年 5 月 31 日资产负债表中"未分配利润"项目的年初余额调减金额 =（120+240－240）×（1－25%）×（1－15%）=76.5（万元），选项 A 当选，选项 BCD 不当选。

17.13 【斯尔解析】 **C** 本题考查差错更正的账务处理。注意，本题要求选择错误的选项。甲公司 2×22 年 12 月 31 日少计提固定资产减值准备 80 万元，应当进行补提，2×23 年初应调减固定资产 80 万元，选项 D 不当选；同时，补提固定资产减值准备 80 万元，导致固定资产账面价值减少，应当同时调增递延所得税资产 20 万元（80×25%），选项 C 当选；该项差错导致 2×22 年多计净利润 60 万元（80－20）、盈余公积 9 万元［（80－20）×15%］、未分配利润 51 万元（60－9），因此应当调减 2×23 年初盈余公积 9 万元、未分配利润 51 万元，选项 AB 不当选。

17.14 【斯尔解析】 **D** 本题考查差错更正的账务处理。2×14 年多计管理费用，导致少计利润，因此差错更正时要调增 2×15 年初未分配利润，其金额 =100×（1－25%）×（1－10%）=67.5（万元），选项 D 当选，选项 ABC 不当选。

17.15 【斯尔解析】 **A** 本题考查资产负债表日后事项的分类。资产负债表日后发现的财务报表舞弊或差错属于资产负债表日后调整事项，选项 A 当选；资产负债表日后，发生诉讼案件、资本公积转增股本、发生企业合并或处置子公司，均是在资产负债表日后才发生的新事项，属于资产负债表日后非调整事项，选项 BCD 不当选。

17.16 【斯尔解析】 **C** 本题考查资产负债表日后事项的分类。资产负债表日后发现的财务报表舞弊或差错属于资产负债表日后调整事项，选项 AD 不当选；资产负债表日后进一步确定了资产负债表日前购入资产的成本或售出资产的收入，属于资产负债表日后调整事项，选项 B 不当选；在资产负债表日前开始协商，但在资产负债表日后达成的债务重组，属于资产负债表日后非调整事项，选项 C 当选。

17.17 [斯尔解析] B 本题考查会计调整的内容判断。注意，本题要求选择错误的选项。会计政策，是指企业在会计确认、计量和报告中所采用的原则、基础和会计处理方法，企业采用的会计计量基础也属于会计政策，选项 A 不当选；赖以估计的基础发生了变化，可能会引起会计估计变更，不会引起会计政策变更，选项 B 当选；前期差错通常包括计算错误、应用会计政策错误、疏忽或曲解事实以及舞弊产生的影响等，选项 C 不当选；调整事项和非调整事项都是在资产负债表日后至财务报告批准报出日之间存在或发生的，选项 D 不当选。

二、多项选择题

17.18 [斯尔解析] CDE 本题考查会计政策变更与会计估计变更的识别。注意，本题为否定式提问。销售奖励积分的预计兑换率及无形资产摊销年限的变更均属于会计估计变更，选项 AB 不当选；将存货计价方法由移动加权平均法变更为先进先出法、投资性房地产的后续计量由成本模式变更为公允价值模式，均属于会计政策变更，选项 CE 当选。一般纳税人增值税即征即退只能采用总额法核算，因此将政府补助中一般纳税人增值税即征即退的会计处理由总额法变更为净额法属于会计差错更正，既不属于会计估计变更，也不属于会计政策变更，选项 D 当选。

17.19 [斯尔解析] DE 本题考查会计政策变更与会计估计变更的识别。会计政策变更，是指企业对相同的交易或事项由原来采用的会计政策改用另一会计政策的行为；会计估计变更，是指由于资产和负债的当前状况及预期经济利益和义务发生了变化，从而对资产或负债的账面价值或者资产的定期消耗金额进行调整。针对"合同履约进度的确定""保修费用的计提比例"等会计估计的改变，属于会计估计变更，选项 AB 不当选；对初次发生或不重要的交易或事项采用新的会计政策，不属于会计政策变更，选项 C 不当选；政府补助的会计处理方法由总额法变更为净额法，属于同类事项的处理原则发生改变，属于会计政策变更，选项 D 当选；按新实施的《企业会计准则第 14 号——收入》准则确认产品销售收入，属于按照相关规定作出的会计政策变更，选项 E 当选。

17.20 [斯尔解析] DE 本题考查会计估计变更的账务处理。会计估计变更应采用未来适用法进行会计处理，即在会计估计变更当年及以后期间，采用新的会计估计，不改变以前期间的会计估计，也不调整以前期间的报告结果，不属于前期差错，也不需要追溯调整，选项 ABC 不当选，选项 DE 当选。

17.21 [斯尔解析] BCE 本题考查资产负债表日后事项的分类。资产负债表日后期间，发生的以前年度销售退回和发现的上年度会计差错，都属于在资产负债表日或以前已经存在，在资产负债表日后得以证实的事项，属于调整事项，选项 AD 不当选；资产负债表日后期间，发生企业合并或处置子公司、董事会提出现金股利分配方案、发生重大诉讼或承诺，都属于在资产负债表日并未发生或存在，完全是资产负债表日后才发生的事项，属于非调整事项，选项 BCE 当选。

17.22 🅢斯尔解析　ABC　本题考查会计政策变更、会计估计变更以及差错更正会计处理方法的辨别。不重要的前期差错、会计估计变更以及无法确定以前各期累积影响数的会计政策变更均应采用未来适用法进行会计核算，选项ABC当选；重要的前期差错，如果确定前期差错累积影响数不切实可行的，可以从可追溯重述的最早期间开始调整留存收益的期初余额，财务报表其他相关项目的期初余额也应当一并调整，也可以采用未来适用法进行会计核算，而非"应采用未来适用法进行会计核算"，选项D不当选；会计政策变更能够提供更可靠、更相关的会计信息的，在能切实可行地确定该项会计政策变更累积影响数时，应当采用追溯调整法处理，选项E不当选。

17.23 🅢斯尔解析　ACD　本题考查资产负债表日后事项的分类。上述事项均发生在资产负债表日后期间，其中，发生的销售退回、发现财务报表差错、原应收账款无法全额收回，均属于在资产负债表日或以前已经存在、在资产负债表日后得以证实的事项，属于调整事项，选项ACD当选；资产负债表日后发生火灾、资本公积转增股本，属于在资产负债表日并未发生或存在、完全在资产负债表日后才发生的事项，属于非调整事项，选项BE不当选。

17.24 🅢斯尔解析　AD　本题考查资产负债表日后事项的辨析。发现财务报表存在舞弊和有证据表明资产负债表日对在建工程计提的减值准备严重不足，均属于在资产负债表日或以前已经存在、在资产负债表日后提供了新的或进一步证据的事项，属于资产负债表日后调整事项，选项AD当选；外汇汇率发生较大变动、计划对资产负债表日已经存在的某项债务进行债务重组和资本公积转增资本，均属于完全在资产负债表日后才发生的事项，属于资产负债表日后非调整事项，选项BCE不当选。

17.25 🅢斯尔解析　BE　本题考查会计调整的核算。资产负债表日后调整事项，涉及损益类的科目用"以前年度损益调整"科目核算，选项A不当选，选项B当选；前期差错更正，采用追溯重述法，涉及损益类的科目用"以前年度损益调整"科目核算，选项C不当选，选项E当选；会计估计变更采用未来适用法，不调整以前期间的报告结果，不需要通过"以前年度损益调整"科目进行会计处理，选项D不当选。

第十八章 财务报告
答案与解析

一、单项选择题

18.1	C	18.2	C	18.3	B	18.4	D	18.5	D
18.6	D	18.7	A	18.8	B	18.9	D	18.10	C
18.11	C	18.12	A

二、多项选择题

18.13	ACE	18.14	BE	18.15	AC	18.16	CE	18.17	ABCD
18.18	ACD	18.19	BCD	18.20	BCD	18.21	ACE	18.22	CD
18.23	ADE	18.24	CE	18.25	BCDE	18.26	ABCDE	18.27	ABCD

一、单项选择题

18.1 斯尔解析　C　本题考查资产负债表中根据有关科目余额减去其备抵科目余额后的净额填列的报表项目。"预收款项"项目应根据"应收账款"科目贷方余额和"预收账款"科目贷方余额计算填列，选项A不当选；"短期借款"项目直接根据有关总账科目的期末余额填列，选项B不当选；"长期股权投资"项目根据"长期股权投资"科目的期末余额减去"长期股权投资减值准备"科目的期末余额后的净额填列，选项C当选；"长期借款"项目，根据"长期借款"科目余额扣除"长期借款"科目所属的明细科目中将在一年内到期且企业不能自主地将清偿义务展期的长期借款后的金额计算填列，选项D不当选。

18.2 斯尔解析　C　本题考查资产负债表的填列。"在建工程"项目期末余额＝（"在建工程"科目期末余额－"在建工程减值准备"科目期末余额）＋（"工程物资"科目期末余额－"工程物资减值准备"科目期末余额），则该公司资产负债表"在建工程"项目期末余额=（80-8）+（30-3）=99（万元），选项C当选，选项ABD不当选。

18.3 【斯尔解析】 B 本题考查资产负债表的填列方法。该公司2×23年末资产负债表中"存货"项目的金额=250+335+300-25-100+1 200+600-600=1 960（万元），选项B当选，选项ACD不当选。

18.4 【斯尔解析】 D 本题考查利润表的填列方法。管理不善造成的库存现金短缺计入管理费用，影响营业利润，选项D当选；税收罚款支出计入营业外支出，不影响营业利润，选项A不当选；当期确认的所得税费用计入所得税费用，不影响营业利润，选项B不当选；接受非关联方现金捐赠计入营业外收入，不影响营业利润，选项C不当选。

18.5 【斯尔解析】 D 本题考查利润表的填列方法。"营业成本"项目应根据"主营业务成本"和"其他业务成本"科目的发生额分析填列，用于出租的无形资产的摊销额记入"其他业务成本"科目，选项D当选；出售固定资产发生的净损失记入"资产处置损益"科目，选项A不当选；处置子公司长期股权投资产生的收益记入"投资收益"科目，选项B不当选；为取得生产技术服务合同发生的销售佣金记入"合同取得成本"科目，选项C不当选。

18.6 【斯尔解析】 D 本题考查利润表的填列方法。其他权益工具投资的公允价值变动计入其他综合收益，以后期间处置其他权益工具投资时，其他综合收益应转入留存收益，不会影响利润总额，选项D当选，选项ABC不当选。

18.7 【斯尔解析】 A 本题考查利润表的填列方法。上述项目中，营业外收入和营业外支出不影响营业利润，因此营业利润=（1 800+360）-（1 500+200）-120-65-50+35=260（万元），选项A当选，选项BCD不当选。

18.8 【斯尔解析】 B 本题考查现金流量表的编制。黄河公司当期经营活动产生的现金流量净额=800+50+5-75+20-25+30+40+10-100=755（万元），选项B当选，选项ACD不当选。

18.9 【斯尔解析】 D 本题考查现金流量表的编制方法。注意，本题要求选择错误的选项。3个月内到期的短期债券投资属于现金等价物，选项A不当选；企业应当根据具体情况，确定现金等价物的范围，一经确定不得随意变更，如改变划分标准，应视为会计政策的变更，选项B不当选；我国企业会计准则规定企业应当采用直接法编报现金流量表，同时要求在附注中提供以净利润为基础调节到经营活动现金流量的信息，选项C不当选；间接法是以净利润为起算点，调整不涉及现金的收入、费用、营业外收支等有关项目，剔除投资活动、筹资活动对现金流量的影响，据此计算出经营活动产生的现金流量，选项D当选。

18.10 【斯尔解析】 C 本题考查经济业务对现金流量表筹资活动产生的现金流量项目的影响。注意，本题要求选择不属于的选项。"取得借款收到的现金"属于筹资活动产生的现金流入，选项A不当选；"发行股票募集的资金"属于筹资活动产生的现金流入，选项B不当选；"处置固定资产收回的现金净额"属于投资活动产生的现金流入，选项C当选；"分配股利、利润或偿付利息支付的现金"属于筹资活动产生的现金流出，选项D不当选。

18.11 【斯尔解析】 C 本题考查现金流量表的编制方法。在直接法下，一般是以利润表中的营业收入为起算点，调节与经营活动有关的项目的增减变动，然后计算出经营活动产生的现金流量（选项A不当选），用直接法编制的现金流量表，便于分析企业经营活动产生的现金流的来源和用途（选项D不当选）；间接法是以净利润为起算点，调整不涉及现金的收入、费用、营业外支出等项目，剔除投资活动、筹资活动对现金流量的影响，然后计算出经营活动产生的现金流量（选项C当选），用间接法编制的现金流量表，便于将净利润与经营活动产生的现金流量净额进行比较（选项B不当选）。

18.12 斯尔解析　**A**　本题考查现金流量表的编制。当期递延所得税负债增加，会增加所得税费用，减少净利润，但无现金流量，因此要调增，选项A当选；当期确认的处置固定资产等长期资产的收益与经营活动无关，需要调减，选项B不当选；当期经营性应付项目的减少以及当期发生的存货增加均会导致现金流减少，因此需要调减，选项CD不当选。

二、多项选择题

18.13 斯尔解析　**ACE**　本题考查资产负债表的填列方法。根据总账科目余额直接填列的报表项目包括"其他权益工具投资""递延所得税资产""长期待摊费用""短期借款""交易性金融负债""应付票据""持有待售负债""租赁负债""递延收益""递延所得税负债""实收资本（或股本）""其他权益工具""资本公积""库存股""其他综合收益""专项储备""盈余公积"等项目，选项ACE当选；"应收账款"和"债权投资"项目填列时，均须扣除相应的减值准备，因此不能根据总账科目余额直接填列，选项BD不当选。

18.14 斯尔解析　**BE**　本题考查资产负债表的格式和内容。资产负债表中所有者权益项目包括实收资本（或股本）、资本公积、盈余公积、未分配利润、其他综合收益、其他权益工具等，选项ACD不当选；其他收益属于利润表项目，选项B当选；本年利润属于所有者权益类会计科目，不是报表项目，选项E当选。

18.15 斯尔解析　**AC**　本题考查资产负债表的填列方法。根据总账科目余额直接填列的报表项目包括"其他权益工具投资""递延所得税资产""长期待摊费用""短期借款""交易性金融负债""应付票据""持有待售负债""租赁负债""递延收益""递延所得税负债""实收资本（或股本）""其他权益工具""资本公积""库存股""其他综合收益""专项储备""盈余公积"等项目，选项AC当选；"长期借款"项目，应根据"长期借款"总账科目余额扣除"长期借款"科目所属的明细科目中将在资产负债表日起一年内到期，且企业不能自主地将清偿义务展期的长期借款后的金额计算填列，选项B不当选；"无形资产"项目，应根据相关科目的期末余额扣减相关的累计摊销填列，已计提减值准备的，还应扣减相应的减值准备，选项D不当选；"长期应付款"项目，应根据"长期应付款"和"专项应付款"科目的期末余额减去相应的"未确认融资费用"科目期末余额后的金额填列，选项E不当选。

18.16 斯尔解析　**CE**　本题考查资产负债表的填列方法。"预收款项"项目，应根据有关明细科目余额计算填列，即根据"应收账款"科目贷方余额和"预收账款"科目贷方余额计算填列，选项A不当选；"短期借款"项目，直接根据有关总账科目的期末余额填列，选项B不当选；"长期股权投资"项目，应根据"长期股权投资"科目的期末余额减去"长期股权投资减值准备"科目余额后的净额填列，选项C当选；"长期借款"项目，应根据总账科目和明细账科目余额分析计算填列，即根据"长期借款"科目余额扣除"长期借款"科目所属的明细科目中将在一年内到期，且企业不能自主地将清偿义务展期的长期借款后的金额计算填列，选项D不当选;"持有待售资产"项目,需要根据有关科目余额减去其备抵科目余额后的净额填列,选项E当选。

18.17 🅢斯尔解析 **ABCD** 本题考查资产负债表的填列方法。已验收入库但尚未取得发票的原材料,属于企业的存货,应当列示在"存货"项目,选项A当选;已取得发票但尚未验收入库的原材料,属于在途存货,也属于企业的存货,选项B当选;为外单位加工修理的代修品,属于企业的库存商品,应列示在"存货"项目,选项C当选;周转使用材料,也属于"存货"项目,选项D当选;工程储备的材料属于工程物资,应在资产负债表中的"在建工程"项目列示,选项E不当选。

18.18 🅢斯尔解析 **ACD** 本题考查现金流量的分类。"购买股票支付的现金""购建固定资产支付的现金",属于投资活动产生的现金流出,导致投资活动产生的现金流量净额减少,选项AC当选;"向投资者派发的现金股利"属于筹资活动产生的现金流出,不影响投资活动产生的现金流量净额,选项B不当选;"收到被投资单位分派的现金股利"属于投资活动产生的现金流入,导致投资活动产生的现金流量净额增加,选项D当选;"支付的业务招待费"属于经营活动产生的现金流出,不影响投资活动产生的现金流量净额,选项E不当选。

18.19 🅢斯尔解析 **BCD** 本题考查现金流量的分类。"吸收投资收到的现金"属于筹资活动产生的现金流量,选项A不当选;"处置子公司收到的现金""取得投资收益收到的现金"属于投资活动产生的现金流入,选项BD当选;"支付应由无形资产负担的职工薪酬"属于投资活动产生的现金流出,选项C当选;"收到返还的增值税税款"属于经营活动产生的现金流量,选项E不当选。

18.20 🅢斯尔解析 **BCD** 本题考查现金流量的分类。收到被投资企业分配的现金股利、购买专利权发生的现金支出属于投资活动产生的现金流量,选项AE不当选;向投资者分派现金股利、支付长期租入固定资产的租赁费、发行股票支付的相关费用,属于筹资活动产生的现金流量,选项BCD当选。

18.21 🅢斯尔解析 **ACE** 本题考查现金流量表的编制。注意,本题属于否定式提问。购买股票时支付的证券交易印花税和手续费,记入"投资支付的现金"项目,选项A当选;支付其他与筹资活动有关的现金包括以发行股票、债券等方式筹集资金而由企业直接支付的审计、咨询等费用和以分期付款方式购建固定资产、无形资产以后各期支付的现金等,选项BD不当选;为购建固定资产支付的耕地占用税,记入"购建固定资产、无形资产和其他长期资产支付的现金"项目,选项C当选;以现金偿还债务的本金,记入"偿还债务支付的现金"项目,选项E当选。

18.22 🅢斯尔解析 **CD** 本题考查现金流量表的编制。出售其他债权投资收到现金、处置固定资产收到现金,会引起投资活动现金流量发生变化,选项AE不当选;以投资性房地产对外投资,不会产生现金流量,选项B不当选;向投资者分配现金股利、从银行取得短期借款资金,会引起筹资活动现金流量发生变化,选项CD当选。

18.23 🅢斯尔解析 **ADE** 本题考查现金流量表的编制。资产类项目减少,应当调增,选项A当选;资产类项目增加,应当调减,选项B不当选;公允价值变动收益,会引起利润增加,但不会增加经营活动现金流量,应当调减,选项C不当选;计提的信用减值准备,会引起利润减少，但不会影响经营活动现金流量，应当调增，选项 D 当选；固定资产折旧，会引起利润减少，但不会影响经营活动现金流量，应当调增，选项 E 当选。

18.24 【斯尔解析】 **CE** 本题考查现金流量表的编制。资产类项目减少，应当调增，选项 A 不当选；负债类项目增加，应当调增，选项 B 不当选；投资收益的增加，会引起利润增加，但不会增加经营活动现金流量，应当调减，选项 C 当选；计提的资产减值准备，会引起利润减少，但不会影响经营活动现金流量，应当调增，选项 D 不当选；处置固定资产产生的净收益，会引起利润增加，但不会影响经营活动现金流量，应当调减，选项 E 当选。

18.25 【斯尔解析】 **BCDE** 本题考查所有者权益变动表的编制。在所有者权益变动表中，企业至少应当单独列示反映下列项目：（1）综合收益总额；（2）会计政策变更和差错更正的累积影响数；（3）所有者投入资本和向所有者分配利润等；（4）提取的盈余公积；（5）实收资本、其他权益工具、资本公积、盈余公积、未分配利润的期初和期末余额及其调节情况；（6）盈余公积弥补亏损。选项 BCDE 当选，选项 A 不当选。

18.26 【斯尔解析】 **ABCDE** 本题考查所有者权益变动表项目的填列。所有者权益变动表中"本年增减变动金额"包括"综合收益总额""所有者投入和减少资本""利润分配""所有者权益内部结转"等项目。盈余公积转增资本、盈余公积弥补亏损以及资本公积转增资本均属于"所有者权益内部结转"项目，选项 ACD 当选；提取盈余公积属于"利润分配"项目，选项 B 当选；"所有者增加投资"属于"所有者投入和减少资本"项目，选项 E 当选。

18.27 【斯尔解析】 **ABCD** 本题考查财务报表附注的编制。企业与关联方发生关联方交易的，应当披露该关联方关系的性质、交易类型（选项 A 当选）及交易要素。交易要素至少应当包括以下四项内容：（1）交易的金额（选项 B 当选）；（2）未结算项目的金额、条款和条件，以及有关提供或取得担保的信息（选项 C 当选）；（3）未结算应收项目的坏账准备金额（选项 D 当选）；（4）定价政策，本期关联交易的定价政策必须在财务报表附注中披露，下一年度关联交易的定价政策不需要在本期财务报表附注中披露（选项 E 不当选）。

单项选择题

18.28 ▶ ABC

单项选择题

18.28  ABC 本题考查资产负债表的填列。"长期借款""应付债券""租赁负债"项目，应当分别根据"长期借款""应付债券""租赁负债"总账科目余额扣除"长期借款""应付债券""租赁负债"科目所属的明细科目中将在资产负债表日起1年内到期，且企业不能自主地将清偿义务展期的部分后的金额计算填列，选项ABC当选。"持有待售资产"项目，应当根据有关科目余额减去其备抵科目余额后的净额填列，选项D不当选。"短期借款"项目，应当根据相关总账科目期末余额直接填列，选项E不当选。

提示："其他非流动负债"项目也应当根据总账科目和明细账科目余额分析计算填列。

第十九章 企业破产清算会计
答案与解析

一、单项选择题

19.1 ▶ C	19.2 ▶ A	19.3 ▶ D	19.4 ▶ B	19.5 ▶ C
19.6 ▶ D	19.7 ▶ A			

二、多项选择题

19.8 ▶ AE	19.9 ▶ ABCD	19.10 ▶ ACE	19.11 ▶ ABCE	19.12 ▶ ABC
19.13 ▶ DE				

一、单项选择题

19.1 〔斯尔解析〕 C 本题考查企业破产清算的编制基础。注意，本题要求选择错误的选项。在破产清算会计中，会计分期假设消失，选项 C 当选，选项 ABD 不当选。

19.2 〔斯尔解析〕 A 本题考查破产清算的计量属性。破产企业在破产清算期间的负债应当以破产债务清偿价值计量，选项 A 当选，选项 BCD 不当选。

19.3 〔斯尔解析〕 D 本题考查企业破产清算的科目设置及核算内容。"清算净值"科目，核算破产企业在破产报表日结转的清算净损益科目余额。破产企业资产与负债的差额，也在"清算净值"科目核算，选项 D 当选，选项 ABC 不当选。

19.4 〔斯尔解析〕 B 本题考查企业破产清算的科目设置及核算内容。"资产处置净损益"科目，核算破产企业在破产清算期间处置破产资产产生的，扣除相关处置费用后的净损益，收回应收款项类债权属于处置破产资产，选项 B 当选，选项 ACD 不当选。

19.5 〔斯尔解析〕 C 本题考查企业破产清算的科目设置及核算内容。所得税费用应当仅反映破产企业当期应缴的所得税，选项 A 不当选；破产企业支付所欠税款，按照相关账面价值，借记"应交税费"等科目，按照实际支付的金额，贷记"现金""银行存款"等科目，按其差额，借记或贷记"债务清偿净损益"科目，选项 C 当选，选项 BD 不当选。

19.6 【斯尔解析】 D 本题考查企业破产清算的账务处理。破产企业按照经批准的职工安置方案，支付的所欠职工的工资和医疗、伤残补助、抚恤费用，应当划入职工个人账户的基本养老保险、基本医疗保险费用和其他社会保险费用，以及法律、行政法规规定应当支付给职工的补偿金，按照相关账面价值借记"应付职工薪酬"等科目，按照实际支付的金额，贷记"现金""银行存款"等科目，按其差额，借记或贷记"债务清偿净损益"科目，选项 D 当选，选项 ABC 不当选。

19.7 【斯尔解析】 A 本题考查企业破产清算财务报表的组成。法院申请裁定破产终结的，破产企业应当编制清算损益表、债务清偿表及相关附注，不包括清算资产负债表，选项 A 当选，选项 BCD 不当选。

二、多项选择题

19.8 【斯尔解析】 AE 本题考查企业破产清算的计量属性。破产企业在破产清算期间的资产应当以破产资产清算净值计量；在破产清算期间的负债应当以破产债务清偿价值计量，选项 AE 当选，选项 BCD 不当选。

19.9 【斯尔解析】 ABCD 本题考查企业破产清算财务报表的组成。破产企业的财务报表包括清算资产负债表、清算损益表、清算现金流量表、债务清偿表及相关附注，选项 ABCD 当选，选项 E 不当选。

19.10 【斯尔解析】 ACE 本题考查企业破产清算的账务处理。注意，本题要求选择错误的选项。破产清算期间，破产企业需要缴纳企业所得税的，应当计算所得税费用，并将其计入清算损益，所得税费用应当仅反映破产企业当期应缴的所得税，选项 A 当选；因盘盈取得的未入账资产，应按照取得日的破产清算净值，借记相关资产科目，贷记"其他收益"科目，选项 B 不当选；破产企业处置存货时，扣除账面价值及相关税费后的差额，记入"资产处置净损益"科目，选项 C 当选；破产企业收到的利息、租金、股利等孳息，借记相关资产科目，贷记"其他收益"科目，选项 D 不当选；在破产清算期间通过债权人申报发现的未入账债务，应当按照破产债务清偿价值确定计量金额，借记"其他费用"科目，贷记相关负债科目，选项 E 当选。

19.11 【斯尔解析】 ABCE 本题考查企业破产清算的科目设置及核算内容。破产费用，是指核算破产企业破产清算期间发生的各项破产费用，主要包括破产案件的诉讼费用，管理、变价和分配债务人资产的费用，管理人执行职务的费用、报酬和聘用工作人员的费用。选项 ABCE 当选；债务人不当得利所产生的债务属于共益债务，选项 D 不当选。

19.12 【斯尔解析】 ABC 本题考查企业破产清算的科目设置及核算内容。共益债务，是指在人民法院受理破产申请后，为全体债权人的共同利益而管理、变卖和分配破产财产而负担的债务，主要包括因管理人或者债务人请求对方当事人履行双方均未履行完毕的合同所产生的债务、债务人财产受无因管理所产生的债务（选项 A 当选）、因债务人不当得利所产生的债务、为债务人继续营业而应当支付的劳动报酬和社会保险费用以及由此产生的其他债务（选项 B 当选）、管理人或者相关人员执行职务致人损害所产生的债务（选项 C 当选）以及债务人财产致人损害所产生的债务；支付给管理人执行职务的报酬，处置破产资产发生的评估、变价、拍卖费用均属于破产费用，选项 DE 不当选。

19.13 【斯尔解析】 DE 本题考查企业破产清算财务报表的格式、内容及编制方法。清算资产负债表列示的项目不区分流动和非流动，选项 A 不当选；清算现金流量表应当采用直接法编制，选项 B 不当选；清算损益表中，本期数反映破产企业从上一破产报表日至本破产报表日期间有关项目的发生额，累计数反映破产企业从被法院宣告破产之日至本破产报表日期间有关项目的发生额，选项 C 不当选；债务清偿表应按有担保的债务和普通债务分类设项，选项 D 当选；破产企业资产项目和负债项目的差额在清算资产负债表中作为清算净值列示，选项 E 当选。

只做好题
财务与会计

税务师职业资格考试辅导用书 · 基础进阶　　全2册·上册

斯尔教育　组编

版权专有　侵权必究

图书在版编目（CIP）数据

只做好题. 财务与会计 : 全2册 / 斯尔教育组编. -- 北京 : 北京理工大学出版社, 2024.6
税务师职业资格考试辅导用书. 基础进阶
ISBN 978-7-5763-4121-8

Ⅰ.①只… Ⅱ.①斯… Ⅲ.①财务会计—资格考试—习题集 Ⅳ.①F810.42-44

中国国家版本馆CIP数据核字(2024)第110441号

责任编辑 / 芈　岚　　　　**文案编辑** / 王梦春
责任校对 / 刘亚男　　　　**责任印制** / 边心超

出版发行 / 北京理工大学出版社有限责任公司
社　　址 / 北京市丰台区四合庄路6号
邮　　编 / 100070
电　　话 / （010）68944451（大众售后服务热线）
　　　　　　（010）68912824（大众售后服务热线）
网　　址 / http://www.bitpress.com.cn
版 印 次 / 2024年6月第1版第1次印刷
印　　刷 / 三河市中晟雅豪印务有限公司
开　　本 / 787mm×1092mm　1/16
印　　张 / 22
字　　数 / 577千字
定　　价 / 43.10元（全2册）

图书出现印装质量问题，请拨打售后服务热线，负责调换

开卷必读

各位同学好：

很高兴在 2024 考季陪伴大家学习！

2024 考季，我们对《只做好题·财务与会计》进行了改版，对章节习题的内容进行了划分，将内容分为"做经典""做新变"两个板块，旨在帮助同学们高效备考。本书是斯尔教育 2024 年税务师考试"财务与会计"科目基础阶段的配套习题册。下面是对同学们学习备考的一些建议：

首先，在打基础阶段，面对问题时要将问题逐个击破，并学会举一反三。每节课结束后，通过练习对应题目，查漏补缺；遇到不会的题目，要及时查找原因，不放过题目细节；切记不要把全部的注意力放在题目本身，要养成举一反三的习惯；不要盲目追求做题的速度，要通过练习题目把基础知识掌握牢固。

其次，在巩固知识阶段，要善于抓住主要矛盾、提升做题速度。经过第一阶段的练习，大家已经积累了一定的做题经验。此时可以将题目分为不同的类型，抓住每类题型中的重难点，掌握每类题型的做题技巧，找到每类题型最高效的应对策略，不断提升做题的速度，提高做题的正确率。

最后，在知识复习阶段，要注重对基础知识的复习，积累笔记、迭代进步。有很多同学再做之前做对的题目还能做对，但是再做之前做错的题目仍然会做错，其主要原因就是没有吸取教训，没有在错误中反思自己。本书的每一章后面设置了"错题整理页"，俗话说："好记性不如烂笔头"，要对自己平时练习中常出错的地方进行记录并定期查阅，在反复犯错改错中得到成长。同时，在记录新发现的问题时，也可以将之前已经解决的问题划除，保持笔记的不断迭代，避免因笔记的冗杂丧失查阅的兴趣，让笔记成为大家冲刺阶段的"专属秘籍"。

坚持不懈，方能成功；持之以恒，终得成果。愿你得偿所愿，愿你未来可期！

目 录

第一章　财务管理概论	1
第二章　财务预测和财务预算	9
第三章　筹资与股利分配管理	17
第四章　投资管理	25
第五章　营运资金管理	33
第六章　财务分析与评价	41
第七章　财务会计概论	49
第八章　流动资产（一）	53
第九章　流动资产（二）	61
第十章　非流动资产（一）	71
第十一章　非流动资产（二）	81
第十二章　流动负债	97

第十三章	非流动负债	**107**
第十四章	所有者权益	**123**
第十五章	收入、费用、利润和产品成本	**129**
第十六章	所得税	**145**
第十七章	会计调整	**157**
第十八章	财务报告	**163**
第十九章	企业破产清算会计	**171**

第一章 财务管理概论

一、单项选择题

1.1 关于以企业价值最大化作为财务管理目标,下列说法中,错误的是（　　）。
   A. 企业价值最大化用价值代替价格,避免过多受外界市场因素的干扰
   B. 企业价值最大化考虑了资金的时间价值和风险与报酬的关系
   C. 以企业价值最大化作为财务管理目标过于理论化,不易操作
   D. 企业价值最大化会导致企业出现财务决策短期化的倾向

1.2 与企业价值最大化财务管理目标相比,股东财富最大化目标的局限性是（　　）。
   A. 对其他相关者的利益重视不够
   B. 容易导致企业的短期行为
   C. 没有考虑风险因素
   D. 不能反映投入和产出的关系

1.3 下列各项中,通常不属于股东和经营者利润冲突解决方式的是（　　）。
   A. 对经营者进行考核监督
   B. 通过市场约束经营者
   C. 给予经营者股票期权
   D. 限制性借债

1.4 下列应对通货膨胀风险的各种措施中,错误的是（　　）。
   A. 进行长期投资
   B. 签订长期购货合同
   C. 增加企业债权
   D. 取得长期借款

1.5 下列不同的经济周期中企业采用的财务管理战略正确的是（　　）。
   A. 在经济繁荣期,应建立投资标准
   B. 在经济萧条期,应开发新产品
   C. 在经济复苏期,应开展营销规划
   D. 在经济衰退期,应出售多余设备

1.6 下列各项中,关于利率的表述,错误的是（　　）。
   A. 纯利率是在没有风险、没有通货膨胀情况下的平均利率
   B. 风险补偿率受风险大小的影响,风险越大,要求的报酬率越高

C. 通货膨胀预期补偿率与将来的通货膨胀水平无关

D. 在一定时期内利率变动幅度越大，期限风险越大

1.7 甲公司于2023年初购买了一台设备，总价款为200万元。在购买时支付100万元，剩余款项，从2026年初开始付款，分4年平均支付，年利率为10%，则为购买该设备支付款项的现值为（　　）万元。[已知：（P/A，10%，2）=1.7355，（P/A，10%，3）=2.4869，（P/A，10%，6）=4.3553，（P/A，10%，7）=4.8684]

A.165.50　　　　　　　　　　　　B.146.71

C.178.32　　　　　　　　　　　　D.159.54

1.8 下列各项中，与复利终值系数互为倒数的是（　　）。

A. 单利现值系数

B. 复利现值系数

C. 偿债基金系数

D. 普通年金现值系数

1.9 小王计划3年后购买一套住房，预计花费100万元，假定年利率为10%，复利计息，为保证3年后购房计划能够顺利进行，则小王每年年初应该存入银行（　　）万元。[已知：（F/A，10%，3）=3.3100]

A.27.46　　　　　　　　　　　　B.30.21

C.33.33　　　　　　　　　　　　D.29.69

1.10 李老师计划在某县设立一笔奖学金，每年年末可以从银行取出10 000元帮助贫困学生，假设银行利率为4%，为实现该计划，李老师现在应该在银行一次性存入（　　）元。

A.200 000　　　　　　　　　　　B.250 000

C.400 000　　　　　　　　　　　D.500 000

1.11 某年金的收付形式为从第1期期初开始，每期支付200元，一直到永远。假设利率为8%，则其现值为（　　）元。

A.2 000　　　　　　　　　　　　B.2 300

C.2 500　　　　　　　　　　　　D.2 700

1.12 某企业近期付款购买了一台设备，总价款为100万元，从第2年年末开始付款，分5年平均支付，年利率为10%，则为购买该设备支付价款的现值为（　　）万元。[已知：（P/F，10%，1）=0.9091，（P/A，10%，2）=1.7355，（P/A，10%，5）=3.7908，（P/A，10%，6）=4.3553]

A.41.11　　　　　　　　　　　　B.52.40

C.57.63　　　　　　　　　　　　D.68.92

1.13 甲公司计划投资一存续期为10年的项目。其中前4年无现金流入，后6年每年年初有200万元现金流入。若当年市场利率为6%，则甲公司该投资项目现金流入的现值是（　　）万元。[已知：（P/A，6%，6）=4.9173，（P/F，6%，4）=0.7921]

A.825.74　　　　　　　　　　　　B.779.00

C.875.28　　　　　　　　　　　　D.734.90

1.14 甲公司拟进行一项风险投资，有甲、乙两个方案可供选择。已知甲方案投资报酬率的期望值为14.86%，标准离差为4.38%；乙方案投资报酬率的期望值为16.52%，标准离差为4.50%。下列评价结论中，正确的是（　　）。

A. 甲方案的风险小于乙方案的风险

B. 甲方案的风险大于乙方案的风险

C. 甲方案的风险等于乙方案的风险

D. 无法评价甲、乙两方案的风险大小

1.15 甲公司2×21年计划投资的X项目的收益率及概率分布如下：收益率为18%的概率为30%，收益率为10%的概率为40%，收益率为2%的概率为30%，则X项目的标准离差为（　　）。

A. 0.0841　　　　　　　　　　B. 0.0384

C. 0.0616　　　　　　　　　　D. 0.0822

1.16 甲、乙两方案的期望投资收益率均为30%，在两方案无风险报酬率相等的情况下，若甲方案标准离差为0.13，乙方案的标准离差为0.05。下列表述中，正确的是（　　）。

A. 甲方案和乙方案的风险相同

B. 甲方案的风险大于乙方案的风险

C. 甲方案的风险小于乙方案的风险

D. 无法判断甲、乙两方案的风险大小

1.17 市场上有两种有风险证券M和N，下列情况中，两种证券组成的投资组合风险等于二者加权平均风险的是（　　）。

A. M和N两项资产收益率的相关系数是0

B. M和N两项资产收益率的相关系数是−1

C. M和N两项资产收益率的相关系数是1

D. M和N两项资产收益率的相关系数是0.5

1.18 若两项证券资产收益率的相关系数为0.5，则下列说法中，正确的是（　　）。

A. 两项资产的收益率之间不存在相关性

B. 无法判断两项资产的收益率是否存在相关性

C. 两项资产的组合可以分散一部分非系统性风险

D. 两项资产的组合可以分散一部分系统性风险

1.19 甲企业拟投资某证券资产组合，假设股票价格指数平均收益率为12%，β系数为0.2，无风险报酬率为5%，则该证券组合的必要收益率是（　　）。

A. 7.4%　　　　　　　　　　B. 8.37%

C. 6.4%　　　　　　　　　　D. 13.37%

1.20 下列关于市场风险溢酬的表述中，错误的是（　　）。

A. 若市场抗风险能力越强，则市场风险溢酬的数值就越大

B. 若市场对风险越厌恶，则市场风险溢酬的数值就越大

C. 市场风险溢酬反映了市场整体对风险的平均容忍度

D. 市场风险溢酬附加在无风险收益率之上

1.21 下列关于资本资产定价模型的表述中，错误的是（　　）。

A. 市场整体对风险越是厌恶，市场风险溢酬的数值就越大

B. 根据资本资产定价模型，只有非系统风险才有资格要求补偿

C. 资本资产定价模型体现了"高收益伴随着高风险"的理念

D. 资产的必要收益率由无风险收益率和资产的风险收益率组成

1.22 某证券资产组合由甲、乙、丙三只股票构成，β 系数分别为 0.6、1.0 和 1.5，每股市价分别为 8 元、4 元和 20 元，股票数量分别为 400 股、200 股和 200 股。假设当前短期国债收益率为 3%，股票价值指数平均收益率为 10%，则该证券资产组合的风险收益率是（　　）。

A. 8.63%　　　　　　　　　　　　　B. 11.63%

C. 7.63%　　　　　　　　　　　　　D. 10.63%

二、多项选择题

1.23 与利润最大化目标相比，股东财富最大化作为企业财务管理目标的优点有（　　）。

A. 一定程度上能避免企业追求短期行为

B. 考虑了资金的时间价值

C. 考虑了风险因素

D. 对上市公司而言，股东财富最大化的目标容易量化，便于考核

E. 充分考虑了企业所有的利益相关者

1.24 下列关于财务管理目标理论的表述中，正确的有（　　）。

A. 每股收益最大化考虑了利润与所承担风险的关系

B. 股东财富最大化可以在一定程度上避免企业的短期行为

C. 利润最大化不能反映企业财富的增加

D. 企业价值最大化考虑了取得报酬的时间

E. 各种财务管理目标，都应以利润最大化为基础

1.25 对于股东和经营者的利益冲突，通常的解决方式有（　　）。

A. 收回借款或停止借款

B. 限制性借债

C. 通过市场约束

D. 股权激励

E. 解聘

1.26 对于股东和债权人的利益冲突，通常的解决方式有（　　）。

A. 解聘

B. 限制性借债

C. 停止借款

D. 股权激励

E. 收回借款

1.27 下列关于协调相关者的利益冲突的说法中，正确的有（　　）。

A. 解聘是通过所有者约束经营者的办法

B. 接收是通过市场约束经营者的办法

C. 授予股票期权、绩效股是股东激励经营者常见的方式

D. 股东和经营者的利益冲突常通过限制性借债和收回借款的方式解决

E. 股东和债权人的利益冲突常通过约束和激励的方式解决

1.28 下列各项属于企业在经济周期中的萧条阶段采用的财务管理战略的有（　　）。

A. 建立投资标准

B. 开展营销规划

C. 出售多余设备

D. 保持市场份额

E. 提高产品价格

1.29 通货膨胀对企业财务活动的影响是多方面的，主要表现有（　　）。

A. 引起资金占用的大量减少，从而降低企业的资金需求

B. 引起资金供应紧张，增加企业的筹资困难

C. 引起有价证券价格下降，增加企业的筹资难度

D. 引起利润上升，降低企业的权益资本成本

E. 引起企业利润虚增，造成企业资金由于利润分配而流失

1.30 应对通货膨胀给企业造成的不利影响，企业可采取的措施包括（　　）。

A. 放宽信用期限

B. 减少企业债权

C. 签订长期购货合同

D. 取得长期负债

E. 增加现金股利的分配比例

1.31 下列关于利率构成的各项因素的表述中，正确的有（　　）。

A. 纯利率是受货币供求关系和国家调节影响的在没有风险、没有通货膨胀情况下的平均利率

B. 通货膨胀预期补偿率的大小取决于当前通货膨胀水平的高低

C. 通货膨胀水平越高，风险补偿率越大

D. 期限风险是指在一定时期内利率变动的幅度，利率变动幅度越大，期限风险就越大

E. 资产的变现能力越强，流动性风险越小

1.32 下列关于各项年金的表述中，正确的有（　　）。

A. 预付年金与普通年金的区别仅在于收付款时间的不同

B. 普通年金终值是每次收付款的复利终值之和

C. 永续年金无法计算其终值

D. 递延年金的现值无法计算

E. 递延年金的终值计算方法与普通年金的终值计算方法一样

1.33 下列关于货币时间价值系数关系的表述中，正确的有（　　）。

A. 普通年金现值系数 × 资本回收系数 =1

B. 普通年金终值系数 × 偿债基金系数 =1

C. 普通年金现值系数 ×（1+ 折现率）= 预付年金现值系数

D. 普通年金终值系数 ×（1+ 折现率）= 预付年金终值系数

E. 复利终值系数 × 单利现值系数 =1

1.34 已知某笔递延年金的递延期为 m，年金支付期为 n，下列递延年金现值的计算式中，正确的有（　　）。

A. $P=A \times (P/A, i, n) \times (P/F, i, m)$

B. $P=A \times (F/A, i, n) \times (P/F, i, m)$

C. $P=A \times [(P/A, i, m+n) - (P/A, i, m)]$

D. $P=A \times (F/A, i, n) \times (P/F, i, n+m)$

E. $P=A \times [(P/A, i, m) - (P/A, i, n)]$

1.35 下列关于证券资产组合风险与收益的表述中，正确的有（　　）。

A. 证券资产组合中的系统风险能随着资产种类的增加而不断降低

B. 证券资产组合中的非系统风险能随着资产种类的增加而不断增加

C. 当两种证券的收益率不相关时，证券资产组合能够最大限度地降低风险

D. 当两种证券的收益率完全负相关时，证券资产组合可以分散风险

E. 当两种证券的收益率完全正相关时，组合的风险等于组合中各项资产风险的加权平均数

1.36 甲公司持有的证券资产组合由 X、Y 两只股票构成，对应单项资产 β 系数分别为 0.6 和 0.8，每股市价分别为 5 元和 10 元，股票数量分别为 1 000 股和 2 000 股。假设短期国债的利率为 4%，市场组合收益率为 10%。下列关于该证券资产组合的表述中，正确的有（　　）。

A. 证券资产组合的 β 系数为 0.76

B. 市场风险溢酬为 10%

C. 风险收益率为 7.6%

D. 无风险收益率为 4%

E. 必要收益率为 8.56%

1.37 下列各项中，属于系统风险的有（　　）。

A. 销售决策失误带来的风险

B. 原材料供应地政治经济情况变动带来的风险

C. 税制改革引起的风险

D. 宏观经济形势变动引起的风险

E. 国家经济政策的变化引起的风险

1.38 下列关于资本资产定价模型的表述中,正确的有（　　）。

A. 如果无风险收益率提高,则市场上所有股票的必要收益率均提高

B. 如果某项资产的 β 系数 =1,则该资产的必要收益率等于市场平均收益率

C. 市场上所有资产的 β 系数应是正数

D. 如果市场风险溢酬提高,则市场上所有资产的风险收益率均提高

E. 如果市场对风险的平均容忍程度越高,则市场风险溢酬越小

错题整理页

第二章　财务预测和财务预算

一、单项选择题

2.1　某公司 2×16 年度资金平均占用额为 4 500 万元，其中不合理部分占 15%，预计 2×17 年销售增长率为 20%，资金周转速度不变，采用因素分析法预测的 2×17 年度资金需要量为（　　）万元。

A.4 590　　　　　　　　　　　　B.5 400

C.4 500　　　　　　　　　　　　D.3 825

2.2　甲企业本年度资金平均占用额为 3 500 万元，经分析，其中不合理部分为 500 万元。预计下年度销售增长 5%，资金周转加速 2%，则采用因素分析法预测的下年度资金需要量为（　　）万元。

A.3 000　　　　　　　　　　　　B.3 087

C.3 150　　　　　　　　　　　　D.3 213

2.3　采用销售百分比法预测资金需要量时，下列资产负债表项目中会影响外部融资需求量金额的是（　　）。

A. 短期融资券

B. 短期借款

C. 应付账款

D. 长期负债

2.4　采用销售百分比法预测资金需要量时，下列各项中，属于非敏感性项目的是（　　）。

A. 库存现金

B. 存货

C. 短期借款

D. 应付账款

2.5　黄河公司采用销售百分比法预测 2022 年外部资金需要量，2022 年销售收入将比上年增长 20%。2021 年度销售收入为 3 000 万元，敏感资产和敏感负债分别占销售收入的 55% 和 15%，销售净利率为 10%，股利支付率为 60%。若黄河公司 2022 年销售净利率、股利支付率均保持不变，则黄河公司 2022 年外部融资需要量为（　　）万元。

A.24　　　　　　　　　　　　　　B.96

C.204　　　　　　　　　　　　　D.216

2.6 甲公司 2×20 年敏感性资产和敏感性负债总额分别为 1 600 万元和 800 万元, 实现销售收入 5 000 万元, 公司预计 2×21 年的销售收入将增长 20%, 销售净利润率为 8%, 利润留存率为 10%, 无须追加固定资产投资, 则该公司采用销售百分比法预测的 2×21 年的追加资金需要量为（　　）万元。

A.120　　　　　　　　　　　　B.112

C.160　　　　　　　　　　　　D.320

2.7 甲公司 2×18 年度销售收入 500 万元、资金需要量 90 万元; 2×17 年度销售收入 480 万元、资金需要量 72 万元; 2×16 年度销售收入 560 万元、资金需要量 80 万元。若甲公司预计 2×19 年度销售收入 600 万元, 则采用高低点法预测的资金需要量是（　　）万元。

A.100　　　　　　　　　　　　B.75

C.84　　　　　　　　　　　　　D.96

2.8 甲公司利用高低点法预测 2023 年的资金需要量, 2023 年预计的销售收入为 440 万元。甲公司为此收集了近年资金占用与销售收入的相关数据, 如下表所示:

年份	2018 年	2019 年	2020 年	2021 年	2022 年
销售收入（万元）	340	400	430	360	420
资金占用（万元）	246	300	282	240	270

则, 2023 年预计的资金需要量为（　　）万元。

A.330　　　　　　　　　　　　B.286

C.360　　　　　　　　　　　　D.320

2.9 甲公司 2×13 年度销售收入 200 万元, 资金需要量 30 万元; 2×14 年度销售收入 300 万元, 资金需要量为 40 万元; 2×15 年度销售收入 280 万元, 资金需要量 42 万元。若甲公司预计 2×16 年度销售收入 500 万元, 则其采用高低点法预测的资金需要量是（　　）万元。

A.70　　　　　　　　　　　　　B.60

C.75　　　　　　　　　　　　　D.55

2.10 下列关于本量利分析基本假设的表述中, 不正确的是（　　）。

A. 产销平衡

B. 产品产销结构稳定

C. 销售收入与业务量呈完全线性关系

D. 总成本由营业成本和期间费用两部分组成

2.11 某公司只生产一种产品, 2×11 年度销售量为 2 000 件, 单位售价为 180 元, 固定成本总额为 56 000 元, 公司当年实现净利润 45 000 元, 适用的企业所得税税率为 25%, 假定不存在纳税调整事项, 则该公司产品的单位边际贡献为（　　）元。

A.47.0　　　　　　　　　　　　B.50.0

C.50.5　　　　　　　　　　　　D.58.0

2.12 甲公司只生产销售一种产品，2×19年度利润总额为100万元，销量为50万件，产品单位边际贡献为4元，则甲公司2×19年的安全边际率是（　　）。
A.50%   B.45%
C.65%   D.35%

2.13 长江公司只生产销售一种产品，变动成本率为30%，盈亏临界点作业率为40%，长江公司的销售利润率是（　　）。
A.18%   B.12%
C.42%   D.28%

2.14 若企业只生产销售一种产品，那么在采用本量利方法分析时，假设在其他因素不变的情况下，只降低产品的单位变动成本会引起（　　）。
A. 边际贡献率降低
B. 单位边际贡献降低
C. 盈亏临界点的销售量降低
D. 目标利润降低

2.15 某公司生产和销售单一产品，该产品的单价为10元，单位变动成本为8元，2×20年销售量为40万件，利润为50万元。假设没有利息支出和所得税，则销售量的利润敏感系数是（　　）。
A.0.60   B.0.80
C.1.25   D.1.60

2.16 甲企业只生产销售一种产品，2×12年度该产品的销售数量为1 000件，单价为18元，单位变动成本为12元，固定成本总额为5 000元。如果甲企业要求2×13年度的利润总额要较上年度增长12%，在其他条件不变的情况下，下列单项措施实施后可达到利润增长目标的是（　　）。
A. 销售数量增加1%
B. 销售单价提高0.5%
C. 固定成本总额降低2%
D. 单位变动成本降低1%

2.17 某企业上年度甲产品的销售数量为1万件，销售价格为每件18 000元，单位变动成本为12 000元，固定成本总额为5 000万元，若企业要求甲产品的利润总额增长12%，则在其他条件不变情况下，应将甲产品的单位变动成本降低（　　）。
A.1%   B.0.67%
C.2%   D.2.4%

2.18 下列关于全面预算的表述中，错误的是（　　）。
A. 全面预算包括经营预算、资本支出预算和财务预算三部分
B. 财务预算的综合性最强，是预算的核心内容
C. 财务预算依赖于经营预算和资本支出预算
D. 财务预算和资本支出预算是经营预算的基础

2.19 下列各项预算编制方法中,不受现有费用项目和现行预算束缚的是（　　）。

A. 定期预算法

B. 固定预算法

C. 弹性预算法

D. 零基预算法

2.20 某公司在编制成本费用预算时,利用成本性态模型,测算预算期内各种可能的业务量水平下的成本费用,这种预算编制方法是（　　）。

A. 零基预算法　　　　　　　　　B. 固定预算法

C. 弹性预算法　　　　　　　　　D. 滚动预算法

2.21 下列关于预算编制方法的说法中,正确的是（　　）。

A. 零基预算法不以历史期经济活动及预算为基础,不利于进行预算控制

B. 弹性预算法考虑了预算期可能的不同业务量水平,适应性比较差

C. 定期预算法的编制与会计期间相配比,有利于各个期间的预算衔接

D. 滚动预算法有利于结合企业近期和长期目标,发挥预算的决策和控制职能

二、多项选择题

2.22 根据资金需要量预测的销售百分比法,下列项目中,通常会随销售额变动而呈比例变动的有（　　）。

A. 存货

B. 应付票据

C. 长期负债

D. 短期融资券

E. 短期借款

2.23 根据本量利分析原理,若其他条件不变,下列各项中,会导致盈亏临界点销售额降低的情形有（　　）。

A. 降低销售额

B. 降低单位变动成本

C. 降低单价

D. 降低固定成本总额

E. 降低销售量

2.24 下列关于盈亏临界点的表述中,错误的有（　　）。

A. 盈亏临界点销售量（额）越小,企业经营风险越小

B. 实际销售量（额）超过盈亏临界点销售量（额）越多,企业留存收益增加越多

C. 盈亏临界点销售量（额）越大,企业的盈利能力就越强

D. 实际销售量（额）小于盈亏临界点销售量（额）时,企业将产生亏损

E. 盈亏临界点的含义是企业的销售总收入等于总成本的销售量（额）

2.25 下列采用本量利分析法计算销售利润的公式中，正确的有（　　）。

A. 销售利润＝销售收入×变动成本率－固定成本

B. 销售利润＝销售收入×（1－边际贡献率）－固定成本

C. 销售利润＝销售收入×（1－变动成本率）－固定成本

D. 销售利润＝（销售收入－盈亏临界点销售额）×边际贡献率

E. 销售利润＝盈亏临界点销售量×边际贡献率

2.26 在企业全面预算体系中，财务预算通常包括（　　）。

A. 销售费用预算

B. 管理费用预算

C. 预计资产负债表

D. 现金预算

E. 资本支出预算

2.27 下列各项中，属于零基预算法特点的有（　　）。

A. 以零为起点编制预算，不受历史期经济活动中不合理因素的影响，能够灵活应对内外环境的变化，预算编制更贴近预算期企业经济活动的需要

B. 可能导致无效费用开支项目无法得到有效控制，造成预算上的浪费

C. 有助于增加预算编制的透明度，有利于进行预算控制

D. 预算编制工作量较大、成本较高

E. 市场预测的准确性、预算项目与业务量之间依存关系的判断水平等会对其合理性造成较大影响

2.28 与定期预算法相比，下列属于滚动预算法特点的有（　　）。

A. 预算期间与会计期间相对应，便于将实际数与预算数进行对比

B. 不利于前后各个期间的预算衔接

C. 能动态反映市场、建立跨期综合平衡，从而有效指导企业营运，强化预算的决策与控制职能

D. 预算滚动的频率越高，对预算沟通的要求越高，预算编制的工作量越大

E. 有助于增加预算编制透明度，有利于进行预算控制

三、计算题

2.29 甲家政公司专门提供家庭保洁服务，按提供保洁服务的小时数向客户收取费用，收费标准为200元/小时。2×18年每月发生租金、水电费、电话费等固定费用合计40 000元。甲公司有2名管理人员，负责制定工作规程、员工考勤、业绩考核等工作，每人每月固定工资为5 000元；另有20名保洁工人，接受公司统一安排对外提供保洁服务，工资采取底薪加计时工资制，即每人每月除获得3 500元底薪外，另可获80元/小时的提成收入。甲公司每天平均提供100小时的保洁服务，每天最多提供120小时的保洁服务。

假设每月按照30天计算，不考虑相关税费。

根据上述资料，回答下列问题。

(1) 甲公司 2×18 年每月发生的固定成本为（　　）元。

A.40 000　　　　　　　　　　　　B.50 000

C.110 000　　　　　　　　　　　 D.120 000

(2) 甲公司 2×18 年每月的税前利润为（　　）元。

A.240 000　　　　　　　　　　　 B.310 000

C.360 000　　　　　　　　　　　 D.430 000

(3) 甲公司 2×18 年每月的盈亏临界点作业率为（　　）。

A.26.67%　　　　　　　　　　　 B.33.33%

C.28.00%　　　　　　　　　　　 D.21.00%

(4) 甲公司预计 2×19 年平均每天保洁服务小时数增加 10%，假定其他条件保持不变，则保洁服务小时数的敏感系数为（　　）。

A.1.0　　　　　　　　　　　　　 B.1.9

C.1.2　　　　　　　　　　　　　 D.1.5

2.30　甲制药公司 2×19 年 5 月为生产 W 新药自行建造一条生产线，实际发生工程成本 600 万元，2×19 年 12 月该生产线达到预定可使用状态并投入使用，预计使用年限为 10 年，预计净残值率为 10%，采用年限平均法计提折旧。

W 新药于 2×20 年投产，年生产 2 万瓶并已在当年全部销售，每瓶售价为 480 元。W 新药每瓶材料成本为 50 元、变动制造费用为 15 元、包装成本为 13 元，按年销售额的 7% 支付广告费。参与 W 新药项目的成员包括：2 名管理人员，每人每年的固定工资为 12 万元；20 名生产人员，每人每年的固定工资为 6 万元，另按每瓶 10 元支付计件工资；5 名销售人员，每人每年的固定工资为 4.8 万元，另按年销售额的 3% 支付提成收入，不考虑其他相关税费。

根据上述资料，回答下列问题。

(1) 本量利分析模型下，甲公司 2×20 年生产 W 新药的固定成本为（　　）万元。

A.198　　　　　　　　　　　　　B.222

C.232　　　　　　　　　　　　　D.282

(2) 甲公司 2×20 年生产 W 新药实现的税前利润为（　　）万元。

A.406　　　　　　　　　　　　　B.466

C.486　　　　　　　　　　　　　D.456

(3) 甲公司 2×20 年生产 W 新药的盈亏临界点销售额为（　　）万元。

A.393.49　　　　　　　　　　　 B.309.75

C.297.31　　　　　　　　　　　 D.301.02

(4) 假定 2×21 年甲公司生产的 W 新药固定成本降低 10%，其他条件保持不变，则甲公司生产 W 新药的固定成本的敏感系数为（　　）。

A.−0.476　　　　　　　　　　　 B.−0.450

C.0.450　　　　　　　　　　　　D.0.476

错题整理页

第三章 筹资与股利分配管理

一、单项选择题

3.1 与发行普通股股票筹资相比，利用留存收益筹资的优点是（ ）。
   A. 不用发生筹资费用
   B. 可以筹集大量资金
   C. 容易分散公司的控制权
   D. 资金成本高

3.2 与银行借款相比，下列各项中不属于融资租赁筹资特点的是（ ）。
   A. 资本成本低   B. 融资风险小
   C. 融资期限长   D. 融资限制少

3.3 与发行股票筹资相比，吸收直接投资的优点是（ ）。
   A. 资本成本较低
   B. 容易进行产权交易
   C. 能够提升企业市场形象
   D. 易于尽快形成生产能力

3.4 下列关于公开发行普通股股票筹资的表述中，错误的是（ ）。
   A. 与发行债券相比，易分散公司的控制权
   B. 能够促进股权流通和转让
   C. 与吸收直接投资相比，资本成本较高
   D. 信息沟通与披露成本较大

3.5 下列各项中，属于间接筹资方式的是（ ）。
   A. 发行股票
   B. 发行债券
   C. 吸收直接投资
   D. 融资租赁

3.6 甲公司以680万元价格溢价发行面值为600万元、期限3年、年利率为8%的公司债券，每年付息一次、到期一次还本。该批债券的筹资费用率为2%，适用的企业所得税税率为25%，则甲公司该批债券的资本成本是（ ）。
   A. 5.40%   B. 6.12%
   C. 5.12%   D. 5.65%

3.7 某公司当前普通股股价为 16 元/股，每股筹资费用率为 3%，本期支付的每股股利为 2 元、预计股利每年增长 5%，则该公司留存收益的资金成本是（　　）。

A.17.50%　　　　　　　　　　　　B.18.13%

C.18.78%　　　　　　　　　　　　D.19.21%

3.8 甲公司向银行借入短期借款 1 000 万元，年利率为 6%，银行按借款合同保留 15% 补偿金额，若甲公司适用的企业所得税税率为 25%，不考虑其他借款费用，则该笔借款的资本成本为（　　）。

A.7.5%　　　　　　　　　　　　B.5.3%

C.8.0%　　　　　　　　　　　　D.7.1%

3.9 某公司的资金结构中长期债券、普通股和留存收益资金分别为 600 万元、120 万元和 80 万元，其中债券的年利率为 12%，筹资费用率为 2%；普通股每股市价为 40 元，预计下一年每股股利为 5 元，每股筹资费用率为 2.5%，预计股利每年增长 3%。若公司适用的企业所得税税率为 25%，则该公司加权资本成本为（　　）。

A.9.64%　　　　　　　　　　　　B.10.81%

C.11.85%　　　　　　　　　　　　D.12.43%

3.10 甲公司的资金结构中长期债券、优先股和普通股资本分别为 200 万元、300 万元和 500 万元，其中债券的年利率为 8%，筹资费用率为 2%；优先股的年股息率为 10%，无筹资费用；普通股每股市价为 40 元，预计下一年每股股利为 4 元，每股筹资费用率为 2.5%，预计股利每年增长 3%。若公司适用的企业所得税税率为 25%，则该公司加权资本成本为（　　）。

A.10.10%　　　　　　　　　　　　B.10.85%

C.10.72%　　　　　　　　　　　　D.11.42%

3.11 甲公司现有资金中普通股与长期债券的比例为 2∶1，加权平均资本成本为 12%，假定债券的资本成本和权益资本成本、所得税税率不变，若将普通股与长期债券的比例变更为 1∶2，则甲公司加权资本成本将（　　）。

A. 等于 12%　　　　　　　　　　B. 无法确定

C. 小于 12%　　　　　　　　　　D. 大于 12%

3.12 甲公司的筹资方式仅限于银行借款与发行普通股，其中，银行借款占全部资本的 40%，年利率为 8%；普通股占全部资本的 60%，资本成本为 12%。若适用的企业所得税税率为 25%，则甲公司的加权资本成本为（　　）。

A.10.4%　　　　　　　　　　　　B.9.6%

C.15.2%　　　　　　　　　　　　D.13.2%

3.13 某企业经营杠杆系数为 1.5，总杠杆系数为 3，预计息税前利润将增长 10%，则在其他条件不变的情况下，普通股每股收益将增长（　　）。

A.15%　　　　　　　　　　　　B.18%

C.20%　　　　　　　　　　　　D.30%

3.14 某公司基期息税前利润为1 000万元，基期利息费用为400万元。假设与财务杠杆计算相关的其他因素保持不变，则该公司计划期的财务杠杆系数为（　　）。

A.1.88　　　　　　　　　　　　B.2.50

C.1.25　　　　　　　　　　　　D.1.67

3.15 某公司基期有关数据如下：销售额为100万元，变动成本率为60%，固定成本总额为20万元，利息费用为4万元，不考虑其他因素，该公司的总杠杆系数为（　　）。

A.1.25　　　　　　　　　　　　B.2

C.2.5　　　　　　　　　　　　　D.3.25

3.16 甲公司适用的所得税税率为25%，2×20年净利润为150万元，利息费用为100万元，固定成本总额为150万元。甲公司的总杠杆系数为（　　）。

A.2.25　　　　　　　　　　　　B.1.85

C.3　　　　　　　　　　　　　　D.2.15

3.17 甲公司目前有债务资金2 000万元（年利息200万元），普通股3 000万股。该公司由于有一个较好的新投资项目，需要追加筹资1 500万元，其适用的企业所得税税率为25%，有两种筹资方案，现根据每股收益无差别点法来进行方案的优选。方案一：增发普通股300万股，每股发行价5元；方案二：向银行取得长期借款1 500万元，利息率10%。根据财务人员测算，追加筹资后的息税前利润有望达到1 400万元，不考虑筹资费用因素。下列说法中，正确的是（　　）。

A.甲公司应当选择方案一

B.甲公司应当选择方案二

C.甲公司选择方案一和方案二的收益是一样的

D.无法判断甲公司应该选择哪种方案

3.18 采用每股收益无差别点法确定最优资本结构时，下列表述中，错误的是（　　）。

A.在每股收益无差别点上，无论选择债权筹资还是股权筹资，每股收益都是相等的

B.当预期收益利润大于每股收益无差别点时，应当选择财务杠杆较大的筹资方案

C.每股收益无差别点法确定的公司加权平均资本成本最低

D.每股收益无差别点是指不同筹资方式下每股收益都相等时的息税前利润

3.19 以本公司持有的其他公司的股票或政府公债等证券向股东发放的股利，属于（　　）。

A.现金股利

B.股票股利

C.负债股利

D.财产股利

3.20 要获得收取股利的权利，投资者购买股票的最迟日期是（　　）。

A.股利宣告日

B.股利发放日

C.除息日

D.股权登记日

3.21 黄河公司目标资本结构要求权益资本占55%，2×21年的净利润为2 500万元，预计2×22年投资所需资金为3 000万元。按照剩余股利政策，2×21年可发放的现金股利为（　　）万元。

A.850　　　　　　　　　　　　B.1 150

C.1 375　　　　　　　　　　　D.1 125

3.22 下列股利分配政策中，最有利于增强投资者对公司的信心，稳定股票价格的是（　　）。

A. 剩余股利政策

B. 固定或稳定增长的股利政策

C. 固定股利支付率政策

D. 低正常股利加额外股利政策

3.23 实施股票分割和发放股票股利产生的效果相似，它们都会（　　）。

A. 降低股票每股价格

B. 降低股票每股面值

C. 减少股东权益总额

D. 改变股东权益结构

二、多项选择题

3.24 下列筹资方式中，属于直接筹资的有（　　）。

A. 银行借款

B. 发行债券

C. 发行股票

D. 融资租赁

E. 吸收直接投资

3.25 下列各项中，属于长期借款的例行性保护条款的有（　　）。

A. 定期提交公司财务报表

B. 保持企业的资产流动性

C. 限制企业非经营性支出

D. 借款的用途不得改变

E. 不准以资产作其他承诺的担保或抵押

3.26 下列属于长期借款的特殊性保护条款的有（　　）。

A. 不准以资产作其他承诺的担保或抵押

B. 要求公司的主要领导人购买人身保险

C. 限制公司再举债规模

D. 借款的用途不得改变

E. 定期向提供贷款的金融机构提交公司财务报表

3.27 下列关于各种筹资方式的表述中，错误的有（　　）。
A. 普通股筹资没有固定的利息负担、财务风险较低，因此资本成本也较低
B. 发行优先股可以提升公司的举债能力
C. 通过发行债券筹资，企业可以获得财务杠杆效应
D. 利用留存收益筹资不用发生筹资费用
E. 长期借款方式筹资与发行股票和债券相比，其资本成本较高

3.28 下列关于各种筹资方式的表述中，正确的有（　　）。
A. 发行债券和发行普通股股票均可以提高企业的社会声誉
B. 发行优先股股票，通常会分散公司的控制权
C. 利用留存收益筹资的优点是不会发生筹资费用
D. 融资租赁相对于发行债券，财务风险和资本成本都比较小
E. 融资租赁相对于发行股票，筹资的限制条件较多

3.29 下列各项中，对于经营杠杆效应的描述，正确的有（　　）。
A. 在其他因素不变的情况下，销售额越小，经营杠杆系数越大
B. 当销售额处于盈亏临界点时，经营杠杆系数趋于无穷大
C. 引起企业经营风险的主要原因是存在经营杠杆
D. 如果息税前利润为正，只要存在固定经营成本，就存在经营杠杆效应
E. 只要有固定性经营成本存在，经营杠杆系数总是大于等于1

3.30 下列各项关于固定或稳定增长的股利政策的说法中，正确的有（　　）。
A. 有利于稳定股价
B. 有利于树立公司的良好形象
C. 使股利与公司盈余密切挂钩
D. 有利于优化公司资本结构
E. 是公司初创阶段的最佳选择

3.31 下列关于上市公司股利分配的表述中，正确的有（　　）。
A. 采用固定股利支付率政策，容易使公司面临较大的财务压力
B. 采用剩余股利政策，有利于公司树立良好的形象
C. 在股权登记日次日购买股票的股东，有权领取本期分配的股利
D. 发放股票股利会导致公司资本结构发生变化
E. 进行股票分割，有利于降低公司股票价格

3.32 下列关于股利分配政策的说法中，正确的有（　　）。
A. 采用剩余股利分配政策，可以保持理想的资本结构，使加权平均资本成本最低
B. 采用固定股利支付率分配政策，可以使股利和公司盈余紧密配合，但不利于稳定股票价格
C. 采用固定股利分配政策，当盈余较低时，容易导致公司资金短缺，增加公司风险
D. 采用低正常股利加额外股利政策，股利和盈余不匹配，不利于增强股东对公司的信心
E. 采用固定或稳定增长股利政策，在企业无利可分的情况下可能会违反《中华人民共和国公司法》

三、计算题

3.33 甲公司 2×19 年初资本总额为 1 500 万元，资本结构如下表所示：

资本来源	筹资金额
股本	50 万股（面值 1 元、发行价格 16 元）
资本公积	750 万元
长期借款	500 万元（5 年期、年利率 8%，分期付息一次还本）
应付债券	200 万元（按面值发行、3 年期、年利率 5%，分期付息一次还本）

（1）甲公司因需要筹集资金 500 万元，现有两个方案可供选择，并按每股收益无差别点分析法确定最优筹资方案。

方案一：采用发行股票方式筹集资金。发行普通股 20 万股，股票的面值为 1 元，发行价格为 25 元。

方案二：采用发行债券方式筹集资金。期限 3 年，债券票面年利率为 6%，按面值发行，每年年末付息到期还本。

（2）预计 2×19 年度息税前利润为 200 万元。

（3）甲公司筹资后，发行在外的普通股每股市价为 28 元，预计 2×20 年每股现金股利为 2 元，预计股利每年增长 3%。

（4）甲公司适用的企业所得税税率为 25%。不考虑筹资费用和其他因素影响。

根据上述资料，回答以下问题：

（1）针对以上两个筹资方案，每股收益无差别点的息税前利润是（　　）万元。

A.150　　　　　　　　　　　　B.163

C.160　　　　　　　　　　　　D.155

（2）甲公司选定最优方案并筹资后，其普通股的资本成本是（　　）。

A.8.14%　　　　　　　　　　　B.7.14%

C.10.14%　　　　　　　　　　D.11.14%

（3）甲公司选定最优方案并筹资后，加权平均资本成本是（　　）。

A.7.06%　　　　　　　　　　　B.8.07%

C.7.47%　　　　　　　　　　　D.8.47%

（4）甲公司选定最优方案并筹资后，假设甲公司 2×19 年实现息税前利润与预期的一致，其他条件不变，则甲公司 2×20 年的财务杠杆系数是（　　）。

A.1.50　　　　　　　　　　　　B.1.80

C.1.67　　　　　　　　　　　　D.1.33

3.34 甲公司发行在外的普通股总股数为 3 000 万股，全部债务为 6 000 万元（年利息率为 6%），因业务发展需要，追加筹资 2 400 万元，有 AB 两个方案：

A 方案：发行普通股 600 万股，每股 4 元。

B 方案：按面值发行债券 2 400 万元，票面利率为 8%。

公司采用资本结构优化的每股收益分析法进行方案选择，假设不考虑两个方案的筹资费用，公司追加投资后的销售总额达到 3 600 万元，变动成本率为 50%，固定成本为 600 万元，适用的企业所得税税率为 25%。甲公司完成筹资之后，普通股的 β 系数为 1.5，短期国债利率为 4%，市场利率为 10%。

根据上述资料，回答以下问题：

(1) 针对以上两个筹资方案，每股收益无差别点的息税前利润是（　　）万元。

A.1 500　　　　　　　　　　B.1 630

C.1 600　　　　　　　　　　D.1 512

(2) 公司选定最优方案并筹资后的财务杠杆系数是（　　）。

A.2.22　　　　　　　　　　B.1.85

C.1.43　　　　　　　　　　D.1.67

(3) 甲公司选定最优方案并筹资后，其普通股的资本成本是（　　）。

A.8%　　　　　　　　　　　B.16%

C.10%　　　　　　　　　　D.13%

(4) 甲公司选定最优方案并筹资后，加权平均资本成本是（　　）。

A.10.5%　　　　　　　　　B.10.17%

C.10.67%　　　　　　　　D.10.94%

错题整理页

第四章　投资管理

一、单项选择题

4.1 甲公司计划进行一项固定资产投资，总投资额为600万元，预计该固定资产投产后第一年的流动资产需用额为50万元，流动负债需用额为10万元；预计该固定资产投产后第二年的流动资产需用额为80万元，流动负债需用额为25万元。则该固定资产投产后第二年流动资金投资额是（　　）万元。

　　A.25　　　　　　　　　　　　B.15
　　C.40　　　　　　　　　　　　D.55

4.2 甲公司拟投资100万元购置一台新设备，使用年限为5年，预计净残值为5万元，按照直线法计提折旧。新设备投产时，需要垫支营运资金10万元，设备使用期满时全额收回。新设备投产后，每年增加净利润11万元。假设不考虑其他因素，会计折旧与税法规定一致，则该设备经营期每年现金净流量为（　　）万元。

　　A.30　　　　　　　　　　　　B.31
　　C.40　　　　　　　　　　　　D.41

4.3 长江公司计划投资购买一台设备，设备价值为35万元，使用寿命为5年，按直线法计提折旧，期末无残值，使用该设备每年给企业带来销售收入38万元，付现成本15万元，若企业适用的所得税税率为25%，则该设备经营期每年现金净流量为（　　）万元。

　　A.23　　　　　　　　　　　　B.17.25
　　C.19　　　　　　　　　　　　D.12

4.4 某公司预计M设备报废时的变价净收入为3 500元，账面价值为5 000元，该公司适用的所得税税率为25%，则该设备报废引起的预计现金净流量为（　　）元。

　　A.3 125　　　　　　　　　　　B.3 875
　　C.4 625　　　　　　　　　　　D.5 375

4.5 甲公司2×20年12月31日以10 000元价格处置一台闲置设备，该设备于2×12年12月以80 000元价格购入，并在当期投入使用，预计可使用年限为10年，预计残值率为零，按年限平均法计提折旧（与税法规定相同）。假设甲公司适用的企业所得税税率为25%，不考虑其他相关税费，则处置该设备对当期现金流量的影响是（　　）。

　　A.增加10 000元　　　　　　　B.增加11 500元
　　C.减少10 000元　　　　　　　D.减少11 500元

4.6 黄河公司 2×20 年 12 月 31 日以 20 000 元价格处置 1 台闲置设备，该设备于 2×14 年 12 月以 90 000 元价格购入，并于当期立即投入使用，预计可使用年限为 9 年，预计净残值率为零。按年限平均法计提折旧（均与税法规定相同）。若企业适用的所得税税率为 25%，不考虑其他相关税费，该设备终结时对黄河公司当期现金流量的影响额为（　　）元。

A.19 500　　　　　　　　　　　B.20 000

C.22 500　　　　　　　　　　　D.24 000

4.7 某公司在项目期初对该生产流水线投入的建设资金为 20 万元，投入的营运资金为 5 万元。公司预计其生产流水线报废时的净收入为 1 万元，按税法规定的账面价值为 1.5 万元。假设公司适用的所得税税率为 25%，则该项目在终结期的预计现金净流量为（　　）万元。

A.3.795　　　　　　　　　　　B.1.125

C.5.175　　　　　　　　　　　D.6.125

4.8 黄河公司拟投资 900 万元于一个疫情防控建设项目，预计该项投资的周期为 4 年，每年现金净流量依次为 240 万元、300 万元、400 万元、360 万元，则该项目的投资回收期为（　　）年。

A.2.7　　　　B.3　　　　C.2.9　　　　D.2.8

4.9 甲公司一次性投资 100 万元引进一条建设期为 0 年、经营期为 5 年的生产线，采用年限平均法计提折旧，预计净残值为 0。该条生产线投产后每年带来销售收入 60 万元，付现成本 16 万元。假设税法规定的折旧方法及预计净残值与会计规定相同，适用的企业所得税税率为 25%，则甲公司该生产线的投资回报率为（　　）。

A.38%　　　　　　　　　　　B.31%

C.36%　　　　　　　　　　　D.44%

4.10 甲公司计划投资一条新的生产线，项目一次性投资 800 万元，建设期为 3 年，经营期为 10 年，经营期年现金净流量 230 万元。若当期市场利率为 9%，则该项目的净现值为（　　）万元。[已知：（P/A，9%，13）=7.4869，（P/A，9%，3）=2.5313]

A.93.87　　　　　　　　　　　B.339.79

C.676.07　　　　　　　　　　D.921.99

4.11 甲公司计划投资建设一条新生产线，原始投资额为 60 万元，预计新生产线投产后每年可为公司新增净利润 4 万元，新生产线的年折旧额为 6 万元，则该投资的回收期为（　　）年。

A.5　　　　B.6　　　　C.10　　　　D.15

4.12 甲公司计划投资一项目，一次性总投资为 100 万元，建设期为 0 年，经营期为 6 年，该项目的现值指数为 1.5。若当前市场利率为 8%，则该投资项目的年金净流量为（　　）万元。[已知（P/A，8%，6）=4.6229，（F/A，8%，6）=7.3359]

A.6.82　　　　　　　　　　　B.16.45

C.12.45　　　　　　　　　　　D.10.82

4.13 对于单一投资方案，如果投资项目的净现值为负数，则关于该项目的说法中，正确的是（　　）。

A. 该项目内含报酬率大于基准折现率

B. 该项目现值指数大于 1

C. 该项目年金净流量大于 0

D. 该项目不可行

4.14 甲公司拟对外发行面值为 60 万元、票面年利率为 6%、每年付息一次、到期一次还本、期限为 8 年的公司债券。若债券发行时的市场利率为 4%，则该债券的发行价格是（　　）万元。[已知（P/A，6%，8）=6.2098，（P/A，4%，8）=6.7327，（P/F，6%，8）=0.6274，（P/F，4%，8）=0.7307]

A.68.08　　　　　　　　　　　　B.61.88

C.66.20　　　　　　　　　　　　D.60.00

4.15 在其他条件一定的情况下，下列关于影响债券发行价格因素的表述中，错误的是（　　）。

A. 债券期限越长，其发行价格就越高

B. 债券的票面利率越高，其发行价格就越高

C. 债券发行时的市场利率越高，其发行价格就越低

D. 债券的面值越大，其发行价格就越高

4.16 甲公司拟发行票面金额为 10 000 万元、期限为 3 年的贴现债券。若市场年利率为 10%，则该债券的发行价格为（　　）万元。

A.7 000　　　　　　　　　　　　B.7 513.15

C.8 108.46　　　　　　　　　　　D.8 264.46

4.17 甲公司普通股上年每股分配股利为 1.2 元，预计未来股利以 10% 的速度稳定增长，股东要求的收益率为 12%。甲公司的股票价值为（　　）元。

A.60　　　　　　　　　　　　　　B.61.2

C.66　　　　　　　　　　　　　　D.67.2

二、多项选择题

4.18 下列公司的投资活动中，属于间接投资的有（　　）。

A. 购买股票

B. 购买债券

C. 购买固定资产

D. 购买无形资产

E. 购买原材料

4.19 下列关于投资项目现金净流量计算公式的表述中，错误的有（　　）。

A. 现金净流量 = 销售收入 − 付现成本 − 所得税

B. 现金净流量 = 税后利润 + 折旧 ×（1− 所得税税率）

C. 现金净流量 = 税前利润 + 折旧 × 所得税税率

D. 现金净流量 = 销售收入 − 付现成本 − 折旧 × 所得税税率

E. 现金净流量 =（销售收入 − 付现成本）×（1 − 所得税税率）+ 折旧 × 所得税税率

4.20 下列关于投资方案评价的净现值法与现值指数法的表述中，正确的有（　　）。

　　A. 两者都是绝对数指标，反映投资的效率

　　B. 两者都没有考虑货币的时间价值因素

　　C. 两者都必须按照预定的折现率折算现金流量的现值

　　D. 两者都不能反映投资方案的实际投资报酬率

　　E. 两者对同一投资方案的评价结果是一致的

4.21 对同一投资项目而言，下列关于投资决策方法的表述中，错误的有（　　）。

　　A. 如果净现值大于 0，其现值指数一定大于 1

　　B. 如果净现值小于 0，表明该项目将减损股东价值，应予以放弃

　　C. 如果净现值大于 0，其内含报酬率一定大于设定的基准折现率

　　D. 如果净现值大于 0，其投资回收期一定短于项目经营期的 1/2

　　E. 净现值、现值指数和内含报酬率的评价结果可能不一致

4.22 下列关于固定资产投资决策的表述中，正确的有（　　）。

　　A. 净现值法适用性强，能基本满足项目年限相同的互斥投资方案的决策

　　B. 净现值法适宜对投资额差别较大的独立投资方案的比较决策

　　C. 内含报酬率法用于互斥投资方案决策时，如果各方案的原始投资额现值不相等，可能无法做出正确决策

　　D. 年金净流量法适用于期限不同的投资方案的决策

　　E. 投资回报率法没有考虑资金时间价值因素，不能正确反映建设期长短及投资方式等条件对项目的影响

4.23 下列各项中，影响债券价值的因素有（　　）。

　　A. 债券期限

　　B. 债券票面利率

　　C. 债券市场价格

　　D. 债券面值

　　E. 贴现率

4.24 公司并购的支付方式是指并购活动中并购公司和目标公司之间的交易形式。下列属于并购支付方式的有（　　）。

　　A. 现金支付方式

　　B. 股票对价方式

　　C. 杠杆收购方式

　　D. 买方融资方式

　　E. 卖方融资方式

4.25 下列选项中，属于并购动因的有（　　）。

A. 获得公司控制权增效

B. 取得协同效应

C. 收缩战线实现最优的公司规模

D. 管理者的扩张动机

E. 降低代理成本

4.26 下列关于公司的并购与收缩表述中，正确的有（　　）。

A. 降低代理成本属于并购的动因之一

B. 买方融资属于并购的支付方式之一

C. 公司收缩的目标是通过收缩战线实现公司的最优规模

D. 公司分立属于公司收缩的方式之一

E. 分拆上市有助于提高子公司管理层的积极性

4.27 下列属于公司收缩主要方式的有（　　）。

A. 新设合并

B. 资产置换

C. 吸收合并

D. 控制权收购

E. 分拆上市

三、计算题

4.28 甲公司 2×16 年计划投资购入一台新设备。

（1）该设备投资额 600 万元，购入后直接使用。预计投产后每年增加 300 万元销售收入，每年增加付现成本 85 万元。

（2）预计投产后第一年年初流动资产需要额 20 万元，流动负债需要额 10 万元，预计投产后第二年年初流动资产需要额 40 万元，流动负债需要额 15 万元。

（3）预计使用年限 6 年，预计净残值率 5%，年限平均法计提折旧，与税法一致，预计第四年年末须支付修理费用 4 万元，最终报废残值收入 40 万元。

（4）所得税税率 25%，最低投资报酬率 8%。

已知：$(P/A, 8\%, 6) = 4.622$，$(P/F, 8\%, 1) = 0.925$，$(P/F, 8\%, 4) = 0.735$，$(P/F, 8\%, 6) = 0.630$。

(1) 该设备投产后，第二年年初须增加的流动资金投资额是（　　）万元。

A.15　　　　　　　　　　　　B.10

C.25　　　　　　　　　　　　D.40

(2) 该项目第六年年末的现金净流量是（　　）万元。

A.257.5　　　　　　　　　　　B.247.5

C.267.5　　　　　　　　　　　D.277.5

（3）该项目的投资回收期是（　　）年。

A.3.12　　　　　　　　　　　　　B.3.00

C.3.38　　　　　　　　　　　　　D.4.00

（4）该项目的净现值是（　　）万元。

A.268.37　　　　　　　　　　　　B.251.37

C.278.73　　　　　　　　　　　　D.284.86

4.29　甲公司为扩大生产经营规模，计划于 2×22 年初购置一条生产线，有关资料如下：

（1）该条生产线的购置成本为 800 万元，购入后可直接使用，使用年限为 6 年。固定资产采用直线法计提折旧（与税法相同），预计净残值为 80 万元（与税法相同）。生产线投产之后，每年增加营业收入 600 万元，增加付现成本 200 万元。预计 6 年后生产线的变现净收入为 80 万元。

（2）预计投产后第一年流动资产需要额 40 万元，流动负债需要额 10 万元，预计投产后第二年流动资产需要额 80 万元，流动负债需要额 30 万元。之后各年流动资产与流动负债需要额保持在第二年的水平不变，生产线使用期满后，流动资金将全部收回。

（3）公司目前的长期资金来源中只有普通股 3 200 万元，为筹集购买生产线所需资金，需向银行借款 800 万元，期限为 6 年，年利率为 6%，分期付息，一次还本，不考虑筹资费用。筹资完成，生产线投入使用之后，公司普通股市价为 20 元，预计下年的每股股利为 1.4 元，以后每年增加 3%。

假设甲公司适用的企业所得税税率为 25%，不考虑其他因素。

根据上述资料，回答以下问题：

（1）该套生产线投产后第二年流动资金的投资额是（　　）万元。

A.20　　　　　　　　　　　　　　B.30

C.50　　　　　　　　　　　　　　D.80

（2）甲公司生产线投入使用之后的加权资本成本是（　　）。

A.4.5%　　　　　　　　　　　　　B.6.5%

C.8.9%　　　　　　　　　　　　　D.10%

（3）该条生产线投产后第 6 年年末产生的现金净流量是（　　）万元。

A.80　　　　　　　　　　　　　　B.380

C.410　　　　　　　　　　　　　 D.460

（4）该条生产线的投资回收期是（　　）年。

A.2.42　　　　　　　　　　　　　B.2.58

C.2.67　　　　　　　　　　　　　D.2.83

4.30　黄河公司原有资本结构为：普通股 10 000 万元，资本成本为 10%；长期债券 2 000 万元，资本成本为 8.5%。现向银行借款 800 万元，期限为 5 年，年利率为 5%，分期付息，一次还本，筹资费用为 0。

该筹资用于购买价值为 800 万元的大型设备（不考虑相关税费），购入后立即投入使用，每年可为公司增加利润总额 160 万元。设备预计可使用 5 年，采用直线法计提折旧。

黄河公司向银行取得新的长期借款后，公司普通股市价为 10 元/股，预计下年的每股股利将由 1.8 元增加到 2.0 元，以后每年增加 1%，假设适用的所得税税率为 25%，不考虑其他因素的影响。

根据上述资料，回答以下问题：

(1) 若该设备投资项目的期望投资收益率为 16%，标准离差为 0.08，则该设备投资项目的标准离差率为（　　）。

A.8% B.16%
C.50% D.60%

(2) 黄河公司新增银行借款后的加权平均资本成本为（　　）。

A.9.4% B.9.49%
C.17.97% D.18.3%

(3) 该设备投资项目的投资回收期为（　　）年。

A.2.50 B.2.86
C.4.50 D.5.00

(4) 经测算，当贴现率为 20% 时，该设备投资项目净现值为 37.368 万元，当贴现率为 24% 时，该设备投资项目净现值为 −31.288 万元，采用插值法计算该设备项目的内含报酬率为（　　）。

A.21.50% B.23.15%
C.21.82% D.22.18%

错题整理页

第五章　营运资金管理

一、单项选择题

5.1 下列关于流动资产投资策略的表述中，错误的是（　　）。
A.采用紧缩的流动资产投资策略，可以节约流动资产的持有成本
B.在紧缩的流动资产投资策略下，流动资产与销售收入比率较低
C.在宽松的流动资产投资策略下，企业的财务和经营风险较小
D.制定流动资产投资策略时，不需要权衡资产的收益性和风险性

5.2 某公司在营运资金管理中，为了降低流动资产的持有成本、提高资产的收益性，决定保持一个低水平的流动资产与销售收入比率，据此判断，该公司采取的流动资产投资策略是（　　）。
A.紧缩的流动资产投资策略
B.宽松的流动资产投资策略
C.匹配的流动资产投资策略
D.稳健的流动资产投资策略

5.3 某企业以长期融资方式满足固定资产、永久性流动资产和部分波动性流动资产的需要，短期融资仅用于满足剩余的波动性流动资产的需要，该企业所采用的流动资产融资策略是（　　）。
A.激进融资策略
B.保守融资策略
C.期限匹配融资策略
D.紧缩融资策略

5.4 下列关于流动资产激进融资策略的表述中，正确的是（　　）。
A.最大限度地使用长期融资
B.短期融资方式支持所有的波动性流动资产
C.长期融资支持非流动资产、永久性流动资产和部分波动性流动资产
D.筹资成本相对较高

5.5 甲公司明年需要现金8 400万元，已知持有现金的机会成本率为7%，将有价证券转换为现金的转换成本为150元，则最佳现金持有量应为（　　）万元。
A.90　　　　　　　　　　　　　　B.70
C.50　　　　　　　　　　　　　　D.60

5.6 在利用存货模式确定最佳现金持有量时，须考虑的成本是（ ）。

A. 机会成本和转换成本

B. 交易成本和转换成本

C. 交易成本和短缺成本

D. 机会成本和短缺成本

5.7 甲公司 2×22 年存货周转期为 95 天，应收账款周转期为 55 天，应付账款周转期为 90 天，则该公司的现金周转期为（ ）天。

A.50　　　　　　　　　　　　B.60

C.130　　　　　　　　　　　 D.240

5.8 甲公司只生产和销售一种产品，该产品的单位售价是 80 元，单位变动成本是 60 元，每年的销售量为 36 000 件。公司目前采用的现金折扣政策是"5/10、2/20、n/30"，40% 的顾客会在 10 天内付款，30% 的顾客会在 20 天内付款，20% 的顾客会在 30 天内付款，另外 10% 的顾客平均在信用期满后 20 天付款。假设甲公司资金的机会成本率为 12%，全年按照 360 天算，则甲公司应收账款的机会成本为（ ）元。

A.15 120　　　　　　　　　　B.20 160

C.12 960　　　　　　　　　　D.17 280

5.9 甲公司只生产和销售一种产品，年产销量为 360 万件，产品的单位售价为 10 元 / 件，单位变动成本为 4 元 / 件。向客户提供的信用条件为"2/10, n/20"，其中占销售收入 50% 的客户选择在第 10 天付款，40% 的客户选择在 20 天付款，10% 的客户选择在信用期满的 10 天后付款。假设甲公司的资本成本为 10%，全年按 360 天计算，则甲公司当年应收账款的机会成本为（ ）万元。

A.1.6　　　　　　　　　　　　B.6.4

C.9.6　　　　　　　　　　　　D.16

5.10 甲公司 2×20 年产品销售量为 100 万台，每台单价 8 000 元，单位变动成本为 4 000 元，销售利润率（税前利润/销售收入）为 20%。企业为扩大销售，2×21 年度实行新的信用政策，信用条件为"2/20, n/60"，预计销售量可增加 50 万台。根据测算，有 20% 的销售额将享受现金折扣，其余享受商业信用。商业信用管理成本、坏账损失和收账成本分别占销售收入的 2%、8% 和 7%。如果 2×21 年度销售利润率保持不变，有价证券的报酬率为 8%，一年按 360 天计算，则甲公司 2×21 年度可实现利润总额（ ）万元。

A.16 505　　　　　　　　　　B.16 980

C.24 267　　　　　　　　　　D.18 256

5.11 "5C"系统作为衡量客户信用标准的重要方法，其中"能力"指标是指客户的（ ）。

A. 盈利能力　　　　　　　　　B. 营运能力

C. 偿债能力　　　　　　　　　D. 管理能力

5.12 甲公司生产产品，需要某种零件，该零件的单价为5元，全年需求量为72 000件，一年按360天计算，每次订货成本为250元，单位储存成本为1元/年。按照经济订货量进货，下列计算结果中，错误的是（　　）。

A. 经济订货量为6 000件

B. 年订货次数为12次

C. 总订货成本为6 000元

D. 与进货批量相关的总成本为6 000元

5.13 长江公司生产产品每年需要某原材料150 000公斤，每次订货变动成本为93元，单位变动储存成本为1.5元/公斤，则长江公司该原材料的最优经济订货批量为（　　）公斤。

A. 7 000   B. 5 314

C. 8 600   D. 4 313

5.14 某企业从银行获得附有承诺的周转信用协议的额度为1 000万元，承诺费率为0.5%，年初借入800万元，年底偿还，年利率为5%。该企业负担的承诺费是（　　）万元。

A. 1   B. 4

C. 5   D. 9

5.15 甲公司与银行商定的周转信贷额度为100万元，约定年利率为10%，承诺费率为0.5%，年度内甲公司实际动用贷款60万元，使用了12个月，则该笔借款的实际利率最接近于（　　）。

A. 16.67%   B. 10%

C. 10.33%   D. 10.2%

5.16 某企业向银行借款500万元，利率为5.4%，银行要求保留10%的补偿性余额，则该借款的实际利率为（　　）。

A. 6%   B. 4.91%

C. 4.86%   D. 5.4%

5.17 甲公司按"2/10、n/40"的信用条件购入货物，一年按照360天计算，则该公司放弃现金折扣的信用成本率是（　　）。

A. 18%   B. 18.37%

C. 24%   D. 24.49%

二、多项选择题

5.18 企业采用宽松的流动资产投资政策时，（　　）。

A. 流动资产的持有成本较高

B. 公司的风险水平较高

C. 企业的收益水平较低

D. 企业的收益水平较高

E. 公司的风险水平较低

5.19 下列属于流动资产的激进融资策略特点的有（ ）。

　　A. 长期融资支持非流动资产、永久性流动资产和部分波动性流动资产

　　B. 整体的融资风险比较低

　　C. 仅对一部分永久性流动资产使用长期融资方式融资

　　D. 最小限度地使用短期融资

　　E. 整体的融资成本比较低

5.20 下列各项属于企业信用政策组成内容的有（ ）。

　　A. 信用条件

　　B. 收账政策

　　C. 周转信用协议

　　D. 信用标准

　　E. 销售政策

5.21 下列关于应收账款的日常管理的表述中，正确的有（ ）。

　　A. 对应收账款实施追踪分析的重点是赊销商品的销售与变现能力

　　B. 应收账款的账龄结构，是指各账龄应收账款的余额占应收账款总计余额的比重

　　C. 应收账款保理分为有追索权保理和无追索权保理，是一项单纯的收账管理业务

　　D. 应收账款的坏账损失一般无法彻底避免，因此对坏账损失的可能性要预先进行估计

　　E. 应收账款保理能减少坏账损失、降低经营风险，但不能改善企业的财务结构

5.22 下列成本费用中，一般属于存货变动储存成本的有（ ）。

　　A. 存货资金的应计利息

　　B. 存货的毁损和变质损失

　　C. 仓库折旧费

　　D. 库存商品保险费

　　E. 存货储备不足而造成的损失

5.23 甲公司某材料年需要量为 108 000 千克，每次订货成本为 5 000 元，单位储存成本为 30 元/千克。甲公司按照经济订货量进货，下列计算结果中，正确的有（ ）。

　　A. 经济订货量为 6 000 千克

　　B. 与进货批量有关的总成本为 180 000 元

　　C. 年订货次数为 18 次

　　D. 总订货成本为 90 000 元

　　E. 总储存成本为 180 000 元

5.24 根据确定最佳现金持有量的存货模式，下列指标与最佳现金持有量呈同向变动的有（ ）。

　　A. 现金的短缺成本

　　B. 预测期内公司的现金需求量

　　C. 现金的管理成本

D. 持有现金的机会成本率

E. 一次的交易成本

5.25 下列关于短期贷款利息支付方式的表述中，正确的有（　　）。

A. 采用贴现法付息时，短期贷款的实际利率要高于名义利率

B. 采用加息法付息时，短期贷款的名义利率是实际利率的2倍

C. 对于同一笔短期贷款，企业应尽量选择收款法支付利息

D. 对于同一笔短期贷款，企业支付利息的方式对借款的实际利率没有影响

E. 采用收款法付息时，短期贷款的实际利率与名义利率相同

5.26 下列有关短期借款的信用条件和利息支付方式中，可能使短期借款名义利率低于实际利率的有（　　）。

A. 周转信用协议

B. 补偿性余额

C. 信用额度

D. 用贴现法付息

E. 用加息法付息

5.27 下列各项中，属于企业利用商业信用进行筹资的形式有（　　）。

A. 应付票据

B. 应付账款

C. 融资租赁

D. 预收货款

E. 短期借款

三、计算题

5.28 甲公司生产某种产品，该产品单位售价为160元，单位变动成本为120元，2×21年度销售360万件。2×22年为扩大销售量、缩短平均收款期，甲公司拟实行"5/10、2/30、n/50"的新的信用政策；采用该政策后，经测算：产品销售额将增加15%，占销售额40%的客户会在10天内付款、占销售额30%的客户会在30天内付款、占销售额20%的客户会在50天内付款、剩余部分客户会在80天内付款，逾期应收账款的收回须支出的收账费用及坏账损失占逾期账款金额的10%。甲公司2×21年度采用"n/30"的信用政策，其平均收款期为50天，40%的销售额在信用期内未付款，逾期应收账款的坏账损失占逾期账款金额的4.5%，收账费用占逾期账款金额的3%。

假设有价证券报酬率为8%，一年按360天计算，其他条件不变。

根据上述资料，回答以下各题：

(1) 在新的信用政策下，甲公司应收账款的平均收款期为（　　）天。

A.23　　　　　　　　　　　　B.26

C.30　　　　　　　　　　　　D.31

(2) 在新的信用政策下，甲公司应收账款的机会成本为（　　）万元。

A.382.72　　　　　　　　　　　　B.396.80

C.456.32　　　　　　　　　　　　D.342.24

(3) 在新的信用政策下，甲公司现金折扣成本为（　　）万元。

A.1 324.80　　　　　　　　　　　B.1 497.50

C.1 684.48　　　　　　　　　　　D.1 722.24

(4) 不考虑其他因素，甲公司实行新的信用政策能增加的利润总额为（　　）万元。

A.1 588.68　　　　　　　　　　　B.1 961.12

C.1 641.12　　　　　　　　　　　D.1 656.00

错题整理页

第六章 财务分析与评价

一、单项选择题

6.1 下列各项中，不属于速动资产的是（　　）。
A. 货币资金
B. 存货
C. 应收账款
D. 交易性金融资产

6.2 下列财务指标中，可显示企业立即偿还到期债务能力的是（　　）。
A. 资产负债率
B. 流动比率
C. 权益乘数
D. 现金比率

6.3 2×15年末甲公司每股股票的账面价值为30元，负债总额为6 000万元，每股收益为4元，每股发放现金股利1元。当年留存收益增加1 200万元。假设甲公司一直无对外发行的优先股，则甲公司2×15年末的产权比率是（　　）。
A. 0.33　　　　　　　　　　　B. 0.5
C. 1.0　　　　　　　　　　　D. 1.5

6.4 甲公司2×20年度实现的净利润为210万元，利息发生额为150万元，其中，符合资本化条件的为100万元，其余全部为费用化利息。该公司适用的企业所得税税率为25%，不存在纳税调整项目。若不考虑其他事项，则该公司2×20年已获利息倍数为（　　）。
A. 2.87　　　　　　　　　　　B. 2.53
C. 2.2　　　　　　　　　　　D. 2.4

6.5 关于产权比率指标和权益乘数指标之间的数量关系，下列表述中，正确的是（　　）。
A. 权益乘数=1/产权比率
B. 权益乘数=1+产权比率
C. 权益乘数=1-产权比率
D. 权益乘数=1×产权比率

6.6 甲公司2×20年初存货为68万元。2×20年末流动资产只有货币资金、应收账款和存货三项，年末有关财务数据为：流动负债50万元，流动比率为2.8，速动比率为1.6，全年销售成本为640万元。该公司2×20年度存货周转次数为（　　）次。

　　A.6.4　　　　　　　　　　　　　　B.8

　　C.10　　　　　　　　　　　　　　D.12

6.7 下列不属于反映盈利能力财务指标的是（　　）。

　　A. 营业利润率　　　　　　　　　　B. 总资产收益率

　　C. 净资产收益率　　　　　　　　　D. 已获利息倍数

6.8 某公司2×22年初所有者权益为2亿元，2×22年末所有者权益为3亿元。该公司2×22年的资本积累率是（　　）。

　　A.50%　　　　　　　　　　　　　　B.75%

　　C.120%　　　　　　　　　　　　　D.150%

6.9 某公司2×19年初所有者权益为2亿元，2×19年末所有者权益为3亿元。该公司2×19年的资本保值增值率是（　　）。

　　A.50%　　　　　　　　　　　　　　B.75%

　　C.120%　　　　　　　　　　　　　D.150%

6.10 甲公司2×22年末负债总额为6 000万元，产权比率为3，2×22年度经营活动现金流量净额为500万元，假设资产负债表年末数据可以代表全年平均水平，则2×22年甲公司的全部资产现金回收率为（　　）。

　　A.6.25%　　　　　　　　　　　　　B.8.33%

　　C.2.78%　　　　　　　　　　　　　D.5.56%

6.11 黄河公司按月计算每股收益的时间权数。2×22年初发行在外的普通股为40 000万股；2×22年3月1日新发行普通股10 800万股；2×22年11月1日回购普通股4 800万股，以备将来奖励员工之用。该公司当年度实现的净利润为12 050万元。黄河公司2×22年基本每股收益为（　　）元。

　　A.0.27　　　　　　　　　　　　　　B.0.26

　　C.0.25　　　　　　　　　　　　　　D.0.24

6.12 下列不属于稀释性潜在普通股的是（　　）。

　　A. 可转换公司债券

　　B. 认股权证

　　C. 股票期权

　　D. 配股增加的股份

6.13 乙公司2×22年1月1日发行在外普通股8 000万股，2×22年6月30日以2×22年1月1日总股数为基础，每10股送10股。2×22年12月1日，发行新股6 000万股，若2×22年净利润为25 000万元，则2×22年基本每股收益为（　　）元。

　　A.2　　　　　　　　　　　　　　　　B.1.14

　　C.1.52　　　　　　　　　　　　　　D.1.39

6.14 甲公司2×16年度归属于普通股股东的净利润为800万元，发行在外的普通股加权平均数（除认股权证外）为2 000万股，该普通股平均每股市价为6元，2×16年1月1日，该公司对外发行300万股认股权证，行权日为2×17年3月1日，每份认股权证可以在行权日以5.2元的价格认购本公司1股新发行的股份，则甲公司2×16年稀释每股收益为（　　）元。

　　A.0.30　　　　　　　　　　　B.0.35

　　C.0.39　　　　　　　　　　　D.0.40

6.15 甲公司2×22年净利润为250万元，流通在外的普通股加权平均股数为100万股，优先股为50万股，优先股股息为每股1元。2×22年末普通股的每股市价为30元，则甲公司的市盈率为（　　）。

　　A.12　　　　　　　　　　　　B.15

　　C.18　　　　　　　　　　　　D.22.5

6.16 某公司2×21年实现的净利润为500万元，2×21年12月31日的每股市价为30元，股东权益为600万元，流通在外的普通股股数为120万股。2×21年4月1日发行股票30万股，10月1日回购股票20万股，则2×21年末的市净率为（　　）。

　　A.6.875　　　　　　　　　　　B.6

　　C.6.5　　　　　　　　　　　　D.6.83

6.17 甲公司2×15年净利润为350万元，流通在外的普通股加权平均股数为500万股，优先股为100万股，优先股股利为1元/股，若2×15年末普通股的每股市价为20元，则甲公司的市盈率为（　　）。

　　A.40　　　　　　　　　　　　B.35

　　C.50　　　　　　　　　　　　D.55

6.18 在其他因素不变的情况下，下列因素变动能够提高净资产收益率的是（　　）。

　　A.产品成本上升　　　　　　　B.存货增加

　　C.收账期延长　　　　　　　　D.资产负债率提高

6.19 甲公司2×21年、2×22年销售净利率分别为10%、12%，总资产周转率分别为6和5，假定资产负债率不变，与2×21年相比，2×22年净资产收益率的趋势为（　　）。

　　A.下降　　　　　　　　　　　B.上升

　　C.不变　　　　　　　　　　　D.无法确定

6.20 甲公司销售净利润率为20%，总资产收益率为30%，则总资产周转率为（　　）。

　　A.0.67　　　　　　　　　　　B.0.1

　　C.0.5　　　　　　　　　　　　D.1.5

6.21 企业综合绩效评价指标由财务绩效定量评价指标和管理绩效定性评价指标组成。下列属于财务绩效中评价企业盈利能力状况修正指标的是（　　）。

　　A.总资产报酬率

　　B.已获利息倍数

C. 资本收益率

D. 净资产收益率

二、多项选择题

6.22 下列选项中，属于财务分析基本内容的有（　　）。

A. 分析企业的偿债能力

B. 评价企业资产的营运能力

C. 评价企业的盈利能力

D. 从总体上评价企业的资金实力

E. 分析企业的每股收益

6.23 下列各项财务指标中，能反映企业短期偿债能力的有（　　）。

A. 流动比率

B. 产权比率

C. 现金比率

D. 营业利润率

E. 资产负债率

6.24 下列关于偿债能力的说法中，正确的有（　　）。

A. 流动比率是衡量企业短期偿债能力的指标

B. 速动资产包括货币资金、交易性金融资产、应收款项和存货

C. 速动比率可显示企业立即偿还到期债务的能力

D. 产权比率越低，企业的长期偿债能力越强

E. 已获利息保障倍数越大，说明企业支付债务利息的能力越强

6.25 已知甲公司年末负债总额为300万元，所有者权益总额为200万元，流动资产为200万元，速动资产为100万元，流动负债为150万元，年利息费用为20万元，无资本化利息，净利润为40万元，所得税费用为10万元，年初所有者权益总额为100万元，则（　　）。

A. 资产负债率为60%

B. 速动比率为4/3

C. 已获利息倍数为3.5

D. 产权比率为5/2

E. 资本保值增值率为200%

6.26 下列属于反映获取现金能力的财务指标的有（　　）。

A. 现金比率

B. 现金流动负债比率

C. 销售现金比率

D. 每股营业现金净流量

E. 盈余现金保障倍数

6.27 下列各项财务指标中,能反映企业经济增长状况的指标有（　　）。
  A. 技术投入比率
  B. 资本保值增值率
  C. 资本积累率
  D. 已获利息倍数
  E. 营业收入增长率

6.28 下列各项财务指标中,能反映上市公司特殊财务分析的指标有（　　）。
  A. 每股收益
  B. 销售现金比率
  C. 净资产收益率
  D. 市盈率
  E. 市净率

6.29 下列各项中,影响上市公司计算报告年度基本每股收益的有（　　）。
  A. 已发行的认股权证
  B. 已发行的可转换公司债券
  C. 当期回购的普通股
  D. 已派发的股票股利
  E. 已分拆的股票

6.30 下列因素中,影响企业稀释每股收益的有（　　）。
  A. 发行在外的普通股加权平均数
  B. 可转换公司债券
  C. 净利润
  D. 认股权证
  E. 每股股利

6.31 下列关于杜邦分析体系各项指标的表述中,正确的有（　　）。
  A. 净资产收益率是综合性最强的财务比率,杜邦分析的核心指标,是所有者利润最大化的基本保证
  B. 净资产收益率 = 销售净利率 × 总资产周转率,提高销售净利率是提高企业盈利能力的关键所在
  C. 总资产周转率体现了企业经营期间全部资产从投入到产出的流转速度,往往企业销售能力越强,总资产周转效率越高
  D. 权益乘数主要受资产负债率影响,与资产负债率同方向变化
  E. 净资产收益率与企业的销售规模、成本水平、资产运营、资本结构等构成一个相互依存的系统

6.32 下列企业综合绩效评价指标中,属于经营增长状况指标的有（　　）。
  A. 销售增长率
  B. 技术投入比率

C. 销售利润率

D. 发展创新

E. 资本保值增值率

6.33 下列属于企业综合绩效评价中基本财务绩效评价指标的有（　　）。

A. 战略管理

B. 总资产报酬率

C. 风险控制评价

D. 资本保值增值率

E. 销售利润率

三、计算题

6.34 甲股份有限公司 2×20 年有关所有者权益变动等的资料如下：

（1）2×20 年 7 月 1 日按每股 6.5 元的发行价增发 400 万股普通股（每股面值 1 元）。

（2）2×20 年 11 月 1 日按每股 10 元的价格回购 120 万股普通股（每股面值 1 元）并予以注销。

（3）截至 2×20 年末，甲公司发行在外的普通股为 2 000 万股（每股面值 1 元），年末股票市场价格为 9.6 元/股。

（4）2×20 年度实现销售收入净额 16 000 万元，销售净利润率为 10%，净利润全部留存。

（5）甲公司 2×20 年的资本积累率为 30%。

假设该公司 2×20 年度除上述项目外，未发生影响所有者权益增减变动的其他事项，年末负债总额为 13 000 万元。

根据上述资料，回答下列各题：

(1) 甲股份有限公司 2×20 年的净资产收益率是（　　）。

A. 7.02%　　　　　　　　　　　B. 13.91%

C. 12.31%　　　　　　　　　　D. 18.28%

(2) 甲股份有限公司 2×20 年的基本每股收益是（　　）元。

A. 0.58　　　　　　　　　　　B. 0.60

C. 0.84　　　　　　　　　　　D. 0.88

(3) 甲股份有限公司 2×20 年末的市盈率是（　　）。

A. 11.43　　　　　　　　　　 B. 16.00

C. 17.56　　　　　　　　　　 D. 18.00

(4) 甲股份有限公司 2×20 年末的资产负债率是（　　）。

A. 25%　　　　　　　　　　　B. 50%

C. 1　　　　　　　　　　　　D. 2

单项选择题

6.35 以下关于盈余现金保障倍数表述正确的是（　　）。

A. 盈余现金保障倍数反映了企业当期净利润中现金收益的保障程度，能够体现企业获取现金的能力

B. 盈余现金保障倍数从现金流量的角度来反映企业当期偿付短期负债的能力

C. 盈余现金保障倍数 =（经营活动现金流量净额/净利润）×100%

D. 盈余现金保障倍数 =（经营现金净流量/年末流动负债）×100%

错题整理页

第七章 财务会计概论

一、单项选择题

7.1 关于货币计量假设，下列说法中，错误的是（　　）。
A. 货币计量假设并不表示货币是会计核算中唯一的计量单位
B. 假定货币的币值是基本稳定的
C. 在存在多种货币的情况下，我国境内的企业均要求以人民币作为记账本位币
D. 货币作为一般等价物，是衡量商品价值的共同尺度

7.2 下列关于会计基本假设的表述中，正确的是（　　）。
A. 会计主体是指会计为之服务的特定单位，必须是企业法人
B. 货币是会计核算的唯一计量单位
C. 持续经营假设在任何情况下都适用
D. 会计分期是费用跨期摊销、固定资产折旧计提的前提

7.3 如果企业资产按照其正常对外销售所能收到现金或现金等价物的金额扣减该资产至完工时估计将要发生的成本、估计的销售费用以及相关税费后的金额计量，则其所采用的会计计量属性为（　　）。
A. 可变现净值
B. 重置成本
C. 现值
D. 公允价值

7.4 负债按现在偿付该项债务所需支付的现金或者现金等价物的金额计量，其采用的会计计量属性是（　　）。
A. 重置成本
B. 可变现净值
C. 历史成本
D. 现值

7.5 在历史成本计量下，下列表述中，错误的是（　　）。
A. 负债按预期需要偿还的现金或现金等价物的折现金额计量
B. 负债按因承担现时义务的合同金额计量
C. 资产按购买时支付的现金或现金等价物的金额计量
D. 资产按购置资产时所付出的对价的公允价值计量

7.6 下列各项中，属于流动资产的是（　　）。

A. 固定资产　　　　　　　　　　　　B. 长期股权投资

C. 交易性金融资产　　　　　　　　　D. 投资性房地产

7.7 下列关于财务会计要素及其确认的相关表述中，正确的是（　　）。

A. 资产是指企业过去的交易或者事项形成、由企业拥有或者控制的、预期会给企业带来经济利益的资源

B. 负债是指企业未来的交易或者事项形成的、预期会导致经济利益流出企业的现时义务

C. 收入是指企业在日常活动中形成的、会导致所有者权益增加的、与所有者投入资本有关的经济利益的总流入

D. 费用是指企业在日常活动中发生的、会导致所有者权益减少的、与向所有者分配利润无关的经济利益的净流出

7.8 下列关于会计信息质量要求的表述中，错误的是（　　）。

A. 企业会计政策不得随意变更体现了可比性的要求

B. 售后回购在会计上一般不确认收入体现了实质重于形式的要求

C. 资产负债表日对发生减值的固定资产计提减值准备体现了谨慎性原则的要求

D. 适度高估负债和费用、低估资产和收入体现了谨慎性的要求

7.9 下列各项中，体现财务会计信息可比性的会计处理方法是（　　）。

A. 分期收款发出商品未全额确认为当期收入

B. 对个别资产采用现值计量

C. 对发生减值的资产计提减值

D. 发出存货的计价方法一经确定，不得随意变更，如需变更应在财务报表附注中披露

7.10 根据财政部印发的《会计人员职业道德规范》的规定，不属于职业道德规范的是（　　）。

A. 坚持诚信，守法奉公

B. 坚持学习，守正创新

C. 坚持准则，守责敬业

D. 坚持革新，守规进取

二、多项选择题

7.11 下列关于资产的表述中，正确的有（　　）。

A. 交易性金融资产和以摊余成本计量的金融资产属于流动资产

B. 主要为交易目的而持有但暂无出售计划的资产属于非流动资产

C. 房地产开发企业预计在1年内（含1年）无法售出的商品房属于非流动资产

D. 以公允价值计量且其变动计入其他综合收益的金融资产和长期股权投资属于非流动资产

E. 自资产负债表日起1年内（含1年），交换其他资产或清偿负债的能力不受限制的现金或现金等价物应当分类为流动资产

7.12 根据《企业会计准则》的规定，下列关于费用的表述中，正确的有（　　）。

A. 企业为生产产品、提供劳务等发生的可归属于产品成本、劳务成本等的费用，应当在确认产品收入、劳务收入等时，将已销售产品、已提供劳务的成本等计入当期损益

B. 企业发生的支出不产生经济利益的，或者即使能够产生经济利益但不符合或者不再符合资产确认条件的，应当在发生时确认为费用，计入当期损益

C. 费用只有在经济利益很可能流出从而导致企业资产减少或者负债增加，且经济利益的流出额能够可靠计量时才能予以确认

D. 如果一项支出在会计上不能确认为费用，一定应将其确认为损失

E. 企业经营活动中发生的、会导致所有者权益减少的经济利益的总流出均属于费用

7.13 下列会计核算体现了谨慎性会计信息质量要求的有（　　）。

A. 应低估资产或收益

B. 不确认可能发生的收益

C. 不高估资产或收益

D. 应确认预计发生的损失

E. 计提特殊准备项目以平滑利润

错 题 整 理 页

第八章 流动资产（一）

一、单项选择题

8.1 下列各项中，广义的现金不包括（　　）。

A. 一年后到期的债券投资

B. 银行汇票存款

C. 银行本票存款

D. 银行活期存款

8.2 下列关于银行存款余额调节表的表述中，正确的是（　　）。

A. 银行存款余额调节表是用来核对企业和银行的记账有无错误，并作为记账依据

B. 调节后银行存款日记账余额与银行对账单余额一定相等

C. 调节后的银行存款余额，反映企业可以动用的银行存款实有数额

D. 对于未达账项，企业需根据银行存款余额调节表进行账务处理

8.3 甲公司 2023 年 5 月 31 日银行存款日记账余额为 85 000 元，银行对账单余额为 107 500 元。经核对，存在下列未达账项：（1）银行计提企业存款利息 1 800 元，企业尚未收到通知；（2）企业开出转账支票支付货款 21 750 元，银行尚未办理入账手续；（3）企业收到转账支票一张，金额为 1 050 元，企业已入账，银行尚未入账。甲公司 5 月 31 日可动用的银行存款实有数额是（　　）元。

A. 85 750　　　　B. 94 300　　　　C. 86 800　　　　D. 85 000

8.4 下列各项中，不通过"其他货币资金"科目核算的是（　　）。

A. 专用账户存款

B. 银行汇票存款

C. 为进行异地临时零星采购而汇出的款项

D. 信用卡存款

8.5 甲公司 2×23 年 2 月 20 日向乙公司销售一批商品，不含税货款 50 000 元，适用的增值税税率为 13%。乙公司开来一张出票日为 2 月 22 日，面值为 56 500 元、票面年利率为 6%、期限为 60 天的商业承兑汇票。次月 18 日甲公司因急需资金，持该票据到银行贴现，贴现率为 10%。若该项贴现业务符合金融资产终止确认条件，则甲公司取得的贴现额是（　　）元。

A. 56 478.50　　　　　　　　B. 56 494.35

C. 56 510.20　　　　　　　　D. 57 065

8.6 甲公司4月29日以113 000元（含税）出售一批产品给乙公司，并收到乙公司交来的出票日为5月1日、面值为113 000元、期限为3个月的商业承兑无息票据。甲公司于6月1日持该票据到银行贴现，贴现率为12%。如果本项贴现业务不满足金融资产终止确认条件，则甲公司收到银行贴现款时，应贷记（　　）元。

　　A. 应收票据110 740

　　B. 应收票据113 000

　　C. 短期借款110 740

　　D. 短期借款113 000

8.7 下列各项中，通过"应收账款"科目核算的是（　　）。

　　A. 用于外地采购物资拨付的款项

　　B. 销售商品代垫的运输费用

　　C. 应收的出租包装物租金

　　D. 应收的各种赔款、罚款

8.8 某公司按应收款项余额的5%计提坏账准备。2×22年12月31日应收款项余额为200万元。2×23年发生坏账损失25万元，收回已核销的应收款项10万元，2×23年12月31日应收款项余额为240万元。该公司2×23年末应计提的坏账准备金额为（　　）万元。

　　A.17　　　　　　　　　　　　B.12

　　C.7　　　　　　　　　　　　 D.5

8.9 甲公司按期末应收款项余额的5%计提坏账准备。2×22年12月31日应收款项余额240万元。2×23年发生坏账30万元，已核销的坏账又收回10万元。2×23年12月31日应收款项余额220万元，则甲公司2×23年末应计提坏账准备的金额为（　　）万元。

　　A.-9　　　　　　　　　　　　B.19

　　C.-29　　　　　　　　　　　 D.49

8.10 甲公司采用备抵法核算应收款项的坏账准备，按应收款项余额的5%计提坏账准备。2×23年度发生坏账56万元，收回上一年已核销的坏账20万元。2×23年末应收款项余额比2×22年末增加1 200万元，则甲公司2×23年末应计提坏账准备的金额为（　　）万元。

　　A.60　　　　　　　　　　　　B.136

　　C.24　　　　　　　　　　　　D.96

8.11 企业收到投资者以外币投入的资本时，应当采用的折算汇率是（　　）。

　　A. 合同约定汇率

　　B. 即期汇率的近似汇率

　　C. 月初和月末即期汇率的平均值

　　D. 交易日的即期汇率

8.12 甲公司以人民币作为记账本位币，对当月交易的外币业务采用当月月初的市场汇率作为即期汇率的近似汇率进行核算，并按月计算汇兑损益，某年度9月1日的市场汇率为1美元=6.2元人民币（假定与上月月末市场汇率相同），各外币账户9月1日期初余额分别为银行存款100 000美元、应收账款10 000美元、应付账款10 000美元、短期借款15 000美元。该公司当年9月份外币收支业务如下：5日收回应收账款8 000美元；8日支付应付账款5 000美元；20日偿还短期借款10 000美元；23日销售一批价值为25 000美元的货物，货已发出、款项尚未收到。假设不考虑相关税费，当年9月30日的市场汇率为1美元=6.15元人民币，则9月末各外币账户调整的会计处理中，正确的是（　　）。

A. 借记应付账款（美元户）250元

B. 借记应收账款（美元户）1 350元

C. 借记银行存款（美元户）4 650元

D. 借记短期借款（美元户）350元

8.13 甲公司采用人民币为记账本位币，属于增值税一般纳税人，适用的增值税税率为13%，外币业务采用交易发生日的即期汇率折算，按月计算汇兑损益。2×23年3月1日，甲公司进口价款为500万美元的乙产品，货款尚未支付，增值税已支付。2×23年3月1日和3月31日的即期汇率分别为：1美元=6.85元人民币和1美元=6.80元人民币。2×23年4月15日，甲公司以人民币归还500万美元的货款，当日即期汇率1美元=6.78元人民币。不考虑其他因素，根据上述经济业务，甲公司下列会计处理中，错误的是（　　）。

A. 2×23年3月1日购入乙产品时确认的应付账款为3 425万元

B. 2×23年3月31日因应付账款产生汇兑损失25万元

C. 2×23年3月31日应借记应付账款（美元户）25万元

D. 2×23年4月15日应偿还应付账款产生汇兑收益10万元

8.14 下列关于外币交易会计处理的表述中，错误的是（　　）。

A. 外币交易在初始确认时，可以采用按照系统合理的方法确定的、与交易日即期汇率近似的汇率折算

B. 资产负债表日，对于外币货币性项目应当根据汇率变动计算汇兑差额作为财务费用，无须再计提减值准备

C. 外币交易应当在初始确认时，采用交易发生日的即期汇率或近似汇率将外币金额折算为记账本位币金额

D. 资产负债表日，对以历史成本计量的外币非货币性项目，仍采用交易发生日的即期汇率折算，不改变记账本位币金额

8.15 甲公司的记账本位币为人民币，外币交易核算采用交易发生日的即期汇率，按月计算汇兑损益。9月30日甲公司应收账款美元账户余额为1 000万美元，当日汇率为1美元=7.0998元人民币。10月份发生如下业务：10日因向境外乙公司销售商品形成应

收账款 400 万美元，当日汇率为 1 美元 =7.0992 元人民币；20 日收到境外乙公司货款 200 万美元，当日汇率为 1 美元 =7.1188 元人民币。10 月 31 日汇率为 1 美元 =7.1768 元人民币。不考虑相关税费，10 月末甲公司应收账款美元账户应确认汇兑收益（　　）万元人民币。

A.69.6　　　　　　　　　　　　　　B.92.4

C.96.44　　　　　　　　　　　　　 D.26.84

二、多项选择题

8.16　下列关于银行存款余额调节表的说法中，正确的有（　　）。

A. 银行存款余额调节表用来核对企业和银行的记账有无错误，并作为记账依据

B. 调节前的银行对账单的余额，反映企业可以动用的银行存款实有数额

C. 调节后的银行存款余额，反映企业可以动用的银行存款实有数额

D. 调节后，若无记账差错，银行存款日记账余额和银行对账单余额应该相等

E. 对于未达账项，无须进行账面调整，待结算凭证收到后再进行账务处理

8.17　下列各项中，属于"其他货币资金"科目核算的有（　　）。

A. 银行汇票存款

B. 信用证保证金存款

C. 信用卡存款

D. 为购买股票而存入证券公司但尚未进行交易的款项

E. 为在外地进行零星采购汇往采购地银行开立采购专户的款项

8.18　下列会计事项中，应通过"其他应收款"科目核算的有（　　）。

A. 租入包装物支付的押金

B. 拨出用于外地零星采购原材料的款项

C. 存出投资款

D. 为取得信用卡按规定存入银行的款项

E. 拨付各车间的备用金

8.19　下列各项中，应通过"其他应收款"科目核算的有（　　）。

A. 租入周转材料支付的押金

B. 企业应收取的现金股利

C. 拨出的用于购买国库券的存款

D. 代缴的个人养老保险金

E. 支付的工程投标保证金

8.20　下列关于应收款项减值会计处理的表述中，正确的有（　　）

A. 单项金额重大的应收款项在进行减值测试时，应采用即期折现率计算未来现金流量现值

B. 应收款项发生减值而计提的坏账准备金额，计入资产减值损失科目

C. 对于单项金额非重大的应收款项，应当采用组合方式进行减值测试，分析判断是否发生减值

D. 对于经单独测试后未发生减值的单项重大的应收款项，无须再分析判断是否发生减值

E. 对于单项金额重大的应收款项，应当单独进行减值测试

8.21 如果企业存在境外业务，在选定境外经营的记账本位币时，应当考虑的因素有（　　）。

A. 境外经营对其所从事的活动是否拥有很强的自主性

B. 境外经营活动所采用的会计政策与国内会计政策的趋同性

C. 境外经营活动中与企业的交易是否在境外经营活动中占有较大比重

D. 境外经营活动产生的现金流量是否直接影响企业的现金流量，是否可以随时汇回

E. 境外经营活动产生的现金流量是否足以偿还其现有的债务和可预期的债务

8.22 企业发生的下列交易或事项产生的汇兑差额影响当期损益的有（　　）。

A. 外币兑换

B. 接受外币资本投资

C. 外币计价的交易性金融资产公允价值变动

D. 外币计价的其他权益工具投资公允价值变动

E. 长期应付款

8.23 下列关于外币交易会计处理的表述中，正确的有（　　）。

A. 以历史成本计量的外币非货币性项目，期末不产生汇兑差额

B. 交易性金融资产形成的汇兑差额计入财务费用

C. 其他权益工具投资形成的汇兑差额计入当期损益

D. 企业收到投资者以外币投入的资本，应当采用交易日即期汇率折算，不得采用合同约定汇率和即期汇率的近似汇率折算

E. 资产负债表日，外币货币性项目需要计提减值准备的，应当先计提减值准备，再计算汇兑差额

单项选择题

8.24 甲公司以人民币作为记账本位币。下列各项关于甲公司期末外币资产账户的外币账面价值折算为人民币的表述中，正确的是（　　）。

A. 外币合同资产按照资产负债表日的即期汇率进行折算

B. 以公允价值计量且其变动计入其他综合收益的外币非货币性金融资产形成的汇兑差额计入当期损益

C. 持有的按摊余成本计量的外币债券按照资产负债表日的即期汇率进行折算

D. 外币合同负债按照资产负债表日的即期汇率进行折算

错题整理页

第九章 流动资产（二）

一、单项选择题

9.1 下列各项中，不属于存货项目的是（   ）。
   A. 委托代销商品
   B. 企业已验收入库的以外来原材料加工制造的代制品
   C. 已付款取得采购发票但尚未验收入库的原材料
   D. 已经完成销售手续并确认销售收入，但购买单位在月末未提取的商品

9.2 下列各项中，属于企业库存商品的是（   ）。
   A. 委托外单位代销的商品
   B. 委托外单位加工的商品
   C. 可以降价出售的不合格品
   D. 已经完成销售手续并确认销售收入，但购买单位在月末未提取的商品

9.3 甲公司为工业企业，其在日常经营活动中发生的下列费用或损失，应当计入存货成本的是（   ）。
   A. 入库后的装卸费用
   B. 委托外单位加工物资支付的运输费
   C. 非合理损耗
   D. 入库后的仓储费用

9.4 下列各项税费中，不应计入存货成本的是（   ）。
   A. 由受托方代收代缴的收回后继续用于生产应税消费品的消费税
   B. 不能抵扣的增值税进项税额
   C. 进口原材料缴纳的进口关税
   D. 收回后直接用于对外销售的委托加工物资缴纳的消费税

9.5 甲公司系增值税一般纳税人，适用的增值税税率为13%。本月购入原材料200公斤，收到的增值税专用发票上注明价款为100万元，增值税税额为13万元（符合抵扣条件）。另发生运杂费5万元，途中保险费用5万元。原材料运抵公司后，验收时发现运输途中发生合理损耗5公斤，实际入库195公斤，则该原材料入账价值和单位成本分别为（   ）。
   A.110万元，0.56万元/公斤
   B.110万元，0.55万元/公斤

C.107.25 万元，0.56 万元/公斤
D.107.25 万元，0.55 万元/公斤

9.6 甲公司为增值税一般纳税人，2×24 年 12 月 25 日购入 100 吨原材料一批，取得的增值税专用发票上注明价款为 120 万元，增值税税额为 15.6 万元。支付运费取得的专用发票上注明运费为 2 万元，增值税税额为 0.18 万元，支付装卸费取得的专用发票上注明价款为 1 万元，增值税税额为 0.06 万元。验收入库时发现短缺 1 吨，系合理损耗。不考虑其他因素，则原材料的单位入账成本为（　　）万元。

A.1.24　　　　　　　　　　B.1.23
C.1.39　　　　　　　　　　D.1.40

9.7 长江公司期末存货采用成本与可变现净值孰低法计量。甲材料期末账面余额为 800 万元，数量为 200 吨。甲材料系专门用于生产与黄河公司签订的不可撤销合同约定的乙产品 300 台，合同约定：乙产品每台售价为 4.1 万元，将甲材料加工成 300 台乙产品尚需加工费 360 万元，估计销售每台乙产品尚需发生相关税费 0.4 万元，期末甲材料市场上每吨售价为 3.9 万元，估计销售每吨甲材料尚需发生相关税费 0.2 万元。不考虑增值税等其他因素，则长江公司甲材料期末账面价值为（　　）万元。

A.740　　　　　　　　　　B.750
C.800　　　　　　　　　　D.650

9.8 某企业采用先进先出法核算发出存货成本。2×24 年 11 月期初结存 M 材料 100 千克，每千克实际成本为 30 元；11 日购入 M 材料 260 千克，每千克实际成本为 23 元；21 日发出 M 材料 240 千克。不考虑其他因素，该企业发出 M 材料的成本为（　　）元。

A.5 986.67　　　　　　　　B.7 200
C.5 520　　　　　　　　　 D.6 220

9.9 甲公司只生产一种产品，月初库存产品 2 000 台，单位成本 3 万元，在产品成本 8 550 万元，本月直接材料、直接人工、制造费用共计 11 550 万元，当月完工产品 8 000 台，月末在产品成本 2 500 万元，销售产品 7 000 台，甲公司采用月末一次加权平均法计算当月发出产品成本，则月末库存产品的单位成本为（　　）万元。

A.3.00　　　　　　　　　　B.2.73
C.2.20　　　　　　　　　　D.2.36

9.10 长江公司对发出存货计价采用月末一次加权平均法，2×24 年 1 月甲存货的收发存情况为：1 月 1 日，结存 40 000 件，单价为 5 元；1 月 17 日，售出 35 000 件；1 月 28 日，购入 20 000 件，单价为 8 元。假设不考虑增值税等税费，长江公司 2×24 年 1 月 31 日甲存货的账面余额为（　　）元。

A.150 000　　　　　　　　 B.200 000
C.185 000　　　　　　　　 D.162 500

9.11 丁公司采用移动加权平均法核算发出产成品的实际成本。2×24 年 11 月初产成品的账面数量为 200 件，账面余额为 12 000 元。本月 10 日和 20 日分别完工入库该产成品

4 000 件和 6 000 件，单位成本分别为 64.2 元和 62 元。本月 15 日和 25 日分别销售该产成品 3 800 件和 5 000 件。丁公司 11 月末该产成品的账面余额为（　　）元。

A.86 800　　　　　　　　　　　　B.87 952.9

C.86 975　　　　　　　　　　　　D.89 880

9.12　甲公司采用毛利率法计算本期销售成本和期末存货成本，某商品期初存货成本 52 000 元，本期购货净额 158 000 元，本期销售收入总额 259 000 元，发生销售折让 6 000 元，估计该商品销售毛利率为 30%，则该商品本期期末存货成本为（　　）元。

A.31 400　　　　　　　　　　　　B.32 900

C.34 400　　　　　　　　　　　　D.35 900

9.13　某商场采用售价金额计算法核算库存商品。2×24 年 3 月 1 日，该商场库存商品的进价成本总额为 180 万元，售价总额为 300 万元；本月购入商品的进价成本总额为 500 万元，售价总额为 700 万元；本月实现的销售收入总额为 600 万元。不考虑其他因素，2×24 年 3 月 31 日该商场库存商品的成本总额为（　　）万元。

A.408　　　　　　　　　　　　　B.400

C.272　　　　　　　　　　　　　D.192

9.14　某商品零售企业对存货采用售价金额计价法核算。2×24 年 6 月 30 日分摊前"商品进销差价"科目余额 300 万元、"库存商品"科目余额 380 万元、"委托代销商品"科目余额 50 万元、"发出商品"科目余额 120 万元，本月"主营业务收入"科目贷方发生额 650 万元。该企业 6 月份的商品进销差价率是（　　）。

A.29%　　　　　　　　　　　　　B.25%

C.28%　　　　　　　　　　　　　D.30%

9.15　2×24 年 1 月 1 日，甲公司库存 S 材料专用于生产 M 产品，S 材料实际成本为 60 万元，S 材料"存货跌价准备"科目贷方余额为 1 万元。2×24 年 12 月 31 日 S 材料市场价格降为 56 万元。将 S 材料进一步加工为 M 产品尚需发生进一步加工成本 24 万元，预计 M 产品市场售价为 100 万元，预计销售费用及税金为 22 万元。不考虑其他因素，2×24 年 12 月 31 日 S 材料应计提的跌价准备为（　　）万元。

A.6　　　　　　　　　　　　　　B.5

C.4　　　　　　　　　　　　　　D.0

9.16　某企业 2×24 年 3 月 31 日，乙存货的实际成本为 100 万元，加工该批存货至完工产成品估计还将发生成本 25 万元，估计销售费用和相关税费为 3 万元，估计该存货生产的产成品售价为 120 万元。假定乙存货月初"存货跌价准备"科目余额为 12 万元，2×24 年 3 月 31 日应计提的存货跌价准备为（　　）万元。

A.-8　　　　　　　　　　　　　B.4

C.8　　　　　　　　　　　　　D.-4

9.17　企业按成本与可变现净值孰低法对期末存货计价时，下列表述中错误的是（　　）。

A.存货跌价准备通常应当按单个存货项目计提，不得采用分类比较法计提

B.总额比较法确定的期末存货成本最高

C. 单项比较法确定的期末存货成本最低

D. 分类比较法确定的期末存货成本介于单项比较法和总额比较法之间

9.18 下列关于存货可变现净值的表述中，正确的是（　　）。

A. 可变现净值是指存货在资产负债表日的售价

B. 成本与可变现净值孰低法体现了会计信息质量要求中的实质重于形式要求

C. 存货采用计划成本法核算时，期末与可变现净值进行比较的成本应为调整后的实际成本

D. 为执行销售合同而持有的存货，应当以产品的市场价格作为其可变现净值的计算基础

9.19 下列关于存货跌价准备计提与转回的表述中，错误的是（　　）。

A. 存货成本高于其可变现净值的，应当计提存货跌价准备

B. 当存货的可变现净值大于其账面价值时，可按可变现净值调整存货的账面价值

C. 以前期间减记存货价值的影响因素已消失，可将原计提的存货跌价准备转回

D. 结转发生毁损存货的成本时，应相应结转其已计提的存货跌价准备

9.20 下列关于原材料采购过程中的短缺和毁损的处理中，错误的是（　　）。

A. 属于自然灾害造成的损失，应计入"营业外支出"

B. 属于无法收回的其他损失，应计入"营业外支出"

C. 定额内合理的途中损耗，应计入材料的采购成本

D. 属于保险公司负责赔偿的损失，应计入"其他应收款"

9.21 下列各项中，不属于周转材料的是（　　）。

A. 生产过程中使用的包装材料

B. 出租或出借的多次使用的包装物

C. 随同产品出售不单独计价的包装物

D. 随同产品出售单独计价的包装物

9.22 企业用计划成本法对材料核算。2×24年12月结存材料计划成本2 000万元，材料成本差异贷方余额为30万元，本月入库材料计划成本10 000万元，材料成本差异借方发生额60万元，月末按计划成本暂估入账材料200万元，本月发出材料计划成本8 000万元，则本月发出材料实际成本为（　　）万元。

A. 7 940　　　　　　　　　　　　　B. 8 020

C. 7 980　　　　　　　　　　　　　D. 8 060

9.23 甲公司原材料按计划成本计价核算。2×24年7月"原材料"账户期初余额为借方60万元、"材料成本差异"账户期初余额为贷方5万元。2×24年7月入库原材料的计划成本为100万元（含月末暂估入账的原材料成本10万元），入库原材料的成本差异为超支20万元。本月发出原材料的计划成本为80万元，甲公司7月发出原材料的实际成本为（　　）万元。

A. 99.33　　　　　　　　　　　　　B. 88

C. 98.5　　　　　　　　　　　　　　D. 87.5

9.24 甲公司为增值税一般纳税人，采用实际成本法核算原材料。2×24年12月委托黄河公司（一般纳税人）加工应税消费品一批，收回后以不高于受托方的计税价格直接对外销售。甲公司发出原材料成本为100 000元，支付的加工费为35 000元（不含增值税），黄河公司代收代缴的消费税为15 000元，该批应税消费品已经加工完成并验收入库。假定甲、乙公司均适用增值税税率13%、消费税税率10%，则甲公司将委托加工消费品收回时，其入账成本为（　　）元。

A.135 000　　　　　　　　　　B.150 000

C.152 000　　　　　　　　　　D.155 950

9.25 某企业为增值税一般纳税人，委托外单位加工一批材料，发出材料的实际成本为200万元。支付加工费10万元，取得的增值税专用发票上注明的增值税税额为1.3万元，受托方代收代缴的可抵扣消费税为30万元。企业收回这批材料后用于继续加工应税消费品。该批材料加工收回后的入账价值为（　　）万元。

A.210　　　　　　　　　　　B.241.3

C.211.3　　　　　　　　　　D.240

9.26 某公司对低值易耗品采用"五五摊销法"核算。2×24年10月，公司管理部门领用一批低值易耗品，实际成本为16 000元；2×24年11月底，该低值易耗品全部报废，收回残料1 000元。报废时，该公司应作的正确会计分录为（　　）。

A. 借：管理费用　　　　　　　　　　　8 000
　　　周转材料——摊销　　　　　　　　8 000
　　　　贷：周转材料——在用　　　　　　　　　　　16 000

B. 借：管理费用　　　　　　　　　　　8 000
　　　　贷：周转材料——摊销　　　　　　　　　　　8 000

C. 借：管理费用　　　　　　　　　　　7 000
　　　周转材料——摊销　　　　　　　　8 000
　　　原材料　　　　　　　　　　　　1 000
　　　　贷：周转材料——在用　　　　　　　　　　　16 000

D. 借：制造费用　　　　　　　　　　　8 000
　　　　贷：周转材料——摊销　　　　　　　　　　　8 000

9.27 某企业为增值税一般纳税人，2×24年6月20日因管理不善造成一批库存材料毁损。该批材料账面余额为20 000元，增值税进项税额为3 200元，未计提存货跌价准备，收回残料价值1 000元，应由责任人赔偿5 000元。不考虑其他因素，该企业应确认的材料毁损净损失为（　　）元。

A.14 000　　　　　　　　　　B.22 200

C.18 200　　　　　　　　　　D.17 200

二、多项选择题

9.28 下列各项中，属于资产负债表中"存货"项目的有（　　）。

　　A. 受托代销其他单位的商品

　　B. 委托其他单位代销的商品

　　C. 为自建生产线购入的材料

　　D. 生产成本

　　E. 生产过程中所使用的包装材料

9.29 下列关于存货的会计处理，表述正确的有（　　）。

　　A. 因管理不善造成的存货净损失，记入"营业外支出"科目

　　B. 盘盈存货属于前期差错，通过"以前年度损益调整"科目核算

　　C. 存货跌价准备的转回将增加存货账面价值

　　D. 存货加工成本包括加工过程中实际发生的人工成本和按一定方法分配的制造费用

　　E. 季节性停工损失不计入存货成本

9.30 在实际成本核算方式下，企业可采用的发出存货计价方法有（　　）。

　　A. 一次加权平均法

　　B. 先进先出法

　　C. 移动加权平均法

　　D. 个别计价法

　　E. 后进先出法

9.31 下列属于应该计提存货跌价准备的情形有（　　）。

　　A. 该存货的市价持续下跌且无回升希望

　　B. 使用该项原材料生产的产品成本大于产品的销售价格

　　C. 存货已过期且无转让价值

　　D. 生产中不再需要，且该原材料的市场价格高于其账面价值

　　E. 因消费者偏好改变而使市场的需求发生变化，导致市场价格逐渐下跌，低于生产成本

9.32 下列有关存货的会计处理中，正确的有（　　）。

　　A. 已过期且无转让价值的存货须全额计提存货跌价准备

　　B. 由于管理不善造成的存货盘亏净损失计入当期损益

　　C. 存货在期末按成本与公允价值孰低计量

　　D. 为特定客户设计产品发生的可直接确定的设计费用计入相关产品成本

　　E. 盘盈的存货应当冲减管理费用

9.33 材料采用计划成本法核算，下列属于"材料成本差异"科目贷方核算范围的有（　　）。

　　A. 材料的实际成本大于计划成本的超支额

　　B. 结转发出材料应分担的材料成本差异超支额

　　C. 调整库存材料计划成本时，调整减少的计划成本

D. 结转发出材料应分担的材料成本差异节约额

E. 材料的实际成本小于计划成本的节约额

9.34 下列各项税费中，应计入委托加工物资成本的有（　　）。

A. 支付的加工费

B. 支付的收回后以不高于受托方计税价格直接对外销售的委托加工物资的消费税

C. 支付的收回后继续生产应税消费品的委托加工物资的消费税

D. 支付的收回后继续生产非应税消费品的委托加工物资的消费税

E. 支付的按加工费计算的增值税

9.35 下列关于存货清查账务处理，表述正确的有（　　）。

A. 盘盈的存货应通过"以前年度损益调整"科目核算

B. 盘盈的存货经批准后应计入管理费用

C. 盘亏的存货应将其相应的进项税额转出

D. 存货盘亏可收回的过失人赔偿，计入其他应收款

E. 存货盘亏的净损失，经批准后应计入管理费用

三、计算题

9.36 长江公司属于增值税一般纳税人，适用的增值税税率为13%；原材料采用计划成本法进行日常核算，甲材料主要用于生产H产品。2×24年5月1日，甲材料单位计划成本为120元/千克，计划成本总额为240 000元，材料成本差异为4 800元（超支）。5月份发生以下经济业务：

（1）2日，从外地采购一批甲材料共计1 000千克，增值税专用发票注明价款120 000元，增值税15 600元；发生运费5 000元（已取得运输业增值税专用发票）。上述款项以银行存款支付，但材料尚未到达。

（2）8日，发出甲材料600千克委托长城公司（增值税一般纳税人）代为加工一批应税消费品（非金银首饰）。假定委托加工物资发出材料的材料成本差异按月初材料成本差异率结转。

（3）12日，收到2日从外地购入的甲材料，验收入库的实际数量为800千克，短缺200千克。经查明，其中180千克是由于对方少发货，对方同意退还已付款项；20千克系运输途中的合理损耗，运杂费由实收材料全部负担。

（4）16日，生产车间为生产H产品领用甲材料1 500千克。

（5）23日，以银行存款支付长城公司加工费15 000元（不含增值税）和代收代缴的消费税3 000元。委托加工收回后的物资，准备继续用于生产应税消费品。

（6）31日，库存的甲材料计划全部用于生产与X公司签订不可撤销的销售合同的H产品。该合同约定：长江公司为X公司提供H产品10台，每台售价12 000元。将甲材料加工成10台H产品尚需加工成本总额35 000元，估计销售每台H产品尚需发生相关税费1 200元。5月末，市场上甲材料的售价为110元/千克，H产品的市场价格为11 500元/台。

根据上述资料，回答下列各题：

(1) 长江公司 2×24 年 5 月 12 日验收入库的甲材料的实际成本是（　　）元。

A.100 100 B.100 650

C.103 400 D.105 050

(2) 长江公司 2×24 年 5 月 23 日验收入库的委托加工物资的实际成本是（　　）元。

A.88 440 B.89 837

C.91 440 D.92 837

(3) 长江公司 2×24 年 5 月份甲材料的成本差异率是（　　）。

A.4.05% B.3.25%

C.3.53% D.4.08%

(4) 长江公司 2×24 年 5 月 31 日的库存甲材料应计提存货跌价准备（　　）元。

A.0 B.13 965.2

C.14 416 D.15 670.5

错题整理页

第十章 非流动资产（一）

一、单项选择题

10.1 下列各项中，不构成企业自行建造固定资产成本的是（ ）。

A. 领用本公司外购原材料已抵扣的增值税

B. 支付在建工程的设计费

C. 领用自产应税消费品负担的消费税

D. 在建工程进行负荷联合试车发生的费用

10.2 甲公司为增值税一般纳税人，2×23年1月3日外购需要安装的生产设备一套，取得的增值税普通发票上注明的价款为55万元，增值税税额为7.15万元，支付运费取得的增值税普通发票上注明的运费为1万元，增值税税额为0.09万元，支付安装人员薪酬2.5万元。不考虑其他因素，该固定资产的入账金额为（ ）万元。

A.56 B.58.5

C.65.74 D.63.24

10.3 甲公司系增值税一般纳税人，购入一套需要安装的生产设备，取得的增值税专用发票上注明的价款为300万元，增值税税额为51万元，自行安装耗用材料20万元，发生安装人工费5万元。不考虑其他因素，该生产设备安装完毕达到预定可使用状态转入固定资产的入账价值为（ ）万元。

A.320 B.325

C.351 D.376

10.4 下列各项中，关于固定资产折旧的表述，正确的是（ ）。

A. 未使用的固定资产不应计提折旧

B. 未办理竣工决算的固定资产不应计提折旧

C. 固定资产折旧方法应根据其预期经济利益的消耗方式进行选择

D. 更新改造期间的固定资产仍应继续计提折旧

10.5 甲公司为增值税一般纳税人，2×21年12月31日购入不需要安装的生产设备一台，当日投入使用。该设备价款为360万元，增值税税额为46.8万元，预计使用寿命为5年，预计净残值为12万元，采用双倍余额递减法计提折旧。2×23年12月31日该固定资产的账面价值为（ ）万元。

A.72 B.137.28

C.117.6 D.129.6

10.6 下列各项中，应记入"固定资产清理"科目贷方的是（　　）。

A. 盘亏的固定资产的账面净值

B. 因自然灾害损失固定资产而取得的赔款

C. 支付的固定资产清理费用

D. 出售固定资产结转的固定资产账面价值

10.7 下列各项交易或事项中，不应计入外购无形资产入账成本中的是（　　）。

A. 测试无形资产是否能够正常发挥作用的费用

B. 企业购买外购无形资产时支付的注册费用

C. 为使无形资产达到预定可使用状态的专业人员服务费

D. 达到预定用途后发生的信息技术费

10.8 下列有关无形资产摊销的表述中，正确的是（　　）。

A. 使用寿命有限的无形资产，其残值一般应当视为零

B. 划分为持有待售的无形资产应按尚可使用年限摊销

C. 使用寿命不确定的无形资产不需要摊销，当出现减值迹象时进行减值测试

D. 专门用于生产产品的无形资产按期摊销，计入管理费用

10.9 甲公司于2×18年1月2日购入一项专利权，成本为90 000元。该专利权的剩余有效期为15年，但根据对产品市场技术发展的分析，该专利权的使用寿命为10年。2×21年12月31日，由于政府新法规的出台使得使用该技术生产的产品无法再销售，并且该专利权无其他任何用途。2×21年因该专利权的摊销和报废对公司利润总额的影响为（　　）元。

A. 9 000　　　　　　　　　　　　B. 54 000

C. 63 000　　　　　　　　　　　　D. 72 000

10.10 下列各项中，属于资产减值迹象的是（　　）。

A. 资产需进行维修

B. 计划提前处置资产

C. 市场利率下降

D. 资产的使用寿命不确定

10.11 下列关于资产的可收回金额的表述中，正确的是（　　）。

A. 根据资产的公允价值减去处置费用后的净额与资产预计未来现金流量的现值两者之间较高者确定

B. 根据资产的可变现净值减去处置费用后的净额与资产预计未来现金流量的现值两者之间较高者确定

C. 根据资产的公允价值减去处置费用后的净额与资产预计未来现金流量的现值两者之间较低者确定

D. 根据资产的可变现净值减去处置费用后的净额与资产预计未来现金流量的现值两者之间较低者确定

10.12 甲公司2×14年12月1日购入一台设备，原值为200万元，预计可使用5年，预计净残值率为4%，采用年数总和法计提折旧。2×16年12月31日，甲公司对该设备账面价值进行检查时，发现存在减值迹象。根据当日市场情况判断，如果将该设备予以出售，预计市场价格为85万元，清理费用为3万元，如果继续使用该设备，预计未来3年现金流量现值为80万元，假设不考虑相关税费，则2×16年末该设备应计提的减值准备为（　　）万元。

A.35.6　　　　　　　　　　　　B.4.8

C.2.8　　　　　　　　　　　　　D.0

10.13 甲公司2×21年12月购入一台设备，原值63 000元，预计可使用6年，预计净残值为3 000元，采用年限平均法计提折旧。2×22年末，对该设备进行减值测试，其可收回金额为48 000元，因技术原因，2×23年起该设备采用年数总和法计提折旧，假定预计尚可使用年限和可收回金额不变，预计净残值为0，则该设备2×23年应计提的折旧额为（　　）元。

A.15 000　　　　　　　　　　　B.16 000

C.16 375　　　　　　　　　　　D.17 875

10.14 甲公司2×19年1月1日以银行存款600万元从乙公司购入一项无形资产，摊销年限为10年，预计净残值为0，采用直线法摊销。2×19年6月30日和2×19年12月31日该项无形资产的可收回金额分别为513万元和432万元。假设不考虑其他因素，该项无形资产2×20年1月应计提的摊销额为（　　）万元。

A.4.8　　　　　　　　　　　　B.4

C.5　　　　　　　　　　　　　D.4.5

10.15 2×23年4月，甲公司以300万元将A特许权对外出售。A特许权系甲公司于2×21年5月购入，实际支付买价700万元，另支付相关费用20万元。A特许权的摊销年限为5年，预计净残值为0，采用直线法摊销。甲公司出售该A特许权形成的资产处置损益为（　　）万元。

A.-144　　　　　　　　　　　　B.-132

C.-131.67　　　　　　　　　　 D.-120

10.16 甲公司系增值税一般纳税人，2×17年1月1日购入一项管理用专利权，取得的增值税专用发票上注明的价款为180 000元，进项税额为10 800元，作为无形资产核算。该项专利权的使用寿命为10年，预计净残值为0，按直线法摊销。2×21年11月2日，因政策原因，该项专利权无法再为公司带来经济利益，甲公司决定将其报废。上述业务使甲公司2×21年度利润总额减少（　　）元。

A.109 500　　　　　　　　　　 B.93 000

C.108 000　　　　　　　　　　 D.94 500

10.17 下列各项中，应作为投资性房地产核算的是（　　）。

A.已出租的土地使用权

B.以经营租赁方式租入再转租的建筑物

C. 房地产开发企业为建造商品房购入的土地使用权

D. 出租给本企业职工居住的自建宿舍楼

10.18 下列关于土地使用权会计处理的表述中，错误的是（　　）。

A. 使用寿命不确定的土地使用权按直线法摊销

B. 随同地上建筑物一起用于出租的土地使用权应一并确认为投资性房地产

C. 企业取得土地使用权并在地上自行开发建造厂房等建筑物并自用时，土地使用权与建筑物应当分别进行摊销和计提折旧

D. 企业为自用外购不动产支付的价款应当在地上建筑物与土地使用权之间进行分配，难以分配的，应当全部作为固定资产核算

10.19 甲公司 2×18 年 1 月 31 日购入一栋自用办公楼，入账价值为 6 300 万元，预计使用 20 年，预计净残值率为 5%，采用年限平均法计提折旧。2×19 年 1 月 31 日将办公楼经营出租给乙公司，租赁期为 3 年，甲公司采用成本模式对投资性房地产进行后续计量。2×22 年 1 月 31 日租赁期满后甲公司将办公楼对外出售，取得处置价款 8 000 万元，不考虑相关税费及其他因素，则出售办公楼对利润总额的影响金额为（　　）万元。

A. 2 897　　　　　　　　　　　　　B. 2 872.06

C. 2 597.75　　　　　　　　　　　　D. 2 960

10.20 2×22 年 3 月 1 日，甲公司外购一栋写字楼直接租赁给乙公司使用，租赁期为 6 年，每年租金为 180 万元。甲公司对投资性房地产采用公允价值模式进行后续计量，该写字楼的买价为 3 000 万元；2×22 年 12 月 31 日，该写字楼的公允价值为 3 200 万元。假设不考虑相关税费，则该项投资性房地产对甲公司 2×22 年度利润总额的影响金额是（　　）万元。

A. 180　　　　　　　　　　　　　　B. 200

C. 350　　　　　　　　　　　　　　D. 380

10.21 2×22 年 1 月 1 日，甲公司将一栋办公楼出租给乙公司，租赁期为 3 年，月租金为 200 万元，于每季度初收取。出租时，该办公楼的原值为 18 000 万元，累计折旧 3 500 万元，公允价值为 17 000 万元。甲公司将该办公楼作为投资性房地产核算。2×22 年 12 月 31 日该栋办公楼的公允价值为 16 800 万元。2×23 年 4 月 1 日，甲公司将该办公楼以 17 500 万元的价格转让，并支付撤销租赁的违约金 500 万元。甲公司对投资性房地产采用公允价值模式进行后续计量。不考虑其他因素，则甲公司 2×23 年因该投资性房地产对利润总额的影响额为（　　）万元。

A. 600　　　　　　　　　　　　　　B. 3 300

C. 800　　　　　　　　　　　　　　D. 3 100

10.22 甲公司 2×18 年 12 月 1 日购入一栋管理用写字楼作为固定资产核算，入账价值为 3 520 万元，采用年限平均法计提折旧，预计可使用年限为 8 年，预计净残值率为 4%。2×20 年 6 月 30 日，甲公司与乙公司签订经营租赁协议，即日起该写字楼出租给乙公

司，年租金为400万元，每半年支付一次，租赁期为5年。甲公司将其作为投资性房地产核算，并采用公允价值模式计量。当日该写字楼的公允价值为2 000万元。该写字楼2×20年12月31日的公允价值为2 550万元。上述业务对甲公司2×20年度利润的影响金额为（　　）万元。

A.-686.4　　　　　　　　　　B.-897.6

C.-347.6　　　　　　　　　　D.-547.6

10.23 企业发生的下列经济业务中，不考虑其他因素，应划分为持有待售类别的是（　　）。

A. 甲公司与A公司签订不可撤销协议，约定在1年内完成自用办公楼转让，但如果甲公司新建办公楼无法按时交付，应在甲公司新建办公楼交付后再腾空转让

B. 乙公司与B公司达成购买意向，将闲置设备出售给B公司，但尚未获得B公司管理层批准

C. 丙公司与C公司签订购买协议，将现用的一条生产线设备出售给C公司，预计2个月内办理完毕交接手续

D. 丁公司与D公司为关联方，双方签订协议，丁公司将闲置厂房出售给D公司用于商业改造，但由于城市整体规划，该项转让预计延期1年完成

10.24 甲公司某项非流动资产在被划分为持有待售前的账面价值为1 200万元，后续因其他原因不满足持有待售类别的划分条件，如果没有被划分为持有待售的非流动资产，该项资产在此期间应计提的折旧金额为100万元，当日，该项资产的公允价值为1 250万元，处置费用为100万元，预计未来现金流量现值为1 210万元。不考虑其他因素，当日该项非流动资产的账面价值是（　　）万元。

A.1 150　　　　　　　　　　B.1 210

C.1 200　　　　　　　　　　D.1 100

10.25 甲公司计划出售一项固定资产，该固定资产于2×22年6月30日被划分为持有待售固定资产，公允价值为320万元，预计出售费用为5万元。该固定资产购买于2×15年12月11日，原值为1 000万元，预计净残值为0，预计使用寿命为10年，采用年限平均法计提折旧，取得时已达到预定可使用状态。不考虑其他因素，该固定资产2×22年6月30日应予列报的金额是（　　）万元。

A.320　　　　　　　　　　B.315

C.345　　　　　　　　　　D.350

二、多项选择题

10.26 下列各项费用会对固定资产账面价值产生影响的有（　　）。

A. 在固定资产使用年限内，按照弃置费用计算确定各期应负担的利息费用

B. 购入设备时支付的包装费用

C. 用于产品生产的设备发生的日常修理费用

D. 符合固定资产确认条件的更新改造费用

E. 核电站设施交付使用时预计发生的弃置费用

10.27 下列各项中，通过"在建工程——待摊支出"核算的有（　　）。

A. 建设期间发生工程物资盘盈净收益

B. 进行负荷联合试车领用原材料费用

C. 工程管理费

D. 符合资本化条件的外币借款的汇兑差额

E. 由于自然灾害造成的工程报废净损失

10.28 下列有关固定资产初始计量的表述中，正确的有（　　）。

A. 在确定固定资产成本时需考虑弃置费用

B. 固定资产按照成本进行初始计量

C. 投资者投入的固定资产的成本按照投资合同或协议约定的价值确认

D. 分期付款购买固定资产，实质上具有融资性质的，其成本以购买价款的现值为基础确定

E. 以一笔款项购入多项没有单独标价的固定资产，应该按照各项固定资产的账面价值比例对总成本进行分配，确认各项固定资产成本

10.29 下列关于固定资产折旧的表述中，正确的有（　　）。

A. 季节性停用的固定资产应当计提折旧

B. 因大修理而停用的固定资产不计提折旧

C. 处于更新改造过程而停止使用的固定资产照提折旧

D. 提前报废的固定资产应补提折旧

E. 已提足折旧仍继续使用的固定资产不再计提折旧

10.30 下列关于土地使用权会计处理的表述中，正确的有（　　）。

A. 按规定单独估价作为固定资产入账的土地，需要计提折旧

B. 企业取得土地使用权并在地上自行开发建造厂房等建筑物并自用时，土地使用权与建筑物应当分别进行摊销和计提折旧

C. 房地产开发企业取得的土地使用权用于建造对外出售的房屋建筑物，相关的土地使用权应当计入所建造的房屋建筑物成本

D. 企业改变土地使用权的用途，停止自用土地使用权用于赚取租金或资本增值时，相关土地使用权按照投资性房地产核算

E. 企业为自用外购不动产支付的价款应当在地上建筑物与土地使用权之间进行分配，难以分配的，应当全部作为固定资产核算

10.31 下列关于内部开发无形资产所发生支出的会计处理中，正确的有（　　）。

A. 将研究阶段的支出计入当期管理费用

B. 若无法区分研究阶段的支出和开发阶段的支出，应将发生的全部研发支出费用化

C. 研究阶段的支出，如能单独进行核算的应予资本化

D. 开发阶段的支出在满足资本化条件时，应当资本化

E. 开发阶段发生的未满足资本化条件的支出应计入当期损益

10.32 下列关于无形资产摊销的表述中，正确的有（　　）。
A. 不能为企业带来经济利益的无形资产应将其账面价值全部摊销计入管理费用
B. 企业无形资产摊销应当自无形资产可供使用时起，至不再作为无形资产确认时止
C. 使用寿命不确定的无形资产不应摊销
D. 企业内部研究开发项目研究阶段的支出应当资本化，并在使用寿命内摊销
E. 只要能为企业带来经济利益的无形资产就应当摊销

10.33 下列关于无形资产后续计量的表述中，正确的有（　　）。
A. 至少应于每年年度终了，对使用寿命有限的无形资产的使用寿命及摊销方法进行复核
B. 已计提减值准备的需要摊销的无形资产，应按该项资产的账面价值以及尚可使用寿命重新计算摊销额
C. 应在每个会计期间对使用寿命不确定的无形资产的使用寿命进行复核
D. 使用寿命不确定的无形资产不应摊销，也无须进行减值测试
E. 无形资产的摊销金额均应记入"管理费用"科目

10.34 下列各项中，表明固定资产可能发生了减值的有（　　）。
A. 资产的市价当期大幅度下跌，其跌幅明显高于因时间推移或者正常使用而预计的下跌
B. 企业经营所处的经济、技术或者法律等环境，以及资产所处的市场在当期或者将在近期发生重大变化，从而对企业产生不利影响
C. 市场利率或者其他市场投资报酬率在当期已经降低，从而影响企业计算资产预计未来现金流量现值的折现率，导致资产可收回金额大幅度降低
D. 有证据表明资产已经陈旧过时或者其实体已经损坏
E. 资产已经或者将被闲置、终止使用，或计划提前处置

10.35 下列表述中，正确的有（　　）。
A. 外购厂房取得的土地使用权应确认为固定资产
B. 取得用于建造商品房的土地使用权应确认为存货
C. 将自用改为出租的土地使用权应当确认为投资性房地产
D. 一项房地产部分用于赚取租金，部分用于经营管理，用于赚取租金的部分能够单独计量，可以确认为投资性房地产
E. 按国家有关规定认定的闲置土地应当确认为投资性房地产

10.36 下列关于投资性房地产后续计量的表述中，错误的有（　　）。
A. 采用公允价值模式进行后续计量的，资产负债表日其公允价值与账面余额的差额计入其他综合收益
B. 采用成本模式进行后续计量，不需要按月计提折旧或摊销
C. 采用公允价值模式进行后续计量的，不允许再采用成本模式计量
D. 如果已经计提减值准备的投资性房地产的价值又得以恢复的，应在原计提范围内转回
E. 采用成本模式进行后续计量的，不允许再采用公允价值模式计量

10.37 下列关于投资性房地产后续计量的表述中，错误的有（　　）。

A. 采用公允价值模式进行后续计量的投资性房地产，期末公允价值低于其账面余额的差额应计入投资收益

B. 采用成本模式进行后续计量的投资性房地产按月计提的折旧额或摊销额，应计入管理费用

C. 采用公允价值模式进行后续计量的投资性房地产，应当计提减值准备

D. 采用公允价值模式进行后续计量的投资性房地产，不计提折旧或摊销

E. 采用公允价值模式进行后续计量的投资性房地产，当期取得的租金收入应计入其他业务收入

10.38 企业将自用房地产转换为以公允价值模式计量的投资性房地产时，转换日公允价值与原账面价值的差额，可能影响的财务报表项目有（　　）。

A. 资本公积

B. 投资收益

C. 公允价值变动收益

D. 其他综合收益

E. 盈余公积

10.39 甲房地产公司2022年11月将其作为存货核算的商铺转换为采用公允价值模式计量的投资性房地产核算，转换日商铺的账面余额为1 300万元，已计提减值准备120万元，当日公允价值为1 580万元。不考虑其他因素，下列说法中，正确的有（　　）。

A. 增加"投资性房地产——公允价值变动"账户余额400万元

B. 减少"存货跌价准备"账户余额120万元

C. 增加"公允价值变动损益"账户余额400万元

D. 转出存货账面价值1 180万元

E. 增加"投资性房地产——成本"账户余额1 580万元

10.40 企业将非流动资产或处置组划分为持有待售时，应满足的条件有（　　）。

A. 根据类似交易中出售此类资产或处置组的惯例，在当前状况下即可立即出售

B. 出售该资产应具有商业实质

C. 非流动资产或处置组已发生减值

D. 出售极可能发生，预计将在一年内完成

E. 非流动资产或处置组拟结束使用

多项选择题

10.41 以下关于数据资源的表述正确的有（　　）。

A. 对于企业日常活动中持有的、最终目的用于出售的数据资源，应确认为企业的无形资产

B. 对于作为无形资产核算的外购数字资源，其初始入账价值不应当包括数据权属鉴证、质量评估、登记结算、安全管理等费用，这些费用仅当数据资源作为存货核算时才计入初始入账价值

C. 在估计作为无形资产核算的数据资源的使用寿命时，应重点关注数据资源相关业务模式、权利限制、更新频率和时效性、有关产品或技术迭代、同类竞品等因素

D. 企业外购数据资源作为存货核算的，采购成本包括购买价款、相关税费、保险费，以及数据权属鉴证、质量评估、登记结算、安全管理等所发生的其他可归属于存货采购成本的费用

E. 企业通过数据加工取得确认为存货的数据资源，其成本包括采购成本，数据采集、脱敏、清洗、标注、整合、分析、可视化等加工成本和使存货达到目前场所和状态所发生的其他支出

错 题 整 理 页

第十一章 非流动资产（二）

一、单项选择题

11.1 下列有关金融资产分类的表述中，正确的是（　　）。
A. 其他权益工具投资可以重分类为交易性金融资产
B. 以出售为目的的债权投资应采用摊余成本计量
C. 债权类投资仅可通过债权投资或其他债权投资核算
D. 其他债权投资可以重分类为债权投资

11.2 2×23年1月1日甲公司购入乙公司于2×22年7月1日发行的3年期公司债券，支付购买价款5 000万元，另支付交易费用10万元。该债券的面值为5 000万元，票面年利率为5%，每年1月5日和7月5日支付半年度利息，到期归还本金。甲公司根据管理金融资产的业务模式和该债券的合同现金流量特征，将其划分为以摊余成本计量的金融资产，则甲公司取得该项金融资产的入账金额为（　　）万元。
A. 4 885 B. 5 010
C. 4 760 D. 5 000

11.3 2×20年1月1日甲公司购入乙公司同日发行的5年期公司债券，甲公司将其划分为以摊余成本计量的金融资产，该债券的面值为3 000万元，票面年利率为5%，每年1月8日支付上年度利息，到期归还本金。甲公司支付购买价款2 950万元，另支付相关税费20万元。假设该债券的实际年利率为5.23%，不考虑其他因素，则2×21年12月31日该债权投资的摊余成本为（　　）万元。
A. 3 000 B. 2 966.93
C. 2 980.94 D. 2 890.78

11.4 甲公司2×18年1月1日以银行存款84万元购入乙公司当日发行的5年期固定利率债券，作为以摊余成本计量的金融资产核算。该债券的面值为80万元，每年付息一次，到期还本，票面年利率为12%，实际年利率为10.66%。采用实际利率法摊销，则甲公司2×18年12月31日该金融资产"债权投资——利息调整"科目的余额为（　　）元。
A. 32 536 B. 31 884
C. 46 456 D. 33 544

11.5 下列关于其他债权投资核算的表述中，错误的是（　　）。
A. 其他债权投资应分别通过"成本""利息调整""应计利息""公允价值变动"等明细科目进行明细核算

B.其他债权投资取得时发生的相关交易费用计入初始入账价值

C.资产负债表日，其他债权投资的公允价值高于账面余额的部分，应记入"其他综合收益"科目

D.资产负债表日应确认的减值损失金额记入"资产减值损失"科目

11.6 2×22年1月1日，甲公司购入乙公司同日发行的3年期公司债券，支付购买价款1 000万元，另支付交易费用5万元。该债券的面值为1 000万元，票面年利率为6%，实际年利率为5.81%，分期付息到期还本。甲公司根据管理金融资产的业务模式和该债券的合同现金流量特征，将其划分为以公允价值计量且其变动计入其他综合收益的金融资产。2×22年12月31日该债券的公允价值为998万元；2×23年12月31日该债券的公允价值为1 000万元。不考虑其他因素，下列关于该债券的表述中，错误的是（   ）。

A.2×23年12月31日该债券的账面价值为1 000万元

B.2×22年12月31日该债券的摊余成本为1 003.39万元

C.2×23年12月31日该债券的摊余成本为1 001.69万元

D.2×23年12月31日因公允价值变动确认的其他综合收益余额为3.7万元

11.7 2×22年9月20日，甲公司自公开市场购入乙上市公司股票400万股，作为交易性金融资产核算，共支付价款3 440万元（含交易费用16万元及已宣告但尚未发放的现金股利400万元）；2×22年11月20日收到乙公司发放的现金股利；2×22年末乙公司股票公开市场公允价值为5元/股。甲公司2×22年末交易性金融资产的账面价值为（   ）万元。

A.2 000　　　　　　　　　　　　　B.2 984

C.3 424　　　　　　　　　　　　　D.3 440

11.8 2×23年1月1日，甲公司购入乙公司5%的股权，并根据管理金融资产的业务模式，将其划分为以公允价值计量且其变动计入当期损益的金融资产核算。甲公司支付购买价款1 000万元（其中包括已宣告但尚未发放的现金股利80万元和交易费用10万元）。2×23年6月30日，该股权的公允价值为1 100万元；2×23年12月1日，甲公司将该股权出售，取得处置价款1 080万元。不考虑相关税费等其他因素，则甲公司该项交易对当年营业利润的影响金额为（   ）万元。

A.-20　　　　　　　　　　　　　　B.160

C.180　　　　　　　　　　　　　　D.170

11.9 黄河公司2×17年12月1日购入甲股票，并划分为以公允价值计量且其变动计入当期损益的金融资产，购入价格为85 000元，另支付交易费用为100元。甲股票2×17年12月31日的公允价值为92 000元。黄河公司2×18年12月1日将上述甲股票全部出售，出售价格为104 500元。假设不考虑其他税费，黄河公司上述投资活动对其2×18年度利润总额的影响为（   ）。

A.增加12 500元　　　　　　　　　B.增加16 500元

C.增加18 500元　　　　　　　　　D.减少2 000元

11.10 甲公司于2×22年1月5日购入乙公司股票10万股,并指定为以公允价值计量且其变动计入其他综合收益的金融资产,购入价格为100万元,另支付交易费用3万元。2×22年6月30日,乙公司宣告发放现金股利0.5元/股,甲公司于7月10日收到现金股利。2×22年12月10日,甲公司将上述股票全部出售,出售价款为110万元。甲公司按净利润的10%计提盈余公积,不考虑其他因素,则甲公司上述投资活动对2×22年利润总额的影响为( )万元。

A.-3 B.5
C.7 D.12

11.11 2×22年1月1日,甲公司购入乙公司2%有表决权的股份,将其指定为其他权益工具投资,支付购买价款2 200万元,另支付交易费用10万元。2×22年12月31日,该股权的公允价值为2 280万元,2×23年2月1日,乙公司宣告发放现金股利1 000万元。2×23年10月10日,甲公司将该股权出售,取得处置价款2 300万元。甲公司按净利润的10%计提盈余公积,不考虑其他因素,则出售该股权时应确认的投资收益为( )万元。

A.90 B.100
C.20 D.0

11.12 下列关于以公允价值计量且其变动计入其他综合收益的金融资产的表述中,错误的是( )。

A. 该金融资产应当按照取得时的公允价值和相关交易费用之和作为初始确认金额

B. 该金融资产持有期间取得的利息或现金股利,应当计入投资收益

C. 资产负债表日,该金融资产应当以公允价值计量,且公允价值变动计入其他综合收益

D. 该金融资产处置时,取得的价款与其账面价值之间的差额确认为投资收益

11.13 以下有关各类金融资产的相关表述中,正确的是( )。

A. 其他债权投资取得时将发生的相关交易费用计入当期损益

B. 债权投资不可以重分类为交易性金融资产

C. 其他债权投资如计提减值不影响其账面价值

D. 债权投资如计提减值准备不影响其摊余成本

11.14 甲公司2×23年2月1日增发800万股本公司普通股作为对价取得乙公司25%的股权,能够对乙公司施加重大影响。甲公司所发行的普通股面值为每股1元,公允价值为每股8元,为增发股票。甲公司向证券承销机构支付手续费等420万元,当日,乙公司可辨认净资产公允价值为27 000万元。甲公司取得该项长期股权投资的入账价值是( )万元。

A.6 400 B.7 070
C.6 750 D.6 820

11.15 2×21年1月2日,甲公司以银行存款2 000万元取得乙公司30%的股权,投资时乙公司可辨认净资产公允价值及账面价值的总额均为8 000万元。甲公司取得投资后可派人

参与乙公司生产经营决策，但无法对乙公司实施控制。2×21 年 5 月 9 日，乙公司宣告分配现金股利 400 万元。2×21 年度，乙公司实现净利润 800 万元，甲、乙公司本年未发生内部交易事项。不考虑所得税等因素，该项投资对甲公司 2×21 年度损益的影响金额为（　　）万元。

A.240　　　　　　B.640　　　　　　C.860　　　　　　D.400

11.16 甲公司于 2×19 年 1 月 1 日取得对联营企业乙公司 30% 的股权，采用权益法核算该项长期股权投资。取得投资时被投资单位的固定资产公允价值为 1 000 万元，账面价值为 600 万元，固定资产的预计使用年限为 10 年，净残值为 0，按照直线法计提折旧。乙公司 2×19 年度利润表中的净利润为 500 万元，其中乙公司当期利润表中已按其账面价值计算扣除的固定资产折旧费用为 60 万元。不考虑所得税等因素，该项投资对甲公司 2×19 年度损益的影响金额为（　　）万元。

A.500　　　　　　B.162　　　　　　C.150　　　　　　D.138

11.17 甲公司于 2×20 年 1 月 1 日以银行存款 18 000 万元购入乙公司 40% 有表决权的股份，能够对乙公司施加重大影响。取得该项投资时，乙公司各项可辨认资产、负债的公允价值等于账面价值，双方采用的会计政策、会计期间相同。2×20 年 6 月 1 日，乙公司出售一批商品给甲公司，成本为 800 万元，售价为 1 000 万元，甲公司购入后作为存货管理。至 2×20 年末，甲公司已将从乙公司购入商品的 50% 出售给外部独立的第三方，乙公司 2×20 年实现净利润 1 600 万元。甲公司 2×20 年末因对乙公司的长期股权投资应确认的投资收益为（　　）万元。

A.600　　　　　　　　　　　　　　B.660

C.700　　　　　　　　　　　　　　D.720

11.18 2×22 年 1 月 1 日，甲公司以银行存款 2 500 万元取得乙公司 20% 有表决权的股份，对乙公司具有重大影响，采用权益法核算；乙公司当日可辨认净资产的账面价值为 12 000 万元，各项可辨认资产、负债的公允价值与其账面价值均相同。乙公司 2×22 年度实现的净利润为 1 000 万元。不考虑其他因素，2×22 年 12 月 31 日，甲公司该项投资在资产负债表中应列示的年末余额为（　　）万元。

A.2 400　　　　　　　　　　　　　B.2 500

C.2 600　　　　　　　　　　　　　D.2 700

11.19 2×20 年末甲公司持有乙公司 15% 股权，账面价值为 2 000 万元，对乙公司具有重大影响。2×21 年甲公司将一批存货出售给乙公司，售价 1 200 万元，成本 1 000 万元，乙公司取得后作为库存商品核算，至年末乙公司已对外出售 20%。除上述交易外，甲、乙公司之间未发生其他交易。2×21 年乙公司实现净利润 1 000 万元，以公允价值计量且其变动计入其他综合收益的金融资产公允价值上升 200 万元，分配股票股利 400 万元，除此以外未发生影响所有者权益的交易或事项。不考虑其他因素，2×21 年末该长期股权投资的账面价值为（　　）万元。

A.2 126　　　　　　　　　　　　　B.2 156

C.2 180　　　　　　　　　　　　　D.2 096

11.20 甲公司持有乙公司35%的股权，采用权益法核算。2×20年12月31日，该项长期股权投资的账面价值为1 260万元。此外，甲公司还有一笔金额为300万元的应收乙公司的长期债权，该项债权没有明确的清收计划，且在可预见的未来期间不准备收回。乙公司2×21年发生净亏损4 000万元。假定取得投资时被投资单位各项资产和负债的公允价值等于账面价值，双方采用的会计政策、会计期间相同，且投资双方未发生任何内部交易。甲公司2×21年应确认的投资损失是（　　）万元。

  A.190   B.1 260   C.1 400   D.1 560

11.21 2×17年5月10日，甲公司将其持有的一项以权益法核算的长期股权投资全部出售，取得价款1 200万元，当日办妥手续。出售时，该项长期股权投资的账面价值为1 100万元，其中投资成本为700万元，损益调整为300万元，可重分类进损益的其他综合收益为100万元。不考虑增值税等相关税费及其他因素，甲公司处置该项股权投资应确认的相关投资收益为（　　）万元。

  A.100   B.500

  C.400   D.200

11.22 2×18年1月1日，甲公司发行1 500万股普通股股票从非关联方取得乙公司80%股权，发行的股票每股面值1元，取得股权当日，每股公允价值6元，为发行股票支付给券商佣金300万元。相关手续于当日完成，甲公司取得了乙公司的控制权，该企业合并不属于反向购买。乙公司2×18年1月1日所有者权益账面价值总额为12 000万元，可辨认净资产的公允价值与账面价值相同。不考虑其他因素，甲公司应确认的长期股权投资初始投资成本为（　　）万元。

  A.9 000   B.9 600

  C.8 700   D.9 300

11.23 丙公司为甲、乙公司的母公司，2×18年1月1日，甲公司以银行存款7 000万元取得乙公司60%有表决权的股份，另以银行存款100万元支付与合并直接相关的中介费用，当日办妥相关股权划转手续后，取得了乙公司的控制权；乙公司在丙公司合并财务报表中的净资产账面价值为9 000万元。不考虑其他因素，甲公司该项长期股权投资在合并日的初始投资成本为（　　）万元。

  A.7 100   B.7 000

  C.5 400   D.5 500

11.24 下列关于同一控制下企业合并形成的长期股权投资会计处理的表述中，正确的是（　　）。

  A.合并方发生的评估咨询费用，应计入长期股权投资的入账成本

  B.与发行债务工具作为合并对价直接相关的交易费用，应计入营业外收支

  C.与发行权益工具作为合并对价直接相关的交易费用，应计入当期损益

  D.合并成本与合并对价账面价值之间的差额，应计入资本公积或留存收益

11.25 甲公司和乙公司为非关联企业。2×12年5月1日，甲公司按每股4.5元增发每股面值为1元的普通股股票2 000万股，并以此为对价取得乙公司70%的股权，能

够控制乙公司，甲公司另以银行存款支付审计费、评估费等共计 30 万元。乙公司 2×12 年 5 月 1 日可辨认净资产公允价值为 12 000 万元。甲公司取得乙公司 70% 股权时的初始投资成本为（　　）万元。

A.8 400　　　　　　　　　　　　B.8 430

C.9 000　　　　　　　　　　　　D.9 030

11.26　甲公司与乙公司为非关联方关系，2×20 年 12 月 1 日，甲公司持有乙公司 10% 的有表决权股份，将其作为交易性金融资产核算，账面价值为 1 800 万元。2×20 年 12 月 31 日该交易性金融资产的公允价值为 2 000 万元。2×21 年 6 月 30 日，甲公司以向乙公司原股东定向增发普通股股票的方式取得乙公司 50% 的股权，甲公司增发普通股 1 000 万股（占甲公司总股本的 1%），每股面值 1 元，每股发行价格 8 元。增持后，甲公司能够控制乙公司。甲公司以银行存款支付评估费 200 万元和券商发行费 300 万元。当日，甲公司原持有乙公司 10% 的有表决权股份的公允价值为 1 600 万元，则上述交易对甲公司 2×21 年 6 月利润总额的影响金额是（　　）万元。

A.-400　　　　　　　　　　　　B.-200

C.-600　　　　　　　　　　　　D.-900

11.27　下列资产计提的资产减值准备，在相应持有期间不可以通过损益转回的是（　　）。

A.无形资产　　　　　　　　　　B.其他债权投资

C.持有待售的非流动资产　　　　D.合同资产

11.28　甲公司与非关联方乙公司发生的下列各项交易或事项中，应按照非货币性资产交换准则进行会计处理的是（　　）。

A.甲公司以持有的应收账款换取乙公司的无形资产

B.甲公司以持有的投资性房地产换取乙公司的固定资产

C.甲公司以持有的应收票据换取乙公司的电子设备

D.甲公司以持有的债权投资换取乙公司的一项股权投资

11.29　2×23 年 9 月 1 日，甲公司以作为无形资产核算的专利权换取乙公司持有的一项长期股权投资，该项专利权使用寿命不确定且未计提减值准备，原值为 80 万元，公允价值为 100 万元；长期股权投资的账面价值为 112 万元（其中，投资成本为 100 万元，损益调整为 12 万元），公允价值为 110 万元。换入该投资后，甲公司能够对被投资单位施加重大影响。甲公司向乙公司支付补价 10 万元，该项交易具有商业实质。不考虑增值税及其他因素，下列表述中，正确的是（　　）。

A.甲公司换入长期股权投资的入账金额为 100 万元

B.乙公司换入专利权的入账金额为 110 万元

C.甲公司应确认的交换损益为 2 万元

D.乙公司应确认的交换损益为 -2 万元

11.30　甲、乙公司均系增值税一般纳税人，甲公司以一项专利权换入乙公司的一批库存商品并作为存货管理。换出的专利权账面原值为 30 万元，累计已摊销 6 万元；换入库存商品可抵扣的增值税税额为 3.4 万元，甲公司向乙公司收取补价 0.5 万元。假设该项交易不具有商业实质且不考虑其他相关税费和专利权的增值税，则甲公司换入存货的入账价值是（　　）万元。

A.20.1　　　　　　　　　　　　　B.21.3
C.21.8　　　　　　　　　　　　　D.24.7

11.31 甲公司拥有一项专利权，该专利权账面原价 630 万元，已累计摊销 410 万元；乙公司拥有一项长期股权投资，账面价值 200 万元，两项资产均未计提减值准备。甲公司决定以其专利权交换乙公司的长期股权投资，由于该专利权和长期股权投资的公允价值均不能可靠计量，经双方商定，乙公司需支付 20 万元补价。假定交易不考虑相关税费，则甲公司换入的长期股权投资的入账价值是（　　）万元。

A.170　　　　　　　　　　　　　B.190
C.200　　　　　　　　　　　　　D.220

二、多项选择题

11.32 下列各项中，关于金融资产分类的表述，正确的有（　　）。
A. 企业管理金融资产的业务模式可能同时以收取合同现金流量和出售金融资产为目标
B. 以收取本金加利息为业务模式的金融资产应分类为以公允价值计量且其变动计入其他综合收益的金融资产
C. 从其他方收取现金或其他金融资产的合同权利不包括应收取的商业汇票
D. 权益性工具投资一经指定，满足条件可以变更
E. 在初始确认时，如果能够消除或显著减少会计错配，企业可以将金融资产指定为以公允价值计量且其变动计入当期损益的金融资产

11.33 下列关于资产公允价值发生变动时的账务处理中，正确的有（　　）。
A. 债权投资以摊余成本进行后续计量，不应确认公允价值变动金额
B. 其他债权投资持有期间所产生的利得或损失，如与套期会计无关的，均应计入其他综合收益
C. 出售其他债权投资时，应将原计入其他综合收益的公允价值变动转出，计入投资收益
D. 交易性金融资产在资产负债表日公允价值的变动应计入当期损益
E. 以公允价值模式计量的投资性房地产在资产负债表日的公允价值变动应计入其他综合收益

11.34 下列关于其他权益工具投资的说法中，正确的有（　　）。
A. 持有期间被投资方宣告发放现金股利时，应按照享有的份额确认投资收益
B. 资产负债表日公允价值的变动影响当期损益
C. 资产负债表日计提的减值损失应计入其他综合收益
D. 出售时应将收到的处置价款与其账面价值之间的差额计入所有者权益
E. 当该项金融资产终止确认时，原计入所有者权益的累计利得或损失应转入当期损益

11.35 下列有关金融资产重分类的说法中，正确的有（　　）。

A. 以公允价值计量且其变动计入当期损益的金融资产重分类为以摊余成本计量的金融资产的，应当以其在重分类日的公允价值作为新的账面余额

B. 以摊余成本计量的金融资产重分类为以公允价值计量且其变动计入其他综合收益的金融资产，原账面价值与公允价值之间的差额计入投资收益

C. 以公允价值计量且其变动计入其他综合收益的金融资产重分类为以公允价值计量且其变动计入当期损益的金融资产的，应当继续以公允价值计量该金融资产

D. 以摊余成本计量的金融资产重分类为以公允价值计量且其变动计入当期损益的金融资产，应将原账面价值与公允价值的差额计入其他综合收益

E. 以公允价值计量且其变动计入当期损益的金融资产不可以重分类为以摊余成本计量的金融资产

11.36 下列关于交易费用的相关表述中，正确的有（　　）。

A. 取得交易性金融资产的手续费应计入交易性金融资产的初始成本

B. 取得债权投资支付的手续费应计入债权投资的初始成本

C. 因发行股票支付给券商的手续费及佣金应冲减资本公积，资本公积不足冲减的，应冲减留存收益

D. 为取得股权投资的手续费应冲减资本公积，资本公积不足冲减的，应冲减留存收益

E. 购买方为进行企业合并而支付的审计费用、评估费用、法律服务费用等中介费用，应当于发生时计入当期损益

11.37 甲公司于2×20年1月1日以银行存款200万元对乙公司进行投资，占其注册资本的20%，采用权益法核算。至2×21年12月31日，甲公司对乙公司股权投资的账面价值为300万元，其中其他综合收益为100万元。2×22年1月2日，甲公司以银行存款600万元追加对乙公司的股权投资，取得乙公司40%的股权，形成非同一控制下的企业合并，改用成本法核算。下列有关甲公司追加投资时的会计处理中，正确的有（　　）。

A. "长期股权投资"账面价值为900万元

B. "长期股权投资——其他综合收益（乙公司）"减少100万元

C. "银行存款"减少600万元

D. "其他综合收益"减少100万元

E. "投资收益"增加400万元

11.38 长期股权投资核算方法因减少投资需从成本法转换为权益法时，对于原取得投资后至减少投资交易日之间被投资单位可辨认净资产公允价值的变动相对于原持股比例的部分，属于此期间在被投资单位实现净损益中享有的份额，一方面应当调整长期股权投资的账面价值，另一方面应当根据具体情况调整（　　）。

A. 资本公积

B. 投资收益

C. 留存收益

D. 营业外收入

E. 公允价值变动损益

11.39 甲公司于2×22年1月1日以银行存款3 760万元购买乙公司40%股权，对乙公司具有重大影响，另支付相关税费20万元。当日，乙公司可辨认净资产的公允价值为10 000万元，账面价值为8 000万元，差额为管理部门的一项无形资产所致。甲公司预计该项无形资产剩余使用寿命为20年，预计净残值为0，采用直线法进行摊销。2×22年，甲公司向乙公司销售产品产生的未实现内部交易损益为450万元，乙公司当年实现净利润1 800万元，乙公司将自用房地产转为公允价值模式计量的投资性房地产时计入其他综合收益的金额为450万元。2×23年1月2日，甲公司以4 900万元的价格将持有乙公司的股权全部转让。不考虑其他因素，甲公司下列会计处理中，正确的有（　　）。

A. 2×22年1月1日取得长期股权投资的初始投资成本为4 000万元

B. 2×22年12月31日长期股权投资的账面价值为4 460万元

C. 2×22年度因该长期股权投资确认的投资收益为540万元

D. 2×23年1月2日转让长期股权投资确认的投资收益为400万元

E. 2×22年度应确认的其他综合收益为180万元

11.40 甲公司持有乙公司80%的股权，能够对乙公司实施控制。2×21年7月1日，长期股权投资的账面价值为8 000万元，甲公司将其中的80%股权对外出售给非关联方丙公司，取得价款7 500万元，出售股权后甲公司不再对乙公司实施控制，但仍具有重大影响。甲公司原取得乙公司80%股权时，乙公司可辨认净资产的账面价值为9 000万元（与公允价值相等），投资后乙公司实现净利润2 500万元，其中2×21年实现净利润500万元。甲公司按净利润的10%提取盈余公积，乙公司未发生其他与所有者权益有关的事项。不考虑其他相关因素，下列关于个别财务报表处理的说法中，正确的有（　　）。

A. 处置部分长期股权投资应确认投资收益1 100万元

B. 剩余部分长期股权投资应确认投资收益400万元

C. 该业务调整留存收益400万元

D. 该业务调整盈余公积为32万元

E. 改为权益法核算的长期股权投资账面价值为2 000万元

三、计算题

11.41 甲公司与乙公司为非关联方关系，均为增值税一般纳税人，适用的增值税税率为13%，甲公司对乙公司投资业务的有关资料如下：

（1）2×19年1月1日，甲公司以银行存款480万元取得乙公司30%的股权，当日办妥股权变更登记手续，另支付直接相关费用20万元。甲公司能够对乙公司施加重大影响。

（2）2×19年1月1日，乙公司可辨认净资产账面价值1 750万元，公允价值为1 800万元，其中库存商品公允价值为200万元，账面价值为150万元，2×19年对外出售80%。除此以外，乙公司各项资产、负债的公允价值等于其账面价值。

（3）2×19年度乙公司实现净利润200万元，以公允价值计量且其变动计入其他综合收益的金融资产（其他债券投资）的累计公允价值增加20万元。

（4）2×20年1月1日，甲公司将所持乙公司股权的50%对外转让，取得价款320万元，相关手续当日完成，甲公司无法再对乙公司施加重大影响。甲公司将剩余股权转为以公允价值计量且其变动计入其他综合收益的金融资产，当天的公允价值为320万元。

假定甲公司与乙公司采用的会计政策、会计期间等均保持一致，不考虑其他相关税费等影响因素。

根据上述资料，回答以下问题：

(1) 2×19年1月1日，甲公司取得的乙公司股权投资的入账金额为（　　）万元。

A.540　　　　　　　　　　　　B.560

C.580　　　　　　　　　　　　D.480

(2) 甲公司因持有乙公司长期股权投资，其2×19年应确认的投资收益为（　　）万元。

A.54　　　　　　　　　　　　B.60

C.66　　　　　　　　　　　　D.48

(3) 2×20年1月1日，甲公司出售乙公司长期股权投资时应确认的投资收益为（　　）万元。

A.52　　　　　　　　　　　　B.46

C.29　　　　　　　　　　　　D.26

(4) 上述全部业务，对甲公司利润总额的影响金额为（　　）万元。

A.120　　　　　　　　　　　　B.100

C.140　　　　　　　　　　　　D.134

四、综合分析题

11.42 长城公司2×14年至2×16年对黄河公司投资业务的有关资料如下：

（1）2×14年3月1日，长城公司以银行存款800万元（含相关税费5万元）自非关联方取得黄河公司10%的股权，对黄河公司不具有重大影响，将其指定为以公允价值计量且其变动计入其他综合收益的金融资产核算。

（2）2×14年12月31日，该项股权的公允价值为1 000万元。

（3）2×15年1月1日，长城公司再以银行存款2 000万元自另一非关联方购入黄河公司20%的股权，长城公司取得该部分股权后，按照黄河公司的章程规定，对其具有重大影响，对黄河公司的全部股权采用权益法核算。

（4）2×15年1月1日，黄河公司可辨认净资产公允价值总额为11 000万元，其中固定资产公允价值为600万元，账面价值为500万元，该固定资产的预计尚可使用年限为10年，预计净残值为0，按照年限平均法计提折旧。除此以外，黄河公司各项资产、负债的公允价值等于其账面价值。

（5）2×15年4月，黄河公司宣布发放现金股利100万元，长城公司5月份收到股利。

（6）2×15年黄河公司实现净利润200万元。

（7）2×16年黄河公司发生亏损500万元，实现其他综合收益200万元。

（8）2×16年12月31日，长城公司对该项长期股权投资进行减值测试，预计其可收回金额为3 000万元。

除上述交易或事项外，长城公司和黄河公司未发生导致其所有者权益变动的其他交易或事项，两家公司均按净利润的10%提取盈余公积。

假设不考虑其他相关税费，根据以上资料，回答下列各题：

(1) 2×14年12月31日，长城公司持有以公允价值计量且其变动计入其他综合收益的金融资产的账面价值为（   ）万元。

A.995　　　　　　　　　　　　　B.800

C.1 000　　　　　　　　　　　　D.795

(2) 2×15年1月1日，长城公司持有黄河公司30%长期股权投资的账面价值为（   ）万元。

A.3 100　　　　　　　　　　　　B.3 000

C.3 300　　　　　　　　　　　　D.2 800

(3) 针对事项（5），长城公司会计处理正确的有（   ）。

A. 借：银行存款　　　　　　　　　　　　30
　　　贷：应收股利　　　　　　　　　　　　　　30

B. 借：应收股利　　　　　　　　　　　　30
　　　贷：长期股权投资——损益调整　　　　　　30

C. 借：应收股利　　　　　　　　　　　　30
　　　贷：投资收益　　　　　　　　　　　　　　30

D. 借：应收股利　　　　　　　　　　　　30
　　　贷：长期股权投资——成本　　　　　　　　30

(4) 针对事项（7），长城公司应冲减该长期股权投资账面价值的金额为（   ）万元。

A.36　　　　　　　　　　　　　　B.93

C.96　　　　　　　　　　　　　　D.153

(5) 根据上述资料，长城公司"投资收益"账户的累计发生额为（   ）万元。

A.-96　　　　　　　　　　　　　B.-140

C.-194　　　　　　　　　　　　　D.104

(6) 2×16年12月31日，长城公司对黄河公司的长期股权投资应计提资产减值准备的金额为（   ）万元。

A.204　　　　　　　　　　　　　B.234

C.264　　　　　　　　　　　　　D.294

11.43 甲公司系上市公司，2×19～2×21年度发生如下业务：

（1）2×19年1月1日，甲公司以发行普通股和一项作为无形资产核算的非专利技术为对价，从非关联方取得乙公司30%的股权，对乙公司具有重大影响，采用权益法核算，并于当日办妥相关法律手续。甲公司向乙公司原股东定向增发600万股，每股面值为1元，每股发行价格为10元，同时支付承销商佣金、手续费150万元。无形资产的账面价值为400万元，公允价值为600万元，为取得股权发生的相关税费100万元。

（2）2×19年1月1日，乙公司可辨认净资产公允价值为24 000万元，除一批存货的公允价值与账面价值不同外，其他资产、负债的公允价值与账面价值相等。该批存货的账面价值为600万元，公允价值为800万元，该批存货于当年全部出售。乙公司2×19年度实现净利润3 000万元，提取盈余公积300万元，无其他所有者权益变动。

（3）2×20年度乙公司实现净利润4 000万元，当年分配现金股利1 000万元，因以公允价值计量且其变动计入其他综合收益的金融资产公允价值变动增加其他综合收益300万元。2×20年12月1日，甲公司以600万元的价格（不含增值税）向乙公司购入成本为400万元的丙商品，并作为存货核算，至2×20年末，甲公司未对外出售该商品。

（4）2×21年1月1日，甲公司再次以定向增发方式，从另一非关联方取得乙公司40%的股权，本次增发1 000万股，每股面值为1元，每股发行价格为12元，同时支付承销商佣金、手续费300万元，另支付审计、评估费用、法律服务费用共400万元。取得该股权后，甲公司能够对乙公司实施控制，当日，原持有30%股权的公允价值为9 000万元。

（5）2×21年乙公司实现净利润4 500万元，分配现金股利800万元，除此之外，未发生其他引起所有者权益变动的事项。甲公司于2×20年12月1日从乙公司购入的丙商品，又于2×21年全部出售。

根据上述资料，回答下列问题：

(1) 2×19年1月1日，甲公司取得乙公司30%股权的初始投资成本为（　　）万元。

A.6 400　　　　　　　　　　B.6 600

C.6 700　　　　　　　　　　D.7 200

(2) 2×19年1月1日，甲公司取得乙公司30%股权时，支付的佣金、手续费应计入（　　）。

A.长期股权投资　　　　　　B.资本公积

C.管理费用　　　　　　　　D.财务费用

(3) 2×19年甲公司对乙公司长期股权投资确认的投资收益为（　　）万元。

A.720　　　　　　　　　　　B.840

C.900　　　　　　　　　　　D.960

(4) 2×20年12月31日，甲公司所持有乙公司30%股权的账面价值为（　　）万元。

A.8 410　　　　　　　　　　B.8 910

C.8 470　　　　　　　　　　D.8 970

(5) 甲公司取得对乙公司的控制权之日，甲公司对乙公司长期股权投资的初始投资成本为（　　）万元。

A.20 470　　　　B.20 870　　　　C.20 970　　　　D.22 000

(6) 2×21年度，甲公司个别财务报表因对乙公司股权投资应确认的投资收益为（　　）万元。

A.560　　　　　B.2 590　　　　　C.3 150　　　　　D.3 290

11.44 长江公司与黄河公司均系增值税一般纳税人，适用的增值税税率为13%。长江公司2×18年至2×20年对黄河公司投资业务的有关资料如下：

（1）2×18年10月10日，长江公司向黄河公司销售一批商品，应收黄河公司款项1 000万元。2×18年12月15日，黄河公司因无力支付全部货款，与长江公司进行债务重组，双方约定，长江公司将该债权转为对黄河公司的股权投资。2×19年1月1日，办妥股权变更登记手续，长江公司承担了相关税费5万元；应收账款的公允价值为890万元，已计提坏账准备100万元。债务重组完成后长江公司持有黄河公司25%的股权，能够对其施加重大影响，采用权益法核算。黄河公司2×19年1月1日可辨认净资产公允价值为3 600万元，资产、负债的账面价值均等于其公允价值。

（2）2×19年6月21日，长江公司将账面价值为450万元的商品以850万元的价格出售给黄河公司，黄河公司将取得的商品作为管理用固定资产并于当月投入使用，预计使用年限为10年，预计净残值为0，采用年限平均法计提折旧。

（3）2×19年度黄河公司实现净利润2 180万元。2×19年末黄河公司其他综合收益增加100万元（其中60万元为黄河公司持有的分类为以公允价值计量且其变动计入其他综合收益的金融资产公允价值变动，40万元为黄河公司持有的指定为以公允价值计量且其变动计入其他综合收益的非交易性权益工具投资公允价值变动），接受股东捐赠确认资本公积60万元，无其他所有者权益变动。

（4）2×20年3月8日，长江公司以银行存款2 300万元从非关联方受让黄河公司30%股权，从而能够对黄河公司实施控制。另，长江公司通过债务重组取得的黄河公司25%股权和后续受让取得的30%股权的交易不构成"一揽子交易"。

（5）2×20年10月14日，长江公司将持有的黄河公司股权中的80%出售给非关联方，取得价款3 222万元。长江公司将剩余股权投资转为以公允价值计量且其变动计入当期损益的金融资产，剩余股权投资的公允价值为750万元。

假定长江公司与黄河公司的会计政策、会计期间一致，不考虑相关税费。

根据上述资料，回答下列问题：

(1) 长江公司2×19年1月1日对黄河公司长期股权投资的初始投资成本为（　　）万元。

A.905　　　　　　　　　　　　B.895

C.900　　　　　　　　　　　　D.890

(2) 长江公司2×19年12月31日应根据黄河公司当年实现的净利润调整后确认的投资收益为（　　）万元。

A.445　　　　　　　　　　　　　　B.545

C.450　　　　　　　　　　　　　　D.540

(3) 2×19年12月31日，长江公司持有黄河公司股权的账面余额为（　　）万元。

A.1 385　　　　　　　　　　　　　B.1 395

C.1 380　　　　　　　　　　　　　D.1 390

(4) 针对事项（4），长江公司增持黄河公司股权后，下列表述正确的有（　　）。

A. 长江公司持有黄河公司的长期股权投资账面余额为3 370万元

B. 长江公司对黄河公司长期股权投资的核算方法由权益法改为成本法

C. 长江公司持有黄河公司的长期股权投资账面余额为3 690万元

D. 长江公司持有黄河公司的长期股权投资账面余额为3 685万元

(5) 2×20年10月14日，长江公司因处置黄河公司股权时应确认投资收益为（　　）万元。

A.312　　　　　　　　　　　　　　B.337

C.322　　　　　　　　　　　　　　D.300

(6) 上述股权投资业务对长江公司利润总额的累计影响金额为（　　）万元。

A.761　　　　　　　　　　　　　　B.745

C.752　　　　　　　　　　　　　　D.757

错 题 整 理 页

第十二章　流动负债

一、单项选择题

12.1 企业缴纳的下列税金，无须通过"应交税费"科目核算的是（　　）。

　　A. 城镇土地使用税

　　B. 耕地占用税

　　C. 所得税

　　D. 土地增值税

12.2 为详细核算企业应缴纳增值税的计算、解缴和抵扣等情况，下列各项中，不属于企业应在"应交增值税"明细科目下设置的专栏的是（　　）。

　　A. 进项税额

　　B. 已交税金

　　C. 未交增值税

　　D. 出口退税

12.3 下列各项关于企业应交消费税的相关会计处理中，表述正确的是（　　）。

　　A. 收回委托加工物资直接对外销售，受托方代收代缴的消费税记入"应交税费——应交消费税"科目借方

　　B. 销售应税消费品应交的消费税记入"税金及附加"科目借方

　　C. 用于在建工程的自产产品应交纳的消费税记入"税金及附加"科目借方

　　D. 收回委托加工物资连续生产应税消费品，受托方代收代缴的消费税记入"委托加工物资"科目借方

12.4 甲公司系增值税一般纳税人，适用的增值税税率为13%。委托外单位加工材料（非金银首饰）一批，原材料价款为4 000元，支付加工费2 000元和增值税260元（已取得增值税专用发票）。由受托方代收代缴消费税300元，税费已支付。材料已验收入库，甲公司准备将该批材料继续用于生产应税消费品。该批材料的入账价值是（　　）元。

　　A. 6 430　　　　　　　　　　　　B. 6 300

　　C. 6 000　　　　　　　　　　　　D. 6 560

12.5 下列各项税金中，应计入相关资产成本的是（　　）。

　　A. 企业自用车辆缴纳的车船税

　　B. 取得交易性金融资产支付的印花税

C. 企业进口产品所缴纳的关税

D. 用于连续生产应税消费品的委托加工物资的消费税

12.6 2×24年4月，某企业当月应交增值税110万元，城镇土地使用税20万元，消费税50万元，土地增值税35万元。该企业适用的城市维护建设税税率为7%。不考虑其他因素，下列关于该企业4月确认应交城市维护建设税的会计处理中，正确的是（　　）。

A. 借：税金及附加　　　　　　　　　　　　　　　　15.05
　　　贷：应交税费——应交城市维护建设税　　　　　　　　15.05

B. 借：税金及附加　　　　　　　　　　　　　　　　11.2
　　　贷：应交税费——应交城市维护建设税　　　　　　　　11.2

C. 借：管理费用　　　　　　　　　　　　　　　　　15.05
　　　贷：应交税费——应交城市维护建设税　　　　　　　　15.05

D. 借：管理费用　　　　　　　　　　　　　　　　　11.2
　　　贷：应交税费——应交城市维护建设税　　　　　　　　11.2

12.7 甲公司为增值税一般纳税人，适用的增值税税率为13%，2×20年6月1日，为50名员工每人发放一台自产的商品和一件礼品作为福利。自产的商品每台成本为800元、市场售价为1 000元（不含增值税），外购的礼品每件价格为500元、增值税税额为65元，已取得增值税专用发票。甲公司发放该福利时，应记入"应付职工薪酬"的金额为（　　）元。

A. 84 750　　　　　　　　　　　　　　　B. 81 500
C. 75 000　　　　　　　　　　　　　　　D. 78 250

12.8 企业发生的下列支出中，不属于职工薪酬的是（　　）。

A. 向外聘的独立董事支付任职报酬

B. 强制解除与职工的劳动关系而给予的补偿

C. 报销职工子女幼儿园托儿费

D. 报销职工垫付的差旅费

12.9 下列各项有关短期累积带薪缺勤的会计表述中，正确的是（　　）。

A. 对于累积带薪缺勤，在职工离开企业时无权获得现金支付

B. 与累积带薪缺勤相关的职工薪酬应当在职工实际发生缺勤的会计期间确认

C. 企业确认与累积带薪缺勤相关的职工薪酬时无须区分受益对象，均应计入管理费用

D. 累积带薪缺勤应以累积未行使权利而增加的预期支付金额计量

12.10 某企业为增值税一般纳税人。2023年12月25日，该企业向企业生产人员发放一批自产的空气净化器作为福利，该批产品的售价为10万元，生产成本为7.5万元，按计税价格计算的增值税销项税额为1.3万元。不考虑其他因素，该笔业务应确认的应付职工薪酬为（　　）万元。

A. 7.5　　　　　　　　　　　　　　　　B. 11.3
C. 10　　　　　　　　　　　　　　　　　D. 8.8

12.11 长江公司于2×22年初为公司管理层制订和实施了一项短期利润分享计划,公司全年的净利润指标为7 000万元。如果完成的净利润超过7 000万元,公司管理层可以获得超过7 000万元净利润部分的10%作为额外报酬。假定长江公司2×22年度实现净利润8 000万元。不考虑其他因素,长江公司2×22年度实施该项短期利润分享计划时应作的会计处理是( )。

    A. 借：管理费用　　　　　　　　　　　　　　　　100
　　　　贷：应付职工薪酬　　　　　　　　　　　　　　　　100

    B. 借：营业外支出　　　　　　　　　　　　　　　　100
　　　　贷：应付职工薪酬　　　　　　　　　　　　　　　　100

    C. 借：利润分配　　　　　　　　　　　　　　　　　100
　　　　贷：应付职工薪酬　　　　　　　　　　　　　　　　100

    D. 借：本年利润　　　　　　　　　　　　　　　　　100
　　　　贷：应付职工薪酬　　　　　　　　　　　　　　　　100

12.12 2×22年12月1日,甲公司董事会批准一项股份支付协议。协议规定：2×23年1月1日,公司为其200名中层以上管理人员每人授予10万份现金股票增值权,行权条件是自2×23年1月1日起,在计划内的管理人员必须在公司连续服务满3年,即可自2×25年12月31日起根据股价的增长幅度获取现金。甲公司2×23年、2×24年和2×25年每年年末每份现金股票增值权的公允价值分别为10元、12元和15元。2×23年有20名管理人员离职,甲公司预计未来两年还将有15名管理人员离职,2×24年实际有10名管理人员离职,预计2×25年还将有10名管理人员离职。不考虑其他因素,2×24年12月31日,甲公司确认的应付职工薪酬金额是( )。

    A. 5 500万元

    B. 7 300万元

    C. 12 800万元

    D. 7 700万元

12.13 以现金结算的股份支付在可行权日之后,应当在相关负债结算前的每个资产负债表日及结算日,对负债的公允价值重新计量并将其变动金额计入( )。

    A. 管理费用

    B. 公允价值变动损益

    C. 资本公积

    D. 营业外收入

12.14 企业承担交易性金融负债时,期末应计的利息应计入( )。

    A. 公允价值变动损益

    B. 财务费用

    C. 投资收益

    D. 管理费用

12.15 2×21年12月1日，某公司在全国银行间债券市场发行了50 000万元人民币短期融资券，期限为1年，票面利率为5.8%，每张面值为100元，到期一次还本付息，发生交易费用35万元。若该公司将该短期融资券指定为交易性金融负债，则支付的交易费用应借记（　　）账户。

A. 财务费用

B. 投资收益

C. 交易性金融负债（本金）

D. 营业外支出

12.16 下列关于负债的表述中，错误的是（　　）。

A. 交易性金融负债按照公允价值进行初始计量和后续计量，相关交易费用直接计入当期损益

B. 应付包装物的租金应该通过"应付账款"科目核算

C. 企业出售交易性金融负债时，应将针对该项交易性金融负债已经确认的公允价值变动损益转入投资收益

D. 应付票据与应付账款虽然都是由于交易而引起的流动负债，但应付账款是尚未结清的债务，而应付票据则是一种期票，是延期付款的证明

12.17 下列关于金融负债的表述中，错误的是（　　）。

A. 企业应当在成为金融工具合同的一方并承担相应义务时确认金融负债

B. 企业对所有金融负债均不得进行重分类

C. 金融负债终止确认时，其账面余额与支付对价之间的差额，应计入当期损益

D. 金融负债主要包括短期借款、应付账款、预收账款、应付债券等

二、多项选择题

12.18 下列一般纳税人应通过"应交税费——应交增值税（减免税款）"科目核算的有（　　）。

A. 取得退还的增量增值税留抵税额

B. 当期收到的出口退税额

C. 当期直接减免的增值税额

D. 用加计抵减额抵减的应纳增值税额

E. 初次购买增值税税控发票专用设备支付的费用，按规定抵减的应纳增值税额

12.19 下列各项中，属于应在"应交税费"会计科目下设置的明细科目的有（　　）。

A. 代扣代交增值税

B. 已交税金

C. 预交增值税

D. 减免税款

E. 转出未交增值税

12.20 下列各项税金中,应计入资产成本的有( )。

A. 直接出售的委托加工物资所发生的消费税

B. 占用耕地建设厂房所缴纳的耕地占用税

C. 购买办公楼支付的契税

D. 小规模纳税人外购存货支付的增值税

E. 用于连续生产非应税消费品的委托加工物资所发生的消费税

12.21 下列各项会计处理中,正确的有( )。

A. 印花税、耕地占用税不通过"应交税费"科目核算

B. 因自然灾害导致购入货物发生损失,增值税不需要作进项税额转出

C. 外购应税消费品用于生产非应税消费品的,按所含税额,借记"应交税费——应交消费税",贷记"银行存款"等科目

D. 转让无形资产所有权的,按规定应交的相关税费,记入"资产处置损益"科目

E. 企业收购未税矿产品,按代扣代缴的资源税,借记"材料采购",贷记"应交税费——应交资源税"科目

12.22 下列各项会计处理应在"应付职工薪酬"科目核算的有( )。

A. 以现金结算的股份支付,在可行权日后的公允价值变动

B. 无偿向职工提供的租赁房每期应支付的租金

C. 无偿向车间生产工人发放的劳保用品

D. 根据已经确定的自愿接受裁减建议和预计的将会接受裁减建议的职工数量,估计的即将给予的经济补偿

E. 以自产产品作为福利发放给职工

12.23 下列会计事项中,应在"应付职工薪酬"科目核算的有( )。

A. 职工本期尚未使用可结转下期的带薪缺勤

B. 缴纳代扣的职工个人所得税

C. 为职工缴纳的养老保险金

D. 应由在建工程负担的在建工程人员薪酬

E. 因解除与职工的劳动关系给予的补偿

12.24 下列各项关于企业对附等待期的现金结算股份支付会计处理的表述中,正确的有( )。

A. 等待期内的每个资产负债表日,应按授予日权益工具的公允价值计量,后续期间不确认公允价值变动

B. 等待期内的每个资产负债表日,应按当日权益工具的公允价值计量,将当期取得的服务计入相关资产成本或费用

C. 在授予日,企业需根据授予日权益工具的公允价值确认相关资产成本或当期费用,并计入应付职工薪酬

D. 可行权日后,不再确认成本费用,负债的公允价值变动计入公允价值变动损益

E. 股份支付的确认和计量,应当以真实、完整、有效的股份支付协议为基础

12.25 下列各项应付款项中，应通过"其他应付款"科目核算的有（　　）。

A. 应付短期租入固定资产的租金

B. 应付供应商的货款

C. 应付给职工的薪酬

D. 应付供应商代垫的运杂费

E. 由职工负担的应付医疗保险费

12.26 下列关于金融负债的表述中，正确的有（　　）。

A. 在非同一控制下的企业合并中，企业作为购买方确认的或有对价形成金融负债的，该金融负债应当按照以公允价值计量且其变动计入当期损益的金融负债进行会计处理

B. 企业对所有金融负债均不得进行重分类

C. 非金融负债主要包括预收账款、预计负债、专项应付款、递延收益、递延所得税负债等

D. 在初始确认时，企业可以将金融负债指定为以公允价值计量且其变动计入当期损益的金融负债，在满足相应的条件时，该指定可以撤销

E. 被指定为以公允价值计量且其变动计入当期损益的金融负债的，其所产生的利得或损失均应当计入当期损益

三、计算题

12.27 甲公司 2×20 年发生与职工薪酬相关的事项如下：

（1）每月应发工资总额为 840 万元，其中：生产部门直接生产人员工资为 350 万元，生产部门管理人员工资为 180 万元，管理部门人员工资为 100 万元，销售部门人员工资为 210 万元。甲公司分别按照职工工资总额的 10%、8%、2% 和 2.5% 计提医疗保险费、住房公积金、工会经费、职工教育经费。其中，甲公司代扣代缴职工个人应负担的住房公积金 84 万元、个人所得税 116 万元。次月初，甲公司以银行存款支付职工薪酬。

（2）6 月 30 日，为奖励直接生产人员和管理部门人员，甲公司将 20 套普通商品房（账面价值 200 万元 / 套）以 150 万元 / 套的价格出售给 20 名直接生产人员；将 10 套湖景房（账面价值 300 万元 / 套）以 240 万元 / 套的价格出售给 10 名管理人员。甲公司收到购房款并于当日办妥产权过户手续，职工自 7 月 1 日起必须在公司服务 10 年，如果提前离职，职工应退回享受的优惠差价。

（3）12 月 31 日，董事会作出决议，拟关闭一条生产线并遣散 50 名职工，计划从 2×21 年开始连续 5 年每年年末支付 10 万元补偿给每名职工。假定折现率为 6%。

已知（P/A，6%，5）=4.2124，（P/F，6%，5）=0.7473。

（4）2×18 年 12 月 20 日，股东会批准一项股份支付协议。协议规定：自 2×19 年 1 月 1 日起，公司为其 100 名中层以上管理人员每人授予 5 000 份现金股票增值权，这些管理人员必须为公司连续服务满 3 年方可行权，可行权日为 2×21 年 12 月 31 日。该股票增值权应在 2×23 年 12 月 31 日前行使完毕。在等待期内，第 1 年有 10 名管理人员离开公司，预计未来两年还将有 15 名管理人员离开，第 1 年资产负债表日每份股票增值权公允价值为 10 元；

第 2 年又有 10 名管理人员离开公司，预计还将有 8 名管理人员离开公司，第 2 年资产负债表日每份股票增值权公允价值为 15 元；第 3 年又有 5 名管理人员离开公司，第 3 年末资产负债表日每份股票增值权公允价值为 12 元，第 3 年末有 20 人行使了股票增值权。

假定不考虑甲公司发生的其他经济业务以及相关税费。

根据上述资料，回答下列问题：

(1) 针对事项（1），对甲公司 2×20 年 12 月份期间费用的影响金额为（　　）万元。

A.220.50　　　　　　　　　　B.428.75

C.600.25　　　　　　　　　　D.379.75

(2) 针对事项（2），2×20 年甲公司"长期待摊费用"账户的期末余额为（　　）万元。

A.1 440　　　　　　　　　　B.0

C.1 520　　　　　　　　　　D.1 600

(3) 针对事项（3），甲公司 2×20 年因辞退福利记入"管理费用"账户的金额为（　　）万元。

A.0　　　　　　　　　　　　B.2 500.0

C.1 868.3　　　　　　　　　D.2 106.2

(4) 甲公司 2×20 年 12 月份"应付职工薪酬"账户的贷方发生额合计为（　　）万元。

A.3 777.33　　　　　　　　　B.3 370.2

C.3 450.2　　　　　　　　　D.3 575.2

12.28 黄河公司系上市公司，为增值税一般纳税人，适用的增值税税率为 13%，黄河公司共有职工 520 人，其中生产工人 380 人，车间管理人员 60 人，行政管理人员 50 人，销售机构人员 30 人，2×20 年 12 月发生与职工薪酬有关的事项如下：

（1）本月应付职工工资总额 500 万元，其中，生产工人工资为 350 万元，车间管理人员工资 60 万元，行政管理人员工资 60 万元，销售机构人员工资 30 万元。

（2）分别按照当月工资总额的 2% 和 1.5% 计提工会经费和职工教育经费，根据当地政府的规定，按照工资总额的 10% 计提并缴存"五险一金"。

（3）公司为 10 名高级管理人员每人租赁住房一套并提供轿车一辆，均供其免费使用；每套住房租金为 6 万元（年初已支付），每辆轿车年折旧额为 4.8 万元。

（4）公司为每名职工发放一台自产产品作为福利，每台产品成本 0.4 万元，市场售价 0.5 万元（不含增值税）。

（5）2×19 年 1 月 1 日，公司向 50 名核心管理人员每人授予 2 万份现金股票增值权，根据股份支付协议的规定，这些人员从 2×19 年 1 月 1 日起必须在公司连续服务满 4 年，即可按照当时股价的增长幅度获得现金，该现金股票增值权应在 2×23 年 12 月 31 日前行使完毕。2×19 年 12 月 31 日，该股份支付确认的"应付职工薪酬"科目贷方余额为 200 万元。

2×20 年 12 月 31 日，每份现金股票增值权的公允价值为 10 元，至 2×20 年末有 10 名核心管理人员离开公司，估计未来两年还将有 5 名核心管理人员离开。

假设不考虑其他业务和相关税费。

根据上述资料，回答下列问题：

(1) 针对上述事项（4），2×20年12月黄河公司应确认的"主营业务收入"为（　　）万元。

A.260　　　　　　　　　　　　　　B.208

C.293.8　　　　　　　　　　　　　D.0

(2) 针对上述事项（5），2×20年12月31日黄河公司因该项股份支付确认的"应付职工薪酬"贷方发生额是（　　）万元。

A.280　　　　　　　　　　　　　　B.200

C.350　　　　　　　　　　　　　　D.150

(3) 根据职工提供服务的受益对象，黄河公司2×20年12月发生的应付职工薪酬应计入"管理费用"科目的金额是（　　）万元。

A.247.25　　　　　　　　　　　　B.137.25

C.255.35　　　　　　　　　　　　D.97.25

(4) 黄河公司2×20年12月"应付职工薪酬"账户的贷方发生额为（　　）万元。

A.1 012.2　　　　　　　　　　　　B.862.2

C.1 020.3　　　　　　　　　　　　D.818

多项选择题

12.29 2×22年12月1日，甲公司董事会批准一项股份支付协议。协议规定：2×23年1月1日，公司为200名管理人员每人授予10万份现金股票增值权，行权条件是自2×23年1月1日起，这些管理人员必须在公司连续服务满3年，即可自2×25年12月31日起根据股价的增长幅度获取现金。2×23年，公司有20名管理人员离职，预计未来两年还将有15名管理人员离职，2×23年12月31日，每份现金股票增值权的公允价值为10元。2×24年12月31日，甲公司决定将向管理人员授予的每人10万份现金股票增值权修改为授予10万股股票期权，若目前这些管理人员自2×25年1月1日起连续服务3年，即可以每股6元购买10万股公司股票，每份股票期权在2×24年12月31日的公允价值为15元，2×24年又有10名管理人员离职，公司预计未来3年不会再有管理人员离职。下列有关甲公司会计处理的表述中正确的有（   ）。

A. 甲公司在2×23年因股份支付应当确认的管理费用金额为5 500万元

B. 2×24年12月31日，甲公司因股份支付确认的应付职工薪酬科目余额为17 000万元

C. 2×24年12月31日，甲公司应当确认管理费用4 700万元

D. 2×24年12月31日，甲公司应当确认其他资本公积10 200万元

E. 2×25年1月1日至2×27年12月31日，甲公司每年应当确认其他资本公积8 500万元

错 题 整 理 页

第十三章 非流动负债

一、单项选择题

13.1 下列选项中，属于正常中断的是（　　）。

A. 因可预见的不可抗力因素而导致的工程中断

B. 因与工程建设有关的劳动纠纷而导致的工程中断

C. 因资金周转困难而导致的工程中断

D. 因与施工方发生质量纠纷而导致的工程中断

13.2 2×23年1月1日，甲公司经公司董事会决议开始建造某生产线，预计工期为2年。2×23年2月1日，甲公司向当地工商银行借款3 000万元专门用于该生产线的建设。2×23年3月1日，生产线工程正式开工，2×23年4月1日首次支付工程进度款。甲公司该借款费用开始资本化的时间是（　　）。

A. 2×23年1月1日

B. 2×23年2月1日

C. 2×23年3月1日

D. 2×23年4月1日

13.3 2×13年1月1日，甲公司开始建造厂房，预计工期为2年，该工程没有专门借款，占用两笔一般借款，一笔是2×12年1月1日发行的总额为5 000万元的一般公司债券，期限为5年，年利率为8%；另一笔是2×12年10月20日取得的5年期长期借款1 000万元，年利率为6.5%。甲公司分别于2×13年1月1日、9月1日支付工程款900万元和1 200万元，假定这两笔一般借款除用于厂房建设外，没有其他符合资本化条件的资产购建或生产活动，则甲公司2×13年这两笔一般借款发生的利息应予以资本化的金额为（　　）万元。

A. 85　　　　　　　　　　　　　B. 93

C. 133　　　　　　　　　　　　　D. 100.75

13.4 某公司于2×20年7月1日从银行取得专门借款5 000万元用于新建一座厂房，年利率为5%，利息分季支付，借款期限为2年。2×20年10月1日正式开始建设厂房，预计工期为15个月，采用出包方式建设。该公司于开始建设日、2×20年12月31日和2×21年5月1日分别向承包方付款1 200万元、1 000万元和1 500万元。由于可预见的冰冻气候，工程在2×21年1月12日到3月12日期间暂停施工。2×21年12月

31 日工程达到预定可使用状态,并向承包方支付了剩余工程款 800 万元,该公司从取得专门借款开始,将闲置的借款资金投资于月收益率为 0.4% 的固定收益债券。若不考虑其他因素,该公司在 2×21 年应予以资本化的上述专门借款费用为（　　）万元。

A.121.93

B.163.60

C.205.20

D.250.00

13.5 2×22 年 2 月 1 日,甲公司向银行借款 3 000 万元专门用于建设厂房,预计建设期为 2 年。该项借款年利率为 5%,期限为 3 年,分期付息到期还本。2×22 年 2 月 1 日,工程开工并支付工程款 1 000 万元;2×22 年 8 月 1 日,工程出现质量问题被相关部门责令限期整改;2×22 年 12 月 1 日,工程整改完成并开工,当日支付工程款 500 万元。企业将闲置资金用于购买理财产品,月利率为 0.2%。不考虑其他因素,2×22 年甲公司应予以资本化的借款利息是（　　）万元。

A.60.5　　　　　　　　　　B.87.5

C.137.5　　　　　　　　　D.110.5

13.6 甲公司于 2×21 年 1 月 1 日折价发行 3 年期、面值为 4 500 万元的公司债券,发行价格 4 379.72 万元,不考虑发行费用,该债券每年年末付息,到期一次还本。票面利率 5%,实际利率 6%,甲公司按实际利率法确认利息费用。2×22 年度该债券应确认的利息费用为（　　）万元。

A.218.69　　　　　　　　　B.233.52

C.262.78　　　　　　　　　D.265.05

13.7 甲公司经批准于 2×14 年 1 月 1 日按面值发行 3 年期、票面年利率 6%、分期付息一次还本的可转换公司债券 5 000 万元,款项已收存银行。债券发行 1 年后可转换为普通股股票,初始转股价为每股 10 元,股票面值为每股 1 元。甲公司发行可转换公司债券时二级市场上与之类似的没有附带转换权的债券市场年利率为 9%,则发行日该可转换公司债券权益成分的初始入账价值为（　　）万元。［已知：（P/F,9%,3）=0.7722,（P/A,9%,3）=2.5313,（P/F,6%,3）=0.8396,（P/A,6%,3）=2.6730］

A.379.61　　　　　　　　　B.853.78

C.4 146.22　　　　　　　　D.4 620.39

13.8 甲公司于 2×18 年 1 月 1 日按面值发行 5 年期分期付息、一次还本的可转换公司债券 2 000 万元,款项已存入银行,债券票面利率为 6%。债券发行 1 年后可转换为普通股股票,初始转股价为每股 10 元,股票面值为每股 1 元。同期二级市场上与之类似的没有附带转股权的债券市场利率为 9%,则甲公司 2×18 年 12 月 31 日因该可转换公司债券应确认利息费用（　　）元。［已知（P/A,9%,5）=3.8897,（P/F,9%,5）=0.6349］

A.1 585 936.3　　　　　　B.1 589 907.6

C.1 655 136.4　　　　　　D.1 609 636.5

13.9 甲公司经批准于2×20年1月1日发行面值10 000万元、5年期一次还本、分期付息的可转换公司债券，每年12月31日支付当年利息。该债券的票面年利率为6%，债券发行后1年可转为甲公司1 000万股普通股，每股面值为1元。该债券的实际发行价格为9 601.62万元，实际利率为8%。假定2×21年1月1日债券持有人全部转股，则甲公司应确认的资本公积为（　　）万元。［已知：（P/A，8%，5）=3.9927，（P/F，8%，5）=0.6806］

A.400　　　　　　　　　　　　B.9 201.46

C.8 737.75　　　　　　　　　　D.8 337.58

13.10 下列各项关于可转换公司债券的说法中，不符合会计准则规定的是（　　）。

A.可转换公司债券既含有负债成分又含有权益成分

B.在初始确认时应按实际发行价格确认为应付债券

C.在没有转股前按一般债券进行账务处理

D.债券发行费用需在负债成分和权益成分之间进行分配

13.11 企业将收到的国家指定为资本性投入、具有专项用途的款项用于工程项目，待项目完工，款项对应形成固定资产的部分在核销专项应付款时，应贷记的会计科目为（　　）。

A.其他综合收益

B.营业外收入

C.资本公积——资本溢价

D.递延收益

13.12 2×20年12月1日，乙公司对长江公司提起诉讼，认为长江公司侵犯了乙公司的知识产权，要求长江公司赔偿损失，至2×20年12月31日法院尚未对案件进行审理。长江公司经咨询律师意见，认为胜诉的可能性为40%，败诉的可能性为60%。如果败诉，赔偿50万元的可能性为80%，赔偿40万元的可能性为20%，则2×20年12月31日长江公司应确认预计负债的金额是（　　）万元。

A.30　　　　　　　　　　　　　B.40

C.48　　　　　　　　　　　　　D.50

13.13 甲公司因违约而被乙公司起诉，截至2×23年12月31日，甲公司尚未接到人民法院的判决。甲公司法律顾问预计甲公司很可能需要赔偿，赔偿金额在100万元到200万元之间，该区间内每个金额发生的可能性大致相同。不考虑其他因素，2×23年12月31日，甲公司的下列会计处理中，正确的是（　　）。

A.确认预计负债100万元

B.确认预计负债150万元

C.确认预计负债200万元

D.确认管理费用150万元

13.14 某公司2×21年实现销售收入5 000万元。该公司产品质量保证合同条款规定，在产品售出后一年内公司负责免费保修。根据以往的产品维修经验，小质量问题导致的修理费用预计为销售收入的1%；大质量问题导致的维修费用预计为销售收入的2%。2×21年度出售的产品中估计80%不会出现质量问题，15%将发生小质量问题，5%将发生大质量问题。该公司在2×21年度因上述产品质量保证应确认的预计负债为（　　）万元。

A.5.0 B.7.5
C.12.5 D.150.0

13.15 2×22年度长江公司销售甲产品和乙产品分别为1万件和2万件，销售单价分别为每件200元和50元，长江公司向购买者承诺提供产品售后2年内免费保修服务，预计保修期内将发生的保修费在销售额的1%～5%之间。2×22年度实际发生产品保修费4万元。假设无其他或有事项，则长江公司"预计负债"账户2×22年期末余额为（　　）万元。

A.5.0 B.3.5
C.2.0 D.9.0

13.16 2×22年12月因丙公司破产倒闭，乙公司起诉甲公司，要求甲公司偿还为丙公司担保的借款200万元。2×22年末，根据法律诉讼的进展情况以及律师的意见，甲公司予以赔偿的可能性在50%以上，最可能发生的赔偿金额为200万元。同时，由于丙公司破产程序已经启动，甲公司从丙公司获得补偿基本确定可以收到，最有可能获得的赔偿金额为50万元。根据上述情况，甲公司在2×22年末应确认的资产和负债的金额分别是（　　）。

A.0和150万元

B.0和200万元

C.50万元和100万元

D.50万元和200万元

13.17 甲公司涉及一项债务担保诉讼，2×23年12月31日法院尚未判决。甲公司咨询法律顾问后认为胜诉的可能性为30%，败诉的可能性为70%。如果败诉需要赔偿300万元。不考虑其他因素，甲公司因该事项应确认的预计负债为（　　）万元。

A.120 B.210
C.90 D.300

13.18 甲公司与乙公司签订不可撤销的销售合同，合同约定，甲公司应以每件2万元的价格向乙公司销售A产品1 000件，若有违约需向对方支付合同总价款10%的违约金。签订合同时甲公司尚未生产A产品，在甲公司准备生产时，A产品的材料成本大幅度上涨，预计生产A产品的单位成本为2.1万元。不考虑其他因素，甲公司应确认预计负债的金额为（　　）万元。

A.100 B.200
C.0 D.300

13.19 2×22年12月1日，甲公司与乙公司签订不可撤销的合同：甲公司应于2×23年4月底前向乙公司交付一批不含税价格为500万元的产品，若甲公司违约需向乙公司支付违约金 80 万元。合同签订后甲公司立即组织生产，至 2×22 年 12 月 31 日发生成本 40 万元，因材料价格持续上涨，预计产品成本为 550 万元。假定不考虑其他因素，甲公司 2×22 年 12 月 31 日因该份合同需确认的预计负债为（ ）万元。

A.40 B.10
C.50 D.80

13.20 下列各项有关可变租赁付款额的表述中，不正确的是（ ）。

A. 取决于指数或比率的可变租赁付款额应纳入应收融资租赁款的初始入账价值

B. 取决于指数或比率的可变租赁付款额应纳入租赁负债的初始计量

C. 取决于指数或比率之外的可变租赁付款额不应纳入租赁负债的初始计量

D. 超过特定里程数时需额外支付的租赁付款额应纳入租赁负债的初始计量

13.21 甲公司从乙公司处租赁一台通用设备，根据合同约定，租赁期为 2 年，每年年末支付固定租金 100 万元，如果使用该设备年产能达到 10 万件，甲公司每年需要额外支付 10 万元租金；如果使用该设备年产能不足 5 万件，乙公司需要每年退还甲公司 10 万元租金。甲公司无法确定租赁内含利率，其增量借款年利率为 5%。不考虑其他因素，甲公司应确认的租赁负债金额是（ ）万元。

A.185.94 B.204.54
C.167.35 D.148.75

13.22 承租人甲公司与出租人乙公司于 2×20 年 1 月 1 日签订一份为期 6 年的商铺租赁合同，约定每年年末支付的租赁付款额为 320 万元，甲公司确定租赁内含利率 5%。除固定付款额外，合同还约定租赁期内若甲公司年度销售额超过 500 万元的，当年年末按销售额的 1.5% 另行支付租金。甲公司 2×20 年度销售额为 660 万元，若不考虑使用权资产折旧与相关税费等因素，因该租赁业务对甲公司 2×20 年度损益的影响金额为（ ）元。[已知（P/A，5%，6）=5.0757，（P/F，5%，6）=0.7462]

A.812 112 B.836 112
C.911 112 D.218 392

13.23 甲公司从乙公司租赁一间商铺，甲公司初始确认的租赁负债金额为 1 200 万元，在签订租赁协议之前已向乙公司支付不可退还的保证金 10 万元，支付租赁佣金 5 万元，支付原租户搬迁补偿款 6 万元（乙公司同意补偿其中的 3 万元）。不考虑其他因素，甲公司应确认的使用权资产是（ ）万元。

A.1 200 B.1 215
C.1 221 D.1 218

13.24 甲公司将临街商铺租赁给乙公司，租期自 2×20 年 1 月 1 日至 2×22 年 12 月 31 日。租期内第一个半年为免租期，之后每半年租金为 30 万元，于每年年末支付。除租金外，如果租赁期内租赁商铺销售额累计达到 3 000 万元，甲公司将获得额外 90 万元经营分享收入。2×20 年度商铺实现的销售额为 1 000 万元。甲公司 2×20 年应确认的租赁收入是（ ）万元。

A.30 B.50 C.60 D.80

13.25 2×19年6月30日,甲公司与乙公司签订租赁合同,从乙公司租入一栋办公楼。根据租赁合同的约定,该办公楼不可撤销的租赁期为5年,租赁期开始日为2×19年7月1日,月租金为25万元,于每月月末支付,首3个月免付租金,在不可撤销的租赁期到期后,甲公司拥有按市场租金行使3年续租选择权。从2×19年7月1日起算,该办公楼剩余使用寿命为30年。假定在不可撤销租赁期结束时甲公司将行使续租选择权。不考虑其他因素,甲公司对该办公楼使用权资产计提折旧的年限是(   )。

A.5年 B.8年

C.30年 D.4.75年

13.26 增值税一般纳税人在债务重组中以固定资产清偿债务的,下列各项中不影响债务人其他收益确认金额的是(   )。

A.固定资产清理费用

B.重组债务的账面价值

C.重组债权的公允价值

D.固定资产的增值税销项税额

13.27 甲公司2×20年12月12日与乙公司进行债务重组,重组日甲公司应收乙公司账款的账面余额为216万元,已计提坏账准备28万元,应收账款的公允价值为182万元。乙公司以一批库存商品抵偿该笔欠款,该库存商品的公允价值为200万元,增值税税额为26万元。甲公司为取得上述库存商品支付了运输费3万元。假定不考虑除增值税外的其他因素,甲公司因该债务重组应确认"投资收益"(   )万元。

A.-9 B.12

C.20 D.-6

13.28 2×21年3月1日,甲公司因发生财务困难,无力偿还所欠乙公司800万元款项。经双方协商同意,甲公司以自有的一栋办公楼和一批存货抵偿所欠债务。甲公司用于抵债的办公楼原值为700万元,已提折旧为200万元,公允价值为600万元;用于抵债的存货账面价值为90万元,公允价值为120万元。不考虑税费等其他因素,下列有关甲公司对该项债务重组的会计处理中,正确的是(   )。

A.确认营业收入120万元

B.确认资产处置损益100万元

C.确认其他收益210万元

D.确认投资收益210万元

13.29 甲公司于2×21年2月9日将一批产品销售给乙公司,该批产品成本4 500万元,售价5 000万元(不含增值税),适用的增值税税率为13%。约定还款期限为5个月,至7月10日乙公司仍未还款。甲公司对该债权累计已计提坏账准备350万元。甲公司得知乙公司发生财务困难,款项很难收回。随即甲公司与乙公司达成债务重组协议,协议约定,乙公司以交易性金融资产清偿所欠甲公司债务。交易性金融资产的账面价值为4 000万元(其中成本3 500万元,公允价值变动500万元),公允价值为5 000万元。当日该笔债权的公允价值为 5 000 万元，不考虑其他因素，则下列说法正确的是（　　）。

A. 该笔债务重组事项对甲公司当期损益的影响金额为 850 万元

B. 乙公司应确认债务重组收益 1 200 万元

C. 该笔债务重组事项对乙公司当期损益的影响金额为 850 万元

D. 甲公司交易性金融资产的入账金额为 5 000 万元

13.30 甲公司与乙公司进行债务重组，甲公司将所欠乙公司债务转为甲公司自身权益工具，下列有关甲、乙公司会计处理的表述中，不正确的是（　　）。

A. 权益工具公允价值能够可靠计量时，甲公司权益工具应以公允价值计量

B. 权益工具公允价值不能够可靠计量时，甲公司权益工具应以清偿债务的公允价值计量

C. 乙公司因重组对甲公司产生重大影响，长期股权投资入账金额等于放弃债权的公允价值

D. 甲公司所清偿债务账面价值与权益工具确认金额之间的差额影响当期损益

二、多项选择题

13.31 下列关于借款费用的表述中，正确的有（　　）。

A. 当所购建或生产符合资本化条件的资产已经投入使用或被用于销售时，才应停止其借款费用的资本化

B. 符合资本化条件的资产在构建或生产过程中发生正常中断的，发生的借款费用应当继续资本化

C. 符合资本化条件的资产在构建或生产过程中发生非正常中断，且中断时间累积超过 3 个月的，应当暂停借款费用资本化

D. 资本化期间，每一个会计期间的利息资本化金额，不应当超过当期相关借款实际发生的利息金额

E. 筹建期间不应资本化的借款费用应计入管理费用

13.32 下列关于借款费用资本化暂停或停止的表述中，正确的有（　　）。

A. 资产在购建或者生产过程中发生了非正常中断，且中断时间连续超过 3 个月的，应当暂停借款费用资本化

B. 资产在购建或者生产过程中发生了非正常中断，且中断时间连续超过 3 个月的，应当停止借款费用资本化

C. 资产在购建或者生产过程中发生的中断符合资产达到预定可使用或者可销售状态必要的程序，借款费用的资本化应当继续

D. 资产在购建或者生产过程中，某部分资产已达到预定可使用状态，且可供独立使用，需待整体资产完工后停止借款费用资本化

E. 资产在购建或者生产过程中，某部分资产已达到预定可使用状态，但不需要整体完工后才能投入使用，应当停止该部分资产的借款费用资本化

13.33 下列关于债券发行的表述中，正确的有（　　）。

A. 债券面值与实际收到的款项之间的差额，应记入"应付债券——应计利息"科目

B. 溢价或折价是债券发行企业在债券存续期间内对利息费用的一种调整

C. 溢价是企业以后各期少付利息而预先给予投资者的补偿

D. 折价是企业以后各期多付利息而事先得到的补偿

E. 债券无论按何种价格发行，均应按其面值记入"应付债券——面值"科目

13.34 在资产负债表日，企业根据长期借款的摊余成本和实际利率计算确定的当期利息费用，可能借记的会计科目有（　　）。

A. 研发支出

B. 制造费用

C. 财务费用

D. 长期借款

E. 应付利息

13.35 下列关于可转换债券的表述中，正确的有（　　）。

A. 负债和权益成分分拆时应采用未来现金流量折现法

B. 发行时发生的交易费用应当在负债成分和权益成分之间按照各自的相应公允价值进行分摊

C. 附赎回选择权的可转换公司债券在赎回日若需支付的利息补偿金，应在债券发行日至约定赎回届满期间计提

D. 可转换公司债券属于混合金融工具，在初始确认时需将负债和权益成分进行分拆

E. 企业应在"应付债券"科目下设"可转换债券（面值、利息调整、其他综合收益）"明细科目核算

13.36 下列各项中，属于或有事项的有（　　）。

A. 根据预计使用的年限和残值计提固定资产折旧

B. 为非关联方提供的借款担保

C. 年末存在尚未判决的诉讼案件

D. 已签的待执行合同预计变成亏损合同

E. 因受市场环境影响，企业预计未来可能发生经营亏损

13.37 下列涉及预计负债的会计处理中，错误的有（　　）。

A. 待执行合同变成亏损合同时，应当立即确认预计负债

B. 重组计划对外公告前一般不应就重组义务确认预计负债

C. 因某产品质量保证而确认的预计负债，如企业不再生产该产品，应将其余额立即冲销

D. 企业当期实际发生的担保诉讼损失金额与上期合理预计的预计负债相差较大时，应按重大会计差错更正的方法进行调整

E. 对于未决诉讼，如果其引起的相关义务可能导致经济利益流出，企业就应当确认预计负债

13.38 将企业承担的重组义务确认为预计负债的条件有（　　）。

A. 该重组义务是现时义务

B. 履行该重组义务可能导致经济利益流出企业

C. 履行该重组义务的金额能够可靠计量

D. 有详细、正式的重组计划，包括重组涉及的业务、主要地点、需要补偿的职工人数等

E. 重组计划已对外公告，尚未开始实施

13.39 企业当期实际发生的担保诉讼损失金额与前期资产负债表已合理计提的预计负债的差额可能记入的会计科目有（　　）。

A. 营业外收入

B. 营业外支出

C. 其他收益

D. 管理费用

E. 财务费用

13.40 根据或有事项准则的规定，或有事项确认为预计负债应同时满足的条件有（　　）。

A. 该义务是企业承担的潜在义务

B. 履行该义务很可能导致经济利益流出企业

C. 该义务的金额能够可靠计量

D. 流出的经济利益预期很可能得到补偿

E. 得到补偿的金额能够可靠计量

13.41 下列资产计提减值准备后，在持有期间不得转回的有（　　）。

A. 使用权资产减值准备

B. 固定资产减值准备

C. 无形资产减值准备

D. 其他债权投资减值准备

E. 应收融资租赁款减值准备

13.42 下列关于出租人的账务处理表述中，正确的有（　　）。

A. 出租人按融资租赁方式租出资产的公允价值与其账面价值的差额计入资产处置损益

B. 出租人按融资租赁方式租出资产，应当终止确认融资租赁资产

C. 出租人按经营租赁方式租出资产，提供免租期的，免租期内不确认租金收入

D. 出租人发生的与经营租赁有关的初始直接费用应当直接计入当期损益

E. 出租人取得的与经营租赁有关的可变租赁付款额，如果不是与指数或比率挂钩的，应当在实际发生时计入当期损益

13.43 不考虑相关税费，下列各项关于债务人以非金融资产抵债的业务中，债权人的会计处理正确的有（　　）。

A. 债务人以存货抵偿债务的，债权人应当以放弃债权的公允价值为基础作为存货的入账成本

B. 债务人以固定资产抵偿债务的，债权人应当以固定资产的公允价值为基础作为固定资产的入账成本

C. 债务人以无形资产抵偿债务的，债权人应当以无形资产的账面价值为基础作为无形资产的入账成本

D. 债权人应当将放弃债权的公允价值与账面价值的差额计入当期损益

E. 债权人应当将放弃债权的账面价值与非金融资产账面价值的差额计入当期损益

三、计算题

13.44 2×18年1月1日，甲公司正式动工兴建一栋办公楼，工期预计为1.5年，工程采用出包方式。甲公司为建造办公楼占用了专门借款和一般借款，有关资料如下：

（1）2×18年1月1日，甲公司取得专门借款800万元用于该办公楼的建造，期限为2年，年利率为6%，按年支付利息、到期还本。

（2）甲公司占用的一般借款有两笔：一是2×17年7月1日，向乙银行取得的长期借款500万元，期限5年，年利率为5%，按年支付利息、到期还本；二是2×18年7月1日，向丙银行取得的长期借款1000万元，期限3年，年利率为8%，按年支付利息、到期还本。

（3）甲公司为建造该办公楼的支出金额如下：2×18年1月1日支出500万元；2×18年7月1日支出600万元；2×19年1月1日支出500万元；2×19年7月1日支出400万元。

（4）2×18年10月20日，因经济纠纷导致该办公楼停工1个月；2×19年6月30日，该办公楼如期完工，并达到预定可使用状态。

（5）闲置专门借款资金用于固定收益债券短期投资，该短期投资月收益率为0.4%。甲公司占用的两笔一般借款除用于办公楼的建造外，没有用于其他符合资本化条件的资产的购建或者生产活动。全年按360天计算。

根据上述资料，回答下列问题：

(1) 甲公司2×18年度专门借款利息费用的资本化金额是（　　）万元。

A. 40.8　　　　　　　　　　　　B. 48.0

C. 33.6　　　　　　　　　　　　D. 46.8

(2) 甲公司2×18年度占用一般借款的资本化率是（　　）。

A. 6.5%　　　　　　　　　　　　B. 7.0%

C. 5.0%　　　　　　　　　　　　D. 7.5%

(3) 甲公司2×18年度的借款费用利息的资本化金额是（　　）万元。

A. 52.60　　　　　　　　　　　　B. 49.80

C. 50.55　　　　　　　　　　　　D. 48.25

(4) 甲公司2×19年度的借款费用利息的资本化金额是（　　）万元。

A. 74　　　　　　　　　　　　　B. 52

C. 82　　　　　　　　　　　　　D. 50

13.45 2×21年1月1日，甲公司作为承租人从乙公司租入一栋办公楼为总部办公使用，协议约定的租赁期限为6年，甲公司拥有4年的续租选择权，初始租赁期和续租期内每年的租金均为100万元，所有款项应于每年年初支付。租赁期内，若甲公司年销售额超过1 000万元，当年应按照超过部分的1%计算租金，并于当年年底支付。甲公司预计2×21年的销售额可以达到1 000万元，此后每年销售额将稳定在2 000万元。为获得该项租赁，甲公司发生的初始直接费用为5万元。作为对甲公司的激励，乙公司同意在租赁期开始日补偿甲公司2万元。

在租赁期开始日，甲公司评估后认为，不能合理确定将行使续租选择权；甲公司无法确定租赁内含利率，其增量借款利率为6%。甲公司对租入的使用权资产采用年限平均法自租赁期开始日计提折旧，预计净残值为0。

假设不考虑相关税费的影响，其他资料如下：

（P/A，6%，10）=7.3601；（P/A，6%，9）=6.8017；（P/A，6%，6）=4.9173；（P/A，6%，5）=4.2124。

根据上述资料，回答下列问题：

(1) 在租赁期开始日，甲公司租赁负债的初始确认金额为（　　）万元。

A.421.24　　B.491.73

C.680.17　　D.470.41

(2) 在租赁期开始日，甲公司使用权资产的初始确认金额为（　　）万元。

A.594.73　　B.526.24

C.573.41　　D.524.24

(3) 甲公司使用权资产2×21年的折旧额为（　　）万元。

A.118.95　　B.87.37

C.99.12　　D.104.85

(4) 由于该租赁业务，甲公司2×22年确认的利息费用为（　　）万元。

A.29.50　　B.25.74

C.20.79　　D.25.27

13.46 甲公司和乙公司为增值税一般纳税人，不动产转让适用的增值税税率为9%，2×21年～2×22年甲公司和乙公司发生以下业务：

（1）甲公司2×21年8月21日就应收乙公司账款5 000万元与乙公司签订合同，合同约定：乙公司以在建的一栋写字楼偿还该项债务，在乙公司开具增值税专用发票，并将写字楼的所有权转移给甲公司之后，该项债权债务结清。

2×21年8月31日，甲公司和乙公司完成上述债务重组。甲公司对乙公司的应收账款已计提坏账准备560万元，公允价值为4 360万元；乙公司用于抵偿债务的在建写字楼账面余额为3 000万元，未计提减值准备，公允价值与计税价格均为4 000万元。

（2）甲公司于2×21年6月初从银行借入3年期、年利率为8%的一般借款3 000万元。

（3）甲公司于2×21年8月31日取得写字楼的所有权之后，继续使用上述借款进行建造，建造过程中发生下列支出：

2×21年9月1日支出500万元；2×21年11月1日支出300万元；2×22年1月1日支出600万元；2×22年4月1日至9月30日非正常停工；2×22年10月1日支出600万元；2×22年12月31日，该写字楼达到预定可使用状态。

不考虑其他因素，回答下列问题：

(1) 债务重组日，甲公司因该项债务重组应确认的投资收益为（　　）万元。

A.-400　　　　　　　　　　　　　　B.640

C.0　　　　　　　　　　　　　　　　D.-80

(2) 债务重组日，乙公司因该项债务重组影响当期损益的金额为（　　）万元。

A.1 640　　　　　　　　　　　　　　B.1 000

C.640　　　　　　　　　　　　　　　D.2 000

(3) 甲公司2×22年一般借款的利息费用化金额为（　　）万元。

A.172　　　　　　　　　　　　　　　B.240

C.155　　　　　　　　　　　　　　　D.116

(4) 2×22年12月31日，甲公司该写字楼达到预定可使用状态时的账面成本为（　　）万元。

A.6 445.33　　　　　　　　　　　　B.6 085.33

C.6 053.33　　　　　　　　　　　　D.6 141.33

四、综合分析题

13.47 长江公司与振兴公司均为增值税一般纳税人，2×19年～2×20年发生的经济业务如下：

（1）2×19年9月1日，长江公司向振兴公司销售一批商品，总价款为60万元。振兴公司以一张面值60万元、票面年利率6%、期限3个月的商业承兑汇票支付货款。

（2）2×19年12月1日，振兴公司发生资金周转困难，不能按期向长江公司承兑其商业汇票。2×19年12月31日，长江公司对该应收款项计提坏账准备5万元。

（3）2×20年1月1日，经双方协商，进行债务重组。长江公司同意将债务本金减至50万元，免除2×19年12月31日前所欠的全部利息，并将债务到期日延长到2×20年6月30日，年利率提高到8%，按季度支付利息、到期还本。

2×20年4月1日，振兴公司向长江公司支付债务利息1万元。

（4）2×20年7月1日，振兴公司仍不能按期向长江公司支付所欠款项，双方再次达成债务重组协议，振兴公司以一项无形资产偿还欠款。该无形资产账面余额为70万元、累计摊销额为20万元、已计提减值准备5万元。

（5）2×20年7月1日，双方办理完成无形资产转让手续，长江公司以银行存款支付评估费3万元。当日，长江公司应收款项的公允价值为42万元，已计提坏账准备2万元。

不考虑增值税等相关税费。

根据上述资料，回答下列问题：

(1) 针对事项（1），长江公司持有的应收票据的到期值是（   ）万元。

A.63.6   B.60.9

C.60.0   D.61.8

(2) 按照《企业会计准则第12号——债务重组》，下列关于债务重组的表述中，正确的有（   ）。

A.债务重组过程中不改变债务方和债权方

B.债务重组中债务人可以将债务转为权益工具

C.债务重组必须是在债务人发生财务困难的情况下进行的

D.债务重组协议中债权人必须对债务人做出让步

E.债务人用于清偿债务的资产可以是金融资产或非金融资产

(3) 2×20年1月1日，长江公司进行债务重组时应确认的投资收益是（   ）万元。

A.-5.0   B.-10.9

C.-10.0   D.-5.9

(4) 2×20年1月1日，振兴公司进行债务重组时应确认的投资收益是（   ）万元。

A.10.0   B.10.9

C.5.0   D.5.9

(5) 2×20年7月1日，长江公司进行债务重组时应确认的投资收益是（   ）万元。

A.-7   B.-12

C.-9   D.-10

(6) 2×20年7月1日，振兴公司进行债务重组时应确认的其他收益是（   ）万元。

A.11   B.0

C.9   D.6

一、单项选择题

13.48 2×23年1月1日,甲公司与乙公司签订协议,将其持有的一栋办公楼出售给乙公司,该办公楼账面原值2 500万元,已计提折旧1 500万元,未计提减值准备,出售价款为1 800万元(公允价值),该办公楼尚可使用30年,此项交易符合销售成立的条件。与此同时,甲公司与乙公司签订租赁协议,取得该办公楼10年使用权,每年年末以甲公司当年营业额的30%作为租金。由于甲公司在租赁开始日不能合理估计租赁期内各期租金,但能通过其他合理方法确定租回所保留的权利占比为25%。甲公司的增量借款年利率为10%。甲公司下列会计处理错误的是(   )。〔已知(P/A,10%,10)= 6.1446,计算过程和结果均保留两位小数〕

A.2×23年1月1日,甲公司应确认使用权资产250万元

B.2×23年1月1日,甲公司应确认资产处置损益600万元

C.2×23年1月1日,甲公司应确认租赁负债450万元

D.2×23年1月1日,甲公司应确认租赁负债——未确认融资费用732.4万元

二、多项选择题

13.49 2×23年1月1日,甲公司将一家商铺出售给乙公司(非关联方),售价5 500万元。该商铺在交易前的原值是6 500万元,已计提折旧2 000万元,未计提减值准备。同时,合同约定甲公司将该商铺租回,租赁期为5年(该商铺全部剩余使用年限为10年),年租金692.92万元,于每年年末支付。根据交易条款和条件,甲公司转让该商铺符合销售成立的条件。该商铺在销售当日的公允价值为5 000万元。2×24年1月1日,甲公司与乙公司协商,提高后续年租金。甲公司的增量借款年利率为5%。下列有关会计处理中,表述正确的有(   )。〔已知(P/A,5%,5)= 4.3295,计算过程和结果均保留两位小数〕

A.2×23年1月1日,甲公司应确认使用权资产3 000万元

B.2×23年1月1日,甲公司应确认资产处置损益250万元

C.2×23年1月1日,甲公司应确认金融负债500万元

D.2×23年甲公司因使用权资产而确认的累计折旧金额为600万元

E.2×24年1月1日,因后续年租金提高,甲公司应重新调整售后租回所获得使用权资产相关的利得损失

错 题 整 理 页

第十四章 所有者权益

做经典

一、单项选择题

14.1 下列关于金融负债的说法中,错误的是（　　）。
A. 当企业具有向其他方交付现金或其他金融资产的合同义务时,应分类为金融负债
B. 发行方在潜在不利条件下,具有与其他方交换金融资产或金融负债的合同义务,应分类为金融负债
C. 将来须用或可用企业自身权益工具进行结算的非衍生工具合同,且企业根据该合同将交付可变数量的自身权益工具,应分类为金融负债
D. 将来以固定数量的自身权益工具交换固定金额的现金或其他金融资产的衍生工具,应分类为金融负债

14.2 下列各项中,会导致实收资本增加的是（　　）。
A. 盈余公积转增资本
B. 接受非关联方捐赠的固定资产
C. 宣告发放现金股利
D. 发行可转换公司债券

14.3 下列各项关于金融工具重分类的说法中,错误的是（　　）。
A. 金融负债不得重分类为权益工具
B. 金融负债之间不得重分类
C. 金融资产重分类仅限于债务工具投资
D. 金融资产中权益工具投资不得重分类

14.4 下列各项关于权益工具重分类为金融负债的表述中,正确的是（　　）。
A. 金融负债应按重分类日的账面价值计量
B. 重分类日的公允价值与账面价值的差额计入当期损益
C. 权益工具不得重分类为金融负债
D. 权益工具在重分类日的公允价值与其账面价值的差额计入所有者权益

14.5 企业赎回除普通股以外的分类为权益的金融工具,实际支付的价款与权益账面价值的差额计入（　　）。
A. 投资收益　　　　　　　　B. 公允价值变动损益
C. 资本公积　　　　　　　　D. 衍生工具

14.6 资产负债表日,满足运用套期会计方法条件的现金流量套期工具产生的利得,属于有效套期的,应贷记( )科目。

A. 公允价值变动损益

B. 其他综合收益

C. 投资收益

D. 财务费用

14.7 下列各项中,不会引起留存收益总额变动的是( )。

A. 用上一年度实现的净利润分配现金股利

B. 用盈余公积转增股本

C. 用盈余公积弥补亏损

D. 发放股票股利

14.8 甲公司2×20年初的所有者权益总额为1 500万元,不存在以前年度未弥补的亏损。2×20年度发生亏损180万元,2×21年度发生亏损120万元,2×22年度实现的税前利润为0,2×23年度实现的税前利润为500万元。根据公司章程的规定,法定盈余公积和任意盈余公积的提取比例均为10%,公司董事会提出2×23年度分配利润60万元的议案,但尚未提交股东会审议,假设甲公司2×20年至2×23年不存在其他纳税调整和导致所有者权益变动的事项,适用的企业所得税税率为25%。甲公司2×23年末所有者权益总额为( )万元。

A. 1 590 B. 1 650

C. 1 890 D. 1 950

14.9 下列关于利润分配及未分配利润的会计处理中,错误的是( )。

A. 以当年实现的利润弥补以前年度结转的未弥补亏损,不需要进行专门的会计处理

B. 年末要将"利润分配"科目所属的其他明细科目的余额转入"利润分配——未分配利润"明细科目

C. 年末要将"本年利润"科目的余额转入到"利润分配——未分配利润"明细科目

D. 盈余公积弥补亏损时应贷记"利润分配——未分配利润"明细科目

14.10 下列各项中,不属于在以后会计期间满足规定条件时可以重分类进损益的其他综合收益的是( )。

A. 外币财务报表折算差额

B. 分类为以公允价值计量且其变动计入其他综合收益的金融资产公允价值变动

C. 分类为以公允价值计量且其变动计入其他综合收益的金融资产信用减值损失

D. 指定为以公允价值计量且其变动计入当期损益的金融负债因企业自身信用风险变动引起的公允价值变动

14.11 下列经济业务中,可能影响企业当期留存收益的是( )。

A. 税后利润弥补上一年度亏损

B. 提取法定盈余公积

C. 注销库存股的账面余额

D. 盈余公积弥补亏损

14.12 下列关于盈余公积的表述中,错误的是（　　）。

A. 经股东大会或类似机构决议批准,盈余公积可用于弥补亏损

B. 提取盈余公积是法定要求,公司制企业每年须按照税后利润的 10% 的计提比例进行提取

C. 盈余公积可以用于扩大企业生产经营

D. 法定盈余公积转增资本时,所留存的盈余公积不得少于转增前公司注册资本的 25%

14.13 下列各项中,能引起所有者权益总额发生增减变动的是（　　）。

A. 盈余公积补亏

B. 发行 5 年期公司债券

C. 发放股票股利

D. 可转换公司债券转股

二、多项选择题

14.14 下列关于其他权益工具的表述中,正确的有（　　）。

A. 对于归类为权益工具的金融工具,其股利分配应当作为发行企业的利润分配

B. 对于归类为权益工具的金融工具,其利息支出不得按照借款费用进行处理

C. 企业发行权益工具发生的手续费、佣金等交易费用,应当计入当期损益

D. 发行复合金融工具发生的交易费用,应当在负债成分和权益成分之间按照各自占总发行价款的比例进行分摊

E. 归类为权益工具的金融工具,任何情况下都不得重分类为金融负债

14.15 下列会计事项在进行账务处理时,不通过"资本公积"科目核算的有（　　）。

A. 为奖励本公司职工而收购的本公司股份

B. 企业无法收回的应收账款

C. 企业从政府无偿取得货币性资产或非货币性资产形成的利得

D. 其他权益工具投资期末公允价值的变动利得

E. 采用权益法核算的长期股权投资,投资企业按持股比例确认的被投资单位除净损益、其他综合收益外所有者权益变动应享有的份额

14.16 下列会计事项中,可能引起资本公积金额变动的有（　　）。

A. 注销库存股

B. 处置采用权益法核算的长期股权投资

C. 将债权投资重分类为其他债权投资

D. 用未分配利润分配现金股利

E. 用以权益结算的股份支付换取职工服务

14.17 下列选项中,计入其他综合收益的有（　　）。

A. 现金流量套期工具产生的利得或损失中属于有效套期的部分

B. 外币财务报表折算差额

C. 因长期股权投资采用成本法核算确认的被投资单位的其他综合收益

D. 金融资产重分类按规定可以将原计入其他综合收益的利得或损失转入当期损益的部分

E. 因债权投资重分类为其他债权投资确认的贷方差额

14.18 下列各项中，属于在以后会计期间满足规定条件时将重分类进损益的其他综合收益的有（　　）。

A. 重新计量设定受益计划净损失

B. 指定为以公允价值计量且其变动计入其他综合收益的非交易性权益工具投资公允价值变动

C. 自用房地产转换为以公允价值计量的投资性房地产的贷方差额

D. 现金流量套期工具中有效套期部分

E. 外币财务报表折算差额

14.19 企业弥补经营亏损的方式有（　　）。

A. 用盈余公积弥补

B. 用以后年度税后利润弥补

C. 在规定期限内用以后年度税前利润弥补

D. 投资者增加实收资本后弥补

E. 用资本公积中的资本溢价弥补

14.20 股份有限公司因减少注册资本而回购公司股份，在注销库存股时贷方可能涉及的会计科目有（　　）。

A. 盈余公积

B. 股本

C. 利润分配——未分配利润

D. 库存股

E. 资本公积——股本溢价

错 题 整 理 页

第十五章　收入、费用、利润和产品成本

一、单项选择题

15.1　2×22 年 1 月 1 日，甲公司与客户乙公司签订服务合同。根据合同约定，甲公司自 2×22 年 1 月 1 日起，连续 3 年为乙公司提供财务咨询服务，每年收取咨询服务费 20 万元，该价款反映了合同开始日该项服务的单独售价。2×23 年 12 月 31 日，经双方同意合同发生变更，乙公司将合同服务期额外延长 3 年，至 2×27 年 12 月 31 日结束，每年咨询服务费为 16 万元，根据市场可观察情况，甲公司提供类似服务的单独售价为 19 万元/年。不考虑其他因素，2×24 年 12 月 31 日甲公司应确认的收入为（　　）万元。

A.16　　　　　　　　　　　　B.17
C.18　　　　　　　　　　　　D.19

15.2　2×22 年 4 月 10 日，甲公司与乙公司签订购销合同，根据合同约定，甲公司在 2×22 年 6 月 30 日前陆续将 1 000 件 A 商品交付乙公司，每件售价为 12 万元。截至 2×22 年 6 月 10 日甲公司已向乙公司交付 A 商品 500 件。2×22 年 6 月 10 日，甲、乙公司变更原合同，增加交付 A 商品 200 件，每件售价为 8 万元，当日，A 商品市场单独售价为 11 万元，A 商品属于可明确区分商品。不考虑相关税费等因素，下列各项说法中，符合企业会计准则的是（　　）。

A. 应将追加的 200 件 A 商品单独确认收入

B. 应将追加的 200 件 A 商品与原 1 000 件 A 商品合并确认收入

C. 应将追加的 200 件 A 商品与原未履行的 500 件 A 商品合并确认收入

D. 应将追加的 200 件 A 商品与原 1 000 件 A 商品合并确认收入，并对以前确认的收入进行追溯调整

15.3　2×22 年 8 月 1 日，甲公司与乙公司签订办公楼建造合同，根据合同约定，甲公司在乙公司现有土地上建造一幢办公楼，合同价款为 3 000 万元，预计总成本为 2 200 万元。2×23 年 1 月 1 日，甲公司与乙公司签订补充协议，将原办公楼的高度由原来的 5 层变更为 8 层，合同增加造价 1 600 万元（系公允价值），预计成本增加 1 200 万元。不考虑相关税费等因素，下列说法中，正确的是（　　）。

A. 应将增加的 1 600 万元作为新合同进行处理

B. 应将增加的 1 600 万元与原未履行部分合并作为新合同进行处理

C. 应将增加的 1 600 万元与原合同合并进行处理

D. 应将增加的 1 600 万元扣除预计成本 1 200 万元的差额与原合同合并进行处理

15.4 下列各项关于识别已承诺商品或服务的说法中，正确的是（　　）。

A. 客户能够从该商品本身或者从该商品与其他易于获得的资源一起使用中受益，则为可明确区分的履约义务

B. 企业向客户转让该商品的承诺与合同中其他承诺可单独区分，则为可明确区分的履约义务

C. 客户能够从该商品本身或者从该商品与其他易于获得的资源一起使用中受益，同时，企业向客户转让该商品的承诺与合同中其他承诺可单独区分，则为可明确区分的履约义务

D. 企业向客户转让的商品本身能够区分，则应认定该项履约义务可明确区分

15.5 甲公司为大型超市，乙公司为甲公司的供应商，乙公司推出新产品时要求在甲公司的超市中销售，根据双方合同约定，乙公司需向甲公司支付 30 万元的进场费，甲公司未向乙公司提供任何产品和服务。不考虑其他因素，则下列说法中，符合企业会计准则规定的是（　　）。

A. 乙公司应将 30 万元计入销售费用

B. 乙公司应将 30 万元计入财务费用

C. 乙公司应将 30 万元冲减营业收入

D. 乙公司应将 30 万元计入营业成本

15.6 长江公司 2×22 年 1 月 5 日与黄河公司签订合同，为黄河公司的办公楼安装 6 套太阳能发电系统，合同总价格为 180 万元。截至 2×22 年 12 月 31 日，长江公司已完成 2 套，剩余部分预计在 2×23 年 4 月 1 日之前完成。该合同仅包含一项履约义务，且该履约义务满足在某一时段内履行的条件。长江公司按照已完成的工作量确定履约进度为 60%。假定不考虑相关税费，长江公司 2×22 年应确认的收入为（　　）万元。

A.60　　　　　　　　　　　　　　B.108

C.180　　　　　　　　　　　　　　D.0

15.7 2×23 年 10 月 1 日，甲公司与乙公司签订建造合同，合同约定甲公司在乙公司的土地上为其建造办公楼，属于在某一时段内履行的单项履约义务。该工程建设期为 8 个月，合同价款为 1 000 万元，预计合同成本为 800 万元。当日甲公司已预收乙公司备料款 300 万元。至 12 月 31 日，甲公司已发生建造成本 380 万元，预计还将发生建造成本 420 万元。甲公司采用成本法确定履约进度。不考虑其他因素，则甲公司 2×23 年应确认的收入为（　　）万元。

A.1 000　　　　　　　　　　　　　B.475

C.300　　　　　　　　　　　　　　D.380

15.8 2×22 年 10 月 1 日甲公司与乙公司签订购销合同，根据合同约定，甲公司在 10 月 10 日前需先向乙公司交付 W 产品 100 件，在 12 月 31 日前再交付 Y 产品 200 件。当日甲公司收到乙公司 W 产品的定金 100 万元，10 月 10 日甲公司将 W 产品交付乙公司，

并经乙公司验收合格。根据合同约定，甲公司交付 Y 产品后，经乙公司验收合格后再支付剩余 W 产品和 Y 产品货款 1 200 万元（其中，W 产品为 1 000 万元，Y 产品为 200 万元）。不考虑相关税费等因素，下列说法正确的是（　　）。

A. 甲公司应在收到定金时确认 100 万元收入

B. 甲公司应在交付 W 产品并经乙公司验收合格时确认 100 万元收入

C. 甲公司对于剩余未收取的 W 产品货款共 1 000 万元应将其确认为应收账款

D. 甲公司收到定金时应将其确认为合同负债

15.9 甲公司为增值税一般纳税人，适用的增值税税率为 13%。2×23 年 3 月 22 日与乙公司签订一项商品购销合同，该批商品注明的价格为 1 200 万元，但由于甲公司与乙公司属于长期合作关系，甲公司给予乙公司商业折扣 200 万元，不考虑其他因素，则甲公司应确认的收入为（　　）万元。

A.1 000　　　　　B.1 200　　　　　C.1 130　　　　　D.1 356

15.10 甲公司系财务咨询公司，以公开竞标方式赢得某公司 3 年期的咨询服务项目。为取得该客户合同，甲公司发生的下列支出中应确认为合同取得成本的是（　　）。

A. 因投标发生的需自行承担的差旅费 10 万元

B. 根据年度销售目标和整体盈利情况向销售部门经理支付的年度奖金 20 万元

C. 发生的需自行承担的投标资料费 1.8 万元

D. 为取得该合同发生的销售人员佣金 8 万元

15.11 甲公司系增值税一般纳税人，适用的增值税税率为 13%。2×20 年 12 月 1 日，甲公司以赊销方式向乙公司销售一批成本为 75 万元的商品。开出的增值税专用发票上注明的价款为 80 万元，增值税税额为 10.4 万元，满足销售商品收入确认条件，合同约定乙公司有权在三个月内退货。2×20 年 12 月 31 日，甲公司尚未收到上述款项。根据以往经验估计退货率为 12%。下列关于甲公司 2×20 年该项业务会计处理的表述中，错误的是（　　）。

A. 确认预计负债 9.6 万元

B. 确认营业收入 70.4 万元

C. 确认应收账款 90.4 万元

D. 确认营业成本 75 万元

15.12 甲公司为增值税一般纳税人，适用的增值税税率为 13%。2×21 年 6 月 5 日，向乙公司赊销商品 500 件，单位售价为 600 元（不含增值税），单位生产成本为 480 元。甲公司发出商品并开具增值税专用发票。根据协议约定，商品赊销期为 1 个月，3 个月内乙公司有权将未售出的商品退回甲公司，甲公司根据实际退货数量，给乙公司开具红字的增值税专用发票并退还相应的货款。甲公司根据以往的经验，可以合理地估计退货率为 10%。退货期满后，乙公司实际退回商品 60 件，则甲公司收到退回的商品时应冲减（　　）。

A. 主营业务收入 36 000 元

B. 主营业务成本 4 800 元

C. 预计负债 7 200 元

D. 应交税费——应交增值税 10 120 元

15.13 2×22 年度，某商场销售各类商品共取得货款 4 500 万元，货物的控制权已转移给客户。同时共授予客户奖励积分 625 万个，每个积分的单独售价为 0.8 元，预计共有 500 万个积分被兑换。2×22 年客户实际兑换奖励积分共计 400 万个。不考虑其他因素，该商场 2×22 年应确认的收入总额为（　　）万元。

A.4 426.53　　　　　　　　　　B.4 500

C.4 050　　　　　　　　　　　D.4 338

15.14 甲公司 2×20 年 1 月 1 日开始实行一项奖励积分计划。根据该计划，客户在甲公司每消费 10 元可获得 1 个积分，每个积分可在未来购物时按 1 元的折扣兑现。自该计划实施以来，客户共消费 140 000 元，甲公司估计该积分的兑换率为 98%。截至 2×20 年 12 月 31 日，客户共兑换了 8 800 个积分，甲公司预计该积分的兑换率维持不变。假定不考虑增值税等相关税费，2×20 年积分应当确认的收入为（　　）元。

A.8 014　　　　　　　　　　　B.8 800

C.8 178　　　　　　　　　　　D.0

15.15 企业采用售后回购的方式销售商品时，回购价格高于原销售价格的差额在售后回购期间内按期计提利息费用时，应贷记"（　　）"科目。

A. 财务费用

B. 其他应付款

C. 其他业务收入

D. 未确认融资费用

15.16 甲公司 2×22 年 6 月 1 日采用售后回购方式向乙公司销售一批商品，销售价格为 100 万元，回购价格为 115 万元，回购日期为 2×22 年 10 月 31 日，贷款已实际收付。假定不考虑增值税等相关税费，则 2×22 年 8 月 31 日甲公司因此项售后回购业务确认的"其他应付款"科目余额为（　　）万元。

A.100　　　　　　　　　　　　B.109

C.115　　　　　　　　　　　　D.106

15.17 若企业采用售后回购的方式筹集的资金全部用于自建生产厂房，则其所售商品回购价与售价之间的差额，应在售后回购期间计入（　　）。

A. 固定资产　　　　　　　　　B. 在建工程

C. 管理费用　　　　　　　　　D. 财务费用

15.18 下列各项中，不应计入管理费用的是（　　）。

A. 企业因违约被起诉发生的诉讼费

B. 管理用固定资产折旧费

C. 车间管理人员工资

D. 因企业合并发生的相关审计费、法律服务费

15.19 企业发生的下列交易或事项中,不影响发生当期营业利润的是（　　）。

　　A. 其他债权投资公允价值变动

　　B. 行政管理部门业务招待费

　　C. 销售商品过程中发生的业务宣传费

　　D. 分期收款销售方式下"未实现融资收益"的摊销

15.20 企业取得与收益相关的政府补助时,如果用于补偿企业以后期间发生的相关费用或损失的,应在取得时确认为（　　）。

　　A. 递延收益　　　　　　　　B. 营业外收入

　　C. 其他业务收入　　　　　　D. 资本公积

15.21 下列各项中,不属于政府补助的是（　　）。

　　A. 先征后返的增值税

　　B. 因安置职工就业收到政府拨付的奖励款项

　　C. 因自然灾害收到政府无偿给予的应急设备

　　D. 直接减征的企业所得税

15.22 甲公司于2×19年1月向政府部门提交了80万元购置环保设备的补助申请,2×19年3月15日,甲公司收到了政府补贴款80万元,采用净额法进行会计处理。2×19年4月26日,甲公司购入不需要安装的环保设备,实际成本为272万元,预计使用年限为8年,预计净残值为0,采用年限平均法计提折旧。2×22年12月,该设备毁损,取得变价收入20万元,假设不考虑相关税费,甲公司该设备发生毁损时,应确认营业外支出的金额为（　　）万元。

　　A.84　　　　　　　　　　　B.86

　　C.80　　　　　　　　　　　D.82

15.23 某工业企业生产甲产品,甲产品的工时定额为30小时,其中,第一道工序的工时定额为20小时,第二道工序的工时定额为10小时,假定各工序内在产品完工程度均为50%,期末在产品为300件,其中,第一道工序在产品为210件,第二道工序在产品为90件,该企业甲产品的完工产品和在产品成本分配采用约当产量比例法计算,则期末在产品的约当产量为（　　）件。

　　A.145　　　　　　　　　　　B.140

　　C.115　　　　　　　　　　　D.120

15.24 长江公司生产甲产品所耗用的直接材料系陆续投入,月初在产品成本和本月生产费用总额为13 180元,其中,直接材料为5 640元,直接人工为4 330元,制造费用为3 210元。本月完工甲产品为118件,月末在产品为30件,直接材料的费用定额为18元,单位定额工时为8小时,单位定额工时的直接人工定额为2元,制造费用定额为1.5元。月末在产品成本按定额成本计算,则本月完工产品的单位成本为（　　）元。

　　A.100　　　　　　　　　　　B.103

　　C.105　　　　　　　　　　　D.108

二、多项选择题

15.25 根据企业会计准则的规定，企业在相近时间先后订立的两份或多份合同应当合并的有（　　）。

A. 该两份或多份合同构成"一揽子交易"

B. 与同一客户同时订立，该两份或多份合同中的一份合同的对价金额取决于其他合同的定价或履行情况

C. 与同一客户相近时间订立，该两份或多份合同中所承诺的商品（或每份合同中所承诺的部分商品）构成单项履约义务

D. 该两份或多份合同中需与同一客户（或该客户的关联方）同时订立

E. 该两份或多份合同基于同一商业目的而订立并构成"一揽子交易"

15.26 下列各项中，通常表明企业向客户转让该商品的承诺与合同中的其他承诺不可明确区分的有（　　）。

A. 企业需提供重大的服务以将该商品与合同中承诺的其他商品进行整合，形成合同约定的某个或某些组合产出转让给客户

B. 该商品将对合同中承诺的其他商品予以重大修改

C. 该商品将对合同中承诺的其他商品予以重大定制

D. 该商品与合同中承诺的其他商品具有高度关联性

E. 该商品对价金额取决于其他合同的定价或履行情况

15.27 下列关于交易价格的说法中，正确的有（　　）。

A. 企业预期将退还给客户的款项不计入交易价格

B. 在销售附有现金折扣条件下，如果最终产生现金折扣，应当冲减当期销售收入

C. 合同中存在重大融资成分的，企业应当按照合同对价确定交易价格

D. 客户支付非现金对价的，企业应当按照非现金对价的公允价值确定交易价格

E. 企业应付客户对价是为了取得可明确区分的商品，如果该商品的公允价值不能够合理估计，企业应当将应付客户对价全额冲减交易价格

15.28 企业为取得销售合同而发生且由企业承担的下列各项支出中，应在发生时计入当期损益的有（　　）。

A. 投标活动交通费

B. 投标文件制作费

C. 招标文件购买费

D. 尽职调查发生的费用

E. 销售佣金

15.29 下列各项中，应计入管理费用的有（　　）。

A. 自然灾害造成的在产品毁损净损失

B. 原材料保管中发生的产成品超定额损失

C. 自然灾害造成的原材料毁损净损失

D. 管理部门固定资产报废净损失

E. 筹建期的开办费

15.30 企业发生的下列交易或事项，影响发生当期利润总额的有（　　）。

A. 出售无形资产的净损失

B. 权益法核算的长期股权投资确认被投资单位现金股利

C. 因违反法律、行政法规缴纳的罚款

D. 母公司替子公司负担所得税

E. 为取得合同发生的销售佣金

15.31 下列各项属于政府补助的有（　　）。

A. 即征即退增值税

B. 出口退税

C. 减免的所得税

D. 政府对企业投资

E. 财政贴息

15.32 下列关于政府补助的说法中，错误的有（　　）。

A. 有确凿证据表明政府是无偿补助的实际拨付者，其他企业只是起代收代付作用的，该补助应属于政府补助

B. 与资产相关的政府补助，应当冲减相关资产的账面价值或确认为递延收益

C. 与收益相关的政府补助，直接计入当期损益或冲减相关成本

D. 与企业日常活动无关的政府补助，应当计入营业外收支

E. 政府作为企业所有者投入企业的资本属于政府补助

15.33 下列各项中，通过"营业外支出"核算的有（　　）。

A. 处置债权投资的净损失

B. 报废无形资产发生的净损失

C. 工程物资建设期毁损净损失

D. 非货币性资产交换时换出固定资产的损失

E. 因未按时纳税产生的滞纳金

15.34 不考虑其他相关因素，下列关于政府补助分类的说法中，正确的有（　　）。

A. 企业取得的政府无偿划拨的土地使用权属于与资产相关的政府补助

B. 企业取得的出口退税属于与收益相关的政府补助

C. 企业取得的综合补助款项应区分与资产相关的政府补助和与收益相关的政府补助

D. 对于同时包含与资产相关部分和与收益相关部分的政府补助，应当区分不同部分分别进行会计处理；难以区分的，应当整体归类为与资产相关的政府补助

E. 对于属于前期差错的政府补助退回，应当作为前期差错更正进行追溯调整

15.35 下列关于各种成本计算方法的表述中，错误的有（　　）。

A. 品种法主要适用于产品大量大批单步骤生产，或管理上不要求分步计算产品成本的大量大批多步骤生产

B. 分批法适用于产品单件小批单步骤生产和管理上不要求分步计算成本的多步骤生产

C. 分步法适用于产品大量大批多步骤生产，而且管理上要求分步计算产品成本的生产

D. 平行结转分步法适用于各步骤半成品有独立的经济意义，管理上要求核算半成品成本的产品生产

E. 逐步结转分步法适用于管理上不要求核算半成品成本的产品生产

三、计算题

15.36 长江公司于 2×17 年 1 月 1 日签署了一份关于向黄河公司销售一台大型加工机械设备的买卖约定，该设备的销售总价为 4 800 万元，采用分期收款方式分 6 期平均收取，合同签署日收取 800 万元，剩余款项分 5 期在每年 12 月 31 日平均收取。长江公司于 2×17 年 1 月 1 日发出该设备，并经黄河公司检验合格，设备成本为 2 400 万元。假定不考虑增值税等相关税费，折现率为 10%。已知（P/A，10%，5）=3.7908，（P/A，10%，6）=4.3552。

根据上述资料，回答下列问题：

（1） 2×17 年 1 月 1 日，长江公司应确认的收入为（   ）万元。

A. 3 032.65 　　　　　　　　　　B. 3 832.64

C. 4 800.00 　　　　　　　　　　D. 3 484.16

（2） 2×17 年 1 月 1 日，长江公司应确认的未实现融资收益的金额为（   ）万元。

A. 0 　　　　　　　　　　　　　B. 1 315.84

C. 1 767.36 　　　　　　　　　　D. 967.36

（3） 长江公司 2×17 年度应摊销的未实现融资收益的金额为（   ）万元。

A. 223.26 　　　　　　　　　　　B. 303.26

C. 400.00 　　　　　　　　　　　D. 268.42

（4） 长江公司 2×17 年 12 月 31 日长期应收款的账面价值为（   ）万元。

A. 2 535.90 　　　　　　　　　　B. 1 655.90

C. 3 600.00 　　　　　　　　　　D. 2 152.58

四、综合分析题

15.37 黄河公司系一家多元化经营的上市公司，与收入有关的部分经济业务如下：

（1）其经营的一商场自 2×16 年起执行一项授予积分计划，客户每购买 10 元商品即被授予 1 个积分，每个积分可自 2×17 年起购买商品时按 1 元的折扣兑现，2×16 年度，客户购买了 50 000 元的商品，其单独售价为 50 000 元，同时获得可在未来购买商品时兑现的 5 000 个积分，每个积分单独售价为 0.9 元。2×17 年商场预计 2×16 年授予的积分累计有 4 500 个被兑现，年末客户实际兑现 3 000 个，对应的销售成本为 2 100 元；2×18 年商场预计 2×16 年授予的积分累计有 4 800 个被兑换，至年末客户实际兑现 4 600 个，对应的销售成本为 3 200 元。

（2）2×18 年 10 月 8 日，与长江公司签订甲产品销售合同，合同约定：销售价款为 500 万元，同时提供"延长保修"服务，即从法定质保 90 天到期之后的 1 年内由本公司对任

何损坏的部件进行保修或更换，销售甲产品和"延长保修"服务的单独售价分别为 450 万元和 50 万元，当天在交付甲产品时全额收取合同价款，甲产品的成本为 360 万元。黄河公司估计法定质保期内，甲产品部件损坏发生的维修费为确认的销售收入的 1%。

（3）2×18 年 11 月 1 日，与昆仑公司签订合同，向其销售乙、丙两项产品，合同总售价为 380 万元，其中：乙产品单独售价为 80 万元，丙产品单独售价为 320 万元。合同约定，乙产品于合同签订日交付，成本为 50 万元；丙产品需要安装，全部安装完毕时交付使用，只有当两项产品全部交付之后，黄河公司才能一次性收取全部合同价款。经判定，销售乙产品和丙产品分别构成单项履约义务。

丙产品的安装预计于 2×19 年 2 月 1 日完成，预计可能发生的总成本为 200 万元，丙产品的安装属于一段时间内履行的履约义务，黄河公司采用成本法确定其履约进度，至 2×18 年 12 月 31 日，丙产品累计实际发生的成本为 150 万元。

（4）2×18 年 12 月 21 日，与华山公司签订销售合同，向其销售丁产品 100 件，销售价格为 800 元/件，华山公司可以在 180 天内退回任何没有损坏的产品，并得到全额现金退款。黄河公司当日交付全部丁产品，并收到全部货款，丁产品的单位成本为 600 元/件，预计会有 5% 的丁产品被退回。

假设上述销售价格均不包含增值税，且不考虑增值税等相关税费的影响。

根据上述资料，回答下列问题：

(1) 下列关于收入确认和计量的步骤中，属于与收入计量有关的有（　　）。

A. 确定交易价格

B. 识别与客户订立的合同

C. 识别合同中的单项履约义务

D. 履行各单项履约义务时确认收入

E. 将交易价格分摊至各单项履约义务

(2) 针对事项（1），2×18 年末"合同负债"账户的期末余额为（　　）元。

A. 208.24　　　　　　　　　　　B. 172.02

C. 228.36　　　　　　　　　　　D. 218.36

(3) 针对事项（3），黄河公司交付乙产品时应确认主营业务收入（　　）万元。

A. 80　　　　　　　　　　　　　B. 378

C. 76　　　　　　　　　　　　　D. 280

(4) 针对事项（3），黄河公司 2×18 年 12 月 31 日根据丙产品履约进度，作出的下列会计处理正确的有（　　）。

A. 借：主营业务成本　　　　　　　1 500 000
　　　贷：合同履约成本　　　　　　　　　　　1 500 000

B. 借：合同结算　　　　　　　　　2 280 000
　　　贷：主营业务收入　　　　　　　　　　　2 280 000

C. 借：主营业务成本　　　　　　　1 500 000
　　　贷：合同负债　　　　　　　　　　　　　1 500 000

D. 借：合同结算　　　　　　　　　　　　　　2 850 000
　　　贷：主营业务收入　　　　　　　　　　　　　　　2 850 000

（5）针对事项（4），黄河公司应确认预计负债（　　）元。

A.4 000　　　　　　　　　　　　　B.0
C.3 000　　　　　　　　　　　　　D.2 400

（6）上述交易和事项，对黄河公司2×18年度利润总额的影响金额是（　　）元。

A.1 852 861.18　　　　　　　　　B.1 838 561.27
C.1 986 368.21　　　　　　　　　D.1 914 104.13

15.38 甲公司为一家多元化经营的上市公司，与收入有关的部分经济业务如下：

（1）其经营的一商场自2×19年起执行一项授予积分计划，客户每购买10元商品即被授予1个积分，每个积分可在未来购买企业商品时按1元的折扣兑现。2×19年客户购买了1 000万元的商品，获得可在未来购买时兑现的100万个积分。客户已购买商品的单独售价为1 000万元，每个积分的单独售价为0.9元。2×20年，商场预计2×19年授予的奖励积分共有90万个积分被兑现，至年末客户兑换积分50万个，对应的销售成本为30万元。2×21年，商场预计2×19年授予的奖励积分共有96万个被兑现，至年末客户累计兑换的积分为87万个，对应的销售成本为45万元。

（2）2×21年1月1日，甲公司与乙公司签订合同，向其销售一批产品。合同约定，该批产品将于2年后交货。乙公司可以选择2年后交付产品时支付441万元，也可以在合同签订时支付400万元。乙公司选择在合同签订时支付货款，该批商品的控制权在交货时转移，两种付款方式下计算的内含利率为5%。

（3）2×21年12月1日，甲公司将其生产的一台设备出售给丙公司，该设备的成本为400万元，销售价格为500万元，双方约定，甲公司有义务在5个月后，以600万元的价格回购该设备。当日甲公司发出该设备，并收到乙公司支付的价款。

（4）2×21年12月25日，甲公司与丁公司签订销售合同，向其销售某种产品200件，销售价格为1万元/件，丁公司可以在180天内退回任何没有损坏的产品，并得到全额现金退款。甲公司当日交付全部产品，并收到全部货款，该产品的单位成本为0.6万元/件，预计会有5%的产品被退回。

（5）2×21年12月1日，甲公司与戊公司签订一项设备安装合同，安装期为5个月，合同总价款为900万元，当日，甲公司预收合同款400万元，至2×21年12月31日，甲公司实际发生安装费用150万元，假设全部为职工薪酬，估计还将发生安装费用450万元，该设备安装服务属于在某一时段内履行的履约义务，甲公司按照实际发生成本占总成本的比例确定履约进度。

假设上述销售价格均不包含增值税，且不考虑增值税等相关税费的影响，所有的融资费用均不满足资本化的条件。

根据上述资料，回答下列问题：

(1) 针对事项（1），商场在2×21年由于2×19年授予的奖励积分兑现，确认的收入为（　　）万元。

A.74.83　　　　　　　　　　　　B.45.87

C.37　　　　　　　　　　　　　　D.28.96

(2) 针对事项（2），2×21年末，甲公司"未确认融资费用"科目余额为（　　）万元。

A.20　　　　　　　　　　　　　　B.20.5

C.21　　　　　　　　　　　　　　D.41

(3) 针对事项（3），甲公司下列做法中，正确的有（　　）。

A.12月1日，甲公司应当确认主营业务收入500万元，结转主营业务成本400万元

B.甲公司收到乙公司支付的500万元，应计入短期借款

C.甲公司年末"其他应付款"科目余额为520万元

D.当年甲公司因该项业务需要确认20万元的财务费用

(4) 针对事项（4），甲公司应确认预计负债（　　）万元。

A.10　　　　　　　　　　　　　　B.0

C.6　　　　　　　　　　　　　　　D.4

(5) 针对事项（5），甲公司下列会计处理正确的有（　　）。

A.预收合同款时：

借：银行存款　　　　　　　　　　400

　　贷：预收账款　　　　　　　　　　　　　400

B.确认职工薪酬时：

借：合同履约成本　　　　　　　　150

　　贷：应付职工薪酬　　　　　　　　　　　150

C.根据履约进度确认收入时：

借：合同结算　　　　　　　　　　225

　　贷：主营业务收入　　　　　　　　　　　225

D.结转主营业务成本时：

借：主营业务成本　　　　　　　　150

　　贷：应付职工薪酬　　　　　　　　　　　150

(6) 上述交易和事项，对乙公司2×21年度利润总额的影响金额是（　　）万元。

A.124.96　　　　　　　　　　　　B.156.87

C.131　　　　　　　　　　　　　　D.160.87

15.39 黄河公司与兴邦公司均为增值税一般纳税人，黄河公司为建筑施工企业，适用的增值税税率为9%。2×19年1月1日双方签订一项大型设备的建造工程合同，具体与合同内容及工程进度有关的资料如下：

（1）该工程的造价为 4 800 万元，工程期限为一年半，黄河公司负责工程的施工及全面管理。兴邦公司按照第三方工程监理公司确认的工程完工量，每半年与黄河公司结算一次。该工程预计 2×20 年 6 月 30 日竣工，预计可能发生的总成本为 3 000 万元。

（2）2×19 年 6 月 30 日，该工程累计实际发生成本 900 万元，黄河公司与兴邦公司结算合同价款 1 600 万元，黄河公司实际收到价款 1 400 万元。

（3）2×19 年 12 月 31 日，该工程累计实际发生成本 2 100 万元，黄河公司与兴邦公司结算合同价款 1 200 万元，黄河公司实际收到价款 1 500 万元。

（4）2×20 年 6 月 30 日，该工程累计实际发生成本 3 200 万元，兴邦公司与黄河公司结算合同竣工价款 2 000 万元，并支付工程剩余价款 2 332 万元。

（5）假定上述合同结算价款均不含增值税额，黄河公司与兴邦公司结算时即发生增值税纳税义务，兴邦公司在实际支付工程价款的同时支付其对应的增值税款。

（6）假定该建造工程整体构成单项履约义务，并属于在某一时段内履行的履约义务，黄河公司采用成本法确定履约进度。不考虑其他相关税费等因素的影响。

根据上述资料，回答以下问题：

(1) 下列各项属于收入确认的前提条件的有（　　）。

A. 该合同有明确的与所转让商品相关的支付条款

B. 企业因向客户转让商品而有权取得的对价可能收回

C. 该合同具有商业实质

D. 该合同明确了合同各方与所转让商品或提供劳务相关的权利和义务

E. 合同各方已批准该合同并承诺将履行各自义务

(2) 2×19 年 6 月 30 日，黄河公司应确认该工程的履约进度为（　　）。

A.25%　　　　　　　　　　B.40%

C.33%　　　　　　　　　　D.30%

(3) 2×19 年 6 月 30 日，黄河公司"合同结算"科目的余额为（　　）万元。

A.200　　　　　　　　　　B.0

C.160　　　　　　　　　　D.180

(4) 2×19 年 12 月 31 日，黄河公司应确认的主营业务收入为（　　）万元。

A.1 600　　　　　　　　　B.1 440

C.1 744　　　　　　　　　D.1 920

(5) 2×20 年 6 月 30 日，黄河公司应确认的主营业务成本为（　　）万元。

A.1 000　　　　　　　　　B.1 300

C.1 100　　　　　　　　　D.1 200

(6) 该工程全部完工后，上述业务对黄河公司利润总额的影响金额为（　　）万元。

A.1 600　　　　　　　　　B.1 200

C.1 800　　　　　　　　　D.1 400

15.40 黄河公司为上市公司，属于增值税一般纳税人，适用的增值税税率为13%。2×22年财务报告批准报出日为2×23年4月18日。黄河公司2×22年发生的有关销售业务如下：

（1）2×22年1月5日，与甲公司签订合同，销售单位成本为380元的W产品一批，协议约定如下：如果甲公司2×22年第一季度采购量不超过800件，每件产品销售价格为500元（不含增值税，下同）；如果第一季度采购量超过800件，每件产品销售价格为450元。甲公司1月实际采购80件，黄河公司当时预计其第一季度采购量不超过800件。

2×22年2月，甲公司因完成产能升级增加了W产品的采购量，当月采购600件，黄河公司重新预计其第一季度采购量将超过800件。截至2×22年3月末，甲公司第一季度实际采购量为960件。上述销售款项已全部结清并存入银行。

（2）2×22年10月，黄河公司向乙公司组合销售X、Y、Z产品。给予折扣后的交易总价为14万元（不含增值税，下同），产品总成本为10万元。X产品单独销售的售价为8万元，黄河公司经常以8万元的售价单独销售X产品；Y、Z资产组合经常以6万元的价格销售；Y产品以市场调整法估计的单独售价为2万元，Z产品以成本加成法估计的单独售价为6万元。黄河公司当月交付全部产品，乙公司以银行存款支付相关款项。

（3）2×22年3月1日，黄河公司和丙公司签署M产品的销售合同，每件售价为1 280元，无销售折扣和销售折让，销售数量为150件，单位成本为960元。当日黄河公司交付50件M产品，剩余M产品在3个月内交付。4月1日，市场上出现竞争产品，单价为每件1 050元。当日黄河公司与丙公司达成协议，将剩余的100件M产品按每件1 050元的价格销售。黄河公司于5月30日交付剩余产品，当日收到全部款项并存入银行。

（4）2×22年11月1日，黄河公司向丁公司销售200件N产品，单位售价为180元，单位成本为120元，产品已经发出，款项尚未收到。同时销售协议约定：丁公司应于2×22年12月31日支付货款，在2×23年3月31日之前，丁公司有权退回没有损毁的N产品，并进行全额退款。黄河公司根据过去的经验估计，该批N产品的退货率为20%，2×22年12月31日，黄河公司重新估计的退货率为10%。2×23年3月31日，N产品实际退回15件。

假设上述交易均开具增值税专用发票。

不考虑其他因素，回答下列问题：

(1) 针对事项（1），黄河公司2×22年2月应确认的主营业务收入为（　　）万元。
A.30　　　　　　　　　　　　　B.26.6
C.24.6　　　　　　　　　　　　D.27

(2) 针对事项（2），黄河公司组合销售应确认Z产品的售价（不含税）为（　　）万元。
A.6　　　　　　　　　　　　　　B.1.5
C.4.5　　　　　　　　　　　　　D.5.5

(3) 针对事项（3），黄河公司将剩余100件M产品以每件1 050元销售，下列表述正确的有（　　）。
A.该变更属于交易价格变动
B.变更部分原合同终止，新合同订立
C.变更部分作为一份单独合同

D. 该变更属于合同变更

E. 变更部分作为原合同的一部分进行会计处理

(4) 针对事项（4），2×23 年 3 月 31 日实际退回 15 件 N 产品，对黄河公司 2×23 年利润总额的影响为（　　）元。

A.300　　　　　　　　　　　　　　B.600

C.0　　　　　　　　　　　　　　　D.900

(5) 上述交易和事项，对黄河公司 2×22 年"应交税费——应交增值税（销项税额）"的影响为（　　）元。

A.101 010　　　　　　　　　　　　B.100 659

C.101 530　　　　　　　　　　　　D.100 542

(6) 上述交易和事项，对黄河公司 2×22 年利润总额的影响额为（　　）元。

A.143 300　　　　　　　　　　　　B.141 800

C.143 000　　　　　　　　　　　　D.145 800

多项选择题

15.41 下列各项关于企业取得的政府补助会计处理的表述中,错误的有( )。

A. 财政直接拨付受益企业的政策性贷款贴息资金应当采用总额法进行会计处理

B. 通常情况下,对同类或类似政府补助业务只能选用一种方法,且企业对该业务应当一贯地运用该方法,不得随意变更

C. 同时包含与资产相关部分和与收益相关部分的政府补助难以区分时,全部作为与资产相关的政府补助进行会计处理

D. 总额法下在相关资产处置时尚未摊销完的与资产相关的政府补助继续按期摊销计入各期损益

E. 一般纳税人增值税即征即退属于政府补助,企业可根据具体情形选择采用总额法或净额法进行会计处理

错 题 整 理 页

第十六章 所得税

一、单项选择题

16.1 甲公司的下列各项资产或负债在资产负债表日,未产生可抵扣暂时性差异的是( )。

A.账面价值为100万元,计税基础为60万元的交易性金融资产

B.账面价值为800万元,计税基础为1 200万元的固定资产

C.账面价值为800万元,计税基础为200万元的交易性金融负债

D.账面价值为60万元,计税基础为0的合同负债

16.2 2×22年12月31日,甲公司以银行存款180万元外购一台生产用设备并立即投入使用,预计使用年限为5年,预计净残值为30万元,采用年数总和法计提折旧。当日,该设备的初始入账金额与计税基础一致。根据税法规定,该设备每年可予税前扣除的折旧金额为36万元。不考虑其他因素,2×23年12月31日,该设备的账面价值与计税基础之间形成的暂时性差异为( )万元。

A.36　　　　　　　　　　　　B.0

C.24　　　　　　　　　　　　D.14

16.3 下列各项中,能够产生可抵扣暂时性差异的是( )。

A.持有的交易性金融资产持续升值

B.因债务担保形成税法不允许抵扣的预计负债

C.税收滞纳金

D.对应收账款计提坏账准备

16.4 甲企业2×20年为开发新技术发生研发支出共计800万元,其中,研究阶段支出为200万元,开发阶段不符合资本化条件的支出为60万元,其余的均符合资本化条件。2×20年末该无形资产达到预定可使用状态。根据税法规定,企业为开发新技术、新产品、新工艺发生的研究开发费用,未形成无形资产计入当期损益的,在按照规定据实扣除的基础上,再按照研究开发费用的100%加计扣除;形成无形资产的,按照无形资产成本的200%摊销。假定该项无形资产在2×20年尚未摊销,则2×20年末该项无形资产产生的暂时性差异为( )万元。

A.450　　　　　　　　　　　　B.405

C.540　　　　　　　　　　　　D.600

16.5 甲公司2×20年因政策性原因发生经营亏损500万元,按照税法规定,该亏损可用于抵减以后5个会计年度的应纳税所得额。该公司预计未来5年间能够产生足够的应纳税所得额弥补亏损,下列关于该经营亏损的表述中,正确的是( )。

A. 不产生暂时性差异

B. 产生应纳税暂时性差异500万元

C. 产生可抵扣暂时性差异500万元

D. 产生暂时性差异,但不确认递延所得税资产

16.6 甲公司适用的企业所得税税率为25%,2×21年12月20日购入一项不需要安装的固定资产,成本为500万元,该项固定资产的使用年限为10年,采用年限平均法计提折旧,预计净残值为0。税法规定,该项固定资产采用双倍余额递减法计提折旧,预计折旧年限为8年,预计净残值为0。下列表述中,正确的是( )。

A. 该项固定资产2×23年末的递延所得税负债余额为29.69万元

B. 该项固定资产2×23年末应确认的递延所得税负债为18.75万元

C. 该项固定资产2×22年末的递延所得税负债余额为10.94万元

D. 该项固定资产2×22年末应确认的递延所得税资产为18.75万元

16.7 甲公司2×23年12月计入成本费用的职工工资总额为4 000万元,至2×23年12月31日尚未支付。按照税法规定,当期计入成本费用的4 000万元工资支出中,可予税前扣除的合理部分为3 000万元。不考虑其他因素,甲公司应确认的暂时性差异应为( )万元。

A. 4 000   B. 3 000

C. 1 000   D. 0

16.8 2×20年10月18日,甲公司以银行存款3 000万元购入乙公司的股票,分类为以公允价值计量且其变动计入当期损益的金融资产。2×20年12月31日,该股票投资的公允价值为3 200万元,2×21年12月31日,该股票投资的公允价值为3 250万元。甲公司适用的企业所得税税率为25%。2×21年12月31日,该股票投资的计税基础为3 000万元。不考虑其他因素,甲公司对该股票投资公允价值变动应确认递延所得税负债的余额为( )万元。

A. 12.5   B. 62.5

C. 112.5   D. 50

16.9 2×22年12月1日,甲公司将一批商品出售给乙公司,开具增值税专用发票注明的价款为5 000万元,增值税税额为650万元,该批商品的成本为4 200万元。根据合同约定,乙公司拥有2个月的试用期,在试用期出现问题时乙公司有权退货,甲公司预计退货概率为10%,至年末乙公司尚未退货。甲公司适用的所得税税率为15%,预计未来期间保持不变,且未来期间将有足够的应纳税所得额用于抵扣可抵扣暂时性差异。不考虑其他因素,甲公司2×22年12月31日应确认的递延所得税负债为( )万元。

A. 75   B. 63

C. 105   D. 12

16.10 某房地产开发企业适用的所得税税率为25%，预计未来期间保持不变。2×22年度开始预售其自行建造的商品房，当年取得预售款40 000万元。根据税法规定，预售房款按预计毛利计入当年应纳税所得额计算应交所得税。该企业预计未来期间将有足够的应纳税所得额用以抵扣可抵扣暂时性差异。不考虑其他因素，该企业当年应确认的递延所得税资产为（　　）。

A.0　　　　　　　　　　　　　B.2 000万元

C.8 000万元　　　　　　　　　D.10 000万元

16.11 长江公司2×20年4月1日自证券市场购入北方公司发行的股票100万股，支付价款1 600万元（包含已宣告但尚未发放的现金股利15万元），另支付交易费用6万元，长江公司将其指定为以公允价值计量且其变动计入其他综合收益的金融资产。2×20年12月31日，该股票的公允价值为1 650万元。2×21年12月31日，该股票的公允价值为1 400万元，假定北方公司股票下跌是暂时性的，长江公司适用的企业所得税税率为25%，预计未来有足够的应纳税所得额用于抵扣可抵扣暂时性差异。长江公司因该金融资产累计应确认的其他综合收益为（　　）万元。

A.-191.00　　　　　　　　　　B.-206.00

C.-154.50　　　　　　　　　　D.-143.25

16.12 甲公司2×23年实现利润总额210万元，包括2×23年收到的国债利息收入（税法规定免税）10万元、因违反环保法规被环保部门处以的罚款（税法不允许税前扣除）20万元。甲公司2×23年初递延所得税负债余额为20万元，年末余额为25万元，上述递延所得税负债均产生于一项管理用固定资产因折旧导致账面价值与计税基础的差异。甲公司适用的所得税税率为25%。不考虑其他因素，甲公司2×23年的应交所得税为（　　）万元。

A.60　　　　　　　　　　　　　B.55

C.50　　　　　　　　　　　　　D.47.5

16.13 2×22年，甲公司实现利润总额210万元，包括2×22年收到的国债利息收入10万元、因违反环保法规被环保部门处以的罚款20万元。根据税法规定，国债利息收入免征所得税；在计算应纳税所得额时，行政罚款不允许扣除。甲公司2×22年初递延所得税负债余额为20万元，年末余额为25万元，上述递延所得税负债均产生于固定资产账面价值与计税基础的差异。甲公司适用的所得税税率为25%。不考虑其他因素，甲公司2×22年的所得税费用为（　　）万元。

A.55　　　　　　　　　　　　　B.52.5

C.57.5　　　　　　　　　　　　D.50

16.14 甲企业应纳税所得额为800万元，递延所得税负债期末、期初余额分别为300万元（其中，20万元计入其他综合收益）和200万元，递延所得税资产期末、期初余额分别为150万元和110万元，除特殊说明外，其余递延所得税资产或负债均计入所得税费用。适用的企业所得税税率为25%，则该企业的所得税费用为（　　）万元。

A.260　　　　　　　　　　　　B.240

C.320　　　　　　　　　　　　D.200

二、多项选择题

16.15 下列关于资产或负债计税基础的表述中,正确的有(   )。

A. 资产的计税基础是指账面价值减去在未来期间计税时按照税法规定可以税前扣除的金额

B. 负债的计税基础是指在未来期间计税时按照税法规定可以税前扣除的金额

C. 如果负债的确认不涉及损益就不会导致账面价值与计税基础之间产生差异

D. 资产在初始确认时通常不会导致其账面价值与计税基础之间产生差异

E. 资产的账面价值与计税基础之间的差异主要产生于后续计量

16.16 若某公司未来期间有足够的应纳税所得额用于抵扣可抵扣暂时性差异,则下列交易或事项中,会引起"递延所得税资产"科目余额增加的有(   )。

A. 本期发生净亏损,税法允许在以后 5 年内弥补

B. 确认债权投资发生的减值

C. 预提产品质量保证金

D. 转回存货跌价准备

E. 确认国债利息收入

16.17 下列会计事项中,可产生应纳税暂时性差异的有(   )。

A. 期末交易性金融资产的公允价值大于其计税基础

B. 期末计提无形资产减值准备

C. 期末确认其他权益工具投资公允价值变动损失

D. 期末交易性金融负债的公允价值小于其计税基础

E. 期末确认预计产品质量保证损失

16.18 企业当年发生的下列交易或事项中,可产生可抵扣暂时性差异的有(   )。

A. 购入使用寿命不确定的无形资产,年末未发生减值

B. 期末交易性金融负债公允价值大于其计税基础

C. 本期产生亏损,税法允许在以后 5 年内弥补

D. 期末确认预计产品质量保证损失

E. 应交的罚款、滞纳金

16.19 下列各项中,因资产或负债的账面价值与其计税基础不一致产生的暂时性差异不影响利润表中"所得税费用"项目的有(   )。

A. 内部研发形成的无形资产

B. 其他权益工具投资公允价值变动

C. 交易性金融资产公允价值变动

D. 计提产品质量保证损失

E. 附销售退回条款的销售估计退货部分

16.20 下列关于所得税的表述中,正确的有(   )。

A. 递延所得税资产的确认应当以未来期间可能取得的应纳税所得额为限

B. 按税法规定,可以结转以后年度的未弥补亏损应全额确认递延所得税资产

C. 资产账面价值小于其计税基础形成的可抵扣暂时性差异在满足条件时应确认递延所得税资产

D. 某项交易不属于企业合并且其发生时既不影响会计利润，也不影响应纳税所得额，因资产或负债的账面价值与其计税基础不同产生的可抵扣暂时性差异不确认递延所得税资产

E. 当企业所得税税率变动时，"递延所得税资产"的账面余额应及时进行相应调整

16.21 下列关于递延所得税会计处理的表述中，错误的有（　　）。

A. 企业应将当期发生的可抵扣暂时性差异全部确认为递延所得税资产

B. 企业应将当期发生的应纳税暂时性差异全部确认为递延所得税负债

C. 企业应在资产负债表日对递延所得税资产的账面价值进行复核

D. 企业不应当对递延所得税资产和递延所得税负债进行折现

E. 递延所得税费用是按照会计准则规定当期应予确认的递延所得税资产加上当期应予确认的递延所得税负债的金额

三、计算题

16.22 长城公司系上市公司，为增值税一般纳税人，适用的增值税税率为13%，企业所得税税率为25%，采用资产负债表债务法核算。2×21年1月1日，"递延所得税资产"科目余额为500万元，递延所得税负债余额为0，具体如下表所示：

单位：万元

项目	递延所得税资产余额
可弥补的以前年度亏损	350
计提的产品质量保证金	100
广告费用超过扣除限额	50

2×21年长城公司实现销售收入50 000万元、会计利润总额6 000万元，与企业所得税相关的交易如下：

（1）2×21年3月1日，以4 000万元购入一项固定资产，预计使用年限20年、净残值率为10%（与税法规定一致），使用双倍余额递减法计提折旧，2×21年对该固定资产计提减值准备100万元。税法规定该固定资产按年限平均法计提折旧。

（2）2×21年11月1日，以5元/股购入丁公司股票200万股作为其他权益工具投资核算，另付交易费用10万元。2×21年12月31日，股票收盘价为7元/股。

（3）2×21年12月1日，向光明公司出售不含税价款为2 000万元的产品，成本为1 500万元，合同约定光明公司收到产品后3个月内若发现质量问题可退货。截至2×21年12月31日，未发生退货，根据以往经验，退货率为10%。

（4）2×21年度，因销售承诺的保修业务计提产品质量保证金350万元，当期实际发生保修业务费用310万元。

（5）2×21 年发生广告费 7 000 万元，均通过银行转账支付，根据税法规定，当年广告费不超过收入 15% 的部分可以税前扣除，超过的以后年度扣除。长城公司均已按企业会计准则规定对上述业务进行了会计处理，预计在未来期限有足够的应纳税所得额用于抵扣暂时性差异。

根据上述资料，回答下列问题：

(1) 针对事项（2），正确的处理是（　　）。
A. 其他权益工具投资的初始金额为 1 000 万元
B. 期末其他权益工具投资的账面价值为 1 400 万元
C. 期末递延所得税负债的余额为 100 万元
D. 期末递延所得税资产的余额为 97.5 万元

(2) 长城公司 2×21 年末，递延所得税资产的余额为（　　）万元。
A.226.25　　　　　　　　　　B.198.75
C.223.75　　　　　　　　　　D.236.5

(3) 2×21 年末，递延所得税负债的余额为（　　）万元。
A.0　　　　　　　　　　　　B.12.5
C.135　　　　　　　　　　　D.107.5

(4) 2×21 年末，递延所得税费用的金额为（　　）万元。
A.201.25　　　　　　　　　　B.191.25
C.311.25　　　　　　　　　　D.405.75

四、综合分析题

16.23 长江公司适用的企业所得税税率为 25%，采用资产负债表债务法核算。2×17 年初递延所得税资产、递延所得税负债初余额均为 0。2×17 年长江公司实现利润总额 1 500 万元，预期未来期间能产生足够的应纳税所得额用以抵减当期确认的可抵扣暂时性差异。2×17 年度发生与暂时性差异相关的交易或事项如下：

（1）7 月 1 日，长江公司以银行存款 300 万元购入某上市公司股票，长江公司将其分类为以公允价值计量且其变动计入当期损益的金融资产。12 月 31 日，该项金融资产的公允价值为 460 万元。

（2）2×17 年末，长江公司因产品销售计提产品质量保证费用 150 万元。

（3）12 月 31 日，长江公司持有的一项成本为 2 100 万元的其他债权投资公允价值上升 150 万元。除此之外，不存在其他会计与税法规定的差异。

（4）2×17 年末，长江公司所持有的一项账面价值为 900 万元的固定资产经减值测试确定其预计未来现金流量现值为 600 万元，公允价值为 750 万元，预计发生的处置费用为 60 万元。

根据税法规定，资产在持有期间公允价值的变动不计入当期应纳税所得额。产品质量保证费用、资产减值损失在实际发生时准予在所得税税前扣除。假定长江公司 2×17 年度不存在其他会计与税法的差异。

根据上述资料，回答下列问题：

(1) 针对事项（3），长江公司的会计处理中，正确的是（　　）。

A. 确认公允价值变动时，应贷记"公允价值变动损益"150万元

B. 公允价值的变动不影响其他债权投资的账面价值

C. 确认应纳税暂时性差异的所得税影响时，应借记"所得税费用"37.5万元

D. 确认应纳税暂时性差异的所得税影响时，应贷记"递延所得税负债"37.5万元

(2) 长江公司2×17年度应交的企业所得税为（　　）万元。

A.425　　　　　　　　　　　　B.465

C.615　　　　　　　　　　　　D.390

(3) 长江公司2×17年度应确定的递延所得税资产为（　　）万元。

A.90　　　　　　　　　　　　B.115

C.127　　　　　　　　　　　　D.37.5

(4) 长江公司2×17年度应确认的递延所得税负债为（　　）万元。

A.40　　　　　　　　　　　　B.77.5

C.115　　　　　　　　　　　　D.37.5

(5) 长江公司2×17年度应确认的所得税费用为（　　）万元。

A.375　　　　　　　　　　　　B.425

C.412.5　　　　　　　　　　　D.337.5

(6) 长江公司2×17年度资产负债表中所有者权益总额净增加（　　）万元。

A.1 225　　　　　　　　　　　B.1 237.5

C.1 275　　　　　　　　　　　D.1 187.5

16.24 甲公司适用的所得税税率为25%，所得税采用资产负债表债务法核算。2×21年递延所得税资产、递延所得税负债期初余额均为0，2×21年利润表中利润总额为4 000万元，预计未来期间能够产生足够的应纳税所得额用以抵减当期确认的可抵扣暂时性差异。甲公司2×21年度发生的部分交易或事项如下：

（1）12月31日，甲公司的一项账面成本为3 200万元的其他权益工具投资公允价值上升400万元。税法规定资产在持有期间公允价值的变动不计入当期应纳税所得额。

（2）年末，甲公司因产品销售计提产品质量保证费用200万元。

（3）全年发生符合税法规定的研发费用支出共计1 000万元，全部计入当期损益，享受研发费用加计扣除100%的优惠政策。

（4）年末，对一项账面价值为800万元的固定资产进行减值测试，确定其未来现金流量现值为700万元，公允价值为740万元，预计发生的处置费用为60万元。

（5）2×21年度，取得国债利息收入60万元，因环境污染被环保部门罚款50万元，因未如期支付某商业银行借款利息支付罚息10万元。

根据税法规定，产品质量保证费用、资产减值损失在实际发生时准予在所得税税前扣

除；国债利息收入免征所得税；在计算应纳税所得额时，行政罚款不允许扣除。假定甲公司2×21年度不存在其他会计与税法差异的交易或事项。

根据上述资料，回答下列问题：

(1) 下列会计处理中，正确的有（　　）。

A. 针对事项（1），会导致其他综合收益增加300万元

B. 针对事项（1），期末会形成可抵扣暂时性差异

C. 针对事项（4），应确认资产减值损失100万元

D. 针对事项（4），期末会形成应纳税暂时性差异

(2) 甲公司2×21年度应确认的递延所得税资产为（　　）万元。

A.175　　　　　　　　　　　　B.50

C.75　　　　　　　　　　　　　D.325

(3) 甲公司2×21年度应确认的递延所得税负债为（　　）万元。

A.100　　　　　　　　　　　　B.125

C.75　　　　　　　　　　　　　D.175

(4) 甲公司2×21年应交企业所得税（　　）万元。

A.1 000　　　　　　　　　　　B.810

C.885　　　　　　　　　　　　D.822.5

(5) 甲公司2×21年应确认的所得税费用为（　　）万元。

A.735　　　　　　　　　　　　B.810

C.985　　　　　　　　　　　　D.812.5

(6) 甲公司2×21年度资产负债表中所有者权益总额净增加（　　）万元。

A.3 587.5　　　　　　　　　　B.3 590

C.3 487.5　　　　　　　　　　D.3 490

16.25 长江公司适用的企业所得税税率为25%，采用资产负债表债务法核算。2×20年递延所得税资产、递延所得税负债期初余额均为0。长江公司2×20年度实现销售收入5 000万元、利润总额3 258万元，预计未来期间能产生足够的应纳税所得额用以抵减当期确认的可抵扣暂时性差异。2×20年度发生的相关交易或事项如下：

（1）2×20年初开始研究开发某项新技术，其中，研究阶段支出为800万元；开发阶段共发生支出1 200万元，其中，符合资本化条件的支出为800万元。该无形资产于2×20年7月1日达到预定可使用状态，预计可使用年限为10年，预计净残值为0，采用直线法摊销。根据税法规定，企业研究开发支出未形成无形资产计入当期损益的，按照研究开发费用的100%加计扣除；形成无形资产的，按照无形资产成本的200%摊销，假定税法规定的摊销年限、净残值和摊销方法与会计相同。

（2）经股东大会批准，自2×20年1月1日起授予100名管理人员股票期权，当被激励对象为公司连续服务满2年时，有权以每股5元的价格购买长江公司1万股股票。公司本

年度确认该股票期权费用为400万元。税法规定，因该股票期权在未来行权时准予税前扣除680万元。

（3）长江公司持有一项其他权益工具投资，该金融资产在购入时共支付1 000万元，其中包含已宣告但尚未发放的现金股利50万元。2×20年12月31日，长江公司持有的该项其他权益工具投资公允价值上升400万元。税法规定资产在持有期间公允价值的变动不计入当期应纳税所得额。

（4）2×20年度长江公司计入成本费用的职工工资总额为300万元，已全额支付完毕。按照税法规定可予税前扣除的金额为200万元。

（5）长江公司本年度发生广告费用830万元，均通过银行转账支付。根据税法规定，当年准予税前扣除的广告费支出不超过当年销售（营业）收入的15%；超过部分，准予结转以后年度税前扣除。

（6）长江公司本年度取得国债利息收入26万元，因违反环保法规被环保部门处以18万元罚款。税法规定：国债利息收入免征企业所得税，因违反法律法规发生的行政处罚支出不能税前扣除。

根据上述资料，回答下列问题：

(1) 针对事项（1），下列关于该无形资产会计处理的表述中，正确的有（   ）。

A.产生暂时性差异760万元

B.2×20年12月31日其计税基础为1 520万元

C.2×20年12月31日其账面价值为1 140万元

D.确认递延所得税资产190万元

(2) 针对事项（2），直接计入所有者权益的金额为（   ）万元。

A.70   B.170

C.100   D.0

(3) 针对事项（3），2×20年12月31日产生的应纳税暂时性差异为（   ）万元。

A.50   B.300

C.350   D.400

(4) 2×20年12月31日，长江公司"递延所得税资产"账户的余额为（   ）万元。

A.170   B.190

C.333   D.163

(5) 2×20年12月31日，长江公司"递延所得税负债"账户的余额为（   ）万元。

A.25   B.0

C.100   D.50

(6) 2×20年度长江公司应确认的所得税费用为（   ）万元。

A.535   B.525

C.527.5   D.504.5

单项选择题

16.26 2×24年1月1日，承租人甲公司与出租人乙公司签订了为期3年的商铺租赁合同。每年的租赁付款额为10万元，在每年年末支付。为获得该项租赁，甲公司发生的初始直接费用为1.5万元。甲公司增量借款利率为6%。假定按照适用税法规定，该交易属于税法上的经营租赁，甲公司支付的初始直接费用于实际发生时一次性税前扣除，每期支付的租金允许在支付当期进行税前抵扣，甲公司适用的所得税税率为25%。假设甲公司未来期间能够取得足够的应纳税所得额用以抵扣可抵扣暂时性差异，不考虑其他因素，下列表述正确的有（　　）。[已知（P/A, 6%, 3）=2.6730]

A. 租赁开始日，甲公司因确认租赁负债和使用权资产会产生暂时性差异，但无须确认相关递延所得税资产和递延所得税负债

B. 租赁开始日，甲公司因确认租赁负债而产生应纳税暂时性差异 26.73 万元

C. 租赁开始日，甲公司应确认递延所得税负债 7.06 万元

D. 租赁开始日，甲公司应确认所得税费用 1.5 万元

错题整理页

第十七章　会计调整

一、单项选择题

17.1 企业发生的下列交易或事项中，属于会计估计变更的是（　　）。

A. 投资性房地产由成本模式进行后续计量变更为公允价值模式进行后续计量

B. 金融资产由四分类变更为三分类

C. 坏账准备的计提由账龄分析法改为预期信用损失法

D. 存货发出计量方法由先进先出法改为月末一次加权平均法

17.2 下列各项中，属于会计政策变更的是（　　）。

A. 长期股权投资由权益法转为成本法核算

B. 对初次签订的建造合同，采用履约义务法确定交易收入

C. 执行新会计准则时，所得税核算方法由应付税款法变更为资产负债表债务法

D. 固定资产折旧方法由年限平均法变更为年数总和法

17.3 企业发生的下列交易或事项中，应采用追溯调整法进行会计处理的是（　　）。

A. 发现前期某项固定资产漏提折旧，并且金额对财务报表产生重大影响

B. 投资性房地产后续计量模式由成本模式改为公允价值模式

C. 因管理金融资产业务模式发生变化，对金融资产进行重分类

D. 对附有销售退回条款的销售预计退回比例进行变更

17.4 对于某项会计事项的变更，如果难以区分其属于会计政策变更或会计估计变更时，企业应（　　）。

A. 将其视为会计政策变更处理，且需要追溯调整

B. 将其视为会计政策变更处理，但不需要追溯调整

C. 将其视为会计估计变更处理

D. 将其视为前期差错处理

17.5 下列各项关于会计政策变更会计处理的表述中，正确的是（　　）。

A. 企业可以在追溯调整法和未来适用法中进行选择

B. 只要企业可以进行追溯调整的就可以进行会计政策变更

C. 发生会计政策变更时必须计算会计政策变更的累积影响数

D. 会计政策变更采用未来适用法的，应在会计政策变更当期计算出会计政策变更对当期净利润的影响数并在报表附注中披露

17.6 甲公司2×11年12月1日购入不需安装即可使用的管理用设备一台，原价为150万元，预计使用年限为10年，预计净残值为10万元，采用年限平均法计提折旧。2×16年1月1日由于技术进步因素，甲公司将原先估计的使用年限变更为8年，预计净残值变更为6万元。甲公司上述会计估计变更将减少2×16年度利润总额（　　）万元。

A.7　　　　　　　　　　　　　　B.8

C.6　　　　　　　　　　　　　　D.5

17.7 下列关于会计政策变更的表述中，正确的是（　　）。

A. 会计政策变更只需调整变更当年的资产负债表和利润表

B. 会计政策变更违背了会计政策前后各期保持一致的原则

C. 会计政策变更的累积影响数包括分配的利润或股利

D. 变更后的会计政策对以前各期追溯计算的列报前期最早期初留存收益应有金额与现有金额之间的差额作为会计政策变更的累积影响数

17.8 2×21年12月31日，甲公司对外出租的一栋办公楼（作为投资性房地产核算）的账面原值为7 000万元，已提折旧200万元，未计减值准备，且计税基础与账面价值相同。2×22年1月1日，甲公司将该办公楼由成本模式计量改为公允价值模式计量，当日公允价值为8 800万元，适用的企业所得税税率为25%。对此项变更，甲公司应调整留存收益的金额为（　　）万元。

A.500　　　　　　　　　　　　　B.1 350

C.1 500　　　　　　　　　　　　D.2 000

17.9 甲公司在2×21年1月1日将某项管理用固定资产的折旧方法从年限平均法改为年数总和法，预计使用年限从20年改为10年。在未进行变更前，该固定资产每年计提折旧230万元（与税法规定相同）；变更后，2×21年该固定资产计提折旧350万元。假设甲公司适用的企业所得税税率为25%，变更日该固定资产的账面价值与计税基础相同，则甲公司下列会计处理中，错误的是（　　）。

A. 预计使用年限变化按会计估计变更处理

B. 折旧方法变化按会计政策变更处理

C.2×21年因变更增加的固定资产折旧120万元应计入当期损益

D.2×21年因该项变更应确认增加递延所得税资产30万元

17.10 长江公司2×13年12月20日购入一项不需安装的固定资产，入账价值为540万元。长江公司采用年数总和法计提折旧，预计使用年限为8年，净残值为0。从2×17年1月1日开始，公司决定将折旧方法变更为年限平均法，预计使用年限和净残值保持不变，则长江公司2×17年该项固定资产应计提的折旧额为（　　）万元。

A.45　　　　　　　　　　　　　B.67.5

C.108　　　　　　　　　　　　 D.28.125

17.11 甲公司2×16年实现净利润500万元，当年发生的下列交易或事项中，影响其年初未分配利润的是（　　）。

A. 为2×15年售出的设备提供售后服务发生支出59万元

B. 发现2×15年少提折旧费用1 000元

C. 因客户资信状况明显恶化将应收账款坏账准备计提比例由5%提高到20%

D. 发现2×15年少计财务费用300万元

17.12 丁公司2×13年度会计利润为100万元，无纳税调整事项，适用的企业所得税税率为25%，按净利润的15%提取盈余公积。该公司2×15年5月发现2×13年7月购入的一项专利权在计算摊销金额上有错误，该专利权2×13年和2×14年应摊销的金额分别为120万元和240万元，而实际摊销金额合计为240万元（与企业所得税申报金额一致）。该公司对上述事项进行处理后，其在2×15年5月31日资产负债表中"未分配利润"项目年初数的调整数为（　　）万元。

A. 76.5 　　　　　　　　　　B. 102

C. 90 　　　　　　　　　　　D. 120

17.13 甲公司适用的企业所得税税率为25%，所得税会计采用资产负债表债务法核算。按净利润的15%提取法定盈余公积和任意盈余公积，2×23年6月，甲公司发现2×22年12月31日少计提一项固定资产的减值准备80万元。不考虑其他因素，针对该项会计差错，甲公司对2×23年初资产负债表项目的调整，错误的是（　　）。

A. 调减盈余公积9万元

B 调减未分配利润51万元

C. 调减递延所得税资产20万元

D. 调减固定资产80万元

17.14 甲公司2×15年12月31日发现2×14年度多计管理费用100万元，并进行了企业所得税申报，甲公司适用的企业所得税税率为25%，并按净利润的10%提取法定盈余公积。假定甲公司2×14年度企业所得税申报的应纳税所得额大于0，则下列甲公司对这项重要前期差错进行更正的会计处理中，正确的是（　　）。

A. 调减2×15年度当期管理费用100万元

B. 调增2×15年度当期未分配利润75万元

C. 调减2×15年初未分配利润67.5万元

D. 调增2×15年初未分配利润67.5万元

17.15 下列资产负债表日后事项中，属于调整事项的是（　　）。

A. 发现财务报表舞弊

B. 发生诉讼案件

C. 资本公积转增股本

D. 发生企业合并或处置子公司

17.16 下列资产负债表日后事项中，属于非调整事项的是（　　）。

A. 发现财务报表舞弊

B. 进一步确定了资产负债表日前购入资产的成本或售出资产的收入

C. 在资产负债表日前开始协商，但在资产负债表日后达成的债务重组

D. 发现财务报表差错

17.17 下列关于会计调整的说法中，错误的是（　　）。

A. 会计政策包括企业采用的会计计量基础

B. 会计政策变更可能是因为赖以估计的基础发生了变化

C. 前期差错包括应用会计政策错误、疏忽或曲解事实以及舞弊产生的影响

D. 调整事项和非调整事项都是在资产负债表日后至财务报告批准报出日之间存在或发生的

二、多项选择题

17.18 下列各项中，不属于会计估计变更的有（　　）。

A. 资产负债表日将销售奖励积分的预计兑换率由 45% 变为 90%

B. 由于外部市场环境变化，将无形资产摊销年限由 10 年变更为 8 年

C. 将存货计价方法由移动加权平均法变更为先进先出法

D. 将政府补助中一般纳税人增值税即征即退的会计处理由总额法变更为净额法

E. 投资性房地产的后续计量由成本模式变更为公允价值模式

17.19 下列会计事项中，属于会计政策变更的有（　　）。

A. 合同履约进度由投入法变更为产出法

B. 将产品保修费用的计提比例由销售收入的 1% 变更为 1.5%

C. 对不重要的交易或事项采用新的会计政策

D. 政府补助的会计处理方法由总额法变更为净额法

E. 按新实施的《企业会计准则第 14 号——收入》准则确认产品销售收入

17.20 下列有关会计估计变更的表述中，正确的有（　　）。

A. 会计估计变更的当年，如企业发生重大亏损，企业应将这种变更作为前期差错予以更正

B. 对于会计估计变更，企业应采用追溯调整法进行会计处理

C. 会计估计变更的当年，如企业发生重大盈利，企业应当将这种变更作为会计政策变更进行追溯调整

D. 对于会计估计变更，企业应采用未来适用法进行会计处理

E. 会计估计变更既影响变更当期又影响未来期间的，其影响数应当在变更当期和未来期间予以确认

17.21 甲上市公司自资产负债表日至财务报告批准对外报出日之间发生的下列事项中，属于资产负债表日后事项中的非调整事项的有（　　）。

A. 发生以前年度销售退回

B. 发生企业合并或处置子公司

C. 董事会提出现金股利分配方案

D. 发现上年度会计差错

E. 发生重大诉讼或承诺

17.22 下列各项中，企业应采用未来适用法进行会计核算的有（　　）。

A. 发现不重要的前期差错

B. 会计估计变更

C. 会计政策变更无法确定以前各期累积影响数

D. 重要的前期差错无法确定前期差错累积影响数

E. 会计政策变更能确定以前各期累积影响数

17.23 甲公司2×22年度财务报告批准报出日为2×23年4月12日，甲公司2×23年发生的下列事项中，属于资产负债表日后调整事项的有（　　）。

A. 2月5日，收到因产品质量问题退回的一批商品，该批商品销售日期为2×22年12月20日

B. 2月10日，发生火灾，致使一批库存商品毁损

C. 2月15日，发现上年度购置的固定资产入账价值少计10万元

D. 3月2日，获得的确凿证据表明应收乙公司的80万元货款已全额无法收回，甲公司此前对该应收账款已计提坏账准备30万元

E. 3月18日，董事会决议将部分资本公积转增股本

17.24 资产负债表日后事项中，属于调整事项的有（　　）。

A. 发现财务报表存在舞弊

B. 外汇汇率发生较大变动

C. 计划对资产负债表日已经存在的某项债务进行债务重组

D. 有证据表明资产负债表日对在建工程计提的减值准备严重不足

E. 资本公积转增资本

17.25 下列经济事项中，可能需要通过"以前年度损益调整"科目进行会计处理的有（　　）。

A. 不涉及损益的资产负债表日后调整事项

B. 涉及损益的资产负债表日后调整事项

C. 不涉及损益的前期重要差错更正

D. 涉及损益的会计估计变更

E. 涉及损益的前期重要差错更正

错题整理页

第十八章 财务报告

一、单项选择题

18.1 下列各资产负债表项目中，根据有关科目余额减去其备抵科目余额后的净额填列的是（ ）。

A. 预收款项　　　　　　　　　　B. 短期借款

C. 长期股权投资　　　　　　　　D. 长期借款

18.2 2024 年 12 月 31 日，甲公司有关科目余额如下："在建工程"科目借方余额为 80 万元，"在建工程减值准备"科目贷方余额为 8 万元，"工程物资"科目借方余额为 30 万元，"工程物资减值准备"科目贷方余额为 3 万元，"固定资产清理"科目借方余额为 10 万元。不考虑其他因素，2024 年 12 月 31 日，该公司资产负债表"在建工程"项目期末余额应填列的金额为（　　）万元。

A.72　　　　　　　　　　　　　B.109

C.99　　　　　　　　　　　　　D.110

18.3 甲公司 2×23 年末有关科目余额如下："周转材料"科目余额为 250 万元，"生产成本"科目余额为 335 万元，"原材料"科目余额为 300 万元，"材料成本差异"科目贷方余额为 25 万元，"存货跌价准备"科目余额为 100 万元，"委托代销商品"科目余额为 1 200 万元，"受托代销商品"科目余额为 600 万元，"受托代销商品款"科目余额为 600 万元。该公司 2×23 年 12 月 31 日资产负债表中"存货"项目的金额为（　　）万元。

A.1 985　　　　　　　　　　　B.1 960

C.2 406　　　　　　　　　　　D.2 485

18.4 下列各项中，影响利润表中"营业利润"项目金额的是（　　）。

A. 税收罚款支出

B. 当期确认的所得税费用

C. 接受非关联方现金捐赠

D. 管理不善造成的库存现金短缺

18.5 下列各项中，制造业企业应在利润表"营业成本"项目填列的是（　　）。

A. 出售固定资产发生的净损失

B. 处置子公司长期股权投资产生的收益

C. 为取得生产技术服务合同发生的销售佣金

D. 用于出租的无形资产的摊销额

18.6 下列各项中，将来不会影响利润总额变化的是（　　）。

A. 权益法下可转为损益的其他综合收益

B. 其他债权投资信用减值准备

C. 外币财务报表折算差额

D. 其他权益工具投资的公允价值变动

18.7 甲公司2×24年度利润表各项目如下：主营业务收入为1 800万元，其他业务收入为360万元，主营业务成本为1 500万元，其他业务成本为200万元，期间费用共计120万元，资产减值损失为65万元，公允价值变动收益为-50万元，投资收益为35万元，营业外收入为160万元，营业外支出为80万元，则甲公司2×24年度的营业利润为（　　）万元。

A.260　　　　　　　　　　　　B.340

C.360　　　　　　　　　　　　D.440

18.8 黄河公司当期净利润为800万元，财务费用为50万元，存货减少5万元，应收账款增加75万元，应收票据减少20万元，应付职工薪酬减少25万元，预收账款增加30万元，计提固定资产减值准备40万元，无形资产摊销10万元，处置长期股权投资取得投资收益100万元。假设没有其他影响经营活动现金流量的项目，黄河公司当期经营活动产生的现金流量净额为（　　）万元。

A.715　　　　　　　　　　　　B.755

C.645　　　　　　　　　　　　D.845

18.9 下列关于现金流量表编制方法的说法中，错误的是（　　）。

A.3个月内到期的短期债券投资属于现金等价物

B. 企业应当根据具体情况，确定现金等价物的范围，一经确定不得随意变更，如改变划分标准，应视为会计政策的变更

C. 我国企业会计准则规定企业应当采用直接法编报现金流量表

D. 编制现金流量表的间接法是以利润表中的营业收入为起算点，调节与经营活动有关的项目的增减变动，然后计算出经营活动产生的现金流量

18.10 下列各项中，不属于现金流量表"筹资活动产生的现金流量"的是（　　）。

A. 取得借款收到的现金

B. 发行股票募集的资金

C. 处置固定资产收回的现金净额

D. 分派股利、利润或偿付利息支付的现金

18.11 下列关于现金流量表的两种编制方法的表述中，正确的是（　　）。

A. 直接法是以利润表中的营业收入为起算点，调整不涉及经营活动有关项目的增减变化，然后计算出经营活动产生的现金流量

B. 直接法编制的现金流量表便于将净利润与经营活动产生的现金流量净额进行比较

C. 间接法是以净利润为起算点，调整不涉及现金的收入、费用、营业外支出等项目，剔除投资活动、筹资活动对现金流量的影响，然后计算出经营活动产生的现金流量

D. 间接法编制的现金流量表便于分析企业经营活动产生的现金流量的来源和用途

18.12 下列项目中，应作为现金流量表补充资料中"将净利润调节为经营活动现金流量"调增项目的是（　　）。

A. 当期递延所得税负债增加

B. 当期确认的处置固定资产等长期资产的收益

C. 当期经营性应付项目的减少

D. 当期发生的存货增加

二、多项选择题

18.13 在编制资产负债表时，下列报表项目中根据总账余额直接填列的有（　　）。

A. 交易性金融负债

B. 应收账款

C. 长期待摊费用

D. 债权投资

E. 递延所得税资产

18.14 下列各项中不属于资产负债表中所有者权益项目的有（　　）。

A. 其他综合收益

B. 其他收益

C. 其他权益工具

D. 未分配利润

E. 本年利润

18.15 下列资产负债表项目中，可以根据相应总账科目余额直接填列的有（　　）。

A. 交易性金融负债

B. 长期借款

C. 递延所得税资产

D. 无形资产

E. 长期应付款

18.16 下列各资产负债表项目中，根据有关科目余额减去其备抵科目余额后的净额填列的有（　　）。

A. 预收款项

B. 短期借款

C. 长期股权投资

D. 长期借款

E. 持有待售资产

18.17 下列各项中，应在企业资产负债表"存货"项目列示的有（　　）。

A. 已验收入库但尚未取得发票的原材料

B. 已取得发票但尚未验收入库的原材料

C. 为外单位加工修理的代修品

D. 周转使用材料

E. 工程储备的材料

18.18 下列交易或事项中，会引起现金流量表中"投资活动产生的现金流量净额"发生变化的有（　　）。

A. 购买股票支付的现金

B. 向投资者派发的现金股利

C. 购建固定资产支付的现金

D. 收到被投资单位分派的现金股利

E. 支付的业务招待费

18.19 下列交易或事项中，属于"投资活动产生的现金流量"的有（　　）。

A. 吸收投资收到的现金

B. 处置子公司收到的现金

C. 支付应由无形资产负担的职工薪酬

D. 取得投资收益收到的现金

E. 收到返还的增值税税款

18.20 下列各项中，属于企业现金流量表中"筹资活动产生的现金流量"项目的有（　　）。

A. 收到被投资企业分配的现金股利

B. 向投资者分派现金股利

C. 支付长期租入固定资产的租赁费

D. 发行股票支付的相关费用

E. 购买专利权发生的现金支出

18.21 下列交易或事项中，不应在现金流量表中"支付的其他与筹资活动有关的现金"项目反映的有（　　）。

A. 购买股票时支付的证券交易印花税和手续费

B. 以分期付款方式购建固定资产以后各期支付的现金

C. 为购建固定资产支付的耕地占用税

D. 为发行股票直接支付的审计费用

E. 以现金偿还债务的本金

18.22 下列交易或事项会引起筹资活动现金流量发生变化的有（　　）。

A. 出售其他债权投资收到现金

B. 以投资性房地产对外投资

C. 向投资者分配现金股利

D. 从银行取得短期借款资金

E. 处置固定资产收到现金

18.23 将净利润调节为经营活动的现金流量时，属于应调增项目的有（　　）。

A. 经营性应收项目的减少

B. 递延所得税资产的增加

C. 公允价值变动收益

D. 计提的信用减值准备

E. 固定资产折旧

18.24 将净利润调节为经营活动的现金流量时，属于应调减项目的有（　　）。

A. 存货的减少

B. 递延所得税负债的增加

C. 投资收益的增加

D. 计提的资产减值准备

E. 处置固定资产产生的净收益

18.25 在所有者权益变动表中，企业至少应当单独列示反映的项目有（　　）。

A. 计入当期损益的利得

B. 所有者投入的资本

C. 提取的盈余公积

D. 综合收益总额

E. 会计政策变更的累积影响数

18.26 下列各项中，属于所有者权益变动表中"本年增减变动金额"项目的有（　　）。

A. 盈余公积转增资本

B. 提取盈余公积

C. 盈余公积弥补亏损

D. 资本公积转增资本

E. 所有者增加投资

18.27 对关联方关系及其交易，公司必须在财务报表附注中披露的信息有（　　）。

A. 交易类型

B. 交易的金额

C. 未结算项目的金额、条款和条件

D. 未结算应收项目的坏账准备金额

E. 下一年度关联交易的定价政策

多项选择题

18.28 下列各资产负债表项目中，根据总账科目和明细账科目余额分析计算填列的有（　　）。

　　A. 长期借款

　　B. 应付债券

　　C. 租赁负债

　　D. 持有待售资产

　　E. 短期借款

错 题 整 理 页

第十九章 企业破产清算会计

一、单项选择题

19.1 下列关于企业破产清算的会计基础的说法中，错误的是（　　）。
A. 破产企业会计确认、计量和报告以非持续经营为前提
B. 在破产清算会计中，不必划分收益性支出与资本性支出
C. 在破产清算会计中，会计分期的基本假设仍然成立
D. 在破产清算会计中，资产的价值更注重以破产资产清算净值来计量

19.2 破产企业在破产清算期间负债的计量属性是（　　）。
A. 破产债务清偿价值　　　　　B. 破产债务公允价值
C. 破产债务清算净值　　　　　D. 破产债务账面价值

19.3 企业破产清算期间，破产企业在破产报表日结转的清算净损益科目余额及破产企业资产与负债的差额，应计入的会计科目是（　　）。
A. 资产处置净损益
B. 债务清偿净损益
C. 所得税费用
D. 清算净值

19.4 企业破产清算期间，应收款项类债权的收回金额与其账面价值的差额，应计入的会计科目是（　　）。
A. 其他费用　　　　　　　　　B. 资产处置净损益
C. 清算净损益　　　　　　　　D. 破产费用

19.5 企业破产清算期间，破产企业支付所欠税款，相关账面价值和实际支付的金额两者之间的差额，应计入的会计科目是（　　）。
A. 所得税费用　　　　　　　　B. 资产处置净损益
C. 债务清偿净损益　　　　　　D. 破产费用

19.6 破产企业按照法律、行政法规规定支付职工补偿金时，可能涉及的会计科目是（　　）。
A. 破产费用　　　　　　　　　B. 其他费用
C. 清算净值　　　　　　　　　D. 债务清偿净损益

19.7 向法院申请裁定破产终结的，破产企业应当编制的报表不包括（　　）。
A. 清算资产负债表　　　　　　B. 清算损益表
C. 债务清偿表　　　　　　　　D. 附注

二、多项选择题

19.8 下列各项中，属于企业破产清算计量属性的有（   ）。
A. 破产资产清算净值 B. 历史成本
C. 重置成本 D. 公允价值
E. 破产债务清偿价值

19.9 下列项目中，属于破产企业财务报表的有（   ）。
A. 清算资产负债表
B. 清算损益表
C. 清算现金流量表
D. 债务清偿表
E. 清算所有者权益变动表

19.10 破产企业在破产清算期间发生的下列事项中，错误的有（   ）。
A. 补缴的以前年度企业所得税税款，记入"所得税费用"科目
B. 因盘盈取得的资产，记入"其他收益"科目
C. 处置存货时，扣除账面价值及相关税费后的差额，记入"资产处置损益"科目
D. 收到的利息、租金、股利等孳息，记入"其他收益"科目
E. 通过债权人申报发现的未入账债务，记入"破产费用"科目

19.11 下列各项支出需要按规定计入破产费用的有（   ）。
A. 管理人聘用必要工作人员所发生的劳务费
B. 破产案件的诉讼费
C. 管理、变价和分配债务人资产的费用
D. 债务人不当得利所产生的债务
E. 管理人执行职务的费用、报酬

19.12 下列各项中，属于共益债务的有（   ）。
A. 债务人财产受无因管理所产生的债务
B. 因债务人继续营业而发生的应付劳动报酬
C. 因债务人的管理人执行职务致人损害产生的债务
D. 支付给管理人执行职务的报酬
E. 处置破产资产发生的评估、变价、拍卖费用

19.13 关于破产清算财务报表编制方法的表述中，正确的有（   ）。
A. 清算资产负债表列示的项目需要区分流动和非流动
B. 清算现金流量表应当采用间接法编制
C. 清算损益表中，本期数反映破产企业从被法院宣告破产之日至本破产报表日期间有关项目的发生额
D. 债务清偿表应按有担保的债务和普通债务分类设项
E. 破产企业资产项目和负债项目的差额在清算资产负债表中作为清算净值列示

错 题 整 理 页

不要让来之不易的收获被时间偷偷带走，写下你的心得和感悟吧！

逢考必过！

一句话总结……